Kohlhammer

Die Herausgeberin, die Herausgeber

Dr. Elsbeth Stern ist Professorin für Lehr- und Lern-Forschung an der ETH Zürich. Sie führt ein großes Forschungsteam und trägt die Gesamtverantwortung für die Lehrerinnen- und Lehrerausbildung an der ETH.

Dr. Henrik Saalbach ist Professor für Pädagogische Psychologie mit dem Schwerpunkt Lehren, Lernen und Entwicklung an der Universität Leipzig und in dieser Funktion auch mitverantwortlich für das Lehramtsstudium.

Lic. phil. I Peter Greutmann ist seit 2005 Geschäftsführer des ETH-Kompetenzzentrums für Lehren und Lernen (EducETH) und Dozent für Erziehungswissenschaften im Rahmen dieser Ausbildung. Er arbeitet seit 1993 als Gymnasiallehrer für Deutsch und Philosophie an der Kantonsschule Schaffhausen und betreut in diesem Rahmen auch Praktika von Lehrdiplom-Studierenden der Universität Zürich.

Peter Greutmann, Henrik Saalbach,
Elsbeth Stern (Hrsg.)

Professionelles Handlungswissen für Lehrerinnen und Lehrer

Lernen – Lehren – Können

Verlag W. Kohlhammer

1. Auflage 2021

Gesamtherstellung: W. Kohlhammer GmbH, Stuttgart

Print:
ISBN 978-3-17-031785-7

E-Book-Formate:
pdf: ISBN 978-3-17-031786-4
epub: ISBN 978-3-17-031787-1
mobi: ISBN 978-3-17-031788-8

Inhaltsverzeichnis

Vorwort

Im Jahr 2006 wurde Elsbeth Stern auf die *Professur für Lehr- und Lern-Forschung* an die ETH Zürich berufen, und bis heute leitet sie in dieser Funktion ein Team aus Wissenschaftlern und Lehrern. Mit der Professur übernahm sie gleichzeitig die Gesamtverantwortung für die Lehrerinnen- und Lehrer-Ausbildung der ETH und hat zusammen mit ihrem Team den Ausbildungsgang neu gestaltet.

Die leitende Idee bei dieser Neugestaltung war klar: Es galt, die Befunde der empirischen Lehr- und Lern-Forschung so aufzubereiten, dass sie angehende Gymnasiallehrpersonen unterstützen, ihren Unterricht nach dem Stand der Forschung, also evidenzbasiert, vorzubereiten und durchzuführen. Möglichst hohe Lernwirksamkeit! Das war und ist der Leitgedanke, der letzten Endes all unseren Bemühungen in Forschung und Lehre zugrunde liegt.

In die Neukonzeption des Ausbildungsganges waren sehr viele Personen involviert, und zwar nicht nur Forscherinnen und Forscher, sondern auch Lehrpersonen, die ihre Erfahrungen aus der Praxis bei der Festlegung und bei der Gewichtung der Themen einbrachten. In einem mehrjährigen Prozess entstand dank dieser vielfältigen Ressourcen ein kohärentes Ausbildungskonzept, das gleichermaßen theoretisch fundiert und praxisbezogen ist.

Schon während dieses ganzen Prozesses (und auch während der zahlreichen Aktualisierungen und Verbesserungen) wurde geplant, die Inhalte einem breiten Publikum zugänglich zu machen. Denn wir waren und sind davon überzeugt, dass das Wissen, das wir seit über 10 Jahren unseren Studierenden vermitteln, auch für erfahrene Lehrpersonen, für Schulleitungen, aber auch für Entscheidungsträgerinnen und -träger in der Bildungspolitik relevant ist. Als dann im Herbst 2017 der Kohlhammer-Verlag anfragte, ob wir Interesse hätten, unsere Expertise zu publizieren, rannte er offene Türen ein – und das vorliegende Buch ist das Ergebnis dieser Anfrage. Auch wenn an der ETH Zürich nur Lehrerinnen und Lehrer für die MINT-Fächer am Gymnasium ausgebildet werden, sind die Inhalte dieses Buchs für Lehrkräfte aller Schulstufen und Fächer relevant. Dafür sorgte auch der Mitherausgeber Henrik Saalbach, der als Professor für Pädagogische Psychologie an der Universität Leipzig u. a. für die Ausbildung von Grundschullehrerinnen und -lehrer zuständig ist.

Weder die Neugestaltung der Lehre noch die Publikation dieses Buchs wären ohne das Engagement zahlreicher Personen möglich gewesen. Allen, die in irgendeiner Form mitgewirkt haben, sei an dieser Stelle unser Dank ausgesprochen. Insbesondere bedanken möchten wir uns bei Prof. Roland Grabner (Karl-Franzens Universität Graz) und Prof. Michael Schneider (Universität Trier). Zusammen mit Henrik Saalbach haben sie als Oberassistenten auf kreative Weise entscheidend an der Neukonzeption der Lehre mitgearbeitet. Des Weiteren gebührt unser herzlicher

Dank den Autorinnen und Autoren Prof. Dr. Anne Deiglmayr (Universität Leipzig), Dr. Peter Edelsbrunner (ETH Zürich), Dr. Sarah Hofer (Ludwig-Maximilians Universität München) und Prof. Dr. Lennart Schalk (PH Schwyz). Sie alle waren oder sind als Dozierende in die Lehrerinnen- und Lehrer-Ausbildung der ETH eingebunden und haben ihr großes Knowhow (und ihre Zeit!) für das Entstehen des Buchs eingebracht.

Ein besonderer Dank geht auch an Armin P. Barth, Mittelschullehrer für Mathematik und langjähriger Mitarbeiter am MINT-Lernzentrum der ETH Zürich, für seine wertvollen und motivierenden Rückmeldungen sowie die sorgfältige Lektüre des Manuskriptes.

Ein weiterer Dank geht an Claudia Boschung, die uns bei der Endredaktion mit vielen wichtigen Hinweisen und Verbesserungsvorschlägen unterstützte.

Ebenfalls bedanken möchten wir uns bei Falco Kilchmann und Elisabeth Daix. Die beiden haben selbst die Ausbildung an der ETH Zürich absolviert und uns aus der Sicht von Studierenden kritisch-konstruktive Rückmeldungen zu einer frühen Fassung des vorliegenden Buchs gegeben. Ihre wertvollen Anregungen haben wir gerne aufgenommen.

Insgesamt gebührt allen Lehrdiplom-Studierenden unser Dank: Viele Rückmeldungen zu unseren Lehrveranstaltungen sind in deren permanente Verbesserung eingeflossen – und damit indirekt auch in die Gestaltung dieses Buchs. Last but not least sind wir dem Kohlhammer Verlag zu großem Dank verpflichtet. Ohne die Anfrage durch Klaus-Peter Burkarth wäre dieses Werk nicht entstanden und sein sorgfältiges Lektorat hat wesentlich zur Qualität beigetragen.

Somit übergeben wir das Werk der Öffentlichkeit. Möge es auf wohlwollende, interessierte, aber auch kritische Leserinnen und Leser in Universitäten, Schulen und der Bildungspolitik treffen. Möge es aber auch – und das bleibt unser eigentliches Desiderat! – den Weg in die Schulzimmer finden. Wir hoffen, einen Beitrag zur beruflichen Entwicklung und Professionalisierung von Lehrerinnen und Lehrern und damit letztlich zum erfolgreichen Lernen der Schülerinnen und Schüler zu leisten. Mit diesem letzten Satz des Vorwortes möchten wir verdeutlichen, dass wir das gesamte Geschlechtsspektrum auf Schüler- und Lehrerseite ansprechen. Im Text selbst verzichten wir jedoch öfters auf die Nennung beider Geschlechter, um den Lesefluss nicht zu beeinträchtigen.

Zürich/Leipzig im Juni 2020

Peter Greutmann Henrik Saalbach Elsbeth Stern

1 Professionelles Handlungswissen von Lehrerinnen und Lehrern – eine Auslegeordnung

Peter Greutmann, Henrik Saalbach und Elsbeth Stern

»Obwohl mich das Fach Deutsch weniger als andere Fächer interessiert, hat es Frau F. geschafft, dass ich in diesen 4 Jahren mehr gelernt habe als in allen anderen Fächern. Für mich persönlich ist dies eine große Kunst! Deshalb danke ich Frau F. für die 4 spannenden, unterhaltsamen, lustigen und informativen Jahre.«

Bei diesem Zitat handelt es sich um eine Rückmeldung einer Schülerin oder eines Schülers nach vier Jahren Unterricht an einem Schweizer Gymnasium. Die Aussagen sind im Rahmen einer anonym durchgeführten Klassenbefragung entstanden – und sie sind (mit Ausnahme des Namens der Lehrperson) *nicht* fingiert.

1.1 »Teachers make a difference«

In den drei Sätzen kommt aus Schülersicht zum Ausdruck, was auch in der einflussreichen Hattie-Studie (Hattie, 2009) klar wird: Neben vielen wichtigen Erkenntnissen über die Wirksamkeit verschiedener Lehrmethoden, individuellen Merkmalen der Schüler oder strukturellen Merkmalen des Bildungssystems war ein Kernbefund, dass die *Lehrperson tatsächlich sehr wichtig für den Lernfortschritt ist*: Mit ihrem Unterricht haben Lehrerinnen und Lehrer einen entscheidenden Einfluss darauf, wie und in welchem Ausmaß ihre Schüler ihre Intelligenz investieren.

Die besondere Bedeutung der Lehrperson mag dem einen oder der anderen sicher als Binsenweisheit erscheinen. Tatsächlich spielte diese aber in öffentlichen Debatten zur Verbesserung des Bildungssystems lange kaum eine Rolle. Hier wurde hauptsächlich der Bedeutung der Lernvoraussetzungen der Schülerinnen und Schüler oder strukturellen Merkmalen des Bildungssystems (wie etwa das mehrgliedrige Schulsystem, Eigenschaften der Schulleitung oder die Klassengröße) Beachtung geschenkt.

Manchen Lehrpersonen mag auch die (im Grunde falsche) Überzeugung in die Karten gespielt haben, dass sie oder er eigentlich keinen großen Einfluss auf den Lernerfolg der Schüler hat. Die Verantwortung wurde gerne auf die unzulänglichen kognitiven Voraussetzungen oder die fehlende Motivation der Lernenden, die mangelhafte Erziehung durch die Eltern oder die falsche Bildungspolitik abgeschoben. Die Hattie-Studie zeigt uns aber deutlich, dass es durchaus auf die Lehrperson ankommt: *Teachers make a difference!*

Gleichzeitig wissen wir aus anderen Studien, dass damit gerade *nicht* eine angeborene Lehrerpersönlichkeit gemeint ist und dass es nicht reicht, nur über einen ausgezeichneten fachlichen Wissensstand zu verfügen oder für sein Fach zu »brennen«. Das entscheidende Merkmal für die Unterrichtsqualität und damit für das erfolgreiche Lernen der Schülerinnen und Schüler sind die *professionellen Kompetenzen der Lehrpersonen*, also zum Beispiel ihr Wissen über das Lernen ganz allgemein, über lernwirksame Methoden und über eine konstruktive Klassenführung. Aus dieser Befundlage ergeben sich mindestens zwei wichtige Konsequenzen.

Erstens müssen sich die *Lehrpersonen ihrer Verantwortung für die Lernprozesse der Schülerinnen und Schüler bewusst werden und ihr professionelles Handeln entsprechend gestalten*. Nach unserer Auffassung sind die Zeiten, in denen Lehrpersonen so unterrichten können, *»dass es einfach zu meinem persönlichen Stil passt«*, endgültig vorbei. Dazu liegen zu viele und empirisch zu gut abgesicherte Befunde zum menschlichen Lernen aus der Lehr- und Lern-Forschung sowie aus der Kognitionspsychologie vor. Nur wenigen käme es heute noch in den Sinn, in einem medizinischen Notfall eine Ärztin oder einen Arzt aufzusuchen, die oder der aus einer persönlichen Vorliebe heraus nach den Gepflogenheiten des 19. Jahrhunderts diagnostiziert und behandelt. Vielmehr erwartet man eine professionelle Behandlung nach dem *state of the art* der medizinischen Forschung – und der ist in jedem Fall *evidenzbasiert*. Genauso gibt es in der seit rund einem halben Jahrhundert betriebenen empirischen Lehr- und Lern-Forschung mittlerweile eine große Zahl von stabilen Befunden zum menschlichen Lernen, denen man sich unseres Erachtens als professionelle Lehrperson schlicht nicht mehr entziehen kann.

Zweitens müssen Lehrpersonen durch eine adäquate Aus- und Weiterbildung auch tatsächlich in die Lage versetzt werden, dieses professionelle Handeln zu entwickeln. Und gerade an diesem Punkt setzt das Konzept für das vorliegende Buch an. Als vor rund 15 Jahren die Lehrpersonenausbildung an der ETH Zürich neu strukturiert werden musste, haben wir uns als Team intensiv mit der Frage beschäftigt: *Welches fachübergreifende, professionelle Handlungswissen können wir auf welche Weise den angehenden Lehrpersonen mit auf ihren beruflichen Weg geben?* Wir sahen uns also mit der Herausforderung konfrontiert, die aktuellen Befunde der Lehr- und Lern-Forschung einschließlich entwicklungspsychologischer Inhalte in nur vier Modulen mit insgesamt 30 Kreditpunkten zu vermitteln. Daher mussten wir uns auf die Inhalte beschränken, die aktuellen Befunden zufolge als die am relevantesten gelten, um lernwirksamen Unterricht vorzubereiten und durchzuführen.

In dem vorliegenden Buch haben wir die Inhalte des erziehungswissenschaftlichen Teils der Lehrpersonenausbildung an der ETH Zürich (Lehrdiplom für Maturitätsschulen) so aufbereitet, dass sie einem breiteren Publikum zugänglich gemacht werden. Bei der Auswahl der Inhalte haben wir uns auf die Themen konzentriert, die in aktuellen bildungswissenschaftlichen Studien, wie etwa der Hattie-Studie, als besonders wichtig und relevant identifiziert wurden. Wir sind überzeugt, dass sich das Buch daher sehr gut *für angehende Lehrpersonen* aller Schulstufen während des Studiums zur Entwicklung einer konzeptuellen Wissensbasis oder zur Prüfungsvorbereitung eignet. Es kann ebenso *von Lehrpersonen während des Berufseinstiegs* beigezogen werden, um das Vorwissen zu aktivieren bzw. zu aktualisieren und dieses bei den Lektionsplanungen oder bei anderen Gelegenheiten im Schulalltag zu verwenden. Schließlich sei es *auch erfahrenen Lehrpersonen empfohlen*, um etwa ihre Lehrerfahrungen vor dem Hintergrund der aktuellen Befundlage mit dem Ziel einer professionellen Weiterentwicklung zu reflektieren.

Alle Autorinnen und Autoren sind aufgrund ihrer Forschungstätigkeit wie auch aufgrund ihrer teilweise langjährigen Unterrichtstätigkeit vor allem an Gymnasien davon überzeugt, dass das in diesem Buch zusammengetragene Wissen, wenn es sich denn in der alltäglichen Praxis spiegelt, einen großen Unterschied machen kann. Nicht nur für die Schülerinnen und Schüler, sondern auch für den Erfolg der Lehrpersonen selber als professionell agierende Expertinnen und Experten im Schulzimmer!

1.2 Das Angebot-Nutzungs-Modell und der Aufbau des Buchs

Das Unterrichten ist eine außerordentlich komplexe und herausfordernde Aufgabe (Xiaodong, Schwartz & Hatano, 2005; Stern, 2009). Deshalb suchten wir nach einem konzeptuellen Rahmenmodell, in das sich die Erkenntnisse der Lehr- und Lern-Forschung gut einordnen ließen. Gleichzeitig sollte das komplexe Zusammenspiel der verschiedenen Faktoren im Lehr-Lern-Geschehen verdeutlicht werden. Wir wählten dafür eine modifizierte Variante des Angebot-Nutzungs-Modells (Fend, 1981; Helmke & Weinert, 1997; Helmke, 2010). Abbildung 1 zeigt eine für die ETH-Lehrpersonenausbildung angepasste und erweiterte Version des Modells.

Dazu nur so viel: Das Ziel von schulischem Unterricht ganz allgemein ist in diesem Modell der *Ertrag*, also die Kompetenzen, die die Schülerinnen und Schüler erwerben. Wie umfangreich und tiefgehend diese Kompetenzen sind, hängt wesentlich davon ab, wie die Schülerinnen und Schüler Lerngelegenheiten im Klassenzimmer *nutzen*. Diese Nutzung wiederum basiert auf dem *Angebot*, das ihnen während der Schulstunden gemacht wird – und damit sind wir beim wesentlichen Faktor angelangt, der *Lehrperson*. Deren Fachwissen und ihre Fähigkeit, das Fachwissen pädagogisch-didaktisch aufzubereiten und zu einem lernwirksamen *Angebot* zu bündeln, beeinflusst entscheidend, wie die Schülerinnen und Schüler das Angebot *nutzen* – und somit wiederum, *wie viel sie lernen*!

Um die Einleitung nicht zu überladen, belassen wir es an dieser Stelle mit dieser groben Vereinfachung, die nichtsdestotrotz den Kern des Modells und auch unserer ganzen Bemühungen, professionell unterrichtende Lehrpersonen auszubilden, zusammenfasst. Alle acht Kapitel dieses Buchs lassen sich im Angebot-Nutzungs-Modell verorten (was in den folgenden kurzen Kapitelzusammenfassungen auch geschieht). Aber die von uns in diesem Buch vorgelegte *Reihenfolge der Kapitel* orientiert sich nicht primär am Modell, sondern vielmehr an der beruflichen Realität von Lehrpersonen (unserem Zielpublikum). Das heißt: Die Kapitel 3 bis 6 decken gewissermaßen alle

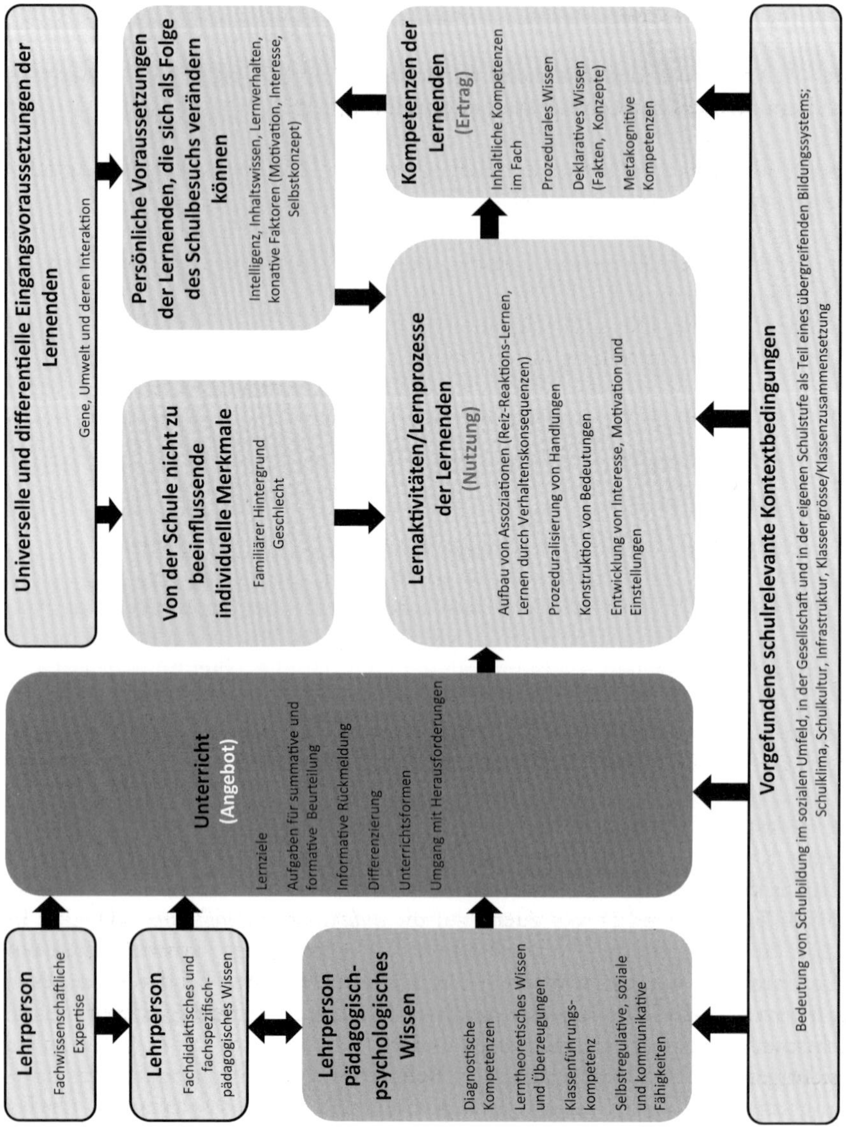

Abb.1: Das Angebot-Nutzungs-Modell

Aspekte der *Unterrichtsvorbereitung* ab, während die Kapitel 7 und 8 die *Unterrichtsdurchführung* im engeren Sinne im Blick haben. Eine Sonderstellung nehmen die Kapitel 2 (kognitionspsychologische Grundlagen) und Kapitel 9 (wissenschaftstheoretischer Exkurs zur Lehr- und Lern-Forschung) ein.

Kapitel 2: Wer lehren will, muss das Lernen verstehen. Die kognitionspsychologischen Grundlagen des menschlichen Lernens
Kapitel 2 (►Kap. 2) befasst sich im Wesentlichen mit dem Lernprozess selbst und dessen Ergebnis, dem *Ertrag* des Lernens, also den *verschiedenen Wissensformen*, die sich die Schülerinnen und Schüler aneignen. Der Text bildet sozusagen die begriffliche Grundlage für alle nachfolgenden Kapitel. Wir sind der Auffassung, dass Lehrpersonen eine Vorstellung davon haben sollen, wie menschliches Lernen ganz allgemein und somit auch das schulische Lernen funktioniert. Nur dann sind sie in der Lage, entsprechende Lernumgebungen zu gestalten und vor allem auch nachvollziehen zu können, was während des Unterrichts in den Köpfen der Schülerinnen und Schüler vor sich geht.

Kapitel 3: Die lang-, mittel- und kurzfristige Planung schulischer Lerngelegenheiten
Im *Kapitel 3* (►Kap. 3) richtet sich die Aufmerksamkeit auf die *Planung des Unterrichts* oder, bezogen auf unser Modell, auf die *Gestaltung des Angebots* durch die Lehrperson. Dabei beginnen wir mit einer langfristigen Perspektive (dem Erstellen eines Semesterplans) und zoomen stufenweise zur didaktischen Planung kleinerer Einheiten, bis hin zur einzelnen Schulstunde. Als zentrales Planungsinstrument führen wir eine neue Lernzieltaxonomie ein (die PUT), die Lehrpersonen darin unterstützen soll, Lernziele und die Wahl der Unterrichtsmethoden aufeinander abzustimmen.

Kapitel 4: Unterricht methodisch lernwirksam gestalten
Das vierte Kapitel (►Kap. 4) führt Kapitel 3 unmittelbar fort, da die Unterrichtsmethoden hier detailliert behandelt werden (der Fokus bleibt also bei der Gestaltung des *Angebots*). Auch hier gehen wir zuerst auf die *didaktischen Großformen* (Direkte Instruktion bzw. Kooperative Lernformen) und ihren möglichst lernwirksamen Einsatz im Unterricht ein. Dann widmen wir uns den Feinheiten bei deren Ausgestaltung. Wir stellen *vier Techniken der Kognitiven Aktivierung* vor und referieren, welche Gesichtspunkte beim *Stellen von Fragen* und beim *Formulieren von Aufgaben* zu berücksichtigen sind. Auch die wichtigsten Befunde zum Thema *Hausaufgaben* fassen wir zusammen. Da wir in diesem Buch weitgehend fach- und inhaltsunabhängige Themen behandeln, möchten wir bereits an dieser Stelle auf die Unterrichtseinheiten des MINT-Lernzentrums verweisen. Hier werden unter anderem in den Fächern Chemie, Mathematik und Physik Unterrichtseinheiten entwickelt, die auf Erkenntnissen der Lehr- und Lern-Forschung beruhen. Die daraus entstandenen Bücher und Artikel können auf der Homepage des MINT-Lernzentrums eingesehen werden (Link: https://educ.ethz.ch/lernzentren/mint-lernzentrum.html).

Kapitel 5: Das individuelle Lernen unterstützen
Wenn wir hier den Anspruch verfolgen, die in der Lehr- und Lern-Forschung festgestellten Befunde zur Lernwirksamkeit von Unterricht für die schulische Praxis

aufzuarbeiten, dann spielt das *Kapitel 5* (▶ Kap. 5) eine Schlüsselrolle. Es wird aufgezeigt, inwiefern Lehrpersonen ihre Schülerinnen und Schüler effektiv darin unterstützen können, das *Angebot* aufgrund der je individuell vorhandenen Lernvoraussetzungen möglichst optimal zu *nutzen*. Mit dem sogenannten *Formativen Assessment* steht nämlich ein hochwirksames Mittel zur Verfügung, damit dies tatsächlich gelingt. Das Kapitel thematisiert einerseits ganz allgemein, wie man mit der zum Teil ausgeprägten Heterogenität in Klassen umgehen kann, ohne sich selber zu überfordern; andererseits wird auch eine Reihe von Techniken des *Formativen Assessments* vorgestellt, die zumeist recht niederschwellig, aber hoch lernwirksam im Unterricht einsetzbar sind.

Kapitel 6: Lernleistung bewerten: Summatives Assessment
Das Kapitel 6 (▶ Kap. 6) befasst sich schließlich mit dem *Ertrag* des Lernens, also mit dem Wissen, das die Schülerinnen und Schüler durch die Nutzung der Lernangebote erworben haben (sollen). Wenn wir auch immer wieder betonen, dass der Lern*prozess* im Zentrum des schulischen Lehrens stehen soll, so ist uns natürlich auch bewusst, dass die *Beurteilung* und somit auch die *Selektion* nach wie vor eine zentrale Aufgabe von Lehrpersonen ist. Dieser Tatsache trägt das *Kapitel 6* unter dem Begriff *Summatives Assessment* Rechnung. Auf der theoretischen Grundlage der *Psychometrie* legen wir dar, welche Anforderungen Tests bzw. Prüfungen eigentlich auch in schulischen Kontexten genügen müss(t)en. Darüber hinaus führen wir Lehrpersonen anhand von neun Schritten durch den gesamten Prozess von der Konzeption über die konkrete Gestaltung bis hin zur Korrektur und kritischen Prüfung einer Prüfung selbst.

Kapitel 7: Klassenführung: Die Voraussetzungen für effektives Lernen schaffen
Mit dem Kapitel 7 (▶ Kap. 7) – *Klassenführung* – betreten wir gleichsam das Schulzimmer, womit die Lehrperson selber (im Modell die Kästchen ganz links) in den Fokus rückt: Die Vorbereitungsphase ist beendet, die Glocke signalisiert den Unterrichtsbeginn, Sie stehen vor einer Gruppe von Kindern oder Jugendlichen und müssen diese während einer oder mehrerer Lektionen zum Lernen anleiten. Nach einem kurzen Abriss über die Geschichte der Forschung zu diesem Thema legen wir dar, welche Maßnahmen einer Lehrperson zur Verfügung stehen, wenn es darum geht, Unterrichtsstörungen *präventiv zu verhindern* oder aber, falls sie auftreten, möglichst *wirksam zu intervenieren*, um sie wieder zu beenden. Dabei bleibt immer das Ziel, eine gute Beziehung zur Klasse aufrecht zu erhalten und somit die Basis zu schaffen, damit der (aufwändig) vorbereitete Unterricht (das *Angebot)* möglichst lernwirksam durchgeführt, d. h. *genutzt* werden kann.

Kapitel 8: Psychosoziale Anforderungen im Lehrberuf
Auch in Kapitel 8 (▶ Kap. 8) steht nicht primär das Lehren und Lernen im Fokus, sondern die Lehrerinnen und Lehrer als Personen. Unterrichten ist eine komplexe Angelegenheit – der Lehrberuf ist somit unbestritten eine sehr vielseitige und abwechslungsreiche Profession; langjähriger Schuldienst kann aber auch anstrengend und unter Umständen belastend sein. Der Autor dieses Kapitels ist selbst langjähriger Lehrer und weiß, wovon er redet. Daher widmen wir ein ganzes Kapitel den *psychosozialen Anforderungen*, mit denen Lehrpersonen gerade auch am Anfang ihrer

Tätigkeit konfrontiert sind. Wir zeigen auf, mit welchen Stressoren man es bei der Berufsausübung zu tun hat und wie sie produktiv bewältigt werden können. Zentrale Faktoren, um dieses Ziel zu erreichen, sind einerseits die Fähigkeit, mit allen am Schulleben Beteiligten in schwierigen Situationen *kompetent zu kommunizieren*, und andererseits, sich *selbst beim Arbeiten so zu regulieren*, dass man dem permanenten Handlungsdruck nicht ins Messer läuft.

Kapitel 9: Wissenschaftstheoretischer Hintergrund: Die Methoden der empirischen Lehr- und Lern-Forschung
Lehrpersonen stehen jeden Tag vor einer Vielzahl von Entscheidungen: *Was will ich vermitteln? Welche Lernziele sollen erreicht werden? Welche Methode ist dafür geeignet? Wie gehe ich mit den beiden Störenfrieden in der hintersten Reihe um?* Usw. Die seit rund 5 Jahrzehnten betriebene Lehr- und Lern-Forschung versucht, auf solche Fragen evidenzbasierte Antworten zu liefern, um damit Lehrpersonen letztlich darin zu unterstützen, Entscheidungen nicht einfach aus dem Bauch heraus, sondern aufgrund von empirisch überprüften Befunden (man nennt dies auch *evidenzbasiert*) zu treffen. Auf solchen Befunden basieren auch unsere Ausführungen in den Kapiteln 2–8. Doch wodurch ist diese Forschungsrichtung selbst geprägt, welches sind ihre *Methoden*, wie *verlässlich* und wie *praxisrelevant* sind die durch sie hervorgebrachten Resultate? Das letzte Kapitel (► Kap. 9) gibt einen Abriss über dieses faszinierende Forschungsgebiet, zeigt aber auch dessen Probleme und Grenzen auf. So werden interessierte Lehrpersonen in die Lage versetzt, eigenständig Fachartikel (auch kritisch) zu rezipieren und den Wahrheitsgehalt von Medienberichten zu Bildungsthemen einzuschätzen.

Es mag sein, dass Sie als Leserin oder Leser im vorliegenden Buch ein Kapitel über die sogenannte »Digitalisierung« vermissen. Natürlich ist es uns auch bewusst, dass dieser Trend unaufhaltsam ist, nicht nur in der Schule. Und natürlich ist gegen den *gezielten* Einsatz moderner Informations- und Kommunikationstechnologien im schulischen Unterricht nichts einzuwenden, im Gegenteil. Nichtsdestotrotz ist es für uns aus kognitions- und lernpsychologischer Sicht völlig klar: Ob man nun als Hilfsmittel die Wandtafel oder aber ein digitales Gadget nach dem neusten Stand der Technik einsetzt, ist zunächst einmal zweitrangig. Entscheidend ist in jedem Fall, dass etwa die Fachinhalte auf Lernziele heruntergebrochen werden, dass die Lehrperson an das bei den Schülerinnen und Schülern bestehende Vorwissen anknüpft und eine zur Erreichung der Lernziele adäquate Methode auswählt. Wenn diese Arbeit nicht professionell geleistet wird, dann bringt auch der Einsatz noch so elaborierter Technologien keinen Vorteil vor dem traditionellen Unterricht mit Papier und Wandtafel.

1.3 Wie man dieses Buch nutzen kann

Wir haben es im vorangehenden Kapitel schon mehrfach betont: Unterrichten ist ein komplexes Handwerk, das Unterrichtsgeschehen ein von zahlreichen und letztlich wohl niemals ganz überschaubaren Faktoren bestimmter Prozess. Niemand kann in jeder Lektion alle Faktoren berücksichtigen, die perfekte Lektion gibt es nicht. Das heißt aber keinesfalls, dass man als Lehrperson nun resigniert die Segel streichen soll – im Gegenteil! Je differenziertere Kenntnisse man über alle im Schulzimmer auftretenden Phänomene hat, desto größer wird in einer (evtl. auch kritischen) Entscheidungssituation die Zahl an günstigen Handlungsoptionen. Oder wie es der erfolgreiche Harvey Specter in der Anwaltsserie *Suits* einmal (notabene sinngemäß) zu seinem kongenialen Juniorpartner unnachahmlich sagte:

> *»Einer hält dir eine Pistole an die Schläfe. Tust du, was er sagt? Falsch! Du nimmst ihm die Pistole weg. Oder du ziehst eine größere Pistole. Oder du sagst, er bluffe nur. Oder du tust eine andere von 146 weiteren Möglichkeiten, die du hast!«*

Was heißt das nun für dieses Buch? Jedes Kapitel stellt einen Faktor – oder genauer: ein Bündel von Faktoren – des Unterrichtsgeschehens dar, und zwar in einer weitgehend in sich abgeschlossenen Form. Allerdings ergibt sich erst aus dem Buch als Ganzem ein Gesamtbild, das alle Aspekte des Unterrichtens abdeckt und zueinander in Beziehung setzt. Daher sehen wir auch mehrere Möglichkeiten für die Lektüre.

- Die einzelnen Kapitel können je nach Interesse jedes für sich gelesen werden. (Ihre von der Sache her unvermeidliche Verwobenheit haben wir mit zahlreichen Verweisen wenigstens ansatzweise einzufangen versucht.)
- *Angehenden Lehrpersonen*, die noch in Ausbildung sind und am Anfang ihrer Berufsbiographie stehen, können und sollten das Buch zunächst einmal als Ganzes lesen. Damit erhalten sie einen Überblick über alle relevanten Aspekte, die ihren beruflichen Alltag prägen werden. Wenn sie dann tatsächlich (etwa bei einer Stellvertretung oder einem ersten Lehrauftrag) in ein Klassenzimmer treten, dürften zunächst einmal die Kapitel 2 (Planung), 3 (Methoden) 7 (Klassenführung) und 8 (Psychosoziale Anforderungen) oberste Priorität haben.
- *Bei erfahrenen Lehrpersonen* (auch bei uns selber!) sehen wir die berufliche Weiterentwicklung in kleinen Schritten. Man fokussiert auf einen bestimmten Aspekt seines Schulalltags, konsultiert das entsprechende Kapitel – und transferiert das erworbene Wissen auf die eigene konkrete Situation. Das klingt einfach, ist aber anspruchsvoll genug – und gelingt wahrscheinlich auch nicht immer (jedenfalls nicht beim ersten Mal…). Ein Beispiel: Eine Klasse hat sich über die inhaltliche Ausgestaltung und Beurteilung einer Prüfung beschwert. Nun könnte man das abtun als *»pubertäres Quengeln«* – oder aber man nimmt die Aussagen zunächst einmal ernst, informiert sich anhand von Kapitel 9 darüber, wie man eine valide Prüfung konzipiert – und gestaltet die nächste einmal minutiös nach dem von uns vorgeschlagenen Leitfaden. Und noch ein zweites Beispiel: Seit Wochen *»regt man sich über zwei dauernd schwatzende Schülerinnen in der hintersten Reihe auf«*. Statt sich weiter aufzuregen, lese man Kapitel 7.3 über die Prävention von Unterrichtsstörungen und setze in den folgenden Lektionen zwei, vielleicht auch drei oder vier Maßnahmen um…
- Für *Schulleitungen* und Personen aus der Bildungsadministration oder Bildungspolitik kann das Buch oder können zumindest ausgewählte Kapitel dazu beitragen, die Evaluation der Lehrkräfte zu überdenken. Unseres Erachtens sind wir es

den Schülerinnen und Schülern schuldig, möglichst lernwirksamen Unterricht zu bieten, der wesentlich auf professionell agierenden Lehrpersonen beruht. Unter diesem Gesichtspunkt bieten die einzelnen Kapitel zahlreiche, evidenzbasierte Handreichungen, um mit den Lehrpersonen zusammen die Qualität des Unterrichts zu reflektieren und gegebenenfalls zu verbessern.

2 Wer lehren will, muss das Lernen verstehen: Die kognitionspsychologischen Grundlagen des menschlichen Lernens

Elsbeth Stern

2.1 Einleitung

Das vorliegende Buch befasst sich im Wesentlichen mit der Haupttätigkeit von Lehrpersonen, dem Lehren in einem so genannten institutionellen Kontext, also dem Unterrichten an verschiedenen Arten von Schulen. Unser Hauptanliegen besteht darin, angehenden und praktizierenden Lehrpersonen alle wesentlichen Instrumente in die Hand zu geben, um ihre Lernumgebungen so zu gestalten, dass die Schülerinnen und Schüler maximal davon profitieren können. Alle Kapitel dieses Buchs zielen darauf ab, die *Lernwirksamkeit des Unterrichts* zu optimieren.

Um aber einsichtig zu machen, *weshalb* die von uns zusammengetragenen und erläuterten Instrumente gemäß den aktuellen Befunden der empirischen Lehr- und Lern-Forschung tatsächlich lernwirksam sind, ist es uns auch ein Anliegen, die wichtigsten Ergebnisse aus der Kognitions- und Lernpsychologie zum Wissenserwerb darzustellen. Anders gesagt: Nur wer verstanden hat, *wie* Menschen lernen, insbesondere wenn es um anspruchsvolle Inhalte geht, hat auch ein *Begründungswissen* dafür, weshalb gewisse Maßnahmen in der Unterrichtsgestaltung einen größeren Effekt haben als andere.

Im Sinne des Angebot-Nutzungs-Modells (▸ Kap. 1, ▸ Abb. 1) gesprochen: Das vorliegende Kapitel 2 befasst sich damit, wie Schülerinnen und Schüler (bzw. Menschen ganz allgemein) schulische Lernangebote auf der Grundlage ihrer kognitiven und motivationalen Ausstattung *nutzen*. Nachdem im Kapitel 2.2 (▸ Kap. 2.2) der dem Buch zugrunde liegende allgemeine Begriff des *Lernens* eingeführt wird, geht es im Kapitel 2.3 (▸ Kap. 2.3) zunächst darum, einen Begriff von Lernen darzulegen, der sich auf das Verhalten abstützt (behavioristische Theorie). Zudem wird ein Bezug zum schulischen Unterricht hergestellt, der dann im Kapitel 7 (▸ Kap. 7) zum Thema *Klassenführung* vertieft wird. Anschließend stellen wir ein von uns entwickeltes Modell der menschlichen Informationsverarbeitung vor, anhand dessen die verschiedenen Formen des schulischen Lernens im Sinne von *Wissensaufbau* verortet werden können (▸ Kap. 2.4). Im Kapitel 2.5 (▸ Kap. 2.5) schließlich gehen wir auf den Zusammenhang von *Intelligenz* und Wissensaufbau ein, wobei auch die Bedeutung der *Motivation* für das schulische Lernen erörtert wird. Auf das Thema der *Emotionen* bei Lehrpersonen und bei Schülerinnen und Schülern wird im Kapitel zur Klassenführung, genauer im Kapitel 7.4.3 (▸ Kap. 7.4.3), eingegangen.

2.2 Der Begriff des Lernens

Unter Lernen verstehen wir im vorliegenden Buch den »… Prozess, bei dem es zu überdauernden Änderungen im Verhaltenspotenzial als Folge von Erfahrungen kommt« (Hasselhorn & Gold, 2013, S. 35). Lernen vollzieht sich also in der Interaktion zwischen einem Individuum und seiner Umgebung und ermöglicht es allen Lebewesen, die sich im jeweiligen Lebensumfeld stellenden Anforderungen und Herausforderungen zunehmend besser zu bewältigen (Stern, Schalk & Schumacher, 2016).

Von Lernen spricht man nicht bei zufällig auftretendem Verhalten, sondern nur bei einer klar umgrenzten, auf ein Problem ausgerichteten und nachhaltigen Veränderung, die allerdings von Rückschlägen begleitet sein kann. Wir alle kennen aus der persönlichen Lernerfahrung solche Rückschläge: Gestern konnten wir flüssige englische Sätze produzieren, und heute fallen uns selbst einfache Vokabeln nicht ein. Die im Lernprozess aufgebauten Gedächtnisspuren zerfallen auch schnell wieder, wenn sie nicht genutzt werden.

Lehrpersonen können nicht *in* die Köpfe der Schülerinnen und Schüler hineinschauen. Damit ist es unmöglich, einen Lernprozess und den Lernerfolg direkt zu beobachten. Lehrpersonen müssen also *indirekt* überprüfen, ob der Unterricht zum Ziel geführt hat, zum Aufbau von *Wissen* und *Kompetenzen*. Diese indirekte Überprüfung funktioniert über die Beobachtung und Analyse des Verhaltens. Dazu gehören im schulischen Kontext bspw. die mündliche Beteiligung, das Beantworten von Fragen oder das Lösen von Problemen und Testaufgaben (sogenannte *Assessments* (► Kap. 5 und ► Kap. 6)). Das Verhalten in solchen Anforderungssituationen wird als *Performanz* bezeichnet. Durch diese beobachtbare Leistung wird dann auf die zugrunde liegende Kompetenz, auf Lernprozesse und Lernerfolg geschlossen (im Detail dazu Blömeke, Gustafsson & Shavelson, 2015).

2.3 Lernen als Verhaltenssteuerung

Viele Formen des Lernens laufen bei Menschen und Tieren vergleichbar ab. Dazu gehören Konditionierungsprozesse, die darin bestehen, dass Reize und Reaktionen, die vorher unverbunden waren, im Gedächtnis gekoppelt werden.

Bei der *klassischen Konditionierung* steuern die Reize das Verhalten: Es geht um die Identifikation von Merkmalen aus der Umwelt, die auf positive oder negative Konsequenzen hinweisen und dem Individuum damit einen Verhaltensvorteil verschaffen können. Hinweise auf Gefahren ermöglichen eine rechtzeitige Flucht, und Hinweise auf Ressourcen bieten einen Vorsprung vor Konkurrenten.

Beim *operanten Konditionieren* kann ein Individuum durch sein Verhalten das Auftreten von Reizen steuern. Folgt auf ein Verhalten eine positiv erlebte Konsequenz, wird es erneut gezeigt; folgt hingegen eine als Strafe erlebte Konsequenz, wird es unterlassen.

Konditionierung spielt auch beim schulischen Lernen eine nicht zu unterschätzende Rolle. Sie kann sehr viel zu einem geordneten Unterricht beitragen oder aber so manches Desaster auslösen, wenn die Lehrperson die Mechanismen nicht durchschaut. So muss man wissen, dass Strafreize grundsätzlich ungeeignet sind, den Aufbau von erwünschtem Verhalten zu fördern, weil sie Flucht- und Vermeidungsverhalten auslösen. Werden beispielsweise Hausaufgaben als Strafe angedroht, muss damit gerechnet werden, dass sie nur sehr oberflächlich ausgeführt und zudem noch emotional negativ besetzt werden. Möchte man, dass sich ein schwatzender Schüler am Unterrichtsgeschehen beteiligt, reicht es nicht, ihn für das Schwatzen zu bestrafen, sondern man muss parallel dazu erwünschtes Verhalten aufbauen (etwa durch positive Verstärkung in Form von Belohnung).

Inwiefern die sogenannten operanten Lernprinzipien (Skinner, 1953) zur gezielten Verhaltenssteuerung im Klassenzimmer wichtig sind, wird im Detail im Kapitel 7.4.4 (► Kap. 7.4.4) im Zusammenhang mit dem Thema *Klassenführung* aufgezeigt.

2.4 Lernen als Aufbau von Wissen

Menschliches Lernen geht aber weit über Konditionierung hinaus. Beim schulischen Lernen steht der Erwerb von Wissen im Mittelpunkt, welches über Symbolsysteme wie Sprache, Schrift und mathematische Zeichen vermittelt wird. Zwar kann gewisser Schulstoff durch Konditionierung erworben werden, zum Beispiel das Einmaleins oder die Vokabeln einer Fremdsprache. Wer die Aufgabe »7 x 3 =« richtig mit »21« beantwortet, wird gelobt. Auch einen Grundwortschatz englischer Vokabeln kann man so erwerben.

Wenn aber im Kopf der Schülerinnen und Schüler lediglich von außen gesteuerte, in ihnen gleichsam automatisch ablaufende Prozesse (*Assoziationen*) aufgebaut werden, dann wird unflexibles und deshalb häufig unbrauchbares, sogenanntes *träges* Wissen erworben. Wenn das kleine Einmaleins durch Verstärkung der richtigen Antwort auswendig gelernt wurde, kommt zwar die Antwort auf »4 x 8 =« wie aus der Pistole geschossen, aber die Schülerinnen und Schüler wissen nicht, dass man die Zahl nur verdoppeln muss, wenn man »4 x 16 =« ausrechnen soll. Wenn man im Gedächtnis *Assoziationen* wie »*Stuhl – chair, Tisch – table oder Teppich – carpet*« gespeichert hat, dann bedeutet das nicht automatisch, dass man diese Vokabeln auch nutzen kann, um sinnvolle englische Sätze zu bilden.

Die besondere geistige Kompetenz des Menschen besteht aber gerade darin, nicht nur in diesem Sinne rein assoziativ zu lernen. Wir bauen nicht einfach nur Verbindungen im Gedächtnis auf, die von außen gesteuert werden. Vielmehr ist der menschliche Geist in der Lage, Wissenselemente aktiv und ohne äußeren Anstoß so zu konstruieren und/oder umzustrukturieren, dass sie auch zur Bewältigung von

Aufgaben herangezogen werden können, zu deren Lösung wir bisher keine Anleitung bekommen haben.

Gerade in der Schule geht es somit darum, Kinder und Jugendliche bei ihrer eigenen (Re-)Konstruktion von Wissen zu unterstützen, das in einem kulturellen Kontext entstanden und anspruchsvoll ist. Sie müssen die Schrift, die Mathematik oder naturwissenschaftliche Gesetzmäßigkeiten zwar nicht erfinden – das haben kluge Menschen vor ihnen getan –, aber sie müssen sie für sich konstruieren und in ihr eigenes Wissensnetzwerk einbauen. Da dieser Prozess sehr komplex ist, führen wir im folgenden Kapitel ein Modell ein, das den Wissensaufbau besser fassbar macht.

2.4.1 Das 3-Speicher-Modell des Gedächtnisses

Obwohl Menschen Jahrtausende brauchten, um die in westlichen Ländern übliche Lautschriften zu entwickeln, können die meisten Kinder nach wenigen Monaten Schulbesuch lesen. Auch wenn das arabische Zahlensystem erst vor etwa 1200 Jahren entwickelt wurde, können fast alle Grundschulkinder dividieren und verstehen, dass die Null eine Zahl ist. Wollen wir den Erwerb solcher Kompetenzen verstehen, müssen wir den Lernbegriff erweitern: Es geht nicht nur um Konditionierung, Assoziation und Verhaltensänderung, sondern vor allem um Wissenskonstruktion.

Um den Prozess der Wissenskonstruktion zu veranschaulichen, haben wir ein Modell der menschlichen Informationsverarbeitung entwickelt, das alle im Folgenden genutzten Begrifflichkeiten zur Informationsverarbeitung und dem Lernen in einen Zusammenhang stellt. In dessen Zentrum stehen drei Typen von *Gedächtnis.*

In der Wissenschaft herrscht Einigkeit darüber, dass das menschliche Gedächtnis am besten durch ein 3-Speicher-Modell beschrieben werden kann. Dieses wurde in den Grundzügen bereits 1968 durch die Psychologen Atkinson und Shiffrin vorgestellt. Demnach gibt es

- ein Ultrakurzzeitgedächtnis (englisch: Sensory Memory)
- ein Kurzzeit- bzw. Arbeitsgedächtnis, das aktuelle Information verarbeitet und zielgerichtetes Verhalten ermöglicht sowie
- ein Langzeitgedächtnis für die längerfristige Abspeicherung von Information.

Jedes Lebewesen braucht ein Ultrakurzzeitgedächtnis, das zunächst einmal alle eingehenden Sinnesreize aufnimmt. Dieses Gedächtnis ist artenspezifisch, da sich unterschiedliche Spezies in ihrem Wahrnehmungsspektrum unterscheiden. Das Spektrum an wahrnehmbaren Tönen ist beispielsweise bei Hunden größer als bei Menschen, während Menschen ein differenzierteres Spektrum an visuellen Reizen haben.

Für alle Spezies gilt: Von den eingehenden Sinnesreizen wird nur ein Bruchteil weiter verarbeitet. Welcher Reiz das Rennen macht, hängt von der Intensität der eingehenden Reize, vom Motivzustand und den Emotionen des Lebewesens ab. Gefahren signalisierende Reize werden prioritär wahrgenommen, und ein hungriges

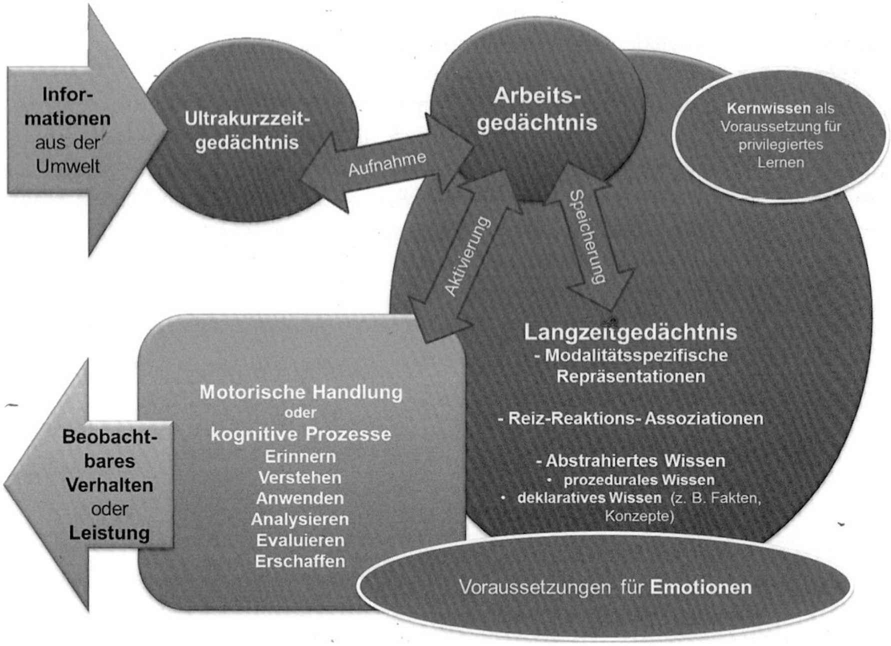

Abb. 2: An menschlichem Lernen beteiligte Gedächtnisprozesse und geistige Ressourcen (entwickelt von Elsbeth Stern und Lennart Schalk).

Lebewesen wird Hinweise auf Nahrung bevorzugt weiterverarbeiten. In einer klassischen Untersuchung von Georg Sperling (1960) konnte gezeigt werden, dass bei Menschen visuelle Information nach etwa 250 Millisekunden zerfällt, wenn sie nicht zielgerichtet verarbeitet wird.

Wie wird nun von einem Lebewesen ausgewählt, welchen Reizen im Ultrakurzzeitgedächtnis Aufmerksamkeit geschenkt wird und ob sie in das Langzeitgedächtnis gelangen? Die hierfür zuständige Instanz wird *Arbeitsgedächtnis* genannt. Es ist das wichtigste Konstrukt der wissenschaftlichen Psychologie und so zentral wie etwa das Atom in der Chemie oder die Zelle in der Biologie.

Während davon ausgegangen werden muss, dass *alle* Lebewesen eine Instanz haben, die zwischen dem Ultrakurzzeit- und dem Langzeitgedächtnis vermittelt, spricht vieles dafür, dass Struktur und Funktion des Arbeitsgedächtnisses ganz wesentlich für die Unterschiede in der geistigen Leistungsfähigkeit zwischen Menschen und anderen Lebewesen verantwortlich sind. Seit längerer Zeit ist bekannt, dass das Frontalhirn an Arbeitsgedächtnisfunktionen maßgeblich beteiligt ist. Menschen, die aufgrund von Unfällen oder Gehirnkrankheiten Schädigungen in diesem Bereich aufweisen, fällt es schwer, längerfristige Ziele zu verfolgen, da sie sich von allen möglichen Reizen ablenken lassen. Anders ausgedrückt: Das gezielte Ausblenden von nicht zielführender Information ist diesen Menschen nicht oder nur sehr schwer möglich. Bildgebende Verfahren wie EEG (Elektroenzephalografie) und fMRI (funktionelle Magnetresonanztomographie), die strukturelle und funktionale

Merkmale und Vorgänge im Gehirn erfassen, belegen die Bedeutung des Frontalhirns für das Arbeitsgedächtnis und damit für die Bewältigung von Aufgaben, die die Steuerung von Aufmerksamkeitsfunktionen erfordern.

Kern der Arbeitsgedächtnisfunktionen ist es, eingehende Information in das bestehende Wissen zu integrieren. Daraus wiederum werden Handlungen initiiert, welche die Bewältigung der gerade anstehenden Anforderungen ermöglichen. Um handlungsfähig zu bleiben, muss jedes Individuum aus der großen Flut an eingehenden Reizen eine Auswahl treffen. Die begrenzte Kapazität des Arbeitsgedächtnisses ist deshalb höchst funktional, stellt aber für das Lernen eine besondere Herausforderung dar.

Der Zugang vom Ultrakurzzeitgedächtnis zum Arbeitsgedächntnis kann *inzidentell* (also *unbeabsichtigt bzw. zufällig*) oder aber *intentional* (*absichtlich*) gesteuert sein. Bei intentional gesteuerten Prozessen verfolgt das Individuum ein Ziel. Es wird deshalb bevorzugt Information auswählen, die das Erreichen des Ziels unterstützt. Hat sich eine Person entschieden, den Inhalt eines Textes zu verstehen, wird sie nicht auf die Farbe der Buchstaben achten. Die intentional gesteuerte Begrenzung des Arbeitsgedächtnisses ermöglicht somit ganz wesentlich die Konzentrationsfähigkeit.

Allerdings hätte kein Lebewesen eine Überlebenschance, wenn das Arbeitsgedächtnis völlig »dicht« machen könnte. Für Hinweise auf drohende Gefahren sowie auf besondere Belohnungen muss ein Weg offenbleiben. Unerwartete und besonders intensive Informationen werden über den inzidentellen Weg weitergeleitet. So wird man sich als konzentrierte Leserin oder als konzentrierter Leser vielleicht nicht daran erinnern, ob die Schrift eines Textes blau oder schwarz war. Sind die Buchstaben hingegen in leuchtendem Pink, wird dies auch demjenigen Lesenden auffallen, der sich ganz auf den Inhalt konzentrieren kann. Neben dem *intentionalen* wird es also immer auch den *inzidentellen* Weg geben, über den Informationen in das Arbeitsgedächtnis gelangen.

Dass Lernen ein Langzeitgedächtnis voraussetzt, geht schon aus der im Kapitel 2.2 (► Kap. 2.2) eingeführten Definition hervor: Erfahrung muss gespeichert werden, ansonsten wäre eine *nachhaltige* Verhaltensänderung gar nicht möglich. Das gilt für die Ameise wie auch für den Menschen. Die Gehirne aller Lebewesen müssen flexibel genug für den Aufbau neuer Reiz-Reaktions-Verbindungen im Langzeitgedächtnis sein. Gleichzeitig ist das Gehirn eines Lebewesens bei seiner Geburt kein völlig unbeschriebenes Blatt, sondern enthält bereits Information, welche die Anpassung an die zukünftige Umwelt erleichtert. Man spricht in diesem Zusammenhang auch von festverdrahteten Strukturen im Informationsverarbeitungssystem, die weder durch Erfahrung erworben noch durch diese modifiziert werden können. Optische Täuschungen wie z. B. die Müller-Lyer Täuschung (siehe dazu unten die Abbildung 3) (► Abb. 3) sind Beispiele dafür. Selbst wenn wir beide Strecken mit dem Lineal messen und feststellen, dass sie gleich lang sind, sehen wir sie als unterschiedlich lang. Dieses zunächst scheinbar problematische Phänomen hat aber eine wichtige Funktion, da es uns beim Tiefensehen unterstützt, wie Abbildung 4 (► Abb. 4) zeigt. Obwohl im zweidimensionalen Bild Wand B kürzer ist als Wand A, wissen wir, dass in der dreidimensionalen Realität Wand A und B gleich lang sind und der dargestellte Raum einem Quader entspricht.

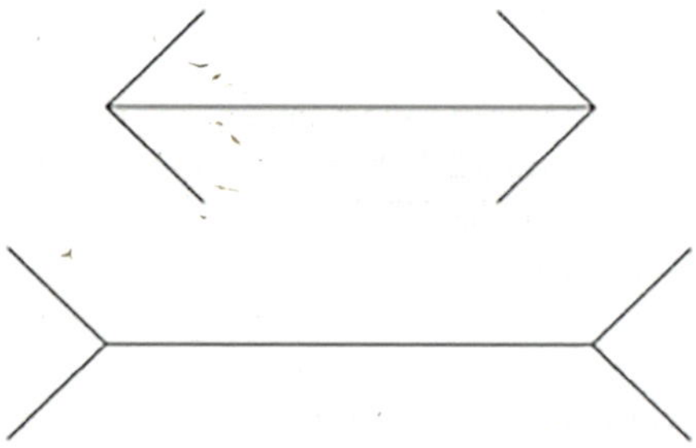

Abb. 3: Müller-Lyer-Täuschung. Ist die untere Linie wirklich nicht länger als die obere?

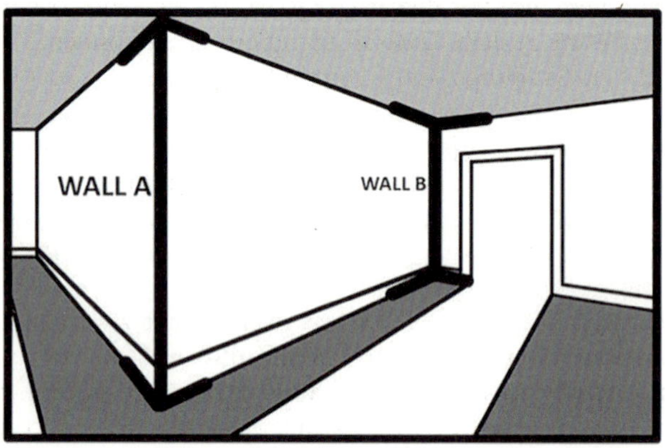

Abb. 4: Kein schiefer Raum: Dank der Müller-Lyer-Täuschung können wir in zwei Dimensionen dargestellte dreidimensionale Räume korrekt verarbeiten.

Neben festverdrahteten Strukturen gibt es auch vorverdrahtete Strukturen, die flexibler sind und durch Erfahrung geformt werden. Im Tierreich spricht man auch von Instinkten oder von Prägungslernen, wie es beispielsweise von dem Verhaltensforscher Konrad Lorenz nachgewiesen wurde. Frisch geschlüpfte Graugänse folgen dem ersten bewegten Objekt, das sie sehen – typischerweise die sich aus dem Nest erhebende Mutter. Unter artifiziellen Bedingungen, also wenn die Gänse künstlich ausgebrütet wurden, folgten sie beispielsweise den Stiefeln von Konrad Lorenz. Es war also gerade *nicht* ein festverdrahtetes Vorstellungsbild einer erwachsenen Gans, welches die Kleinen in der Natur dazu bringt, ihrer Mutter zu folgen, sondern eine flexiblere, aber bereits vorgeprägte Struktur, nämlich einer Bewegung zu folgen – von welchem Objekt auch immer.

Dass Tiere mit Instinkten geboren sind, wird seit langem akzeptiert. Seit einigen Jahrzehnten wissen wir aber auch, dass Menschen nicht völlig unvorbereitet auf die Welt kommen, sondern mit Grundlagen ausgestattet sind, dem sogenannten »Kernwissen«. Dieses erleichtert eine Anpassung an die zu erwartende soziale und physische Umgebung. Aus den Blickbewegungen von Säuglingen lässt sich ableiten, dass sie der Sprache, Veränderungen von kleinen Mengen und Bewegungen von Objekten besondere Aufmerksamkeit schenken (Pauen, 2012).

Auf der Grundlage dieses Kernwissens lernen Kinder beispielsweise ohne professionelle Instruktion in ihrem natürlichen Umfeld das Verstehen und Produzieren von sprachlichen Inhalten sowie das Zählen von diskreten Mengen. Zudem haben sie eine Vorstellung davon, wie sich in der physikalischen Welt feste Gegenstände zueinander verhalten. So reagieren bereits wenige Monate alte Kinder mit weit aufgerissenen Augen auf physikalisch unmögliche Szenarien, in denen beispielsweise ein fester Gegenstand ohne Halt in der Luft zu hängen scheint. Dies erklärt z. B., warum Babys von Mobiles fasziniert sind. Wie genau das angeborene Kernwissen für das weitere Lernen genutzt wird, wird noch kontrovers diskutiert (mehr dazu bei Pauen, 2012), aber es ist unbestritten, dass Menschen auf der Grundlage des Kernwissens vieles von dem, was zur Bewältigung des Alltags benötigt wird, ohne große Anstrengung und ohne gezielte Unterstützung erwerben können.

Die Tatsache, dass Säuglinge und Kleinkinder beiläufig so vieles lernen können, worauf sie im Laufe der Evolution vorbereitet wurden, kann zu Fehleinschätzungen der allgemeinen Lernfähigkeit im Kindesalter und einem unrealistischen Anspruch an Frühförderung führen. Manchmal geistern Vorstellungen durch die Medien, wonach unsere Umwelt die unbegrenzte Lernfähigkeit von Kindern gezielt zerstöre, weil es zu wenig oder die falsche Anregung gebe. Spätestens mit Schuleintritt sei dann die Lernmotivation zerstört.

Solche falschen Vorstellungen entstehen, wenn nicht zwischen biologisch vorbereiteten Kompetenzen und dem Erwerb von Kulturtechniken unterschieden wird. Letztere haben sich erst vor wenigen Jahrtausenden, Jahrhunderten oder Jahrzehnten entwickelt, also lange nach dem Zeitpunkt, an dem sich das menschliche Genom weitgehend stabilisiert hat. Der Erwerb von Kulturtechniken setzt ein effizient funktionierendes Arbeitsgedächtnis voraus, welches sich jedoch erst im Laufe der Kindheit entwickelt und seine vollständige Funktionsfähigkeit erst in der Adoleszenz erreicht. Auch das lässt sich durch Befunde aus der Hirnforschung belegen.

2.4.2 Die Funktionsweise des Arbeitsgedächtnisses

Vor den Zeiten von mobilen Online-Karten und Navigationstechnologien musste man in einer fremden Stadt oft nach dem Weg – z. B. zu einem Museum – fragen und bekam etwa die folgende Antwort: »Gehen Sie bis zur nächsten Strasse geradeaus, biegen Sie links ab und dann gleich wieder rechts. Nach 100 Metern kommt eine Ampel, da müssen Sie wieder links gehen und dann nochmal rechts. Dann gehen Sie direkt auf das Gebäude zu.« Man bedankte sich für die Auskunft, hatte sich noch den Anfang der Instruktion merken können, und wenn man einmal links und einmal rechts abgebogen war, musste man erneut fragen. Die gesamte Wegbeschreibung hatte die Kapazität unseres Arbeitsgedächtnisses überschritten.

Das Beispiel soll veranschaulichen: Die Kapazität des Arbeitsgedächtnisses ist begrenzt, und in einer solchen Situation ist das natürlich hinderlich. Aber diese Begrenzung ist der Tatsache geschuldet, dass im Arbeitsgedächtnis parallel Prozesse ablaufen müssen, die uns ermöglichen, selbst gesetzte oder von der Umgebung eingeforderte Ziele zu verfolgen. Das erfordert *selektive Aufmerksamkeit*: Aus der Umgebung sollte nur Information aufgenommen und weiterverarbeitet werden, welche der Erreichung des Ziels dient. Ist die relevante Information einmal identifiziert, muss sie im Arbeitsgedächtnis gehalten werden, bis das Ziel erreicht wird, z. B. durch Wiederholung oder durch Vorstellungsbilder. Um effizient agieren zu können, muss ein Individuum also gleichzeitig parallel zur Selektion der eingehenden Informationen im Langzeitgedächtnis nach Informationen suchen, welche ebenfalls zur Erreichung des Ziels beitragen können (Wiedererkennen). Auch diese Informationen müssen aktiviert und im Arbeitsgedächtnis gehalten werden.

Zudem müssen irrelevante Reize aus der Umgebung ausgeblendet werden. Stellen wir uns eine Studentin vor, die in eine Vorlesung gehen möchte. Eigentlich ist sie müde und würde lieber etwas anderes machen. Sie weiß, in welchem Gebäude die Vorlesung stattfindet, muss aber noch den Raum suchen. Bis sie im Hörsaal angekommen ist, wird ihr Arbeitsgedächtnis gefordert. Sie hat eine ungefähre Ahnung von dem Aufbau des Gebäudes. Dieses Wissen wird aktiviert, also in das Arbeitsgedächtnis geladen. Gleichzeitig muss sie die Raumnummer im Arbeitsgedächtnis halten und sich vergegenwärtigen, in welchem Stockwerk sie sich gerade befindet und welche Treppe man sinnvollerweise nimmt. Unterwegs sieht sie Freunde, die sich gemütlich mit einem Kaffee niedergelassen haben. Sich nicht zu ihnen zu setzen, sondern in den Hörsaal zu gehen, erfordert die gezielte Unterdrückung von Bedürfnissen nach sozialem Austausch. Einmal im Hörsaal angekommen, sollte sie den Prozess des Wegfindens aber vollständig aus ihrem Arbeitsgedächtnis entfernen und dieses auf die Verarbeitung der Vorlesungsinhalte einstellen.

Nur wenige selbst gesetzte oder von der Umwelt vorgegebene Anforderungen basieren auf einem einzigen Ziel. Sie lassen sich vielmehr durch eine Zielhierarchie beschreiben, in der es ein übergeordnetes Ziel gibt, das in Unterziele aufgeteilt ist. Das stellt besondere Herausforderungen an das Arbeitsgedächtnis, da für die unterschiedlichen Ziele verschiedene Informations- und Wissenselemente mit unterschiedlichen Prioritäten im Arbeitsgedächtnis gehalten werden müssen.

Mit anderen Worten: Die unterschiedlichen Elemente sind zu unterschiedlichen Zeitpunkten relevant und dementsprechend muss ihr Aktivierungsniveau an den Zeitverlauf angepasst werden. Ein Beispiel dazu: Wenn der Plan gefasst wurde, für acht Personen eine anspruchsvolle Mahlzeit zuzubereiten, ist die Aktivierung der Personenzahl bei manchen Unterzielen – z. B. dem Einkaufen oder bei der Entscheidung, wann man genug Kartoffeln geschält hat – relevant. Ist man hingegen gerade dabei, die Sauce Hollandaise vorzubereiten, muss man sich darauf konzentrieren, das Gerinnen der Eier zu verhindern. Deshalb ist gerade nicht relevant, wie viele Personen zum Essen kommen. Aber die Information darf nicht ganz in Vergessenheit geraten, da sie später wieder aktualisiert werden muss. Gleichzeitig muss das Arbeitsgedächtnis noch irrelevante Information hemmen. Der Lärm eines vorbeifahrenden Zuges muss zunächst als ungefährlich erkannt und dann ausgeblendet werden. Das Eigelb beim Zubereiten der Sauce Hollandaise erinnert vielleicht an einen Sonnenuntergang – aber wenn die Sauce gelingen soll, darf man sich diesen Erinnerungen nicht hingeben. Aus den Beispielen wird deutlich, dass das Arbeitsgedächtnis die Funktion hat, zwischen im Langzeitgedächtnis gespeicherter und eingehender neuer Information zu vermitteln. Wie das genau geschieht, wird von der zu bewältigenden Anforderung und dem damit verbundenen Ziel bestimmt.

Man kann sich das Arbeitsgedächtnis als ein flexibles Beleuchtungskonzept vorstellen, mit mehreren dimmbaren Glühbirnen. Die maximale Helligkeit (die der Arbeitsspeicherkapazität entspricht) ist vorgegeben und kann entweder auf viele oder auf wenige Glühbirnen verteilt werden. Entsprechend variiert die Helligkeit der einzelnen Glühbirnen. Ist man gerade sehr fokussiert, leuchten nur wenige Glühbirnen sehr hell, lässt man den Geist wandern, leuchten viele Glühbirnen stark gedimmt. Information, die für ein Unterziel erst zu einem späteren Zeitpunkt benötigt wird, entspricht einer gedimmten Glühlampe. Erlischt eine Glühlampe, welche eine noch benötigte Informationseinheit repräsentiert, wird die Anforderung nicht angemessen bewältigt.

Wenn wir bei dieser – stark vereinfachenden – Analogie bleiben, dann zeigt sich das Ausmaß von geistiger Leistungsfähigkeit zum einen in der zur Verfügung stehenden maximalen Helligkeit und zum anderen in der Geschwindigkeit, in der die Beleuchtungsstärke variiert werden kann. Menschen unterscheiden sich in der Kapazität, der Flexibilität und der Geschwindigkeit, mit der sie Information verarbeiten können. Im folgenden Kapitel (▸ Kap. 2.4.3) geht es zunächst um die Frage, wie man durch Lernen die Effizienz des Arbeitsgedächtnisses steigern kann.

2.4.3 Lernen als Verdichtung von Wissen: Chunking und Prozeduralisierung

Lernen ganz allgemein, insbesondere auch schulisches Lernen, heißt, die bestehende Wissensbasis so zu verändern, dass eine bessere Anpassung an die Erfordernisse der Umgebung ermöglicht wird. In diesem Kapitel soll gezeigt werden, dass es von der Repräsentation des Wissens im Langzeitgedächtnis abhängt, wie effizient die Arbeitsgedächtnisfunktionen für das Lernen und Problemlösen genutzt werden. Die Kapazität des Arbeitsgedächtnisses ist zwar begrenzt, aber wenn Wissen effizient im Langzeitgedächtnis gespeichert ist, können im gleichen Zeitraum größere Mengen aktiviert werden; man kann dann, salopp gesagt, schneller denken. Dies setzt allerdings vorangegangene Lernprozesse voraus, in denen Wissen durch wiederholte Aktivierung *verdichtet* wird.

Chunking

Verdichtung entsteht zunächst einmal durch *Chunking* (Bündelung) von Information. Einzelne Wissenselemente werden zu übergeordneten Einheiten zusammengefasst. Ein Beispiel: Wer die Ziffern *91119893101990* hört, wird sich diese kaum auf Anhieb merken können. Im Allgemeinen kann ein Mensch nur sieben bis neun Ziffern spontan im Arbeitsgedächtnis halten. Ergänzt man die Zahlenreihe hingegen mit Punkten, sieht man, dass es sich bei den Ziffern um zwei wichtige Daten der jüngsten deutschen Geschichte handelt, nämlich den Tag des Mauerfalls in Berlin und den Tag der deutschen Wiedervereinigung. Dann kann man die Zahlenreihe problemlos noch Jahre später reproduzieren: 9.11.1989 3.10.1990.

In der Kognitionspsychologie wird diese Vergrößerung der Gedächtniskapazität durch Komprimierung des Wissens als *Chunking* (Bündelung) bezeichnet. Einzelne Reize, die zuvor als eigene Einheiten abgespeichert waren und deshalb einzeln für die Verarbeitung im Arbeitsgedächtnis aktiviert werden mussten, werden durch wiederholte gemeinsame Aktivierung gleichsam fest zusammengeschweißt. Handlungen rufen sich gegenseitig auf, das Arbeitsgedächtnis wird trotz großer Informationsmengen nur geringfügig belastet.

Bleiben wir bei der schon oben (▶ Kap. 2.4.2) verwendeten Glühlampenanalogie: Für die Aktivierung einer gebündelten Wissensrepräsentation wird weniger Lichtenergie gebraucht als für die Aktivierung aller einzelnen Elemente. Verdichtung von Wissen durch gemeinsame oder zeitlich benachbart aktivierte Stimulus- und Reaktionselemente spart Arbeitsspeicherkapazität und erlaubt eine schnellere Aktivierung und Deaktivierung von komplexeren Wissens-Netzwerken.

Unserer Fähigkeit zur Bündelung verdanken wir es, dass wir in Sekundenschnelle das Wort Mississippidampfschifffahrtsgesellschaftskapitän lesen können. Geübte Leserinnen und Leser erkennen Buchstaben auf einen Blick und haben so enge Assoziationen zwischen Buchstaben und Lauten aufgebaut, dass beides zusammen aktiviert wird. Ein im Lesen ungeübter Mensch hingegen muss jeden Buchstaben in einen Laut übertragen und daraus mühsam ein Wort konstruieren. Es wird Arbeitsspeicherkapazität gebunden, die für das Sinnverständnis nicht mehr zur Verfügung steht.

Daraus folgt: Aus Texten lernen können nur Menschen, die Buchstabenansammlungen als Wortbilder gespeichert haben, so dass sie das Arbeitsgedächtnis voll für das Inhaltsverständnis nutzen können. Das erfordert zunächst sehr viel Übung. Dabei lernt man, wie bestimmte Buchstabenkombinationen in Laute und Silben und schließlich in Worte umgesetzt werden. Nebenbei werden auch andere Merkmale der Wörter abgespeichert, z. B. der Anfangs- und der Endbuchstabe sowie die Wortlänge. Mit diesen Wissensnetzen ausgestattet, können geübte Leserinnen und Leser problemlos den unten als Zitat dargestellten Text lesen. Ungeübte Leser hingegen können dies nicht. Sie haben die richtig geschriebenen Wörter entweder nicht häufig genug gesehen, oder sie haben sie nicht so detailliert verarbeitet, dass sie die Merkmale zu größeren Einheiten – also Wörtern – gebündelt haben. Sie erkennen dann trotz der Redundanz der Sprache diese bei leichten Abweichungen nicht wieder.

> Ehct ksras! Gmäess eneir Sutide eneir Uvinisterät ist es nchit witihcg, in wlecehr Rneflogheie die Bstachuebn in eneim Wort snid, das ezniige, was wcthiig ist, dass der estre und der leztte Bstabchue an der ritihcegn Pstoion snid. Der Rset knan ein ttoaelr Bsinöldn sein, tedztorm knan man ihn onhe Pemoblre lseen. Das ist so, weil wir nicht jeedn Bstachuebn enzelin leesn, snderon das Wort als gzeans enkreenn. Ehct ksras! Das ghet wicklirh! Und dfüar ghneen wir jrhlaeng in die Slhcue!

Lernen aus Texten setzt das Worterkennen voraus. Müsste man Buchstabe für Buchstabe identifizieren und daraus das Wort konstruieren, würde keine Arbeitsspeicherkapazität für den Inhalt bleiben.

Die Verdichtung von Wissen durch *Chunking* muss möglichst fehlerfrei erarbeitet werden, wenn man sich geistige Flexibilität erhalten möchte. Das soll am Beispiel der arithmetischen Grundoperationen verdeutlicht werden. Menschen, die nicht über ein gut vernetztes Zahlenwissen verfügen – die also zum Beispiel nicht sofort abrufen können, was die Hälfte von 70 ist oder was 27 plus 5 ergibt –, stehen schon im Alltag schnell vor Problemen. Es ist deshalb wichtig und richtig, dass in der Primarschule viel Zeit auf Addition, Subtraktion, Multiplikation und Division verwendet wird. Dabei können unterschiedliche Strategien zum Einsatz kommen. Das Ergebnis von $5 + 3 =$ kann ermittelt werden, indem von Grund auf gezählt wird: 1, 2, 3, 4, 5, 6, 7, 8. Man kann auch ab 5 aufzählen: 6, 7, 8. Bei jeder Berechnung wird eine Verbindung zwischen $5 + 3 =$ und 8 hergestellt. Wenn diese Verbindung eine gewisse Assoziationsstärke erreicht hat, wird »8« aktiviert, bevor die Rechenoperation abgeschlossen ist. Es wurde also Wissen so verdichtet, dass die Abrufstrategie zum Tragen kommt.

Multiplikation wird auf ähnliche Weise erworben: Zunächst als wiederholte Addition und später als Faktenabruf. Allerdings wird nicht jede Kombination so ausgiebig geübt, dass sich durch Wiederholung eine Verdichtung einstellt. Deshalb wird das 1×1 auswendig gelernt. Allerdings besteht die Gefahr, dass ein unflexibles Faktennetz aufgebaut wird. Zwar wird man auf die Aufgabe »$7 \times 8 =$« wie aus der Pistole geschossen antworten, aber dafür länger für die Frage »Welches Ergebnis ist größer, $6 \times 8 =$ oder $7 \times 4 =$?« brauchen. Deshalb sollte die Multiplikation in der Primarschule mit der Ableitungsstrategie geübt werden: $7 \times 9 = 7 \times 10 - 7 \times 1 = ?$ oder $6 \times 8 = 5 \times 8 + 1 \times 8 = ?$ Wer auf diese Weise das 1×1 lernt, wird bei ausreichender Übung ein Netz an Faktenwissen aufbauen, welches es ermöglicht, jede 1×1-Aufgabe durch schnelles Erinnern zu lösen. Gleichzeitig ist das numerische Netzwerk so komplex und flexibel, dass es Verbindungen zu anderen Zahlen und Aufgaben herstellt. 36 ist verbunden mit 6×6, 9×4, $7 \times 5 + 1$ usw.

Prozeduralisierung (Automatisierung)

Neben dem Chunking ist auch die *Prozeduralisierung*, also die Entstehung von weitgehend automatisiertem Handlungswissen, ein wichtiger Prozess beim Aufbau von Wissen. Das prozeduralisierte Wissen kann einer anderen Person nicht ohne weiteres kommuniziert werden, zumindest nicht im Detail. Wir können niemandem das Schreiben oder das Fahrradfahren so genau erklären, dass er es auf Anhieb kann. Diese Aktivitäten werden durch viele kleine aufeinander abgestimmte Handlungsschritte ermöglicht, die sich mit zunehmender Übung nacheinander aufrufen, ohne dass sich das Arbeitsgedächtnis einschalten muss. Man spricht deshalb auch von *Automatisierung*.

Die Prozeduralisierung von Teilen des Wissens ist in allen Inhaltsbereichen Voraussetzung für höhere geistige Tätigkeiten. Das gilt für Mathematik wie auch für das Lernen von Fremdsprachen. Wer die binomischen Formeln als Muster abgespeichert hat, wird beim Auflösen einer algebraischen Gleichung auf einen Blick erkennen, was man vereinfachen kann. Wer Vokabeln einer Fremdsprache gelernt hat, kann diese mit geringem Aufwand aktivieren und sich bei der Konstruktion eines Satzes auf die Grammatikregeln konzentrieren.

2.4.4 Lernen als Explikation und Vernetzung: Der Aufbau von deklarativem Wissen

Dass wir das geschriebene Wort »Maschine« auf einen Blick erkennen, ist unserer Fähigkeit zum *Chunking* (► Kap. 2.4.3) geschuldet. Dass wir hingegen anderen

Menschen erklären können, was eine Maschine ist, basiert auf *deklarativem Wissen*. Damit ist in der Kognitionspsychologie eine Wissensart gemeint, die sich in Symbolsysteme wie Sprache, Schrift, Formeln oder Bilder überführen lässt. Den Kern dieses Wissens bilden *Begriffe* bzw. *Konzepte*, Beispiele dafür sind »Hund«, »Säugetier«, »Gerechtigkeit«, »Primzahl« oder »Relativitätstheorie«.

Deklaratives Begriffswissen entsteht durch die Verbindung zu anderen Begriffen. Dies können Eigenschaften sein wie z. B. »rot« und »rund« oder aber Begriffe auf der gleichen kategorialen Ebene wie »Ball« und »Teddybär«, die zusammen die Grundlage für Oberbegriffe wie »Spielzeug« bilden können. Aus der Verbindung zwischen Begriffen entstehen Netzwerke, die unterschiedlich umfangreich und verschieden strukturiert sein können. Der passionierte Hundebesitzer wird bei dem Begriff »Hund« sofort den Namen und visuelle Vorstellungen seines Hundes aktivieren, die professionelle Biologin hingegen einen übergeordneten Begriff wie »domestiziertes Säugetier«.

Ein wichtiger Grund für die oft wenig erfolgreiche Kommunikation zwischen Menschen, insbesondere jene zwischen Lehrpersonen und Lernenden, besteht darin, dass *zwar die gleichen Wörter verwendet werden, währenddem die konzeptuellen Netzwerke, in die sie eingebettet sind, sehr unterschiedlich sind*. So wird das Begriffswissen von so genannten Novizen, also Menschen, die sich in einem Gebiet nur sehr oberflächlich auskennen, zunächst von charakteristischen Oberflächenmerkmalen und nicht von theoriegeleiteten, definitorischen Merkmalen bestimmt. Novizen lassen sich bei der Bildung von Begriffen in erster Linie von ihrer Wahrnehmung leiten. Da Kinder aufgrund fehlender Lerngelegenheiten in den allermeisten Gebieten so genannte universelle Novizen sind, ist bei ihnen besonders häufig eine Konzentration auf charakteristische Oberflächenmerkmale zu beobachten. Dies – und nicht wie von dem berühmten Entwicklungspsychologen Jean Piaget angenommen die fehlende Abstraktionsfähigkeit – ist die Ursache für altersbedingte Unterschiede in der Denkleistung (Stern, 2005).

Jüngere Grundschulkinder bejahen zum Beispiel die Frage, ob ein Haufen Reis, verneinen aber die Frage, ob ein einzelnes Reiskorn etwas wiege. Diese zunächst unverständliche Antwort wird nachvollziehbar, wenn man berücksichtigt, dass jüngere Kinder »Gewicht« und »sich schwer anfühlen« noch miteinander gleichsetzen. Auch dass der Wal ein Säugetier und kein Fisch ist, ist für Kinder schwer zu verstehen, weil sie Tiere zunächst nach ihrem Lebensraum einteilen. Dass die Art der Fortpflanzung – die man im Allgemeinen nicht zu sehen bekommt – ein sinnvolles Kriterium bei der Klassifikation von Tieren sein kann, versteht man erst auf der Grundlage von zusätzlichem und tiefer gehendem biologischen Wissen. Erst wenn ein Verständnis für den theoretischen Hintergrund vorliegt, der die Unterteilung in Säugetiere und Fische notwendig macht, werden nicht mehr charakteristische (lebt im Wasser), sondern definitorische Merkmale (Nachwuchs wird lebend geboren und mit Muttermilch ernährt) zur Unterscheidung herangezogen (Carey, 2000).

Kommen wir auf das Beispiel der Maschine zurück. Kinder schreiben dem Begriff *Maschine* etwa die charakteristischen Eigenschaften zu, dass diese aus Stahl sei, von einer fossilen oder elektrischen Energiequelle angetrieben werde und Krach mache. Wer hingegen Newtons Axiome verstanden hat, wird das Konzept der Maschine in den Kontext der Mechanik einordnen und somit nicht das Arbeitsgedächtnis mit

Begriffen wie Metall, Lärm oder Bewegung belasten. Vielmehr wird diese Person eine Maschine als ein Werkzeug verstehen, das zur Umwandlung einer Kraft dient, um diese möglichst zweckmäßig zur Verrichtung von Arbeit einzusetzen. Auch wenn die Person bisher nicht darüber nachgedacht hat, dass auch eine simple Holzschraube eine Maschine sein kann, wird sie die Frage »Ist eine Schraube eine Maschine?« mit »ja« beantworten. Ein nach definitorischen Merkmalen und in einen Theoriekontext eingebettetes Begriffsnetzwerk optimiert die Nutzung der Arbeitsgedächtnisfunktionen und damit unser Denken in gleicher Weise wie Prozeduralisierung und Chunking.

Man stelle sich vor, auf einer Party treffe man auf einen Biologen, dessen Spezialgebiet Saolas sind. Wer noch nie die Bezeichnung »Saola« gehört hat, aber erfährt, dass es sich um ein vietnamesisches Waldrind handle, weiß schon eine Menge über das Tier, wenn die Konzepte »Huftier« und »Säugetier« und »Boviden« bekannt sind. Letztere sind Hornträger und Wiederkäuer. Auf die Frage »Frisst ein Saola Fleisch?«, wird man mit »nein« antworten können, selbst wenn man immer noch nicht weiß, wie ein Saola aussieht. Verfällt der Biologe in einen Monolog über Details der Lebensweise von Saolas, wird man vielen Details folgen können, weil auf Boviden nicht zutreffende Eigenschaften (Fleisch als Nahrungsquelle, Baumkronen als Lebensort, mehr als zwei Nachkommen in einem Wurf als Standardfall) deaktiviert wurde, während Wissen, welches wichtig werden könnte (Fressfeinde, Art der Pflanzennahrung, Herde als Lebensform) stärker aktiviert wird, so dass eingehende Information daran angebunden werden kann und somit nicht verloren geht.

Ein gut strukturiertes Wissensnetzwerk in einem Inhaltsbereich ermöglicht also dem Arbeitsgedächtnis eine gezielte Hemmung und Aktivierung von bestehendem Wissen in Abhängigkeit von der zu bewältigenden Anforderung, also dem übergeordneten Ziel. Dieses setzt eine Erwartungshaltung in Gang, die vom Arbeitsgedächtnis gemanagt wird. Wie gut dies gelingt, hängt von zwei Faktoren ab: Der Effizienz der Arbeitsgedächtnisfunktion, in der sich Intelligenzunterschiede niederschlagen (das wird unten (► Kap. 2.5) noch ausgeführt) und der Organisation des Wissens im Sinne einer Verdichtung und einer Vernetzung von Wissenselementen.

Ein gut organisiertes Wissensnetzwerk erlaubt die Konstruktion neuen Wissens durch schlussfolgerndes Denken. Bleiben wir bei dem Beispiel des Saolas, von dem wir nur wissen, dass es ein vietnamesisches Waldrind ist. Alles, was wir über die definitorischen Eigenschaften von Rindern wissen – Säugetiere, Pflanzenfresser, Wiederkäuer, Huftiere –, können wir auf das Saola übertragen. Wer über ein nach definitorischen Merkmalen abgespeichertes Konzept »Rind« verfügt, wird nicht die charakteristischen Merkmale der ihm bekannten Charolais-Rinder – wie z. B. Größe oder Fellfarbe – auf das Saola übertragen, weil er weiß, dass verschiedene Rinderarten in diesen beiden Merkmalen stark variieren können.

2.4.5 Verstehendes Lernen als Konzeptwandel

Die Art und Weise, wie eine Person ein Konzept gespeichert hat, kann im Grad der Allgemeinheit deutlich variieren: Bello, der real existierende Schäferhund, Schäferhund als Hunderasse, Hund als Gattung, als Haustier, Säugetier, Tier, Lebewesen.

Die letzte Ebene bezieht sich auf konkrete, sinnlich wahrnehmbare Entitäten, nämlich alles, was als Lebewesen bezeichnet wird – sei es ein Bakterium, ein Grashalm oder ein Elefant. All diese Entitäten nehmen Raum ein und sind – wenn auch im Falle des Bakteriums nur mit technischen Hilfsmitteln – sinnlich wahrnehmbar.

Ein *Alltagskonzept* von »Lebewesen« zu erwerben, stellt keine besondere kognitive Anforderung dar: Die Unterscheidung zwischen belebten und unbelebten Objekten ist als Kernwissen verfügbar, also vermutlich in unserem Genom verankert, wie wir aus Ergebnissen der Säuglingsforschung ableiten können. Sechs Monate alte Kinder zeigen unterschiedliche Blickbewegungen, je nachdem, ob sich ein Gegenstand kontinuierlich bewegt, wie es typisch für Fremdeinwirkung ist, oder diskret wie bei Tieren und Menschen. Das Interesse für Tiere entwickelt sich sehr früh, und ein Konzept von »Lebewesen« wird in der Vorschulzeit erworben. Zwar geht dieser Lernprozess mit einer Reihe von Missverständnissen einher – u. a. glauben Kinder zunächst, dass Pflanzen keine Lebewesen sind –, aber durch Fragen und analoges Schließen präzisieren sie ihren Begriff von Lebewesen (Inagako & Hatano, 2006).

Das gilt auch für den Unterbegriff der Arten. Bis zu einem Alter von fünf Jahren denken Kinder, dass ein Tier seine Art verändert (aus einem Eichhörnchen wird ein Stinktier, wenn man ihm dessen Fell überzieht), aber solche Missverständnisse werden schnell aufgegeben. Man benötigt keine Kenntnisse über Genetik und Mikrobiologie, um zu verstehen, dass die Zugehörigkeit zu einer Art ein stabiles Merkmal ist.

Mit zunehmender Lernerfahrung wird das Konzept von Lebewesen komplexer und kann verstanden werden als »organisierte Einheit«, die unter anderem zu Stoffwechsel, Fortpflanzung, Reizbarkeit, Wachstum fähig ist und evolutionären Prozessen unterliegt.

Viele wissenschaftliche Begriffe aus der Biologie und der Chemie unterscheiden sich in ihrer Komplexität und Differenziertheit vom Alltagsverständnis, aber ein gemeinsamer Kern bleibt. So kann man sich unter *Stoffwechsel* etwas vorstellen, ohne dass man die zugrundeliegenden biochemischen Prozesse versteht. Auch dass Materie aus kleinsten Teilchen zusammengesetzt ist, ist intuitiv einsichtig, spätestens nachdem man mit Bauklötzen gespielt hat. Unüberbrückbare Distanzen entstehen bei Detailfragen, wenn es um konsistente Erklärungen geht. Was hält die Atome zusammen, wie formen sie ein Objekt? Hier gehen Alltagsvorstellungen und wissenschaftliche Erkenntnisse auf inkompatible Weise auseinander.

Da Menschen nach konsistenten und schlüssigen Erklärungen streben, die sich möglichst widerspruchsfrei in ihr Weltbild einfügen, können bereits Kinder erstaunlich komplexe naive Theorien aufbauen. Werden 6-Jährige mit der Tatsache konfrontiert, dass die Erde keine Scheibe ist, sondern eher einem Ball ähnelt, stellt sich ihnen die Frage, warum Lebewesen und Dinge auf dem unteren Bereich nicht runterfallen. Diesen Widerspruch lösen die Kinder, indem sie ein Modell der Erde als Halbkugel konstruieren, wo die Menschen entweder im Innenraum oder auf einer Scheibe wohnen, die die Halbkugel bedeckt. Sie bilden also ein *synthetisches Konzept* aus ihrer Erfahrung, dass die Erde flach ist, und der Information, dass die Erde rund ist (Vosniadou & Brewer, 1992).

Was die kleinsten Teile – also die Atome – zusammenhält, beschäftigt Kinder und sie entwickeln ihre eigenen Vorstellungen dazu. Eine davon ist das Kugel-Sackmodell: Die kleinen Atome sind wie Tennisbälle in einem Sack. In sich konsistente, aber dennoch falsche Vorstellungen über Vorgänge in der Welt, die besonders änderungsresistent sind, halten sich bis in das Erwachsenenalter. Der Kern der Evolutionslehre wird mit »Recht des Stärkeren« gleichgesetzt, was zu einer unzulässigen Trivialisierung zentraler evolutionärer Prozesse wie Mutation, Adaptation und Selektion führt.

Esoterische Ideen zur Ernährung und zur Landwirtschaft folgen ähnlichen Prinzipien. Die Idee der Entschlackung des Körpers durch Fasten entsteht aus einer unangemessenen Generalisierung des Verbrennungsbegriffs. Die Umwandlung fossiler Brennstoffe in Wärme und Licht hinterlässt Rückstände, auch als Schlacke bezeichnet. Nahrungsaufnahme dient der Energiezufuhr. Sie wird in Bewegung und Wärme umgewandelt und hinterlässt nicht verwertbare Rückstände, die abgeführt werden. Nach Auffassung einiger selbsternannter Ernährungsexperten hinterlässt aber die moderne ungesunde Nahrung Rückstände, mit denen der Stoffwechsel nicht fertig wird, weshalb Heilfasten zur Entschlackung zu empfehlen sei. Der Begriff »Schlacke«, der im Bergbau benutzt wird, um Verbrennungsrückstände zu bezeichnen, wird fälschlicherweise auf die menschliche Verdauung übertragen. Die Liste der pseudowissenschaftlichen Alltagstheorien, die auf der Trivialisierung biologischer und chemischer Erklärungen beruhen, könnte beliebig fortgeführt werden.

Chemie und vor allem Biologie gelten im Allgemeinen als interessante Schulfächer, selbst wenn die Leistungen nicht immer zufriedenstellend sind. Das mag auch daran liegen, dass die in diesen Fächern angebotenen Konzepte und Theorien reichlich Stoff für eigene Vorstellungen und Erklärungen bieten und häufig emotional geladen sind. Chemie als negativer Gegensatz zur reinen Natur oder eine enge Assoziation zwischen Genetik und Euthanasie prägt manche Weltbilder. Auch soll es immer noch Menschen geben, die sich weigern, Tomaten zu essen, die Gene enthalten, und die nichts anfassen möchten, was Atome enthält. Aber auch Menschen mit verzerrten oder falschen Konzepten aus Biologie und Chemie gehen davon aus, dass sie etwas verstanden haben, und manche fühlen sich in ihrem Wissen sicherer als Experten.

Zwei Schulfächer, die mehrheitlich negativ besetzt sind, ohne dass sie bei den meisten Menschen einen starken Einfluss auf ihr Weltbild haben, sind Physik und die höhere Mathematik. Die diesen Fächern zugrundeliegenden Konzepte sind so abstrakt und alltagsfern, dass sie sich nicht als Grundlage für Trivialisierung und naive Theorien eignen. Hinzu kommt, dass es bei den Aufgaben, die in diesen Fächern gestellt werden, eindeutig richtige oder falsche Lösungen gibt, weshalb eine »gefühlte Kompetenz«, die bei Biologie und Chemie auftreten kann, keine Chance hat.

In Mathematik kommen viele Schüler spätestens ab der Behandlung von Algebra nicht mehr mit dem Abstraktionsgrad zurecht. Das Verständnis von Konzepten wie *Variable* und *Parameter* wird am Gymnasium erwartet, aber selten auf eine Weise verstanden, die auf die Informatik übertragbar ist (Hromkovic & Kohn, 2018). Bruch- und Prozentrechnung sowie Dezimalzahlen haben noch einen Alltagsbezug, auch wenn ihr Erwerb eine Umstrukturierung des Zahlkonzeptes erfordert. Im Arithmetikunterricht wurde der Umgang mit natürlichen Zahlen mit den Grundrechenarten geübt. Zwischen zwei beliebigen Zahlen konnte man die exakte Menge der dazwischenliegenden Zahlen ermitteln. Aus den zahlreichen Rechenübungen wurden implizit oder explizit Prinzipien abgeleitet: Multiplikation und Addition führen zur Vergrößerung, Subtraktion und Division zur Verkleinerung (obwohl schon in der Arithmetik die Zahlen 0 und 1 Ausnahmen darstellten). Werden Bruch- und Dezimalzahlen eingeführt, muss das Verständnis von Zahlen erweitert werden. Man muss verstehen, dass 1/7 größer ist als 1/8 und dass zwischen 0,1 und 0,2 unendlich viele rationale Zahlen liegen. Dass 50 % von 1000 Franken weniger Geld ist als 10 % von 10000 Franken stellt höhere Anforderungen an das Arbeitsgedächtnis, da der Vergleich die Repräsentation von Relationen erfordert.

Tatsächlich stellt das Verständnis von Zahlen als Relation einen ersten Schritt in Richtung eines fortgeschrittenen mathematischen Verständnisses dar (Stern, 1993, 1995). So können fast alle Vorschulkinder die folgende Aufgabe lösen: »5 Vögel haben Hunger. Sie finden 3 Würmer. Wie viele Vögel bekommen keinen Wurm?«. Hingegen liegt bei denselben Kindern die Lösungsrate unter 20 %, wenn die Aufgabe mit der Frage endet »Wie viel mehr Vögel als Würmer gibt es?« Die Diskrepanz ist nicht auf sprachliche Probleme zurückzuführen (Stern & Lehrndorfer, 1992; Stern, 1993), sondern auf ein eingeschränktes Verständnis von Zahlen als Zählinstrumente. In verschiedenen Längsschnittstudien konnte die Bedeutung eines frühen Relationszahlenverständnisses für ein späteres mathematisches Verständnis nachgewiesen werden (Stern, 2009; Schalk et al. 2016).

Die Entwicklung eines Zahlenverständnisses, das über die Zählfunktion hinausgeht und das die Grundlage für reelle und rationale Zahlen ist, stellt für alle Kinder eine Herausforderung dar. Wie gut diese bewältigt wird, hängt von der Unterrichtsqualität und der Intelligenz der Kinder ab (Staub & Stern, 2002). Es kann davon ausgegangen werden, dass überdurchschnittlich intelligente Kinder, die keinen guten Mathematikunterricht erhalten, Bruch-, Dezimal- und Prozentrechnung durch alltagsnahe Lernangebote erwerben, wenn auch mit Verzögerung. Hingegen können auch sehr intelligente Schülerinnen und Schüler an abstrakten Inhalten in Mathematik und Physik scheitern, weil Lernangebote nicht genutzt werden oder schlecht gestaltet sind. Sie werden zu Underachievern, also Minderleistern (Hofer & Stern, 2017). Sie setzen ihre Intelligenz nicht in brauchbares prozedurales und konzeptuelles Inhaltswissen um.

Kommen wir zurück zu den Fächern Physik und Mathematik am Gymnasium. In einer an der ETH Zürich durchgeführten Studie konnte gezeigt werden, dass selbst in der hoch selegierten Gruppe der Erstsemester in Physik und Mathematik Defizite im konzeptuellen Verständnis von Differential- und Integralrechnung zu beobachten waren (Deiglmayr et al, in Vorbereitung). Noch offensichtlicher wurde dies in Physik, insbesondere in der Mechanik. Wer souverän mit Formeln wie »Kraft = Maße × Beschleunigung« umgehen konnte, hatte nicht immer auch die in der Formel implizierten Konzepte verstanden. Spätestens seit der Entwicklung des *Force Concept Inventory* (FCI, Hestenes, 1992) ist bekannt, dass auch sehr intelligente Schülerinnen und Schüler, die ihren Physikkurs mit guten Noten abgeschlossen haben, kein konzeptuelles Weltbild im Newtonschen Sinne aufgebaut hatten. Das ist in der Tat sehr schwierig, weil es erfordert, dass sehr plausible und mit dem Körperempfinden kompatible Vorstellungen aufgegeben werden müssen. Dass jede Bewegung eines Gegenstandes oder eines Lebewesens das Einwirken einer Kraft voraussetzt und dass man Kraft aufwenden muss, um die Geschwindigkeit beizubehalten, ist kompatibel mit allen Alltagsvorstellungen und Erfahrungen. Im Rahmen des Newtonschen Weltbildes hingegen sind Konzepte wie Trägheit und Beschleunigung zentral. Ohne Einwirkung einer Kraft behält ein sich geradlinig bewegender Gegenstand seine Geschwindigkeit aufgrund der Trägheit bei, während eine Kraft einen Gegenstand negativ oder positiv beschleunigt, also die Geschwindigkeit und/oder die Richtung verändert.

Noch schwerer ist das Konzept der Gegenkraft (actio = reactio) zu verstehen. Dass auch nicht-magnetische Körper sich gegenseitig anziehen, müssen wir nicht wissen, um angemessen in der Umwelt zu navigieren. Ebenso wenig müssen wir wissen, dass wir uns im Auto aufgrund des Trägheitsprinzips anschnallen müssen. Das Alltagskonzept von »nach vorn geschleudert werden« reicht aus, um uns zu überzeugen. Aber fälschlicherweise impliziert »geschleudert werden« das Einwirken einer Kraft. Kraft ist ein theoretisches Konstrukt, und die Mechanismen der Anziehung sind bisher nicht aufgeklärt. Aber mit der Annahme von Kraft und Gegenkraft kann man alle physikalischen Vorgänge der Welt exakt vorhersagen.

Warum sind solche abstrakten Konzepte so schwer zu verstehen? Oder andersherum: Warum sind andere Konzepte wie zum Beispiel »Lebewesen«, obwohl sie einen ebenso hohen Allgemeinheitsgrad haben, einfacher zu verstehen? Letztere können auf konkrete, sinnlich wahrnehmbare Ereignisse reduziert werden, wie z. B. meinen Hund Bello. Eine solche Reduktion auf eine Basiseinheit ist bei Begriffen wie Kraft, Trägheit oder Energie nicht möglich, da sie bereits die unterste Ebene, also die Letzterklärungen bilden. Sie können nicht mit einer Bedeutung versehen werden, indem sie auf konkrete Einheiten heruntergebrochen werden.

Das ist gerade auch in der Mathematik der Fall. Während man die Grundrechenarten mit natürlichen Zahlen noch auf konkrete Situationen (hinzufügen, wegnehmen, vermehren, aufteilen) reduzieren kann, wird bei Operationen mit rationalen Zahlen der Bezug zur realen Welt mühsamer. Zwar kann man Brüche als Teil eines Ganzen verstehen, aber spätestens wenn es um die Multiplikation oder Division mit nicht-natürlichen Zahlen geht, stösst man an Grenzen. Dass nicht jede Multiplikation zu einer Vergrößerung und jede Division zu einer Verkleinerung einer Menge führt, zeigt sich bei Zahlen <1. Negative Zahlen kann man noch als Schulden verstehen, aber dass die Multiplikation zweier negativer Zahlen eine positive Zahl ergibt, lässt sich nur noch schwer in realen Situationen abbilden. Versuche, dies mit dem Weggeben von Schuldscheinen zu veranschaulichen, helfen bestenfalls partiell, da sie bei Division bzw. Dezimal- und Bruchzahlen nicht mehr stimmig sind.

Innermathematische Erklärungen sind sehr viel konsistenter, wenn auch abstrakter. So lässt sich beispielsweise mit dem Distributivgesetz zeigen, dass es keine Alternative gibt zur Annahme, dass das Ergebnis der Multiplikation zweier negativer Zahlen eine positive Zahl sein muss. Auch dass man durch 0 nicht teilen darf, lässt sich nicht aus der Veranschaulichung von Handlungen ableiten. Versteht man teilen als das Zerkleinern von Einheiten, sollte die Einheit erhalten werden, wenn 0-mal geteilt wird. $6:0$ sollte also 6 ergeben, was aber der inversen Beziehung zwischen Multiplikation und Division widersprechen würde, da 6×0 nicht 6, sondern 0 ergibt.

An anderer Stelle (Stern, 1998) wurde ausgiebig diskutiert, wie man schon in der Grund- und Primarschule durch einseitige Fokussierung auf eine lebensweltliche Veranschaulichung Barrieren aufbaut, die ein genuin mathematisches Verständnis erschweren. Insbesondere mathematische Textaufgaben zur Multiplikation und zur Division in der Grund- bzw. Primarschule können den Grundstein für ein erweitertes Verständnis legen, wie es für Bruch- und Prozentrechnung, spätestens aber für Algebra benötigt wird.

2.4.6 Intelligentes Wissen als der Schlüssel zum Können: Der Erwerb von Kompetenzen

Wie aber erwirbt man abstraktes und wissenschaftlich konformes Begriffswissen? Hierbei ist oft nicht das fehlende, sondern das bestehende Wissen ein Problem. Was spricht dagegen, die Sonne als ein mächtiges Lebewesen zu sehen, das uns Erdenbewohnern in regelmäßigen Abständen Licht schenkt? Wer einen Strudel im Fluss oder abfließendes Wasser in der Badewanne beobachtet hat, kann sich durchaus vorstellen, dass das Wasser saugt. Wenn in Wasser eingetauchte Gegenstände untergehen, wird dies konsequenterweise damit erklärt, dass das Wasser sie nach unten saugt. Wer gesehen hat, wie der Wind – von Kindern mit Luft gleichgesetzt – Gegenstände aufwirbelt, wird die Tatsache, dass manche Gegenstände nicht im Wasser untergehen, damit erklären, dass die Luft sie nach oben zieht.

Eine Erklärung dafür, dass vom Physikunterricht so wenig hängen bleibt, ist die, dass die Schülerinnen und Schüler bereits lange, bevor das Fach in der Schule gelehrt wird, sich viele Gedanken über Begriffe wie *Energie*, *Arbeit* oder *Geschwindigkeit* gemacht haben. Ihre eigenen Vorstellungen und Konzepte sind dann so stabil, dass für die Feinheiten, die die Physiklehrperson zu vermitteln versucht, in ihrem Wissensnetz kein Platz mehr ist (Carey, 2000). Nur wenn eine sogenannte konzeptuelle Umstrukturierung erfolgt, können die Schülerinnen und Schüler die physikalische Definition einer Maschine verstehen. Also erst, wenn bisher als zentral angesehene Merkmale (z. B. »Eine Maschine besteht aus Stahl.«) als peripher eingestuft werden, dafür aber das Verrichten von Arbeit im physikalischen Sinne als definitorisches Merkmal betrachtet wird, kann ein wissenschaftlich adäquates Begriffsnetzwerk aufgebaut werden.

Während sich bei manchen Konzepten, wie z. B. beim Gewicht, der Wandel ganz nebenbei vollzieht, bedarf es bei vielen anderen Konzepten der professionellen Instruktion. Welche Lernformen die Schülerinnen und Schüler beim Erwerb von tragfähigem konzeptuellem Wissen besonders effektiv unterstützen können, wird im Kapitel 4.8 (► Kap. 4.8) behandelt.

Um Menschen beim Lernen zu unterstützen, müssen Lernziele formuliert werden, die die anzustrebenden Kompetenzen explizit machen (z. B. Hattie, 2009). Welche Kompetenzen sollen aber die Lernenden beherrschen? In dem Modell in Abbildung 1 (► Abb. 1) sind Kompetenzen als kognitive Prozesse bezeichnet. Sie beziehen sich auf die unten eingeführte und erläuterte Lernzieltaxonomie PUT (► Kap. 3.3.2) und können Lehrpersonen helfen, Prüfungs- und Lernaufgaben zu formulieren. Die Lernzieltaxonomie hat eine hierarchische Struktur: Man kann nur verstehen, was man erinnern kann, und nur analysieren, was man anwenden kann usw.

Ein grobes Missverständnis wäre es aber zu meinen, dass man im Unterricht die kognitiven Prozesse nacheinander abarbeiten müsste: Erst Fakten lernen, dann die Beziehung zwischen den Fakten verstehen, danach Anwendung usw. Im Unterricht geht es darum, prozedurales und deklaratives Wissen aufzubauen, um die in Abbildung 1 (► Abb. 1) aufgelisteten kognitiven Prozesse zu ermöglichen. Dabei darf man sich den Aufbau von Wissen jedoch nicht wie das Besteigen einer Treppe oder einer Leiter vorstellen, sondern eher als einen nicht kontinuierlich verlaufenden Prozess der Optimierung von Netzwerken aus deklarativem und prozeduralem Wissen.

Wissen kann durch unterschiedliche Aktivitäten entstehen. Ein Merksatz oder eine Definition *kann* zum Aufbau, zur Erweiterung oder zur Umstrukturierung eines Konzeptes führen. Allerdings kann nicht erwartet werden, dass diese Art des Lernens ausreicht, um das Begriffswissen zur Bewältigung neuer Anforderungen heranzuziehen. Der Erwerb einer flexiblen Wissensbasis, in der die Bündelung von Faktenwissen, prozeduralisierten Handlungen und Konzepten integriert ist, wird durch die Bewältigung von Anforderungen erworben. Kern der professionellen Expertise von Lehrpersonen ist die angemessene Auswahl von Aufgaben und Aufträgen sowie ein angemessener Unterrichtseinstieg, der die Schülerinnen und Schüler dazu motiviert, sich mit dem Thema zu befassen. Sie sollen wissen, was auf sie zukommt.

2.5 Wer lernt leichter? Intelligenzunterschiede und ihre Auswirkungen auf die Konstruktion und die Nutzung von Wissen

Menschen mit vergleichbaren schulischen und außerschulischen Lerngelegenheiten können sich beträchtlich im Lernerfolg unterscheiden. Ein Teil dieser Unterschiede lässt sich auf Begabungsunterschiede zurückführen, die sich seit ungefähr 100 Jahren mit Intelligenztests messen lassen. An dieser Stelle wird eine kurze Einführung in die Intelligenzforschung gegeben, welche sich an ausführlichere Darstellungen anlehnt (Neubauer & Stern, 2007; Stern & Neubauer, 2013; 2015; 2019).

2.5.1 Die wichtigsten Befunde der Intelligenzforschung in Bezug auf das schulische Lernen

Intelligenztests enthalten sprachliche, mathematisch-rechnerische oder figural-räumliche Aufgaben, aus denen sich der Intelligenzquotient (IQ) errechnen lässt. Dieser folgt einer Normalverteilung (Gausschen Glockenkurve), das heißt, die meisten Menschen haben mittlere Ausprägungen (ca. 70 % liegen im Bereich von 85 bis 115 um den mittleren IQ von 100), während in den Extrembereichen sehr hoher (über IQ 130) oder sehr niedriger Intelligenz (unter 70) nur jeweils 2 % der Menschen anzutreffen sind. Der IQ ist keine absolute Grösse wie z. B. Masse oder Länge, sondern er beschreibt die Abweichung einer Person von der mittleren Testleistung einer Population. Wissenschaftler sind sich inzwischen einig, dass die Effizienz der im vorangegangenen Kapitel beschriebenen Arbeitsgedächtnisfunktionen Intelligenzunterschiede gut erklären kann.

Die Frage nach den genetischen Ursachen von Intelligenzunterschieden wird unter Experten nicht länger kontrovers diskutiert, führt aber in der Öffentlichkeit immer noch zu Missverständnissen, die sich vor allem bei der Interpretation von Prozentangaben zeigen. Wie ist der Satz »Intelligenz ist zu 50 bis 80 % erblich« zu verstehen? Erblichkeitsschätzungen beziehen sich nie auf die Intelligenz eines Individuums, sondern immer auf Unterschiede innerhalb einer Gruppe. Der statistische Fachausdruck hierfür ist »Varianz«, und in diese Größe geht – vereinfacht gesprochen – die Abweichung jeder einzelnen Person vom Durchschnittswert ein. Wissenschaftlich korrekt muss es heißen »Intelligenzunterschiede sind zu 50 bis 80 % erblich.«

Aber wie lässt sich die große Spanne von 50 bis 80 % rechtfertigen? Erblichkeitsschätzungen basieren auf Zwillingsstudien. Gemeinsam aufgewachsene eineiige, also genetisch identische Zwillinge zeigen eine sehr hohe Übereinstimmung im IQ. Einen Rückschluss auf den Einfluss der Gene lässt das aber noch nicht zu, weil Zwillinge von der Befruchtung bis ins Erwachsenenleben hinein einer Vielzahl von Umwelteinflüssen gemeinsam ausgesetzt sind: Uterus, Elternhaus, Ernährung, Freundeskreis, Kita oder Schule zählen dazu.

Gemeinsamen Umwelteinflüssen sind aber auch zweieiige Zwillingspaare ausgesetzt, insbesondere gleichgeschlechtliche. Ihr genetischer Code ist nicht identisch, sondern weist eine mit »normalen« Geschwistern vergleichbare Übereinstimmung auf. Hätten Gene keinerlei Einfluss auf das Zustandekommen von Intelligenzunterschieden, sollten sich zweieiige Zwillingspaare genauso stark ähneln wie eineiige. Das ist aber ganz klar nicht der Fall, wie alle Studien zeigen. Zudem ist die Übereinstimmung im IQ bei zweieiigen Zwillingspaaren kaum höher als bei »normalen« Geschwisterpaaren, obwohl diese aufgrund ihrer Altersdifferenz größere Unterschiede in der Umwelt aufweisen.

Angesichts dieser Befundlage müssen wir uns endgültig von der Vorstellung verabschieden, *alle* Menschen ließen sich zu geistigen Überfliegern machen. Statistische Analysen, in denen – grob gesagt – die Übereinstimmung bei eineiigen Zwillingspaaren mit jener bei zweieiigen in Beziehung gesetzt wird, lassen derzeit folgenden Schluss zu: In entwickelten Ländern mit allgemeiner Schulpflicht sind mindestens 50 % der Intelligenzunterschiede auf Variationen in den Genen zurückzuführen. Warum »mindestens«? Und was hat der Schulbesuch mit der Intelligenz zu tun, wenn diese doch in die Gene geschrieben ist?

Zunächst zu Letzterem: Intelligenz wird als das Potenzial einer Person verstanden, sich die mündliche und schriftliche Sprache sowie den Umgang mit mathematischen und anderen Symbolsystemen der jeweiligen Kultur anzueignen und dieses Wissen für schlussfolgerndes Denken zu nutzen. Die genetischen Voraussetzungen, die alle

Menschen – wenn auch in unterschiedlichem Ausmaß – dafür mitbringen, können sich aber nur bei entsprechender familiärer und schulischer Förderung entfalten. So wie eine Pflanze nur an einem guten Standort und bei ausreichender Bewässerung und Düngung jene Größe erreicht, die ihre Gene vorsehen.

Hier kommen wir zu einem scheinbar paradoxen Schluss, der das »mindestens« erklärt: Dass nicht sogar 100 % der Intelligenzunterschiede auf genetische Variation zurückzuführen sind, liegt im Wesentlichen an der ungleichen Verteilung von Bildungschancen in allen Ländern der Welt. In einer Gesellschaft, in der alle Kinder von Anfang an die für ihre geistige Entwicklung optimale familiäre und schulische Unterstützung vorfänden, könnte jedes die in seinen Genen angelegte Intelligenz erreichen. Die Anzahl richtiger Antworten im IQ-Test würde bei allen ansteigen, die Unterschiede aber würden bestehen bleiben oder sogar noch zunehmen, weil einige Gene erst unter optimalen Bedingungen wirksam würden. Weil wir aber von einer solchen Bildungsgerechtigkeit weit entfernt sind, gilt: Erreicht ein rundum gefördertes Akademikerkind »nur« einen durchschnittlichen IQ, ist davon auszugehen, dass seine Gene nicht mehr hergeben. Wird hingegen bei einem Kind aus bildungsfernem Hause derselbe Wert gemessen, ist anzunehmen, dass es sein genetisches Potenzial nicht optimal in Intelligenz umsetzen konnte und unter besseren Bedingungen einen höheren IQ erzielt hätte. Dass Erblichkeitsschätzungen zwischen 50 und 80 % schwanken können, liegt also nicht daran, dass die Psychologie eine weiche Wissenschaft ist, die zu keinen genaueren Aussagen in der Lage ist, sondern es liegt an den großen Unterschieden in den Umweltbedingungen, denen verschiedene Gruppen von Menschen ausgesetzt sind.

Intelligenzunterschiede wirken sich auf die Geschwindigkeit und die Tiefe des Lernens im akademischen Bereich aus. Je intelligenter ein Mensch ist, umso effizienter und schneller kann er Information in Form von Symbolen repräsentieren, auf dieser Grundlage neue Schlussfolgerungen ziehen und damit in abstrakte Wissensgebiete eindringen. Es gibt Wissensgebiete (z. B. Differentialrechnung), die sich weniger intelligente Menschen nicht in einem vertretbaren Zeitraum aneignen können und die deshalb separierte Lerngelegenheiten erfordern. Solange jedoch Lernziele verfolgt werden, die von allen Schülern erreicht werden sollen (z. B. lesen und schreiben können, Bruch- und Prozentrechnung verstehen), ist eine Separierung nicht zwingend, da bislang keine qualitativen Unterschiede in den Lernwegen mehr oder weniger intelligenter Schüler gefunden werden konnten. Intelligenzunterschiede zeigen sich vor allem in der Lerngeschwindigkeit, der Verarbeitungstiefe und einer geringeren Anzahl von Fehlern. Die Art der Fehler und Missverständnisse sind jedoch nicht prinzipiell anders. Die Vorstellung von unterschiedlichen Lerntypen oder Lernstilen ist aus wissenschaftlicher Sicht nicht zu rechtfertigen (dazu auch Felten & Stern, 2012). Solange es sich um Stoff der schulischen Allgemeinbildung handelt, sollte man zwar den unterschiedlichen Lerngeschwindigkeiten Rechnung tragen, aber es müssen keine prinzipiell unterschiedlichen Übungen und Erklärungen angeboten werden. Innere Differenzierung, Individualisierung und jahrgangsübergreifender Unterricht könnten demnach eine aus Sicht der Intelligenzforschung sinnvolle Alternative zu einem früh einsetzenden mehrgliedrigen Schulsystem darstellen.

Hinweise auf die Intelligenz eines Menschen gibt es zwar schon ab der frühen Kindheit, aber wirklich aussagekräftig sind Intelligenzmessungen frühestens ab dem

Alter von etwa zehn Jahren. Seriöse Experten für Hochbegabung stellen deshalb keine Diagnose vor dem zehnten Lebensjahr. Das betont der Marburger Hochbegabtenforscher Detlef Rost, der in einer großen Längsschnittstudie die Lern- und Berufswege von Schülern mit einem IQ über 130 verfolgt hat. In seinen Studien konnte er mit vielen Vorurteilen aufräumen, u. a., dass Hochbegabte besonders anfällig für psychische Störungen seien. Eher ist das Gegenteil der Fall (Rost, 2009). Intelligente Menschen haben in vieler Hinsicht Vorteile: Sie lernen nicht nur schneller und können ein Thema tiefer durchdringen, sondern sie zeichnen sich auch durch eine bessere Gesundheit und ein längeres Leben aus (Deary, 2004).

Wichtige Botschaften aus der Intelligenzforschung für die Bildung sind: Interindividuelle Unterschiede im Lernpotenzial sind gegeben, und diese Unterschiede werden im Laufe der Schulzeit nicht geringer. Intelligente Menschen nutzen die ihnen gebotenen Lerngelegenheiten meist effizienter und können so ihren Vorsprung ausbauen. Dessen ungeachtet gilt aber, dass in vielen Gebieten ein Weniger an Intelligenz durch ein Mehr an Lernen im Sinne der Wissenskonstruktion ausgeglichen werden kann. Der Grund hierfür ist, dass durch Chunking und Prozeduralisierung Wissensstrukturen aufgebaut sind, für deren Aktivierung nur wenig Arbeitsspeicherkapazität benötigt wird. Auch wenn die Einzelheiten noch ungeklärt sind, ist es in der Intelligenzforschung unbestritten, dass das Arbeitsgedächtnis die kognitionswissenschaftliche Grundlage der Intelligenz ist. Lösungszeit und Lösungsrate von einfachen Aufgaben, in denen Ziele gewechselt werden müssen, wie in Abbildung 5 dargestellt, korrelieren hoch mit Intelligenz.

2.5.2 Intelligenz und Arbeitsgedächtnisfunktionen

Abb. 5: Mögliche Aufgaben aus Intelligenztests

In Abbildung 5 sind drei Aufgaben – eine sprachliche, eine numerische und eine räumlich-visuelle – aufgeführt, wie sie in Intelligenztests zu finden sind. Oberflächlich unterscheiden sie sich, aber gemeinsam ist ihnen, dass aus bekanntem Material neue Schlüsse gezogen werden müssen. Schlussfolgerndes Denken, also die Generierung neuen Wissens durch Induktion oder Deduktion aus bestehendem Wissen, ist der Kern menschlicher Intelligenz. Es stellt hohe Anforderungen an das Arbeitsgedächtnis: Die gesamte Information muss zunächst gespeichert werden, die einzelnen Elemente müssen miteinander verglichen und irrelevante Aspekte deaktiviert werden. Parallel dazu müssen Lösungen generiert und auf ihre Richtigkeit geprüft werden. So sind »Analogien finden« typische Intelligenzaufgaben. Es wird ein Wortpaar vorgegeben, zwischen dem eine Beziehung besteht: »Wald : Baum«. Diese Beziehung soll auf ein anderes Wortpaar übertragen werden, wobei ein Wort bereits vorgegeben wurde: »Wiese«. Man hat die Auswahl zwischen »Gras, Heu, Futter, Grün, Weide«. Die gemeinsame Farbe von Wald, Bäume und Wiese ist zweifellos »grün«, die Wahl wäre aber falsch, da es nicht um die Gemeinsamkeit der drei Wörter geht, sondern um die Gemeinsamkeit der Beziehung zwischen zwei Wortpaaren. Das erfordert eine zusätzliche Abstraktionsstufe. »Wiese« steht zu drei weiteren Begriffen in enger Beziehung, nämlich als Futterquelle für Wiederkäuer, die auf der Wiese weiden oder das Gras in getrocknetem Zustand fressen können.

Solche Überlegungen gehen aber in die falsche Richtung, da sie nichts mit der Beziehung zwischen Wald und Bäumen zu tun haben. Intelligente Menschen würden deshalb zunächst darüber nachdenken, was genau die Beziehung zwischen Wald und Bäume ausmacht. Zu sagen, dass im Wald Bäume stehen, wäre zu ungenau. Im Wald können auch Pilze sein, so wie auf einer Wiese Heu liegen kann. Entscheidend ist, dass Wald durch die Existenz von Bäumen definiert ist, so wie die Wiese durch die Existenz von Gräsern. Die Herausforderung bei der Lösung dieser Aufgabe ist also einerseits die Hemmung von naheliegenden Assoziationen mit »Wiese« und andererseits die Aktivierung der abstrakten Beziehung »definiert durch«.

Die Leistungen in oberflächlich sehr unterschiedlichen Intelligenzaufgaben korrelieren bedeutsam miteinander, d. h., es macht keinen großen Unterschied, ob schlussfolgerndes Denken auf numerischer, sprachlicher oder räumlich-visueller Basis erfasst wird. Bereits vor mehr als 100 Jahren hat Charles Spearman mithilfe von faktorenanalytischen Verfahren die statistische Gemeinsamkeit unterschiedlicher Intelligenzaufgaben erfasst, das sogenannte »positive Manifold«, indem er den g-Faktor bestimmte – die generelle kognitive Leistungsfähigkeit. Der g-Faktor ist also ein Maß für die gemeinsame Variation in der Leistung von vielen Personen über verschiedene kognitive Leistungsbereiche hinweg. Bedeutsame Fortschritte wurden in den letzten Jahren in der Verortung von Intelligenz im Drei-Speicher-Modell der menschlichen Informationsverarbeitung gemacht: Das Arbeitsgedächtnis, also die Instanz, die zwischen der in das Ultrakurzzeitgedächtnis eingehenden Information und dem im Langzeitgedächtnis gespeicherten Wissen vermittelt, ist am Zustandekommen von zielgerichtetem Handeln und von schlussfolgerndem Denken entscheidend beteiligt. Um komplexe Anforderungen, welche aus Ober- und Unterzielen bestehen, bewältigen zu können, muss das Arbeitsgedächtnis eines Menschen gleichzeitig vier Funktionen erfüllen. Diese sind: Eingehende Information verfügbar halten, bestehendes Wissen aus dem Langzeitgedächtnis aktivieren, vom Ziel ablenkende Information hemmen und Zielwechsel einleiten. Die Leistung in Aufgaben, welche diese Funktionen erfassen, korrelieren substantiell mit der Leistung in Intelligenztests. Obwohl es zu kurz gegriffen wäre, Intelligenzunterschiede vollständig auf Unterschiede in Arbeitsgedächtnisfunktionen zurückzuführen, haben letztere einen entscheidenden Einfluss auf die Lern- und Denkfähigkeit von Menschen.

Anforderungen, die sich beim Lösen von Intelligenzaufgaben zeigen, stellen sich auch beim schulischen Lernen: Wird ein Text gelesen, muss man immer die übergeordnete Fragestellung präsent haben, sonst verliert man den roten Faden. Beim Lösen einer mathematischen Textaufgabe muss man von den konkreten Situationen abstrahieren und die Beziehungen zwischen den genannten Größen modellieren. Naturwissenschaftliche Kompetenzen zeigen sich in der Bildung abstrakter Konzepte, die man auf oberflächlich sehr unterschiedliche Anforderungen anwenden kann. So ist beispielsweise die Gemeinsamkeit einer Batterie und einem Stausee die Speicherung von Energie. Zudem zeigen sich naturwissenschaftliche Kompetenzen in der Abwägung von Evidenzen: Was spricht für und was spricht gegen eine bestimmte Erklärung? Welche Variablen müssen bei einem konklusiven Experiment variiert und welche konstant gehalten werden? Auch hier geht es darum, Information zu halten, zu vergleichen, zu deaktivieren und immer wieder zu überprüfen, ob man auf dem richtigen Weg ist. Gleiches gilt für Fremdsprachenkompetenzen. Man lernt Grammatikregeln und Vokabeln zunächst separat und muss beides beim Lesen oder mündlichen Kommunizieren integrieren. Gleichzeitig muss man Einwürfe der sehr dominanten Erstsprache abwehren, die falsche Freunde vorschickt, wie z. B. »When will I become my Schnitzel?«.

In Intelligenztestaufgaben werden sozusagen im Reagenzglas geistige Fähigkeiten erfasst, die unter natürlichen Bedingungen zum Tragen kommen, auch wenn sie unter den komplexen Lernbedingungen an Schule und Universität nur selten isoliert betrachtet werden können. Werte in Intelligenztests und in akademischen Leistungstests, wie sie in der Schule und an Universitäten durchgeführt werden, korrelieren substantiell miteinander, wobei standardisierte Tests höhere Zusammenhänge ergeben als Noten. Menschen mit hoher Intelligenz haben über das akademische Lernen hinaus Vorteile bei der Bewältigung von Anforderungen. Sie sind beruflich erfolgreicher, gesünder und weniger vulnerabel im Umgang mit Lebenskrisen, auch weil sie Risiken besser abschätzen können. Dass Intelligenzunterschiede ihre Ursachen in Genvariationen haben, lässt sich aus Zwillingsuntersuchungen ableiten und ist unter Wissenschaftlern unbestritten. Bei der Intelligenz handelt es sich um ein polygenetisch vererbtes Merkmal mit großer Reaktionsnorm, deshalb kommen Umweltfaktoren bei der Entwicklung des Intelligenzpotenzials und der Intelligenzunterschiede eine große Bedeutung zu. In einer Gesellschaft, die allen Mitgliedern optimale Bedingungen zur Intelligenzentwicklung bietet, sind 100 % der Unterschiede in dem Merkmal auf Genvariationen zurückzuführen.

Obwohl Intelligenzmessung zu den seriösen wissenschaftlichen Errungenschaften der Psychologie gehört, fällt es vielen Menschen – auch einigen wissenschaftlich ausgebildeten Psychologen – schwer, die daraus entstandenen Erkenntnisse anzuerkennen. Dabei gleichen sich die Abwehrstrategien: Man sucht nach Konstrukten und Eigenschaften, die für schulischen Erfolg und beruflichen Erfolg mindestens so wichtig oder sogar wichtiger sind. Das ist natürlich legitim und zeugt von gutem wissenschaftlichem Diskurs.

So hat man in sehr vielen wissenschaftlichen Studien zur Erklärung von Leistungsunterschieden in einem bestimmten Inhaltsgebiet die überragende Rolle von Vorwissen gefunden. Eine weniger intelligente Person mit besserem Vorwissen wird mit großer Wahrscheinlichkeit bessere Leistung erbringen als eine Person mit umgekehrtem Profil. Das wurde z. B. für Gebiete wie Fußball und Schach gezeigt, welche zwar anspruchsvoll, aber nicht so abstrakt sind, dass nur weit überdurchschnittlich intelligente Menschen sich einarbeiten können. Das Forschungsdesign kann man jedoch nicht einfach auf beliebig andere Gebiete übertragen: Einen nur leicht überdurchschnittlich intelligenten theoretischen Physiker wird man nicht finden. Wenn es darum geht, Neues zu lernen oder bestehendes Wissen auf neue Gebiete anzuwenden, werden intelligentere Menschen verglichen mit weniger intelligenten Vorteile haben. Die Ergebnisse zur Bedeutung des Vorwissens stellen keineswegs die Bedeutung der Intelligenz in Frage. Sie machen aber deutlich, dass Intelligenz ihre Wirkung nur über den Erwerb und die Nutzung von Wissen entfalten kann.

2.5.3 Intelligenz und Motivation: Zwei unterschiedliche Konstrukte, die nicht gegeneinander ausgespielt werden dürfen

Weite Verbreitung – gern mit Genugtuung gepaart – finden auch Ergebnisse, welche zeigen, dass motivationale Variablen Leistungsunterschiede besser erklären können als Intelligenz. Insbesondere die Psychologin Angela Duckworth wurde bekannt für ihre Arbeiten zur Bedeutung von Leidenschaft und Ausdauer. Ohne diese und vergleichbare Ergebnisse in Frage stellen zu wollen, muss der Geltungsbereich der Befunde klarer kommuniziert werden. An den in Philadelphia durchgeführten Studien nahmen überdurchschnittlich intelligente Schülerinnen und Schüler teil, d. h., die eingeschränkte Varianz reduzierte die Korrelation zwischen Intelligenz auf die Schulleistung. Hinzu kommt, dass als Schulleistung mathematische Kompetenzen in der Sekundarstufe wie Bruch- und Prozentrechnung erfasst wurden. Diese Inhalte sind für die untersuchte Gruppe nicht übermäßig anspruchsvoll, weshalb auch leicht überdurchschnittlich intelligente Schülerinnen und Schüler, die besonders fleißig üben, mit weniger fleißigen, aber intelligenteren Schülerinnen und Schülern gleichziehen können. Daraus darf jedoch nicht abgeleitet werden, dass durch Fleiß und Durchhaltevermögen jede geistige Hürde unabhängig von der Intelligenz genommen werden kann. Sobald es um sehr anspruchsvolle Inhaltsbereiche mit komplex interagierenden abstrakten Konzepten geht, machen sich Intelligenzunterschiede gerade auch im oberen Bereich bemerkbar.

In einer extrem selektiven Längsschnittstudie mit Höchstbegabten (z. B. Lubinsky & Benbow, 2006) zeigten sich immer noch Unterschiede im beruflichen Erfolg: Das oberste Viertel in dieser extrem selegierten Gruppe (1 : 10.000) war besser aufgestellt als das unterste. Auch in der hoch, wenn auch nicht ganz so hoch selegierten Gruppe von Studierenden in Physik, Mathematik und Maschinenbau an der als anspruchsvoll geltenden ETH Zürich zeigte sich ein Einfluss der Intelligenz auf Prüfungsergebnisse in Mathematik nach dem ersten Studienjahr (Berkowitz & Stern, 2018). Etwa ein Viertel der Gruppe kann als hochbegabt (IQ>130) gelten und kaum ein Student hatte einen IQ unter 120. Die Botschaft aus beiden Studien ist: Auch in einer selegierten Gruppe mit eingeschränkter Varianz in der Intelligenz kann diese noch Leistungsunterschiede in sehr anspruchsvollen Inhaltsgebieten erklären.

Mit der Betonung dieser Ergebnisse soll keineswegs die Bedeutung von Motivation und Durchhaltevermögen in Frage gestellt werden. Anspruchsvolle Inhaltsbereiche können sich auch sehr intelligente Menschen nicht nebenbei aneignen. Diszipliniertes Arbeiten, das mit dem Verzicht auf manche kurzfristigen Anreize einhergeht, ist unabdingbar. Nur gilt eben nicht, dass man mit einer starken Motivation und großem Durchhaltevermögen alles erreichen kann – unabhängig von der Intelligenz. Man sollte niemandem mit einem durchschnittlichen IQ ein Physik- oder Mathematikstudium empfehlen – egal wie motiviert diese Person ist. Idealerweise sollten alle Menschen vor Ausbildungs- und Berufswahlentscheidungen wissen, welches Maß an Anstrengungsbereitschaft und Intelligenz für das Erreichen der Ziele erforderlich ist.

Tatsächlich ist es nicht sinnvoll und auch wissenschaftlich nicht haltbar, Motivation und Intelligenz als miteinander konkurrierende Einflussfaktoren zu betrachten. Es handelt sich um unterschiedliche Konstrukte, die Unterschiedliches zum Zustandekommen von Leistung beitragen. Während es sich bei Intelligenz um ein stabiles und situationsunabhängiges Persönlichkeitsmerkmal handelt, ist Motivation als situationsbedingter Zustand zu verstehen, der durch äußere Bedingungen formbar ist. Die bekannte Unterscheidung zwischen intrinsischer und extrinsischer Motivation, also ob man etwas der Sache oder der Konsequenzen wegen macht, charakterisiert eher die Enden eines Kontinuums als zwei distinkte dauerhafte Zustände. Selbst wenn man eine Sache um ihrer selbst willen macht (z. B. eine Doktorarbeit schreiben), ist dies zeitweilig mit Aktivitäten verbunden, die wenig motivierend sind. Sich dennoch »aufzuraffen« ist eine Kompetenz, die man erwerben kann und zu der sowohl Eltern als auch Lehrer beitragen können.

Nach der Selbstbestimmungstheorie von Deci und Ryan (2000) lassen sich Menschen in Situationen motivieren, in denen Kompetenzerleben, Autonomie und soziale Einbindung ermöglicht werden. Gelingt es Lehrerinnen und Lehrern, diese Aspekte bei der Gestaltung von Lerngelegenheiten zu berücksichtigen, steigt die Anstrengungsbereitschaft auch bei jenen Schülerinnen und Schülern, die sich nicht übermäßig für das Thema begeistern.

Ein fatales Missverständnis mancher Lehrpersonen ist, dass ihre Schülerinnen und Schüler nur Lernbereitschaft zeigen, wenn sie bereits mit hoher intrinsischer Motivation in den Unterricht kommen. Tatsächlich können Lehrer durch schlechten Unterricht Schülerinnen und Schüler mit positiven Erwartungen und intakter Lernbereitschaft vergraulen, aber mit gutem Unterricht können sie auch unmotivierte Schülerinnen und Schüler zum Lernen bewegen.

Die Botschaft ist also: Anders als Intelligenz ist Motivation kein überdauerndes Persönlichkeitsmerkmal, sondern bezeichnet die auch kurzfristig beeinflussbare Handlungs- und Anstrengungsbereitschaft. Motiviert ist man nicht per se, sondern immer auf ein Ziel bezogen. Der Satz »Dieser Mensch ist überdurchschnittlich intelligent.« ist auch ohne einen weiteren Kontextbezug sinnvoll; der Satz »Dieser Mensch ist überdurchschnittlich motiviert.« hingegen nicht. Motivation und Anstrengungsbereitschaft steuern unsere Ziele, unsere Entscheidungen und unser Verhalten, und es gilt: Jede Entscheidung für etwas ist eine Entscheidung gegen etwas anderes. Hört man in einem Vortrag zu oder checkt das Smartphone unter dem Tisch? Das hängt davon ab, ob man aus dem Vortrag im Sinne der Selbstbestimmungstheorie Gewinn ziehen kann. Natürlich spielt dabei auch die Qualität des Vortrages und die Rhetorik eine Rolle, aber entscheidend sind die kognitiven Voraussetzungen des Zuhörers. Knüpft der Inhalt des Vortrags (oder des Textes) an das bestehende Wissen an und wird dieses erweitert oder korrigiert?

Hier machen sich Intelligenzunterschiede bemerkbar: Intelligentere Menschen verfügen aufgrund ihrer effizienteren Informationsverarbeitung über mehr und besser vernetztes Wissen als weniger intelligente Menschen. Deshalb wird Wissen auch als die Intelligenz des Alters bezeichnet (Ackerman, 2017). Und selbst wenn sehr intelligente Menschen kein detailliertes Wissen in einem Gebiet haben, können sie aufgrund ihrer besseren Fähigkeit zum schlussfolgernden Denken auch Beziehungen zwischen Inhaltsgebieten herstellen, die auf den ersten Blick nicht zusammenhängen.

Wenn es Menschen nicht gelingt, eingehende Information auf sinnvolle Weise an ihr bestehendes Wissen anzuknüpfen (sei es wegen fehlendem Vorwissen oder mangelnder Intelligenz), dann werden sie nicht die nötige Motivation aufbringen und aufrechterhalten. Sie erleben weder Kompetenzzuwachs noch Autonomie und fühlen sich fremd in dem Lernkontext – um auch an dieser Stelle wieder die Selbstbestimmungstheorie heranzuziehen. Um Menschen solche Erfahrungen zu ersparen, ist es empfehlenswert, bei Berufs- und Ausbildungswahl im Zweifelsfalle die eigenen Fähigkeiten stärker zu gewichten als das Interesse (Neubauer, 2018).

Es liegen inzwischen viele groß angelegte Schulstudien vor, in denen erklärt werden soll, warum Schülerinnen und Schüler sich im Lerngewinn unterscheiden. Wenn ein Mindeststandard an Unterrichtsqualität in allen Klassen sichergestellt ist, findet sich sehr konsistent, dass individuelle kognitive Voraussetzungen wie Intelligenz und Vorwissen die Unterschiede im Lerngewinn besser erklären können als die zwischen den Schulklassen zu beobachtenden Variationen in der Unterrichtsqualität. Mit anderen Worten, auch bei sehr guter Unterrichtsqualität wird ein Schüler mit ungünstigen Voraussetzungen nicht mehr dazulernen als ein Schüler mit günstigen Voraussetzungen bei nicht ganz so guter Unterrichtsqualität. Die Unterrichtsqualität bestimmt, wie gewinnbringend das Potential Intelligenz in den Erwerb inhaltsspezifischer Kompetenzen investiert werden kann. Lehrer haben ihren Job gut gemacht, wenn alle Schülerinnen und Schüler dazulernen, aber die Leistung nach dem Unterricht höher mit Intelligenz korreliert als die Leistung vor dem Unterricht.

2.6 »Hirnforschung« und »Lernfenster«: Kaum relevant für schulisches Lehren und Lernen!

Zum Schluss dieses Kapitels gehen wir noch auf zwei weit verbreitete Mythen ein, die das schulische Lernen betreffen – und die Lehrpersonen oft unnötig unter Druck setzen: die Rolle der Hirnforschung und die Auffassung von sogenannten altersspezifischen »Lernfenstern«.

Wer Lernen erforscht, weiß, dass das Gehirn des Menschen das wichtigste Körperteil ist. Ein körperlich behinderter Mensch ist in seiner motorischen Lernfähigkeit eingeschränkt, aber keineswegs zwangsläufig beim Erwerb geistiger Inhalte, sofern ihm Hilfsmittel bei der Beschaffung und Nutzung von Lernmaterial zur Verfügung stehen. Sind hingegen Hirnfunktionen beeinträchtigt, bestehen – wenn überhaupt – nur noch eingeschränkte Möglichkeiten, die von der Umgebung angebotenen Lerngelegenheiten zu nutzen.

Aber obwohl unsere Lernfähigkeit von der Funktionsweise des Gehirns abhängt, ist es nicht das neurobiologische Wissen über das Gehirn, welches zum professionellen Handlungswissen der Lehrpersonen gehört. In welchem Ausmaß die Amygdala, der Hippocampus oder die Großhirnrinde an den Lernprozessen beteiligt sind, ist für die Gestaltung schulischer Lerngelegenheiten völlig irrelevant (ganz davon abgesehen, dass die Erkenntnisse der Neurobiologie in diesem Bereich noch sehr rudimentär sind). Die in diesem Kapitel eingeführten wissenschaftlichen Konstrukte wie *Arbeitsgedächtnis*, *prozedurales Wissen* oder *konzeptuelles Wissen* haben natürlich ihre Korrelate im Gehirn – auch wenn wir sie nur rudimentär kennen. Aber ihre wissenschaftliche Rechtfertigung erhält die Unterscheidung zwischen *prozeduralem*, *konzeptuellem* und *deklarativem Wissen* eben nicht durch ihre hirnphysiologischen Grundlagen, sondern durch die Tatsache, dass sie durch unterschiedliche Lernwege erworben werden. Nicht die physiologischen Grundlagen machen einen Begriff oder eine Erklärung aus der Lernforschung »wissenschaftlich«, sondern seine kausale Wirksamkeit in Vorhersagen. An anderer Stelle (Stern, 2005; Stern, Schumacher & Grabner, 2005; Stern, Schumacher & Grabner, 2015) wird erörtert, dass es zwar erstrebenswert ist, die neurophysiologischen Grundlagen des Lernens besser zu verstehen, dass diese jedoch den kognitionspsychologischen Zugang nicht ersetzen können.

Und noch ein abschließendes Wort zur Bedeutung des Alters der Lernenden. Das menschliche Gehirn unterliegt von der Geburt (und schon früher) bis zum Tod ständigen Veränderungen. Insbesondere in der Kindheit und im Jugendalter führen Entwicklungs- und Reifungsprozesse zu Veränderungen im Frontalhirn, die die Arbeitsgedächtnisfunktionen und damit das Lernen beeinflussen. Wenn Kinder oder Jugendliche Schwierigkeiten beim Lernen haben, kann dies auf fehlendes Vorwissen oder auf noch nicht ausgereifte Frontalhirnfunktionen zurückgeführt werden oder aber mit fehlendem Wissen erklärt werden (Erinnerung: Kinder sind universelle Novizen).

Beide Erklärungen schließen sich nicht aus. Auch im Erwachsenenalter können unbefriedigende Lernergebnisse (z. B. wenn es um das Erinnern von Namen bekannter Personen geht) mit einer altersbedingten Beeinträchtigung von Gehirnfunktionen (inklusive Krankheiten wie Alzheimer) oder mit fehlendem bzw. interferierendem Wissen erklärt werden. Letztere Erklärung greift vor allem bei dem allseits bekannten Namensphänomen: Dass wir uns mit zunehmendem Alter die Namen neu hinzukommender Personen immer schlechter merken können, kann daran liegen, dass wir sie mit bereits bekannten Personen verwechseln. Bestehendes Wissen kann sich auch negativ auf das Lernen auswirken.

Mit diesem kurzen Exkurs soll noch einmal die Erklärungskraft von Wissen für zukünftiges Lernen verdeutlicht werden, selbst wenn andere Erklärungen hinzukommen können. Es gibt beim Lernen keine »besonders günstigen Zeitfenster«, vielmehr ist für die wirksame Planung von Lerngelegenheiten und für die effiziente Rückmeldung an die Lernenden *jeden Alters* entscheidend, dass sich Lehrerinnen und Lehrer ein möglichst adäquates Bild vom (Vor-)Wissen der Schülerinnen und Schüler machen können.

2.7 Zusammenfassung und Bezüge zur Unterrichtspraxis

- Ob und wie die Schülerinnen und Schüler gelernt haben, ist für Lehrpersonen (ebenso wenig wie für Forschende) nicht direkt beobachtbar, sondern muss aus der Bearbeitung von Aufgaben oder den Beiträgen in Klassen- bzw. Gruppengesprächen (der Performanz) erschlossen werden. Nur auf Grundlage dieses Wissens können Lehrpersonen nachvollziehen, was sich in den Köpfen ihrer Schülerinnen und Schüler während des Unterrichts abspielt – sei es nun, dass das Lernen erfolgreich verläuft, sei es aber auch, dass es (zumindest teilweise) scheitert.
- Umso wichtiger ist es für Lehrpersonen zu wissen, wie das menschliche Lernen funktioniert und in welchen Formen das Wissen in unserem Gedächtnis gespeichert wird. Es ist deshalb unabdingbar, dass die in der Psychologie und den Kognitionswissenschaften entwickelten Konstrukte zum menschlichen Lernen zum selbstverständlichen geistigen Handwerkzeug von Lehrpersonen werden.
- Bei der Vermittlung anspruchsvoller Inhalte müssen die folgenden Aspekte bei der Festlegung der Lernziele (▸ Kap. 3) wie auch bei der Methodenwahl (▸ Kap. 3 und ▸ Kap. 4) zwingend berücksichtigt werden:
  - Neues Wissen entsteht, wenn Schülerinnen und Schüler neue Informationen mit ihrem bestehenden Vorwissen verbinden.
  - Nur wenn dieses Vorwissen ausreichend vorhanden und verfügbar ist, kann ein anspruchsvoller Lernprozess erfolgreich sein.
  - Der Vorgang, bei dem neue Informationen mit dem bestehenden Vorwissen verbunden wird, muss von jeder Schülerin und jedem Schüler selber aktiv vollzogen oder eben (re-) konstruiert werden. Von der Lehrperson erklärt, heißt also noch lange nicht gelernt!
  - Das bestehende Vorwissen kann auch falsch, mangel- bzw. lückenhaft sein. Ist dies der Fall, ist es unabdingbar, falsche Vorstellungen im Unterricht zu thematisieren. Ansonsten unterrichtet man schlichtweg über die Köpfe der Schülerinnen und Schüler hinweg.

    Ein Beispiel: Oft bestehen bei den Schülerinnen und Schülern aus früheren Lernphasen sogenannte *Fehlkonzepte* (*misconceptions*), die das Lernen erschweren oder gar verunmöglichen. Dabei genügt es nicht, anstelle dieser alten Begriffe einfach die neuen, »korrekten« einzuführen, sondern es bedarf eines Begriffswandels (*conceptual change*) (▸ Kap. 2.4.5).

- Je nach Vorwissen der Lerngruppe und je nach Wissensform, die durch den Unterricht vermittelt werden soll, bedarf es gezielter, professioneller Methoden.
- *Chunking* und *Prozeduralisierung* bedürfen intensiven und repetitiven Trainings.
- Der Aufbau von deklarativem Wissen kann bspw. gut durch *Direkte Instruktion* vermittelt werden, wenn diese mit interaktiven kognitiv aktivierenden Methoden kombiniert wird. Bei einem tiefen Verstehen von wissenschaftlichen Konzepten und insbesondere beim Begriffswandel sind oftmals durchdachte Formen des *Kooperativen Lernens* angezeigt oder aber Techniken, die die Schülerinnen und Schüler auf mannigfaltige Weise kognitiv aktivieren. Zu diesen Methoden zählen beispielsweise Selbsterklärungen, metakognitive Fragen oder die Kontrastierung von Konzepten (▶ Kap. 4.4), wie sie in Hofer et al. (2018) überprüft und in den Unterrichtseinheiten des MINT-Lernzentrums umgesetzt wurden (https://educ.ethz.ch/lernzentren/mint-lernzentrum.html).
- Soll das Ziel *intelligentes Wissen* sein (also ein flexibel handhabbares Begriffsnetzwerk zu einem komplexen Themengebiet), dann braucht es neben dem Faktor Zeit auch die Anwendung unterschiedlicher Methoden. Wer die Schule verlässt, sollte die sehr unterschiedlichen Lernerfahrungen erfolgreich absolviert haben. Er oder sie sollte längere Textstellen gelesen, Vorträge gehört und im Gespräch mit anderen Zusammenhänge erörtert haben. Es ist deshalb wichtig, dass Lehrpersonen alle Lernformen wirksam in ihren Klassen umsetzen können.

• Menschen unterscheiden sich nicht nur in ihrem Vorwissen, sondern auch in ihrer geistigen Leistungsfähigkeit, die sehr gut mit Intelligenztests erfasst werden kann. Interindividuelle Unterschiede in der Intelligenz haben ihre Ursachen überwiegend in genetischen Unterschieden. Wie viele andere genetisch determinierte Merkmale kann sich die Intelligenz eines Individuums nur in einer hinreichend anregenden Umwelt, wie sie die Schule idealerweise bietet, entfalten. Eine kurzfristige und gezielte Förderung der Intelligenz durch Eltern und Lehrpersonen ist jedoch nicht möglich. Lehrerinnen und Lehrer haben hingegen einen direkten Einfluss auf die Investition der Intelligenz in Wissen.

3 Die lang-, mittel- und kurzfristige Planung schulischer Lerngelegenheiten

Peter Greutmann, Sarah Hofer und Lennart Schalk

3.1 Einleitung

Zentrale Merkmale von gutem Unterricht sind eine klare Strukturierung und eine transparente Leistungserwartung (Meyer 2004; Holzberger & Kunter 2016). Schülerinnen und Schüler müssen wissen, was von ihnen in Leistungskontrollen fachlich erwartet wird, damit sie ihr eigenes Lernen einschätzen und langfristig organisieren können.

Damit die Lehrperson sich selber über die Sachstruktur wie auch über die beurteilungsrelevanten Lernziele im Klaren ist und diese im Sinne der beiden oben genannten Qualitätsmerkmale den Schülerinnen und Schülern frühzeitig kommunizieren kann, ist eine umfassende Planung des Unterrichtes unabdingbar. Es handelt sich somit um eine Kernkompetenz, die – im Sinne des Angebot-Nutzungs-Modells – einen wichtigen Teil von Lehrerprofessionalität ausmacht. Denn nur so ist gewährleistet, dass der anspruchsvolle Weg zum Wissensaufbau (▸ Kap. 2) erfolgreich beschritten werden kann.

Dies gilt einerseits für die *langfristige Planung* des Unterrichtes über ein Semester (Halbjahr) bzw. ein ganzes Schuljahr. Dies gilt aber insbesondere auch für die *mittelfristige Planung* einer thematisch in sich geschlossenen Unterrichtseinheit über mehrere Lektionen und ebenso für die *kurzfristige Planung* einer einzelnen Schulstunde. Erst wenn man als Lehrperson die Inhalte insgesamt überblickt, ist man auch in der Lage, den Schülerinnen und Schülern die Kohärenz zwischen den Themenblöcken aufzuzeigen und den Sinn des einzelnen Lehrstoffes im Ganzen zu verorten.

In diesem Kapitel wird daher der Fokus zunächst auf die langfristige Unterrichtsplanung gelegt. Es geht dabei aus Sicht der Lehrperson hauptsächlich um die Festlegung der inhaltlichen Themenbereiche, den zeitlichen Umfang der inhaltlichen Themenbereiche, die Gliederung der einzelnen Themenbereiche in Sequenzen und deren konkrete Verteilung auf die zur Verfügung stehenden Lektionen.

Ein durchdachter Semester- oder Jahresplan schafft nicht nur bei den Schülerinnen und Schülern Orientierung, sondern hilft auch der Lehrperson (und dabei vor allem Novizen im Lehrberuf), den anfallenden Arbeitsaufwand abzuschätzen. So wird die Arbeit besser planbar (▸ Kap. 8.5) und Stresssituationen während des laufenden Unterrichtes können präventiv vermieden werden (▸ Kap. 8.3) Oder wie es einmal ein Student in einer unserer Lehrveranstaltungen treffend formuliert hat:

»Ich persönlich habe [mit dem Erstellen eines Semesterplans] äußerst positive Erfahrungen gemacht. Zwar war der Aufwand zum Erstellen der Planung und der Dokumente im Vorfeld ziemlich groß (2–3 Tage), dafür lief der Unterricht während dem Rest des Semesters sehr entspannt.«

Im anschließenden Kapitel 3.2 (► Kap. 3.2) werden entsprechend die Grundzüge und das Vorgehen bei der langfristigen Planung von Unterricht dargestellt.

Im Kapitel 3.3 (► Kap. 3.3) nehmen wir dann die mittel- und kurzfristige Planung von Unterricht in den Fokus. Das heißt, die in der Langfristplanung definierten Themen und Teilthemen werden nun didaktisch aufbereitet, indem man zu ihnen konkrete Leitideen und Lernziele festlegt. Es ist also nicht mehr »nur« die Rede davon, was die Schülerinnen und Schüler *wissen*, sondern auch, was sie *können* sollen – wodurch sich direkt eine Kompetenzorientierung ergibt (► Kap. 2.4.6). Damit einher geht natürlich sofort auch die Frage, wie die Lehrperson überprüfen kann, ob die Schülerinnen und Schüler tatsächlich das können, was sie können sollen, und wie sie durch die Auswahl der geeigneten Instruktion zu diesem Können geführt werden.

3.2 Langfristige Planung von Unterricht: Einen Semesterplan erstellen

Wenn von langfristiger Unterrichtsplanung gesprochen wird, dann begegnet man in verschiedenen Kontexten verschiedenen Begriffen, die aber keineswegs klar voneinander unterschieden werden können: *Curriculum*, *Lehrplan*, *Rahmenlehrplan*, *Semesterplan*, *Fachrichtlinien* u. Ä. Somit wird es zunächst darum gehen, diese Begriffe kurz zu erläutern und zwei grundlegend unterschiedliche Konstruktionsprinzipien bei der Unterrichtsplanung zu explizieren: das *analytische und das synthetische Vorgehen*. Anschließend wird Schritt für Schritt dargelegt, wie ein Semesterplan entwickelt werden kann.

3.2.1 Terminologische Klärungen

Mit *Curriculum* wird primär die langfristige, fachliche Planung von Unterricht bezeichnet – wobei langfristig hier auch mehrere Jahre oder sogar einen ganzen (schulischen) Bildungsweg umfassen kann. In diesem Sinn wird der Begriff vor allem auf der (schul)politischen Ebene verwendet oder aber im Forschungskontext. Hier bedeutet er eine (fach)wissenschaftlich fundierte Anordnung von Themen über einen längeren Zeitraum im Hinblick auf ein bestimmtes Lernziel (Klauer & Leutner, 2007).

Sogenannte *Rahmenlehrpläne* sind das Bindeglied zwischen den bildungspolitischen Erwägungen und Zielen für ein Schulsystem und dessen konkreter Ausprägung. Rahmenlehrpläne legen relativ grob die Inhalte und Lernziele fest, die im Unterricht (oder durch eine bestimmte Schulstufe) vermittelt bzw. erreicht werden sollen. Sie sind meist sehr allgemein abgefasst und lassen so einen mehr oder weniger großen Spielraum für das Abfassen konkreter Lehrpläne.

Auf ein Fach bezogene *Lehrpläne* definieren schon relativ konkret, welche Fachinhalte in welcher Reihenfolge vermittelt werden sollen. Je nach den institutionellen Rahmenbedingungen haben solche Lehrpläne eine unterschiedliche Reichweite – sie können sich auf eine einzelne Schule oder eine ganze Schulstufe in einer schulpolitischen Einheit beziehen.

Auf der untersten Stufe sind die *Fachrichtlinien* anzusiedeln. In ihnen werden innerhalb einer Schule und innerhalb eines Faches Vereinbarungen zwischen den Lehrpersonen eines Fachkreises festgehalten. Solche Absprachen definieren *konkrete* Inhalte und Anforderungen zum Beispiel bei Prüfungen. Fachrichtlinien sind im Gegensatz zu *Curricula*, *Rahmenlehrplänen* und *Lehrplänen* in der Regel nicht öffentlich zugänglich.

Bei der Planung eines Semesters oder eines Schuljahres besteht nun die erste Aufgabe einer Lehrperson darin (sofern es den entsprechenden Spielraum bei der Unterrichtsgestaltung überhaupt gibt), aufgrund der aktuellen und gültigen Lehrpläne bzw. Fachrichtlinien einen auf die konkrete Unterrichtssituation adaptierten *Semesterplan* zu erstellen. Dabei spielen auch gesellschaftliche und institutionelle Rahmenbedingungen eine wichtige Rolle, auf die unten (► Kap. 3.2.2) eingegangen wird.

Wenn man als Lehrperson die Fachinhalte für eine längere thematische Einheit aufbereitet – z. B. Satzlehre im Deutschunterricht, Plattentektonik in der Geographie oder Evolutionstheorie in der Biologie –, dann stellt sich die Frage, in welcher Reihenfolge man die einzelnen Subthemen und Konzepte präsentieren will. Um zu verdeutlichen, welches Problem damit einhergeht, nehmen wir das Beispiel aus der Biologie. Angenommen, es soll eine Einführung in die Evolutionstheorie gegeben werden, wobei die folgenden Begriffe eingeführt werden sollen: *Evolution – Fortpflanzung – Selektion – Mutation – Rekombination – DNA – Allele*. Allein schon eine Reduktion des Themenkomplexes auf diese sieben Begriffe ergibt 5040 theoretisch mögliche Abfolgen (vgl. dazu Klauer & Leutner, 2007). Auch wenn von der Sachlogik her natürlich sehr viele Optionen gar nicht in Frage kommen, bleiben immer zahlreiche Möglichkeiten bestehen (vgl. dazu Koedinger, Booth & Klahr 2013), aus denen eine sinnvolle, kohärente Reihenfolge generiert werden kann.

Aus der Sicht der Curriculums-Konstruktion bieten sich nun zwei grundsätzlich unterschiedliche Herangehensweisen an:

a) Man vermittelt den Schülerinnen und Schülern zunächst die elementaren Begriffe auf der Mikroebene und fügt diese sukzessive zu einem Gesamtbild zusammen; dann spricht man vom *synthetischen Vorgehen*. Also beispielsweise zuerst *DNA*, *Allele* usw., dann *Mutation* und *Rekombination* und schließlich über die *Fortpflanzung* zum umfassenden Konzept der *Evolution*.
b) Man vermittelt den Schülerinnen und Schülern zunächst die Phänomene auf der Makroebene (Grundzüge der Evolutionstheorie) und zergliedert diese in die sie konstituierenden Elemente. Dieses Verfahren wird *analytisches Vorgehen* genannt.

Grundsätzlich sind beide Vorgehensweisen möglich, um ein *Curriculum* oder eben auch ein konkretes *Semesterprogramm* zu erstellen. Entscheidend ist, dass man sich bewusst ist, dass es diese beiden Vorgehensweisen gibt.

Natürlich wird es in der schulischen Praxis so sein, dass man kaum ein Thema rein synthetisch oder rein analytisch aufbaut. Vielmehr sind auch Mischformen adäquat, indem man zum Beispiel vom Gesamtphänomen ausgeht (im Beispiel *Evolution*), dann aber bei den Elementen beginnt und dabei immer wieder auf das Gesamtphänomen Bezug nimmt, um die Bedeutung der Elemente zu veranschaulichen.

3.2.2 Einen Semesterplan im eigenen Fach entwickeln

Bereits oben (▸ Kap. 3.1) wurde erwähnt, dass das umsichtige Erstellen eines Semesterprogramms ein wichtiger Faktor ist, um die Arbeits- und damit auch die psychische Belastung während eines laufenden Semesters präventiv zu reduzieren. Es gibt aber noch weitere Gründe, ausreichend Zeit in das Verfassen eines Semesterplan zu investieren.

Vier gute Gründe, warum ein Semesterprogramm Sinn macht

1. Beim Erstellen eines Semesterplans ist es unabdingbar, sich auf der Grundlage eines Lehrplans über die zu lehrenden Inhalte einen Überblick zu verschaffen. Gerade einer Novizin oder einem Novizen im Lehrberuf wird damit klar, ob allenfalls eine tiefere Beschäftigung mit den fachlichen Inhalten oder gar eine spezifische fachliche Weiterbildung nötig ist. Die an den Hochschulen erworbene Expertise ist nicht immer deckungsgleich mit den schulischen Lehrinhalten (auch nicht mit denen am Gymnasium). Sich dieses Sachverhaltes *frühzeitig* bewusst zu werden, schützt vor bösen Überraschungen während eines bereits laufenden Semesters. Man weiß frühzeitig, wie groß in etwa der Arbeitsaufwand für ein individuelles fachliches Update sein wird und kann auch abschätzen, welche Materialien man bereitstellen, beschaffen oder selber herstellen muss, um gut vorbereitet in die ersten Lektionen gehen zu können.

2. Eine Übersicht über die Unterrichtsinhalte ermöglicht es auch, alle Themen und Subthemen mengenmäßig auf ein Semester hin anzupassen. Gerade Neulinge haben die Tendenz, die Dauer eines Semesters und damit die vermittelbare Stoffmenge zu überschätzen. Ein realistisches Zeitbudget für die zu behandelnden Kernthemen verhindert, dass man nach zwei Dritteln der Zeit noch immer beim ersten von fünf Subthemen ist, weil man »mit dem Stoff nicht durchkommt« (wie es dann so schön heißt). Außerdem ermöglicht eine Übersicht, den roten Faden der Inhalte (im synthetischen oder analytischen Sinn, ▸ Kap. 3.2.1) im Auge zu behalten und den Schülerinnen und Schülern immer wieder Orientierung im Lernprozess zu bieten.

3. Ein weiterer Vorteil einer vorgängigen Semesterplanung ist es, dass auf der Basis der institutionellen Rahmenbedingungen ein detaillierter Terminplan erstellt werden kann. Dies ist umso wichtiger, da gerade beim Einstieg in den Lehrberuf oft vergessen geht, wie viele Lektionen in einem Semester aufgrund unbeeinflussbarer Ereignisse ausfallen können. Es ist also unverzichtbar, aufgrund des eigenen Stun-

denplanes, den man in der Regel einige Wochen vor dem Beginn eines neuen Semesters bekommt, eine Agenda zu erstellen, die diese institutionellen und gesellschaftlichen Termine berücksichtigt.

4. Wenn einmal ein solcher Semesterplan vorliegt, ist es möglich, ihn bei einem Schulbesuch durch die Schulleitung oder die Aufsichtsbehörde als Visitenkarte vorzulegen. Er kann dann dazu dienen, die besuchende Person schnell und prägnant zu informieren, wo man gerade steht. Ein elaborierter und übersichtlich gestalteter Semesterplan zeugt von einer umsichtigen Unterrichtsplanung – sicher kein schlechtes Zeichen für die eigene professionelle Kompetenz.

Vorgehen beim Erarbeiten eines Semesterplans

Vor allem für Berufsanfängerinnen und -anfänger ist das Erstellen eines durchdachten Semesterplans relativ aufwändig. Daher empfiehlt es sich, frühzeitig mit dieser Arbeit zu beginnen, entweder bereits am Ende des noch laufenden oder aber in den unterrichtsfreien Wochen vor einem neu beginnenden Semester. Beim Vorgehen sind die folgenden Punkte zu beachten:

- Zunächst gilt es, sich den aktuellen und gültigen Lehrplan zu beschaffen, sei es bei den Fachkolleginnen und Fachkollegen, bei der Schulleitung oder aber im Internet, sofern der Lehrplan online zur Verfügung steht.
- Ausgehend vom Lehrplan werden die großen Themen aufgestellt, die in einem Semester (oder allenfalls in einem ganzen Schuljahr) behandelt werden sollen.
- Anschließend gilt es, diese Großthemen in Teilthemen aufzugliedern und die Teile in einer von der Sachlogik her sinnvollen, kohärenten Reihenfolge anzuordnen. Dabei ist im Auge zu behalten, welche Themen eher analytisch bzw. welche Themen eher synthetisch behandelt werden sollen (► Kap. 3.2.1).
- Anschließend sind die Teilthemen in den von der Schule vorgegebenen Stundenplan einzugliedern. Damit wird auch schnell klar, wie viele Lektionen für die einzelnen Themen bzw. Teilthemen aufgewendet werden können und ob allenfalls schon hier Ergänzungen bzw. Kürzungen notwenig sind.
- Entscheidend beim vorherigen Schritt ist auch, die gesellschaftlichen und schulischen Terminvorgaben zu beachten.
  - Der wichtigste Termin ist dabei der Notenabgabetermin, also jenes Datum, an dem die Noten im eigenen Fach an die Schulleitung abzugeben sind. Ausgehend von diesem Termin können die Prüfungen in einem sinnvollen Rhythmus auf das Semester verteilt werden. Insbesondere der letzte Prüfungstermin sollte ausreichend lange vor dem Notenabgabetermin angesetzt werden, um unnötigen Termindruck für die Lehrperson und auch für die Schülerinnen und Schüler zu vermeiden. Ein weiterer Vorteil einer frühzeitigen Festlegung der Prüfungstermine ist es, dass man sie gleich zu Beginn des Semesters kommunizieren kann.
  - Die unterrichtsfreie Zeit darf dabei nicht vergessen werden. Dazu gehören selbstverständlich die Ferien, aber auch nationale und lokale Feiertage.

- Auch die von der Institution Schule festgelegten Termine sind hier zu berücksichtigen. Aufgrund der entsprechenden Jahresagenda sind höchstwahrscheinlich weitere Unterrichtsausfälle aufgrund von Konferenzen, Sitzungen, Schulanlässen, Exkursionen usw. zu erwarten.

3.3 Mittel- und kurzfristige Planung von Unterricht

Nachdem der Unterricht langfristig mittels eines Semesterplans vorstrukturiert wurde, folgt die Aufgabe konkret festzulegen, wie genau ein spezifisches Thema im Unterricht dargestellt und vermittelt werden soll. Auch hierbei sind Lehrpläne natürlich wieder die leitende Vorgabe, an der sich der Unterricht orientiert. Als *mittelfristig* bezeichnen wir die sich typischerweise über mehrere Lektionen ziehende Planung, wie ein in sich (mehr oder weniger) geschlossenes Thema im Unterricht erarbeitet werden soll. Als *kurzfristig* bezeichnen wir die Planung einzelner Lektionen. Im Gegensatz zur langfristigen Planung erfordert die kurz- und mittelfristige Planung eine explizite Überlegung und Festlegung, mit welchen Unterrichtsmethoden (► Kap. 4) die in der Planung definierten Lernziele erreicht werden sollen, wie man den Lernprozess überwachen (► Kap. 5) und wie man die Erreichung der Lernziele überprüfen kann (► Kap. 5 und ► Kap. 6).

Zur kurz- und mittelfristigen Unterrichtsplanung bietet sich die Nutzung einer Lernzieltaxonomie an. Lernzieltaxonomien beschreiben unterschiedliche Arten von Kompetenzen (z. B. »sich erinnern können« oder »etwas anwenden können«), die im Unterricht aufgebaut werden sollen und verbinden diese mit Inhalten. Im Folgenden werden wir exemplarisch einige bestehende Taxonomien vorstellen und davon ausgehend eine neue vorschlagen, die verschiedene Probleme bestehender Taxonomien umgeht und dabei gleichzeitig einfach und pragmatisch handhabbar ist.

Da uns keine vergleichenden empirischen Daten bezüglich der Effektivität der verschiedenen Taxonomien vorliegen, möchten wir Lehrende nicht auf eine Taxonomie festlegen – aber wir plädieren nachdrücklich dafür, die kurz- und mittelfristige Unterrichtsplanung mithilfe einer Taxonomie zu strukturieren. Bevor wir unsere pragmatische Unterrichtsplanungstaxonomie (PUT) vorstellen, bestimmen wir zunächst, was unter Leitideen und Lernzielen zu verstehen ist.

3.3.1 Leitideen und Lernziele

Wird der Unterricht für das nächste Thema und die damit verbundenen Lektionen geplant, sollte dies möglichst explizit gemacht werden. Häufig hört man den Einwurf: »Aber ich habe doch im Kopf, was ich in den nächsten Stunden unterrichten werde.« Praktisch zeigt sich jedoch häufig, dass man sich mit einer derartigen Einstellung selbst täuscht – schnell schleichen sich Unklarheiten ein. Diese können die Schülerinnen und Schüler verwirren, weil bspw. bestimmte Begrifflichkeiten genutzt werden, die noch gar nicht eingeführt wurden. Oder die Lehrperson macht ständig einschränkende Bemerkungen, dass die Schülerinnen und Schüler erst in einer der nächsten Lektionen bestimmte Dinge richtig verstehen werden.

Eine explizite Ausformulierung hingegen ermöglicht Orientierung für die Lehrperson und die Schülerinnen und Schüler. Wir plädieren dabei nicht dafür, jede Unterrichtsminute akribisch durchzustrukturieren. Aber es sollte genau festgelegt werden,

- welche *Voraussetzungen* notwendig sind, um die geplanten Unterrichtsinhalte zu verstehen, und
- *mittels welcher Methoden* die Inhalte erarbeitet und die Lernziele erreicht werden sollen.

Wenn dies geschehen ist, können auch Aufgaben entwickelt werden, um den realen Lernstand der Schülerinnen und Schüler zu diagnostizieren. Und solche Aufgaben ermöglichen es auch, den Lernfortschritt zu überwachen und, wenn notwendig, die Instruktion anzupassen.

Ein erster Schritt der kurz- und mittelfristigen Planung ist die Formulierung einer *Leitidee*, von der ausgehend spezifische Lernziele abgeleitet werden können. Eine Leitidee buchstabiert einen Grundgedanken aus. Bekannt sind Leitideen wohl am ehesten als übergeordnete Titel, die ganze Curricula oder längere Unterrichtssequenzen umschreiben. So gibt es bspw. im Lehrplan 21 der Schweiz die sehr umfassende Leitidee »Nachhaltige Entwicklung«; schaut man sich deutsche und schweizerische Lehrpläne für den Mathematikunterricht an, findet man u. a. die Leitidee »Messen«. Diese Leitideen fallen somit eher in den Bereich der langfristigen Unterrichtsplanung. Wir betonen jedoch, dass es gute Gründe gibt, auch die mittelfristige Planung mit der Formulierung einer Leitidee zu strukturieren.

Bei der mittelfristigen Planung steckt die Leitidee das Gebiet ab, womit sich die Schülerinnen und Schüler in den nächsten Lektionen beschäftigen werden. Dabei sollte auch explizit gemacht werden, weshalb das Thema für die Schülerinnen und Schüler relevant ist. Dementsprechend ist die Formulierung (meist) allgemein gehalten. Ein Beispiel: In den nächsten Lektionen geht es darum, Primarschülerinnen und -schülern ein grundlegendes Verständnis der Konzepte *Dichte* und *Auftrieb* zu vermitteln; sie verstehen, warum diese Begriffe wichtig sind, um zum Beispiel die Frage »Warum schwimmt ein großes Schiff aus Eisen?« beantworten zu können.

Die Leitidee kann aber auch deklarativ ausdrücken, was der Inhalt der nächsten Stunden ist und was von den Schülerinnen und Schülern erwartet wird – in der Mathematik etwa: »Die Schülerinnen und Schüler können Körper und räumliche Beziehungen darstellen.« Mithilfe einer solchen Leitidee lassen sich dann relativ einfach auch motivierende Unterrichtseinstiege finden, indem bspw. konkrete Anwendungen und Probleme skizziert werden, für deren Verständnis und Lösung über die folgenden Lektionen hinweg das relevante Wissen erarbeitet wird. Selbstverständlich ist es somit auch hilfreich, die Leitidee an die Schülerinnen und Schüler zu kommunizieren.

Anhand einer Leitidee lassen sich auch gut Verbindungen zu vorherigen Lerninhalten herstellen. Die Schülerinnen und Schüler können sich auf diese Weise besser im Unterricht orientieren und lernen, wie größere Themenkomplexe innerhalb eines Faches (oder auch über Fachgrenzen hinweg) in einem Zusammenhang stehen. Im besten Fall erkennen sie so den Sinn der einzelnen Schritte im gesamten Lernprozess.

Ausgehend von der Leitidee können spezifische Lernziele für einzelne Lektionen oder eine ganze Lektionsreihe konkret ausgearbeitet werden. Lernziele sind Aussagen, die eine Kompetenz der Schülerinnen und Schüler beschreiben, deren Erwerb im Unterricht unterstützt und erreicht werden soll. Lernziele stellen somit eine Verbindung her zwischen dem zu vermittelnden Stoff und dem Denken und Handeln der Schülerinnen und Schüler; sie bilden die Verbindung zwischen Angebot und Nutzung (► Kap. 1).

Die Formulierung der Lernziele hilft einer Lehrperson auch konkret festzulegen, welche Unterrichtsmethode angewendet werden sollte und mit welchen Aufgaben überprüft werden kann, ob die Lernziele erreicht wurden. Hat man etwa in einem Lernziel festgelegt, dass Schülerinnen und Schüler lediglich die Definition eines naturwissenschaftlichen Prinzips *erinnern* sollen, legt dies eine andere Unterrichtsmethodik nahe, als wenn Schülerinnen und Schüler zusätzlich in der Lage sein sollen, das Prinzip auf neue Probleme *anwenden* zu können.

Wie bei Leitideen ist es auch bei Lernzielen sinnvoll, diese den Schülerinnen und Schülern transparent zu machen. Das heißt nicht, dass man Lernziele, die unter Umständen sehr technisch formuliert wurden, genauso den Schülerinnen und Schülern zu kommunizieren hat. Sie sollten in einer Sprache präsentiert werden, mit der sie etwas anfangen können. Dann funktionieren die Lernziele als Strukturierungshilfe (bzw. *advance organizer*, Ausubel, 1960) für die Schülerinnen und Schüler. Sie wissen, was auf sie zukommt und was von ihnen erwartet wird – eine solche Orientierung wirkt sich positiv auf den Lernerfolg aus (Mayer, 1979; Seidel & Shavelson, 2007).

3.3.2 Lernzieltaxonomien für die Planung von Unterricht

In der wissenschaftlichen Literatur findet sich eine Vielzahl von Vorschlägen, wie Lernziele zu formulieren sind und wie sich diese Lernziele in tatsächliches Unterrichtshandeln übersetzen lassen. Sie alle betonen, dass Lernziele zu spezifizieren haben,

- welches *Wissen* im Unterricht entwickelt und erreicht werden sollte, und
- dass es unerlässlich ist, eine klare *Passung* (auf Englisch als *Alignment* bezeichnet) zwischen Lernzielen, konkreter Unterrichtsgestaltung und der Überprüfung der Lernziele herzustellen.

Im Folgenden werden wir zunächst kurz die wohl bekannteste Taxonomie und ihre revidierte Version vorstellen, um davon ausgehend eine eigene pragmatische Unterrichtsplanungstaxonomie einzuführen.

Die Bloom'sche Taxonomie

Der weit verbreitete und vielzitierte Klassiker unter den Lernzieltaxonomien für die Planung von Unterricht stammt von Bloom, Engelhart, Furst, Hill und Krathwohl (1956). Allgemein bekannt ist sie unter dem verkürzten Namen *Bloom'sche Taxonomie*. Diese Taxonomie umfasste in ihrer vollständigen Fassung nicht nur die kognitive, sondern auch die affektive Domäne. Übernommen wurde in die Praxis jedoch fast ausschließlich die Beschreibung der kognitiven Domäne. Ziel der folgenden Ausführungen ist es, in groben Zügen wiederzugeben, inwiefern die Bloom'sche Taxonomie bzw. ihre revidierte Fassung für die Unterrichtsplanung relevant ist.

In der kognitiven Domäne werden verschiedene Denkhandlungen spezifiziert. Dabei wird immer gefragt: Welche kognitive Leistung wird von den Schülerinnen und Schülern in Bezug auf einen bestimmten Inhalt erwartet? Die Bloom'sche Taxonomie definiert sechs grundlegende Kategorien für diese kognitive Domäne. Diese sind

- Wissen (*knowledge*)
- Verständnis (*comprehension*)
- Anwendung (*application*)
- Analyse (*analysis*)
- Synthese (*synthesis*) und
- Beurteilung (*evaluation*).

Diese sechs übergeordneten Kategorien wurden zudem in weitere Subkategorien aufgeteilt; so umfasst z. B. die Dimension *Verstehen* Translation, Interpretation und Extrapolation, wobei diese Subkategorien kaum in der Praxis verwendet werden und wir daher hier auch nicht weiter auf diese eingehen. Die sechs Hauptkategorien ordnen sich von einfach zu komplex und vom Konkreten zum Abstrakten (beginnend bei der Stufe Wissen hin zur Stufe Beurteilung). Dabei ist die Ordnung als *kumulative Hierarchie* zu verstehen: Die einfacheren Kategorien bilden die Voraussetzung für die kognitive Bewältigung von Lernzielen in den höheren Kategorien. Dies ist direkt einleuchtend. Die Beurteilung eines Sachverhalts oder eines Konzeptes ist nicht möglich, wenn man kein Wissen und Verständnis über den Sachverhalt oder das Konzept hat.

Die Kategorie des Wissens in der Bloom'schen Taxonomie umfasst tatsächlich verschiedene Arten von Wissen (z. B. Wissen über bestimmte Terminologien, Wissen über Prinzipien) sowie verschiedene kognitive Handlungsaspekte. Letztere spezifizieren, ob man das Wissen etwa in Aufgaben wiedererkennen oder ob man es spontan abrufen können sollte. Damit unterscheidet sich diese Kategorie von den anderen fünf Kategorien, in denen jeweils der kognitive Handlungsaspekt klar im Vordergrund steht. Trotzdem erscheinen alle sechs Kategorien gleichberechtigt in der Taxonomie. So wurde eine Eindimensionalität über die sechs Kategorien hinweg erreicht, obwohl die Kategorien eigentlich nicht direkt miteinander vergleichbar waren, da sie eben unterschiedlich umfassend sind. Diese Inkonsistenz war der hauptsächliche Grund, der zur Überarbeitung der Taxonomie führte.

Die revidierte Bloom'sche Taxonomie

Zu Beginn dieses Jahrhunderts wurde von amerikanischen Forschern eine revidierte Fassung der Bloom'schen Taxonomie vorgestellt (Anderson et al., 2001). Diese sollte die eben geschilderte Inkonsistenz der originalen Taxonomie überwinden. Als Konsequenz davon weist die neue Version im Gegensatz zur eindimensionalen Bloom'schen Taxonomie zwei Dimensionen auf: eine inhaltlich ausgerichtete Wissensdimension und eine Dimension für die kognitiven Prozesse.

Die Wissensdimension umfasst vier Arten von Wissen. Diese sind Faktenwissen, konzeptuelles Wissen, prozedurales Wissen und metakognitives Wissen.

- *Faktenwissen* bezeichnet die grundlegenden Elemente, die Schülerinnen und Schüler für ein Fach kennen sollten, die sie benötigen, um Probleme zu lösen. Beispiele für Faktenwissen sind Wissen über die Hauptstädte von Ländern oder die Definition von Masse.
- *Konzeptuelles Wissen* (► Kap. 2.4) bezeichnet Beziehungen der grundlegenden Elemente in größeren Strukturen. Als größere Strukturen gelten entsprechend etwa Theorien, Prinzipien, Modelle, Klassifikationen oder Kategorien. Beispiele für konzeptuelles Wissen sind Wissen über die Struktur von Regierungsformen oder Wissen über Newtons zweites Gesetz, dass also Kraft als multiplikative Beziehung zwischen Masse und Beschleunigung definiert ist.
- *Prozedurales Wissen* (► Kap. 2.4.) bezeichnet Wissen, wie man etwas ausführt, also Wissen über Techniken, Prozeduren, Algorithmen usw. Beispiele für prozedurales Wissen sind etwa die Fähigkeit, einen Stadtplan zu lesen, oder das Wissen darüber, wie man Newtons zweites Gesetz umstellen muss, wenn Kraft und Masse gegeben sind und die Beschleunigung bestimmt werden soll.
- *Metakognitives Wissen* schließlich bezeichnet Wissen über die eigenen psychischen Prozesse, über die eigene Kognition und die Möglichkeiten zu deren Regulation. Beispiele für metakognitives Wissen sind Wissen über Problemlösestrategien, also etwa wie ich eine im Geographie- oder Physikunterricht gestellte Aufgabe angehe oder wie ich mich auf die Prüfung vorbereite.

Die Dimension der kognitiven Prozesse (► Kap. 2 und ► Abb. 2, Modell der menschlichen Kognition) umfasst die sechs Kategorien:

- *erinnern* (in der englischen Originalversion *remember*)
- *verstehen* (*understand*)
- *anwenden* (*apply*)
- *analysieren* (*analyze*)
- *evaluieren* (*evaluate*) und
- *erschaffen* (*create*).

Zwar scheinen diese Kategorienbezeichnungen zunächst recht ähnlich zu der originalen Bloom'schen Taxonomie, aber es gibt wichtige konzeptuelle Unterschiede. So taucht bspw. neu *erschaffen* als Kategorie auf. Außerdem gibt es eine leichte Änderung in der Reihenfolge.

Der gewichtigste Unterschied aber ist die Verwendung von Verben statt Nomen als Kategorienbezeichnungen (z. B. *anwenden* statt *Anwendung*). Diese Änderung verbessert die Passung dieser Dimension zu den mittlerweile vorherrschenden kompetenzorientierten Lehrplänen. Denn Kompetenzen spezifizieren kognitive Prozesse von Menschen, auf die man anhand von äusseren Handlungen (der Performanz) zurückschließt (Deiglmayr, Schalk & Stern, 2017) – und diese lassen sich besser mit einem Verb beschreiben.

Alle sechs Kategorien in der Dimension der kognitiven Prozesse werden in der revidierten Taxonomie weiter untergliedert in dazugehörige Subprozesse oder Kompetenzen. So werden bspw. für die Verstehen-Dimension zusätzlich die Kompetenzen *interpretieren*, *exemplifizieren*, *klassifizieren*, *zusammenfassen*, *schlussfolgern*, *vergleichen* und *erklären* angegeben. Daraus wird sofort die (zu) hohe Komplexität dieser revidierten Taxonomie deutlich. Selbst wenn man nur die Grundkategorien beider Dimensionen zusammenbringt, ergeben sich 24 Zellen (4 Wissensarten × 6 kognitive Prozesse). Viele der Kombinationen beider Dimensionen lassen sich sowohl theoretisch als auch bezüglich der Unterrichtspraxis nur schwerlich interpretieren: Was bedeutet es beispielsweise, Faktenwissen zu verstehen? Passt zu prozeduralem Wissen ein anderer kognitiver Prozess als *anwenden*? Zudem sind die Unterscheidungen zwischen den verschiedenen Wissensarten aus Sicht der psychologischen Lehr- und Lernforschung nicht ganz nachvollziehbar. Inwiefern ist bspw. Faktenwissen klar trennbar von konzeptuellem und metakognitivem Wissen? Kann nicht auch konzeptuelles Wissen prozeduralisiert werden?

Wir haben in unserer Lehre die Erfahrung gemacht, dass diese Unterscheidungen angehenden Lehrpersonen schwerfallen. Außerdem führt die Komplexität der revidierten Taxonomie häufig zu einer Vereinfachung, wenn Lernziele formuliert werden sollen: Es wird dann einfach nur die Prozessdimension genutzt oder gar gleich ganz auf die originale Version der Taxonomie zurückgegriffen. Aus diesen Gründen haben wir eine einfach handhabbare, pragmatische Unterrichtsplanungstaxonomie entwickelt, die im folgenden Kapitel vorgestellt wird.

Die pragmatische Unterrichtsplanungstaxonomie (PUT)

Die von uns entwickelte pragmatische Unterrichtsplanungstaxonomie (nachfolgend als PUT abgekürzt) soll die gleiche Rolle einnehmen wie ihre Vorgänger, nämlich Lehrpersonen eine Hilfestellung für die mittel- und kurzfristige Unterrichtsplanung bieten. Sie unterstützt Lehrende darin, Lernziele, Unterrichtsmethoden (► Kap. 4) und Formen der Wissensdiagnose (sowohl im formativen als auch im summativen Sinn, ► Kap. 5 und ► Kap. 6) miteinander in Einklang zu bringen. Diese Abstimmung (*Alignment*) ist zentral für guten Unterricht (Biggs, 1996). Sie ermöglicht Orientierung: Lehrpersonen bietet sie eine Grundlage für die Gestaltung des Unterrichts; Schülerinnen und Schüler können nachvollziehen, wo sie in ihrem Lernprozess stehen.

Die PUT wird in Abbildung 6 (► Abb. 6) dargestellt. Ähnlich wie in der revidierten Bloom'schen Taxonomie werden Wissensarten und kognitive Prozesse berücksichtigt. Die PUT baut also auf der revidierten Bloom'schen Taxonomie auf, ist aber mit gegenwärtigen Theorien der Lehr- und Lern-Forschung und der kognitiven Psychologie unseres Erachtens besser in Einklang zu bringen (► Kap. 2). Zudem reduziert sie die Dimension der kognitiven Prozesse auf weniger Kategorien. Es werden ausschließlich Kategorien verwendet, die sich in der Forschung wiederholt als deutlich voneinander unterscheidbar (distinkt) erwiesen haben.

Während die kognitiven Prozesse auch in der PUT eine Dimension darstellen, werden die Wissensarten nicht länger als eine Dimension aufgefasst, die zusammen mit den kognitiven Prozessen die Zellen der Taxonomie und damit die Lernziele vordefinieren. Da viele Kombinationen von Wissensarten und kognitiven Prozessen nicht sinnvoll interpretiert werden können, erscheint uns eine Definition der Taxonomie über diese beiden Dimensionen unnötig komplex. In der PUT steckt hingegen in der Formulierung eines jeden Lernziels, welche Art von Wissen adressiert werden soll.

Als zweite Dimension zusätzlich zu den kognitiven Prozessen berücksichtigt die PUT die Komplexität des Lernziels. Die Lehrperson überlegt sich für jedes Lernziel, mit wie vielen Wissenselementen sich die Schülerinnen und Schüler jeweils auseinandersetzen müssen. Diese Dimension halten wir für relevant, da sich in Abhängigkeit der Anzahl zu verarbeitender Wissenselemente unterschiedliche Unterrichtsmethoden und auch Möglichkeiten für eine Wissensdiagnose anbieten. Zudem spannen die zwei Dimensionen der kognitiven Prozesse und der Komplexität eine Fläche auf, die sowohl theoretisch als auch unterrichtspraktisch lückenlos interpretiert werden kann. Durch diese Gestaltung wird die PUT flexibler in ihrer Handhabung und einfacher zu nutzen als die revidierte Bloom'sche Taxonomie. Anders ausgedrückt: Sie ist praxistauglich, womit wir meinen, dass sie im Alltag von Lehrpersonen einfacher für die Unterrichtsplanung einsetzbar ist.

Bei den Wissensarten, die die Lehrperson bei der Formulierung der Lernziele aufgreift, wird in der PUT nur noch zwischen deklarativem und prozeduralem Wissen unterschieden. Die Unterscheidung ist weitverbreitet in der Lehr- und Lern-Forschung und der kognitiven Psychologie (siehe Anderson, Bothell, Byrne, Douglass, Lebiere & Qin, 2004; Koedinger, Corbett & Perfetti, 2012). Unter den beiden Kategorien lassen sich die vier Wissensarten der Bloom'schen Taxonomie subsumieren.

Deklaratives Wissen umfasst Faktenwissen und konzeptuelles Wissen. In Lehr- und Lernsituationen ist es oft nicht ganz einfach, zwischen Fakten und Konzepten zu unterscheiden. Nur in seltensten Fällen ist der Aufbau einfachen Faktenwissens das Lernziel, meist werden die Fakten in Relation zu anderen Fakten gesetzt. Somit zielt der Unterricht eher auf die Vermittlung von Konzepten.

Prozedurales Wissen ist Wissen, das durch Wiederholung – im schulischen Lernkontext also durch Übung oder Training – automatisiert ist, so dass es weniger Arbeitsgedächtnisressourcen benötigt (► Kap. 2.4).

Metakognitives Wissen als Kategorie fällt weg, da es als Wissen beschrieben werden kann, das aus deklarativem und/oder prozeduralem Wissen aufgebaut ist (Zepeda, Richey, Ronevitch & Nokes-Malach, 2015). Zwischen prozeduralem und deklarativem Wissen besteht ein fließender Übergang, sie beeinflussen sich wechselseitig in

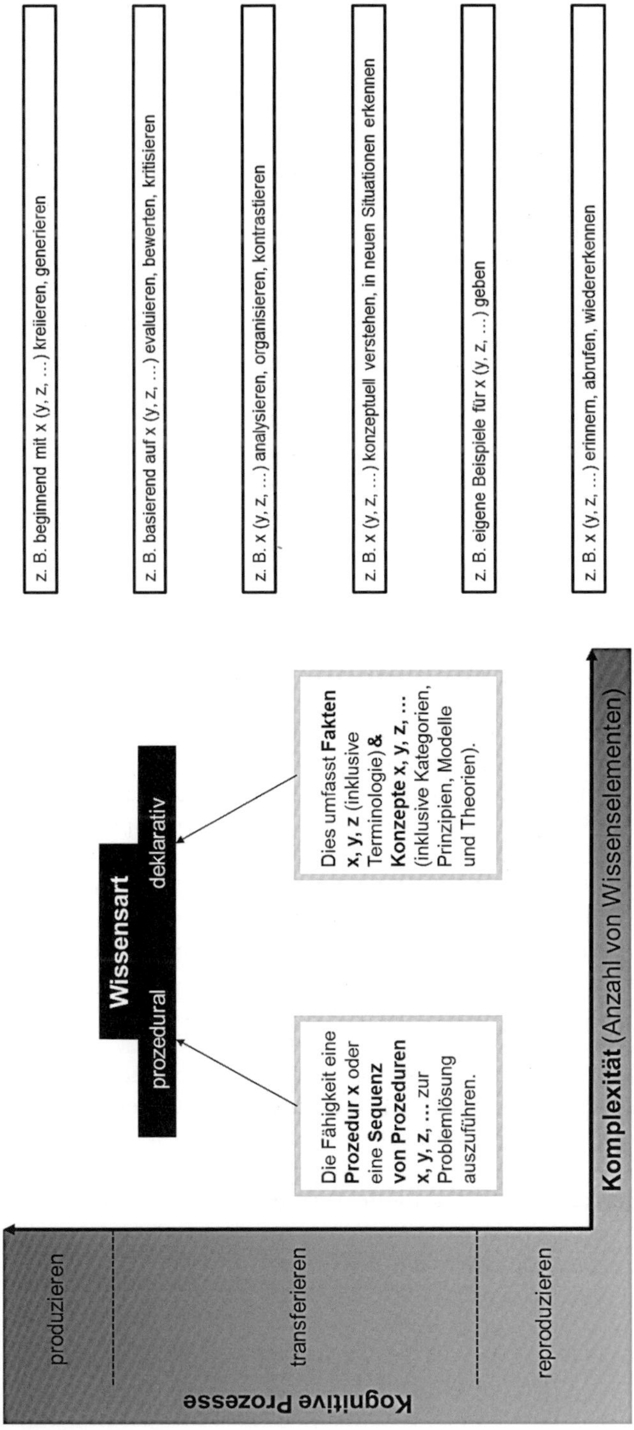

Abb. 6: Die pragmatische Unterrichtsplanungstaxonomie (PUT)

ihrer Entwicklung und lassen sich auch empirisch nicht leicht getrennt messen (Schneider & Stern, 2010). Jedoch wählt man als Lehrperson tatsächlich unterschiedliche Methoden, wenn es darum geht, deklaratives Wissen zu vermitteln oder wenn man darauf abzielt, die Nutzung von Wissen zu prozeduralisieren. Ein Beispiel aus dem Mathematikunterricht in der Grundschule verdeutlicht dies: Sollen die Schülerinnen und Schüler ein konzeptuelles Verständnis aufbauen, was es bedeutet, wenn man zwei Zahlen multipliziert, unterrichtet man anders, als wenn es darum geht, das 1×1 zu automatisieren. Lernziele können dementsprechend auch so formuliert werden, dass sie eher auf das eine oder auf das andere abzielen.

Bei der Dimension der kognitiven Prozesse wird in der PUT lediglich zwischen drei Prozessen unterschieden: *reproduzieren*, *transferieren* und *produzieren* (▶ Kap. 2 und ▶ Abb. 1). In Übereinstimmung mit der revidierten Bloom'schen Taxonomie nehmen wir an, dass die kognitiven Prozesse aufeinander aufbauen. Wenn das Ziel *transferieren* ist, dann müssen Schülerinnen und Schüler auch Wissen reproduzieren. Wenn das Ziel *produzieren* ist, dann müssen sie Wissen sowohl reproduzieren als auch transferieren.

Die Kategorie *reproduzieren* entspricht der Kategorie *erinnern* in der revidierten Version der Bloom'schen Kategorie. Lernziele in dieser Kategorie spezifizieren einfaches und unverändertes Wiedergeben von Lerninhalten (z. B. Auswendiglernen eines Gedichtes oder von Definitionen).

In der Kategorie *transferieren* sind die in der revidierten Version der Bloom'schen Taxonomie definierten Kategorien *verstehen*, *anwenden*, *analysieren* und *evaluieren* zusammengefasst. Diese lassen sich bei Lernaufgaben oft nicht klar trennen (dies hat die Forschung wiederholt zeigen können), haben aber gemeinsam, dass bei ihnen etwas Gelerntes auf etwas Neues angewendet wird (dazu gehört auch, etwas in eigenen Worten zu paraphrasieren).

Die Kategorie *produzieren* entspricht der Kategorie *erschaffen* in der revidierten Version der Bloom'schen Taxonomie. Wir nutzen den Begriff *produzieren*, um den Gegensatz zur Kategorie *reproduzieren* zu verdeutlichen. In diese Kategorie fallen Lernziele, die von den Schülerinnen und Schülern verlangen, über den Unterrichtsstoff hinauszugehen und selbständig neue Verknüpfungen zwischen Fakten und Konzepten herzustellen, um so (bezogen auf ihr gegenwärtiges Wissen) neues Wissen zu generieren.

Trotz dieser Vereinfachung halten wir es nach wie vor für sinnvoll, die in der revidierten Bloom'schen Taxonomie vorgeschlagenen oder ähnliche Verben für die Formulierung von Lernzielen zu nutzen (▶ Abb. 6). So stehen der Lehrperson viele unterschiedliche Varianten zur Verfügung, die gleichzeitig gut zu kompetenzorientierten Lehrplänen passen. Andererseits wird die Einordnung in die Taxonomie durch die Reduzierung der kognitiven Prozessdimension stark vereinfacht.

Die Dimension der Komplexität gibt zusätzlich für jedes Lernziel an, ob die Schülerinnen und Schüler mit einem Wissenselement (z. B. Hauptstadt von Frankreich oder die Prozedur des Rundens), mit zwei oder mehr Wissenselementen gleichzeitig umgehen müssen. Was dabei als ein Wissenselement aufgefasst wird, ergibt sich hier aus dem zu erwartenden Vorwissen der Schülerinnen und Schüler. Ein Beispiel: Wird im Physikunterricht das Konzept der Beschleunigung eingeführt, so müssen dafür die bereits behandelten und verstandenen Konzepte der *Geschwindigkeit* und der *Zeit* aktiviert und verknüpft werden. Es müssen also zwei Wissenselemente verarbeitet werden. Wenn das Konzept der Beschleunigung bereits behandelt und verstanden wurde, kann es als *ein* Wissenselement aufgefasst werden.

Die Komplexität eines Lernziels ist relevant für die Unterrichtsplanung. Sollen beispielsweise die zwei Konzepte *Meiose* und *Mitose* in neuen Situationen unterschieden werden können (*transferieren*), so bieten sich hierfür andere Unterrichts- und Diagnosemethoden an (z. B. das *Vergleichen* und *Kontrastieren* beider Konzepte (▸ Kap. 4.4.1)), als wenn nur das Konzept *Meiose* verstanden werden soll. In Abbildung 6 (▸ Abb. 6) sind exemplarische generische Lernziele gebildet. Ganz praktisch bietet die PUT somit eine Vielzahl von Möglichkeiten, Lernziele durch das Anpassen dieser Sätze auf die eigenen Unterrichtsinhalte zu erstellen – die modifizierte und reduzierte Struktur macht es dabei nicht nur einfacher, diese in der Unterrichtsplanungstaxonomie einzusortieren, sondern erleichtert auch die Ableitung adäquater Unterrichts- und Diagnosemethoden (▸ Kap. 5 und ▸ Kap. 6).

3.3.3 Der Einsatz der PUT bei der Unterrichtsplanung

Mithilfe der pragmatischen Unterrichtsplanungstaxonomie durchläuft man als Lehrperson vier Schritte in der mittel- und kurzfristigen Unterrichtsplanung (▸ Abb. 7).

1. Formulieren eines Lernziels: Das Lernziel ergibt sich aus der langfristigen Unterrichtsplanung, steht im Zusammenhang mit der Leitidee und lässt sich in Kompetenzraster einordnen (unter Berücksichtigung des Vorwissens), die für das Fach definiert sind (in Lehrplänen, Vorgaben der Bundesländer oder Kantone etc.). Die Struktur der PUT erfordert bei der Formulierung des Lernziels zu bestimmen, um welche Wissensart(en) es geht, wie die Komplexität des Wissens einzuschätzen ist und welche kognitiven Prozesse relevant sind. Lernziele müssen nicht nur fachliche Lernziele sein. Es können in der PUT auch problemlos Lernziele für fächerübergreifende Kompetenzen wie bspw. metakognitive Strategien oder kooperative Arbeitsformen definiert werden. Tatsächlich wird es sogar oft der Fall sein, dass im Unterricht mehrere Lernziele parallel verfolgt werden.

2. Wahl der instruktionalen Methode(n): Ist das Lernziel oder sind die Lernziele formuliert, wird die instruktionale Methode gewählt (▸ Kap. 4 und ▸ Kap. 5). Diese Methode muss geeignet sein, die im Lernziel spezifizierte Wissensart und den kognitiven Prozess anzusprechen und zu entwickeln. Zudem sollte sie auf den Komplexitätsgrad des Lernziels abgestimmt sein.

3. Ausarbeiten einer Wissensdiagnostik: Nun wird festgelegt, welches formative Assessment (für konkrete Methoden ▸ Kap. 5) geeignet ist, um den Lernfortschritt der Schülerinnen und Schüler in Bezug auf das Lernziel zu überwachen, und welche Aufgaben sich für eine Prüfung (ein summatives Assessment ▸ Kap. 6), also als notenrelevante Überprüfung der Erreichung des Lernziels, eignen.

4. Evaluation der Passung: Schließlich muss überprüft werden, ob Lernziel, instruktionale und diagnostische Methode miteinander im Einklang stehen. Diese Überprüfung der Passung (des Alignements) ist essentiell – sie lässt deutlich werden, ob der geplante Unterricht angemessen für die Lernziele ist, ob man mit dem Unterricht nicht unter Umständen sogar zusätzliche (überfachliche oder fachliche) Lernziele verfolgen kann (die dann zusätzlich formuliert werden sollten) und inwiefern die diagnostischen Methoden fair in Bezug auf das geplante Vorgehen im Unterricht sind.

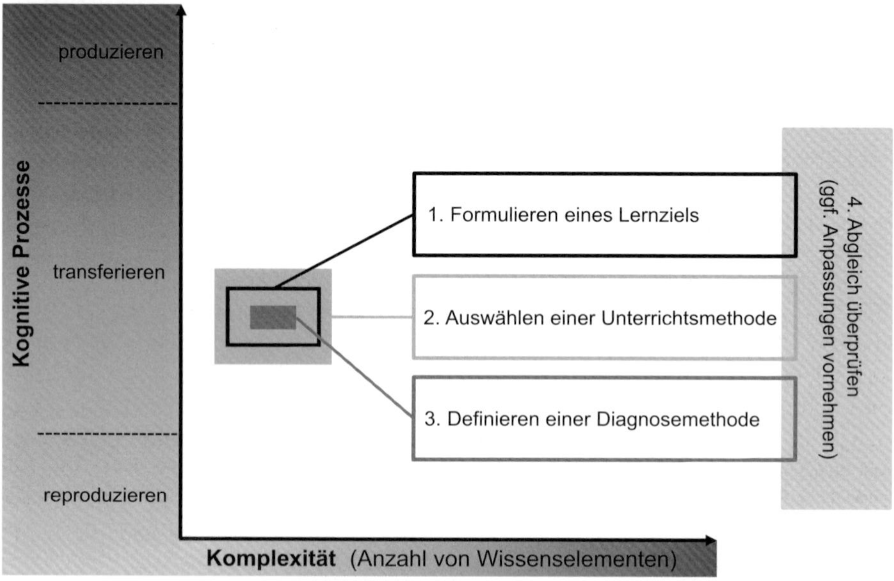

Abb. 7: Nutzung der pragmatischen Unterrichtsplanungstaxonomie (PUT)

3.4 Die Gestaltung einer einzelnen Schulstunde

Nehmen wir die folgende Situation an: Eine Lehrperson hat die zu lehrenden fachlichen Inhalte definiert (► Kap. 3.2.2), die Lernziele sind klar (► Kap. 3.3), und auch die für das Erreichen der Lernziele geeignete Methode wurde bereits festgelegt (Details zu den Methoden ► Kap. 4.2 und ► Kap. 4.4). Wie *genau* soll nun die auf diese Weise vorbereitete Schulstunde ablaufen? Die zu gestaltenden 45 Minuten (oder 90 Minuten im Falle einer Doppelstunde) sind dabei auf keinen Fall als homogene Masse zu sehen, sondern eine Lehrperson sollte in jedem Fall (zumindest im Kopf) ein Drehbuch ausarbeiten, das die zur Verfügung stehende Zeitspanne in *verschiedene Phasen strukturiert* und im Idealfall einen *Spannungsbogen* aufweist.

Nun weiß man aus der Unterrichtsforschung, dass viele Lektionen nach einem sehr ähnlichen Muster ablaufen – Muster, die nicht immer mit einem Optimum an Lernwirksamkeit einhergehen. Der Begriff für diese Muster sind die sogenannten *Unterrichtsskripte:* mental verankerte Routinen, wie bestimme Abläufe in sozialen Kontexten aussehen. Die Routine »Restaurantbesuch« zum Beispiel umfasst die Abfolge: *Entscheid für ein Lokal, Reservation, Hinfahrt, Platz nehmen, Bestellen, Konsumieren, Bezahlen, Lokal verlassen.* Solche Routinen sind natürlich im Alltag sehr hilfreich, da sie kaum mehr Zeit und kognitive Ressourcen absorbieren.

Unterrichtsskripte dagegen sind Routinen darüber, wie eine typische Schulstunde in dem Fach, das man unterrichtet, ablaufen soll. Aber solche Routinen existieren meist nicht, weil sie besonders effizient oder lernwirksam sind, sondern weil man genau diese Routinen bereits erlebt und internalisiert hat, als man selber noch Schülerin oder Schüler war. Somit laufen zahlreiche, ›normale‹ Lektionen in Schulzimmern nicht so ab, weil sie besonders durchdacht sind, sondern weil sie einfach schon immer so abgelaufen sind und das Muster mehr oder weniger unbewusst über die Generationen hinweg transportiert wird (Pauli und Reusser, 2003).

Es lohnt sich deshalb, diese Routinen (auch kritisch) zu reflektieren – oder anders ausgedrückt: den Verlauf von einzelnen Schulstunden auf dem Hintergrund dieses Wissens über eigene, möglicherweise ungünstige Routinen sorgfältig zu planen. Dabei kann es natürlich gerade bei größeren Projekten, in denen die Schülerinnen und Schüler über längere Zeit selbständig arbeiten, der Fall sein, dass dieser Gesichtspunkt kaum relevant ist. Oder es kann sein, dass die Methode selbst den Ablauf fast vollständig orchestriert (wie etwa beim *Gruppenpuzzle*, ► Kap. 4.3.5). Aber in vielen Lektionen (etwa bei der nach wie vor häufig eingesetzten *Direkten Instruktion)* ist dies nicht der Fall und eine detaillierte Planung kann die Qualität des Unterrichts markant erhöhen.

3.4.1 Die zeitliche Strukturierung einer Schulstunde: 5 Phasen

Wenn im Folgenden von einer Schulstunde oder einer Lektion die Rede ist, dann ist damit automatisch auch die an Gymnasien häufig vorkommende Doppelstunde bzw. Doppellektion mitgemeint; diese werden in diesem Kapitel als eine Einheit behandelt. Als grobe Richtschnur für die zeitliche Sequenzierung einer Lektion können fünf Phasen unterschieden werden: *Eröffnung, Einstieg, Erarbeitung, Ergebnissicherung* und *Abschluss.*

Die Eröffnungsphase

Als Lehrperson beginnt eine Lektion natürlich schon, bevor man nach dem Klingeln vor die Schülerinnen und Schüler tritt: bei der Vorbereitung und dem Sich-Einstimmen. Falls die Umstände es zulassen, ist es sinnvoll, sich den Unterrichtsverlauf noch einmal vor dem inneren Auge einzuprägen, sich auf die Schülerinnen und Schüler bzw. die jeweilige Klasse einzustimmen und sich selber zu motivieren, sodass man mit einem grundsätzlich positiven und selbstbewussten Gefühl vor der Klasse erscheint.

Der Anfang der Lektion sollte durch die Lehrperson klar signalisiert werden: durch ein gut wahrnehmbares Schließen der Türe beispielsweise, durch ein sich Positionieren im Raum, durch eine freundliche, aber von allen vernehmbare Begrüssung (► Kap. 7, *Klassenführung*).

In der *Eröffnungsphase* gilt es zunächst, einen Kontakt zu den Schülerinnen und Schülern herzustellen, ihre Arbeitsbereitschaft zu gewinnen und auf die eigenen Fachinhalte zu fokussieren. Dabei ist es auch wichtig, die Stimmung in der Klasse wahrzunehmen: Sind alle noch müde, weil es früh am Morgen ist? Sind einige aufgebracht, weil sie kurz zuvor in einer Prüfung schlecht abgeschnitten haben? Wird über ein aktuelles (politisches, sportliches) Ereignis diskutiert, das viele beschäftigt? In solchen Fällen macht es wenig Sinn, direkt mit dem Vermitteln des Stoffes zu beginnen. Vielmehr kann es sich lohnen, spontan auf die jeweilige Situation einzugehen, evtl. ein kurzes Gespräch mit der Klasse zu führen, um dann umso deutlicher anzuzeigen, wann der eigentliche Unterricht beginnt.

Die Einstiegsphase

Als *Einstieg* wird jene Phase einer Schulstunde bezeichnet, welche die Schülerinnen und Schüler auf die eigentlich inhaltliche Arbeit hinführt. Diese Phase hat sowohl psychologische wie auch fachliche Dimensionen. Die Schüler müssen sich auf das Lernen im Klassenzimmer einstellen, das heißt, sie sollen möglichst zuhören, die Aufmerksamkeit auf die Lehrperson richten und das für die Lektion nötige Material bereitlegen. Fachlich geht es beim Lektionseinstieg darum, das zu behandelnde Thema einzuführen. Dies kann auf sehr unterschiedliche Weise geschehen, hier nur einige Beispiele:

- Den Inhalt der Lektion in einen größeren Kontext stellen (Orientierung)
- Eine Frage stellen, die verstanden wird, aber noch nicht zufriedenstellend beantwortet werden kann
- An das in der vorhergehenden Lektion vermittelte Wissen anknüpfen
- Den Schülerinnen und Schülern den Einstieg in ein neues Thema bzw. in eine neue Lernaufgabe erschließen
- Zentrale Aspekte des neuen Themas einführen

Um dies zu realisieren, gibt es natürlich eine Vielzahl von Möglichkeiten bzw. Techniken:

- Besprechung einer Hausaufgabe
- Gezielt die Vorkenntnisse abfragen (in mündlicher oder schriftlicher Form)
- Präsentation eines Phänomens

- Konstruktion eines Widerspruchs
- Vergleichen und Kontrastieren
- Stellen einer offenen Frage
- Eine auf den fachlichen Inhalt verweisende Darstellung zeigen (z. B. einen Comic, einen Cartoon, eine Karikatur)
- Brainstorming (z. B. als Einführung in ein neues Thema).

Eine einfache, aber sehr nützliche Form des Einstiegs ist der sogenannte *Informierende Unterrichtseinstieg* (IU, nach Grell, 1979). Man erläutert den Schülerinnen und Schülern in wenigen Sätzen, was das Thema der Stunde ist, wie es mit den vorangehenden Lektionen zusammenhängt, was sie in der Lektion in welcher Reihenfolge tun und lernen sollen und was sie davon haben, wenn sie sich das Wissen angeeignet haben bzw. die gestellte Aufgabe lösen können.

Die Erarbeitungsphase

Wenn es gelungen ist, in der *Eröffnungsphase* die Aufmerksamkeit der Schülerinnen und Schüler zu gewinnen und einen Lernprozess zu initiieren, und wenn durch die *Einstiegsphase* auch die fachlich-kognitiven Voraussetzungen dafür geschaffen wurden, dann beginnt der eigentliche Kern einer Lektion, die *Erarbeitungsphase*. In dieser Zeitspanne findet der Lernprozess statt – ausgehend von dem vorhandenen Vorwissen eignen sich die Schülerinnen und Schüler neues Wissen an, sei dies nun deklaratives oder aber prozedurales Wissen (▶ Kap. 2 und ▶ Kap. 3). Auf welche Weise dies geschieht, hängt im Wesentlichen von der gewählten Methodik ab. Zwei einfache Beispiele zur Illustration:

- In einer Phase *Direkter Instruktion* folgt beispielsweise ein Lehrervortrag im Sinne der *Darstellenden Stoffvermittlung* (▶ Kap. 4.2.2), etwa gefolgt von einer Übungsphase (individuell oder als Partnerarbeit) usw.
- Wird dem Unterricht die Form des *Kooperativen Lernens* zugrunde gelegt (▶ Kap. 4.3), dann eignen sich die Schülerinnen und Schüler selbständig neues Wissen an oder verarbeiten dieses im sozialen Austausch.

Die Phase der Ergebnissicherung

Die Lehrperson ist Expertin oder Experte in Bezug auf das Fachwissen, die Schülerinnen und Schüler sind in der Regel Novizen, wenn es um den Schulstoff geht. Daher haben diese den Wunsch (und auch das Recht!), dass die Lehrperson am Ende einer Erarbeitungsphase eine verbindliche *Ergebnissicherung* vornimmt. Das heißt: Nach der *Erarbeitungsphase* sollen die Ergebnisse in einer geeigneten Form (am besten schriftlich) verbindlich festgehalten werden. Das Einlösen dieses Anspruches hat den Vorteil,

- dass die Lehrperson selber den Stoff in einer für die Schülerinnen und Schüler verständlichen Form aufbereitet haben muss und

- dass ihnen am Ende das erarbeitete Wissen in einer Form vorliegt, das ihnen das selbständige Repetieren und eine effiziente Prüfungsvorbereitung ermöglicht.

Die Zeit, die für diese Phase bei der Unterrichtsplanung aufgewendet werden muss, darf keinesfalls unterschätzt werden. Man muss immer damit rechnen, dass ›falsche‹ Ergebnisse korrigiert oder noch vorhandene Fehlkonzepte eliminiert werden müssen oder dass bestimmte Teile aus Zeitgründen und/oder wegen Überforderung nicht ausgeführt wurden. Auch für diese Phase gibt es selbstverständlich viele Spielarten der Realisierung:

- Eine zeitlich kurz gehaltene Partner- oder Kleingruppenarbeit kann im Plenum ausgewertet, die Ergebnisse einer Kritik unterzogen werden.
- Von Schülerinnen und Schülern erarbeitete Lösungen können gesammelt, ergänzt, korrigiert und vervollständigt werden.
- Die Ergebnissicherung kann auch eine Übung vorbereiten oder schon zum ersten Schritt des Übens werden.

Gerade Berufseinsteigerinnen und Berufseinsteiger unterschätzen in der Regel den Zeitaufwand für die Ergebnissicherung massiv. In der Planung von konkreten Lektionen ist deshalb dieser Phase besondere Aufmerksamkeit zu schenken!

Abschluss der Lektion

Genauso wie eine Lektion einen klaren Anfang haben soll, ist sie auch mit einem für die Schülerinnen und Schüler deutlich wahrnehmbaren Ende *abzuschließen*. Auch dafür stehen sehr viele verschiedene Möglichkeiten zur Verfügung:

- Die Lehrperson fasst den Unterrichtsverlauf und insbesondere die wichtigsten Punkte der Ergebnissicherung noch einmal zusammen und zeigt die Zusammenhänge zwischen den einzelnen Inhaltselementen auf.
- Aus der Ergebnissicherung resultiert eine neue Aufgabe oder ein neuer Lernschritt; es wird darauf hingewiesen, dass darauf in der folgenden Lektion eingegangen wird.
- Die Schülerinnen und Schüler sollen das neue erworbene Wissen üben können. Daher erteilt die Lehrperson – für alle verbindlich und in schriftlicher Form – Hausaufgaben, die dies ermöglichen (► Kap. 4.7 mehr zum Thema Hausaufgaben).

In jedem Fall sollte die Lektion durch ein klares Signal der Lehrperson beendet werden – durch eine Verabschiedung, evtl. durch gute Wünsche, die man den Schülerinnen und Schülern mit auf den Weg gibt. Der Unterricht sollte nur in absoluten Ausnahmefällen in die Pause weitergezogen werden: Die Schülerinnen und Schüler brauchen die Pause und haben auch das Recht darauf!

3.4.2 Die zeitliche Strukturierung einer Schulstunde: Tabellenform

Gerade für unerfahrene Lehrpersonen, die den Zeitbedarf für einzelne Unterrichtssequenzen noch kaum abschätzen können, empfiehlt es sich, zumindest einzelne Lektionen im Detail zu planen. Das heißt, man legt bereits im Vornherein fest, wie viele Minuten die einzelnen Unterrichtsphasen – Eröffnung, Einstieg, Erarbeitung, Ergebnissicherung und Abschluss – dauern werden, um so eine möglichst realistische zeitliche Gestaltung zu gewährleisten.

Wir schlagen als Hilfsmittel Tabelle 2 vor, die alle wesentlichen Elemente des Unterrichtsgeschehens abdeckt und in die auch die PUT (▶ Kap. 3.3.2) integriert ist.

Tab. 1: Die fünf Phasen einer Lektion

Spalte 1	***Zeit***	gibt an, *wie lange* eine Unterrichtssequenz dauert (in Minuten)
Spalte 2	***Inhalte***	enthält stichwortartige Angaben zu den vermittelten *Fachinhalten* bzw. deren Wissenselementen (gemäß PUT) (▶ Kap. 3.3.2)
Spalte 3	***Lernziel(e)***	enthält die zuvor festgelegten *Lernziele* gemäß der in der PUT enthaltenen Taxonomie (▶ Kap. 3.3.2)
Spalte 4	***Methodik***	nennt die zu den Lernzielen passende *instruktionale Methode* (gemäß PUT) (▶ Kap. 3.3.2 bzw. ▶ Kap. 4.2 bis 4.4).
Spalte 5	***Aktivität der Schülerinnen und Schüler***	beschreibt, was die Schülerinnen und Schüler in einer bestimmten Phase *konkret* tun
Spalte 6	***Lernumgebung***	listet auf, welche vorbereiteten *Fragen und Aufgaben* (▶ Kap. 4.5) bzw. welche *Materialien und Hilfsmittel* (▶ Kap. 4.6) zum Einsatz kommen

Die Graustufen in Tabelle 2 zeigen eine prototypische zeitliche Gewichtung für die verschiedenen Phasen.

Es muss hier betont werden, dass die Gliederung einer Schulstunde in 5 Phasen eine Vereinfachung dessen ist, was sich im realen Unterricht abspielt. Als Lehrperson muss man immer mit Überlappungen, Unterbrechungen, Verschachtelungen und Neuanfängen rechnen; zudem kann sich diese Struktur auch über mehrere Lektionen erstrecken, wenn das Thema oder die Unterrichtsform dies erfordert.

Nichtsdestotrotz kann eine Planung in dieser Art der Lehrperson helfen, den Unterricht klar in einzelne, auch für die Schülerinnen und Schüler nachvollziehbare Phasen zu artikulieren. Dadurch wird – zumindest auf der Oberflächenstruktur – ein wichtiges Element gefördert, das lernwirksamen Unterricht ausmacht, nämlich dessen klare und auch für die Schülerinnen und Schüler erkennbare kohärente Struktur.

Tab. 2: Vorlage zur zeitlichen Strukturierung einer Lektion

	Eröffnungsphase
	Einstiegsphase
	Erarbeitungsphase
	Phase der Ergebnissicherung
	Abschluss der Lektion

Thema der Doppelstunde: ……………………………………………………..

Zeit	Inhalt(e)	Lernziel(e)	Methodik	Aktivität der Schülerinnen und Schüler	Lernumgebung

3.5 Zusammenfassung und Bezüge zur Unterrichtspraxis

- Das Erstellen eines Semester- bzw. Halbjahresplans ist ein unverzichtbares Instrument bei der langfristigen Unterrichtsplanung.
- Ein auf dem gültigen Fach-Lehrplan umsichtig erstellter und durchdachter Semesterplan hat die folgenden Vorteile:

  - Der Lehrperson werden die fachlichen Anforderungen klar, die an sie gestellt werden.
  - Die Unterrichtsthemen werden sinnvoll auf die zur Verfügung stehende Unterrichtszeit verteilt.
  - Ein Semesterplan kann präventiv mögliche Stressfaktoren ausschalten, indem in ihm alle relevanten Terminvorgaben berücksichtigt werden und er daher eine realistische Vorwegnahme des tatsächlichen Unterrichtsgeschehens darstellt.
  - Ein Semesterplan kann bei einem Unterrichtsbesuch (Schulleitung, Behörde) als Zeichen für Professionalität präsentiert werden.
- Wichtig bei der kurz- und mittelfristigen Unterrichtsplanung sind das Aufstellen von Lernzielen sowie das Sicherstellen der Passung zwischen Lernzielen, Unterrichtsmethoden und Überprüfung der Lernziele.
- Lernzieltaxonomien (z. B. die PUT) helfen der Lehrperson, diesen Prozess zu strukturieren und zu überwachen.
- Die 45 oder 90 Minuten einer Schulstunde sind keine homogene Masse, vielmehr sollen sie sinnvoll in verschiedene Phasen strukturiert werden. Jede dieser Phasen (Eröffnung, Einstieg, Erarbeitung, Ergebnissicherung und Abschluss) hat dabei eine spezifische Funktion.

4 Unterricht methodisch lernwirksam gestalten

Peter Greutmann und Elsbeth Stern

4.1 Einleitung

Stehen einmal die Inhalte, deren Sequenzierung und die zu erreichenden Lernziele fest (▶ Kap. 3), dann gilt es für die Lehrperson, die Lernumgebung konkret vorzubereiten, also eine auf die Lernziele abgestimmte *Methodenwahl* zu treffen. Darunter versteht man ganz allgemein, in welcher Form das Lehren und Lernen in einer sozialen Gruppe (also zum Beispiel in einer Schulklasse) organisiert werden soll: *Wer* macht *was mit wem*, *mit welchen Mitteln* und in *welchem Zeitraum*?

Die methodisch professionelle Gestaltung des Unterrichtes ist dabei ein entscheidendes Merkmal von effektivem Lehren. Allerdings gilt es anzufügen, dass es nicht die per se beste Methode gibt. Das heißt: Eine Lehrperson sollte über ein breites Repertoire an Methoden verfügen, deren Lernwirksamkeit grundsätzlich empirisch gut belegt ist. Entscheidend ist es aber, dass die Lehrperson in der Lage ist, dieses Repertoire sinnvoll auf die jeweils aktuell gegebene Unterrichtssituation hin anzupassen. Auch eine perfekt vorbereitete Gruppenarbeit beispielsweise kann misslingen, wenn die Arbeitsaufträge oder Aufgabenstellungen nicht an das Vorwissen der Schülerinnen und Schüler angepasst sind oder diese gar nicht über die sozialen bzw. kommunikativen Kompetenzen verfügen, um mit ihren Kolleginnen und Kollegen konstruktiv zusammenzuarbeiten.

Unter dieser für uns zentralen Prämisse wird in den folgenden Unterkapiteln eine Reihe von Methoden vorgestellt, die zum methodischen Basis-Werkzeugkasten einer Lehrperson gehören sollten. Deren konkrete und eben adaptive Anwendung in der Gestaltung einzelner Lernumgebungen gehört zu einer Kernkompetenz von professionell agierenden Lehrern und Lehrerinnen. Im Rahmen des Angebot-Nutzungs-Modells gesprochen, geht es hier um eine möglichst lernwirksame Aufbereitung des Angebots.

Im Kapitel 4.2 (▶ Kap. 4.2) wird die sogenannte *Direkte Instruktion* vorgestellt, eine Unterrichtsform, in der die Lehrperson eine starke Steuerung des Unterrichtsgeschehens übernimmt. In diesem Kontext werden auch verschiedene Spielformen von Frage- und von Aufgabeformaten diskutiert.

Kooperative Lernformen, deren konstitutives Merkmal das soziale Lernen der Schülerinnen und Schüler ist, werden im Kapitel 4.3 (▶ Kap. 4.3) behandelt.

Im Kapitel 4.4 (▶ Kap. 4.4) stellen wir vier Unterrichtstechniken vor, die methodenübergreifend eingesetzt werden können (also sowohl im Rahmen der Direkten Instruktion als auch in Kooperativen Lernformen). Sie alle haben das Ziel, die Schülerinnen und Schüler *kognitiv zu aktivieren.*

Die Wahl der Methode bzw. der Unterrichtstechnik entscheidet darüber, wie die Sozialform des Unterrichts ganz allgemein aussehen wird. Wie jedoch die einzelne Lektion zeitlich konkret gestaltet werden soll, haben wir bereits oben im Kapitel 3.5 (► Kap. 3.5) im Einzelnen ausgeführt.

Zum Schluss geht es noch um die Feinheiten in der Gestaltung von Lernumgebungen, nämlich um *Fragen- und Aufgabenformate* (► Kap. 4.5), um den Einsatz von *Materialien und Hilfsmitteln* (► Kap. 4.6) und schließlich noch um das Einbetten von *Hausaufgaben* in den Unterricht (► Kap. 4.7).

4.2 Die Methode der Direkten Instruktion

Wenn alle schlafen und einer spricht,
so nennt man dieses Unterricht.

Diese kalauerartige Umschreibung von dem, wie Schülerinnen und Schüler den Normalunterricht wahrnehmen, bezieht sich vor allem auf eine Unterrichtsform, die üblicherweise als *Frontalunterricht* bezeichnet wird. Eine Lehrperson steht oder sitzt vor der Klasse und präsentiert den Schülerinnen und Schülern die Lehrinhalte in mündlicher Form, oft unterstützt durch analoge oder digitale Hilfsmittel. Wenn diese Form der Stoffvermittlung nicht variiert wird, so stellt sich bei den Schülerinnen und Schülern fast notwendigerweise früher oder später Langeweile ein, und zwar je jünger die Schüler sind, desto schneller. Wer diese Unterrichtsform schon selber über längere Zeit erlebt hat, kann sich wohl problemlos in die Botschaft des eingangs zitierten Zweizeilers einfühlen.

Unter anderem aus diesem Grund gelten die sogenannte *Kooperativen Lernformen* (► Kap. 4.3) als innovativ, weil sie per se die Schülerinnen und Schüler zu viel mehr Eigenaktivität zwingen. Doch allein aus diesem Grund den Frontalunterricht aus dem Repertoire effizienter Unterrichtsmethoden zu streichen, wäre viel zu kurz gegriffen. Und in der Realität gerade des gymnasialen Unterrichtes ist er nach wie vor sehr weit verbreitet. Entscheidend ist unseres Erachtens deshalb, *wie* der Frontalunterricht gestaltet wird. Wenn er tatsächlich als endloser Monolog der Lehrperson ohne kognitive Aktivierung der Schülerinnen und Schüler realisiert wird, dann ist er zurecht fragwürdig. Wenn er aber nicht einfach in diesem Sinn lehrergesteuert, sondern auch *auf das Lernen der Schülerinnen und Schüler zentriert* ist, dann verliert der eingangs zitierte Witz seine Pointe. Deshalb wird im Folgenden nicht mehr von »Frontalunterricht« (oder »Lehrervortrag«) gesprochen, sondern wir verwenden den Terminus *Direkte Instruktion.*

4.2.1 Einsatz der Direkten Instruktion

In der Regel vermittelt die Lehrperson Wissen in einem Gebiet, welches sie selber mehrere Jahre lang studiert hat. Sie kann somit eine weit über das Vorwissen der

Schülerinnen und Schüler hinausgehende Expertise vorweisen. Im Idealfall verfügt sie über ein fachspezifisches intelligentes Begriffsnetzwerk (▶ Kap. 2.4.6), das sie befähigt, dieses Wissen explizit zu verbalisieren (*deklaratives Wissen*), es anzuwenden (*prozedurales Wissen*) und es auch mühelos auf neue Probleme zu übertragen (*Wissenstransfer*). Beispielsweise verfügt eine Lehrperson im Fach Deutsch über ein stark vernetztes Wissen im Bereich der Syntax. Für sie ist es ein Leichtes, auch in einem komplexen Satz die verschiedenen Teilsätze zu identifizieren, dabei zwischen Haupt- und Nebensätzen zu unterscheiden und damit auch die Regeln für die Zeichensetzung kompetent anzuwenden. Dies alles sind kognitive Vorgänge, die vielen Schülerinnen und Schülern oft große Schwierigkeiten bereiten. Es spricht also prima facie nichts dagegen, dass die Lehrperson diese Kompetenz den Schülerinnen und Schülern in direkter und in adäquat aufbereiteter Form kommuniziert.

Diese Form der Wissensvermittlung eignet sich besonders gut bei der Einführung in ein Thema, wenn es darum geht, den Schülerinnen und Schülern eine (begriffliche) Orientierungsgrundlage in einem neuen, für sie weitestgehend unbekannten Thema zu geben. Es ist so möglich, auf eine effiziente Weise und gleich zu Beginn die Kernbegriffe darzulegen und die Zusammenhänge zwischen ihnen korrekt aufzuzeigen (Borich 2007). Die Lehrperson hat so die Möglichkeit, auf der Grundlage ihrer eigenen Expertise den Stoff inhaltlich zweckmäßig zu sequenzieren und den Unterrichtsverlauf zeitlich genau zu planen.

4.2.2 Die 6 Elemente der Direkten Instruktion

Doch auch das Ziel, eine Wissengrundlage zu legen, ist nur zu erreichen, wenn den Schülerinnen und Schülern ausreichend Gelegenheit gegeben wird, sich *aktiv* mit den vermittelten Begriffen auseinanderzusetzen. Der Unterricht muss also auch im Rahmen der *Direkten Instruktion* schülerzentriert sein. Deshalb umfasst diese Methode weit mehr als nur den Lehrervortrag, nämlich sechs Elemente, die im Folgenden im Detail dargelegt werden (nach Hasselhorn & Gold, 2006; Borich, 2007). Man könnte sie also auch als ein *Methodenensemble* bezeichnen.

Prüfen der Lernvoraussetzungen

Was für jede Form des Lernens gilt, gilt auch für die *Direkte Instruktion:* Neues Wissen kann nur durch Anknüpfen an bereits vorhandenes Vorwissen erworben werden (▶ Kap. 2). Oder anders gesagt: Wenn die Lehrperson den Schülerinnen und Schülern neues Wissen direkt vermitteln will, so muss sichergestellt sein, dass das dafür nötige Vorwissen bereits vorhanden ist. Es ist z. B. wenig sinnvoll, den Schülerinnen und Schülern die Regeln für die Kommasetzung zwischen Sätzen näherbringen zu wollen, wenn sie nicht vorher den Unterschied zwischen Hauptsätzen und Nebensätzen kennengelernt haben und in der Lage sind, diese beiden Kategorien in den ihnen vorliegenden Sätzen schnell und sicher voneinander abzugrenzen.

Es ist deshalb unumgänglich, das für neuen Stoff benötigte Vorwissen regelmäßig zu überprüfen, etwa durch einen Rückblick auf die vorangegangene Stunde, durch ein kurzes *Formatives Assessment* zu Beginn der Lektion oder durch mündliches

Prüfen mittels gezielt eingesetzter Fragen. Auch das gemeinsame Besprechen der Hausaufgaben kann für diesen Zweck eingesetzt werden.

Darstellende Stoffvermittlung

Das Kernelement der Methode der *Direkten Instruktion* ist der eigentliche Lehrervortrag, in der Fachliteratur auch als *Darstellende Stoffvermittlung* (Hasselhorn & Gold, 2006) bezeichnet. Dabei darf man sich als Lehrperson nicht einfach auf das eigene, den Schülerinnen und Schülern weit überlegene Fachwissen verlassen und mehr oder weniger unvorbereitet vor der Klasse improvisieren. Vielmehr bedarf es einer äußerst sorgfältigen Ausarbeitung, gerade weil die Schülerinnen und Schüler mit neuem, für sie unbekanntem und gleichzeitig anspruchsvollem Wissen konfrontiert werden. Dabei ist besonders auf die folgenden Punkte zu achten:

- Die Abfolge der Inhalte ist in einer für die Schülerinnen und Schüler sinnvollen, nachvollziehbaren Weise zu *sequenzieren*. Dies ist eine anspruchsvolle Aufgabe, da man sich in die Köpfe der Schülerinnen und Schüler hineinversetzen und deren mögliche Verständnisschwierigkeiten antizipieren muss. Man kann einen anspruchsvollen akademischen Inhalt nach ähnlichen Prinzipien sequenzieren, wie dies auch bei der Ausarbeitung eines Semesterplans der Fall ist (► Kap. 3.2.2), also z. B. vom Allgemeinen zum Speziellen, vom Einfachen zum Komplexen, vom Teil zum Ganzen oder in einer Reihenfolge, die jener der Realität entspricht (z. B. bei einem natürlichen Vorgang).
- In die darstellende Stoffvermittlung eingeschobene Fragen (► Kap. 4.5) können helfen, den Lernprozess der Schülerinnen und Schüler und damit möglicherweise einhergehende Verständnisschwierigkeiten zu verfolgen und zu überwachen.
- Das Material ist in kleinen Schritten zu präsentieren, es sollte immer nur *ein* inhaltlicher Aspekt auf einmal thematisiert werden.
- Abstrakte Prinzipien und Begriffe sind immer auch an konkreten Beispielen zu veranschaulichen.
- Der Vortrag sollte mit Empathie und Enthusiasmus gehalten werden; die Schülerinnen und Schüler sollen über die stimmliche, verbale, nonverbale und körperliche Gestaltung der Rede mitbekommen, dass die Lehrperson ein authentisches Interesse an den von ihr vermittelten Inhalten hat und es ihr auch wichtig ist, dass diese Inhalte von der Klasse erworben werden.

Angeleitetes Üben mit Verstehensprüfung

Nach der Phase der *Darstellenden Stoffvermittlung* ist es wichtig zu überprüfen, ob die Schülerinnen und Schüler die Grundzüge der vermittelten Inhalte verstanden haben. Dies geschieht dadurch, dass man sie mit einfachen Aufgaben und gezielten (und das heißt wiederum gut vorbereiteten!) Fragen noch einmal durch die Kernpunkte des Lernstoffes führt, dabei deren Verständnis überprüft und allfällige Wissenslücken bzw. entstandene Fehlkonzepte aufdeckt. Dies kann auf mündlichem oder aber bereits auf schriftlichem Weg geschehen. Auch moderne Online-Tools (wie etwa Kahoot) bieten hier eine niederschwellige und bei den Schülerinnen und Schülern sehr beliebte Möglichkeit.

Lernüberwachung und Rückmeldungen

Wichtig in der Phase des *Angeleiteten Übens* sind vor allem die Fragen. Diese müssen klar, kurz und verständlich formuliert sein (Hasselhorn & Gold, 2006) und sie sollten auf verschiedenen Niveaus gestellt werden. Die Antworten der Schülerinnen und Schüler sollten dabei *nicht* bewertet werden, schon gar nicht negativ. Vielmehr sollen gerade auch falsche Antworten dankbar als Lerngelegenheiten aufgenommen und entsprechend in der ganzen Klasse diskutiert werden. So können ›falsche‹ oder unvollständige Aussagen in den Raum gestellt werden, verbunden mit der an das Plenum gerichteten Aufgabe, diese in korrekte Antworten umzubauen.

Selbständiges Üben

Auch wenn der Vortrag nach allen Regeln der Kunst vorbereitet und gehalten wurde und auch wenn alle Fragen in der Phase des *Angeleiteten Übens* beantwortet sind: Gelehrt ist (noch) nicht (von allen) gelernt. Deshalb ist es unverzichtbar, Schülerinnen und Schüler ab einem bestimmten Zeitpunkt selbständig mit Fragen und/oder Aufgaben zu konfrontieren. Diese autonome Auseinandersetzung kann als individuelle Stillarbeit oder aber als Partnerarbeit umgesetzt werden.

In dieser Phase ist der Unterricht immer noch lehrergesteuert – die Lehrperson gibt die Aufgaben vor, bestimmt, wieviel Zeit für das Lösen zur Verfügung steht, und legt fest, in welcher Form das Ergebnis vorliegen soll. Aber der Unterricht wird jetzt auch verstärkt schülerzentriert. Idealerweise zirkuliert die Lehrperson in dieser Phase im Zimmer, gibt falls nötig individuelle fachliche Hilfe oder fungiert als motivationale Unterstützung, falls der Lernprozess ins Stocken gekommen ist und bei den Schülerinnen und Schülern die Gefahr von Frustration besteht.

Regelmäßige Kontrolle des Lernfortschritts

Wenn der Unterricht über längere Zeit in der Form der *Direkten Instruktion* gestaltet wird, dann ist es angezeigt, den Lernfortschritt der Schülerinnen und Schüler in regelmäßigen Abständen zu kontrollieren. Wohlgemerkt, nicht in Form von Prüfungen, sondern im Sinne des *Formativen Assessments:* Die Lehrperson erhebt systematisch den Wissensstand in der Klasse (z. B. durch einen kurzen schriftlichen Test oder eine flächendeckende Hausaufgabenkontrolle) und kann so im nachfolgenden Unterricht auf bestehende Wissenslücken bzw. allfällig vorhandene Fehlkonzepte eingehen (► Kap. 5).

4.2.3 Fazit

Der Frontalunterricht – oder vielmehr das sechsteilige Methodenensemble *Direkte Instruktion* – ist nach wie vor eine effiziente wie auch effektive Unterrichtsform. Dies gilt allerdings nur unter der Bedingung, dass die Lehrperson nicht als Fachexperte oder Fachexpertin über die Köpfe der Schülerinnen und Schüler hinweg unterrichtet, sondern den Unterricht auf deren Lernprozess abstimmt. Und das heißt, dass sie das Potenzial der sechs Elemente ernst nimmt und ausschöpft. Oder um es in den Worten Rosenhines auf den Punkt zu bringen:

> »Die Hauptkomponenten systematischen Unterrichtens beinhalten das Vorgehen in kleinen Schritten mit Übungsphasen nach jedem Schritt, das Anleiten der Schülerinnen und Schüler während der anfänglichen Übungen und das Ermöglichen eines großen Ausmaßes erfolgreichen Übens für alle Schüler. Natürlich verwirklichen alle Lehrer einige dieser Aspekte manches Mal, aber die effektivsten Lehrer verwirklichen die meisten dieser Aspekte fast die ganze Zeit über« (Rosenshine & Stevens, 1986., S. 377; zit. nach Hasselhorn und Gold, 2006).

Zu einem weit verbreiteten Missverständnis, das wir aber hoffentlich ausgeräumt haben, gehört die Vorstellung, wonach durch *Direkte Instruktion* vermitteltes Wissen quasi passiv erworben werde, ohne dass der Lernende eigenständig eine Bedeutung konstruiert. Es gibt kein passives verstehendes Lernen. Vielmehr muss der Lernende immer eingehende Information an sein bestehendes Wissen anknüpfen, und das ist mit Entscheidungsprozessen verbunden. Welches Element von der eingehenden Information an welches bereits bestehende Wissenselement angebunden wird, muss jeder Lernende entscheiden, auch wenn diese Entscheidung nicht immer bewusst getroffen wird. Mit anderen Worten: Lernen durch *Direkte Instruktion* ist vollständig vereinbar mit der Auffassung von Lernen als einem aktiven Prozess der Wissenskonstruktion (also mit der Theorie des Konstruktivismus). Allerdings wäre ein Mensch, der in der Schule ausschließlich durch *Direkte Instruktion* gelernt hat, nicht gut auf das Leben vorbereitet, schon gar nicht auf ein Universitätsstudium. Was bei *Direkter Instruktion* fehlt, sind die Möglichkeit zur Auswahl des Lernmaterials und der Inhalte sowie die individuelle Festlegung des Lerntempos. Diese Kompetenzen gehören zum sogenannten *selbstregulierten Lernen*. Diese können nicht direkt gelehrt, sondern müssen aus einer breiten Palette von Erfahrungen extrahiert werden, etwa im Rahmen der im folgenden Kapitel ausgeführten *Kooperativen Lernformen*.

4.3 Kooperative Lernformen

Während die *Direkte Instruktion* (▶ Kap. 4.2) eher als »traditionelle« Unterrichtsform gilt, haben *kooperative Lernformen*, in denen der soziale Aspekt des Lernens ein wichtiger Bestandteil ist, eher das Image des Innovativen. Dabei gilt es aber einmal mehr zu betonen, dass nicht die Methode per se den guten Unterricht ausmacht, sondern deren adaptive, auf die konkreten Rahmenbedingungen und Lernvoraussetzungen hin angepasste Umsetzung.

Wenn man sich also als Lehrperson für eine kooperative Lernform entscheidet, dann heißt das nicht, dass die Schülerinnen und Schüler sozusagen automatisch mehr lernen bzw. sich Fachwissen aneignen, sondern dass der Lernprozess ein anderer ist und dass, im Idealfall, neben dem Fachwissen soziale Kompetenzen erworben werden können.

Vor diesem Hintergrund werden in den folgenden Kapiteln zunächst die wichtigsten Merkmale und Voraussetzungen von kooperativem Lernen ganz allgemein dargelegt. Dann folgt eine Erläuterung verschiedener kooperativer Lernszenarien. Am Schluss wird auf einige Fragen eingegangen, die alle Formen des kooperativen Lernens betreffen.

4.3.1 Kooperative Lernformen aus lernpsychologischer Sicht

Eine Lehrperson, die selbstreguliertes Lernen fördern möchte, wird in ihrem Unterricht darauf achten, dass die Rahmenbedingungen des Lernprozesses zwar von ihr vorgegeben, dann aber von den Schülerinnen und Schülern weitgehend *selbstgesteuert* durchlaufen werden müssen. Zudem wird sie beachten, dass Lernen immer auch *sozial* ist, d. h., dass sich Wissen immer erst im Austausch mit dem sozialen Umfeld konstituiert und sich darin bewähren muss.

Wenn also erfolgreiches Lernen im Wesentlichen *bedeutungshaltig*, *aktiv*, *selbstgesteuert* und *sozial* sein soll, dann drängen sich *Kooperative Lernformen* geradezu auf, um Lernumgebungen zu gestalten, denn sie decken unmittelbar alle der vier genannten Dimensionen ab. *Kooperative Lernformen* sind somit ein sehr gutes Instrument, um eine konstruktivistische Auffassung vom Lernen in die Lernumgebungen zu implementieren. Und der Einsatz von *Kooperativen Lernformen* ist, über das Ganze gesehen, überdurchschnittlich lernwirksam (Hattie, 2009, Hänze & Berger 2007).

ABER! Es kann hier nicht genug betont werden, dass der spontane, nicht durchdachte Einsatz von *Kooperativen Lernformen* nicht nur nicht besser ist als etwa die *Direkte Instruktion*, sondern dass der Einsatz von schlecht vorbereiteten und mangelhaft durchgeführten Gruppenarbeiten das Lernen erschweren oder sogar verunmöglichen kann. »*Jetzt mach ich grad mal eine Gruppenarbeit, das gefällt den Schülern sicher*«: Diese Haltung (von Ludwig Haag, 2008, auch scherzhaft als »Ex-Ärmulo-Didaktik« bezeichnet) ist gerade bei dieser Unterrichtsform fatal und kontraproduktiv.

4.3.2 Allgemeine Merkmale von kooperativen Lernformen

In kooperativen Lernformen arbeiten zwei oder mehrere Schülerinnen und Schüler zusammen, um die von der Lehrperson vorgegebenen Lernziele zu erreichen. Es handelt sich dabei um einen in hohem Maß schülerzentrierten Unterricht: Die Schülerinnen und Schüler sind während eines substanziellen Teils der vorgesehenen Lernzeit auf sich selber gestellt. Somit bringen kooperative Lernformen nicht nur fachliche Herausforderungen mit sich, sondern sie beanspruchen auch soziale und kommunikative Kompetenzen. Da die Lehrperson während der Arbeit nur im Hintergrund präsent ist, müssen sich die Schülerinnen und Schüler auch emotional und motivational weitgehend selber regulieren. Auch wenn die Arbeit einmal stockt, sehr anspruchsvoll ist und über längere Zeit zu stagnieren droht, müssen sie sich weitgehend unabhängig von der Lehrperson zum Weiterarbeiten durchringen können.

Für die Schülerinnen und Schüler sind also kooperative Lernformen – wenn sie denn über mehrere Wochen angelegt und fachlich ambitioniert sind – keineswegs ein bequemer Selbstläufer, sondern beanspruchen sie auf verschiedenen Ebenen. Damit der Lernprozess unter diesen Prämissen trotzdem gelingt, stellt die Vorbereitung von kooperativen Lernarrangements an die Lehrpersonen hohe Ansprüche und bringt in der Regel einen beträchtlichen Vorbereitungsaufwand mit sich. Nur wenn sich eine Lehrperson dessen bewusst und entsprechend bereit ist, die damit verbundene Arbeit zu leisten, kann das grundsätzlich große Potenzial von kooperativen Lernformen auch tatsächlich ausgeschöpft werden.

Gerade der Aspekt, dass das Lernen in Gruppen einen großen Anteil an Selbststeuerung durch die Schülerinnen und Schüler mit sich bringt und somit die Lehrperson zumindest einen Teil der Kontrolle über den Lernprozess delegiert, bedingt, dass die *Steuerung* durch die Lehrperson *vorgängig* geschieht. Es ist unumgänglich, die Aufgabenstellung bis ins Letzte zu durchdenken, um einen klaren Rahmen für eine produktive und zielgerichtete Arbeit vorzugeben. Das bedeutet konkret:

- Sämtliche Materialien müssen bei Beginn der Gruppenarbeit vorliegen (es sei denn, dass es zur Aufgabenstellung gehört, dass die Schülerinnen und Schüler diese selber beschaffen müssen; aber auch in diesem Fall sind klare Vorgaben zu machen).
- Die Leitidee und die Lernziele werden den Schülerinnen und Schülern möglichst konkret kommuniziert.
- Die Aufgabenstellung ist gut verständlich formuliert und jedem Schüler in schriftlicher Form abzugeben. Aus der Aufgabenstellung müssen die folgenden Punkte deutlich hervorgehen:
  - Thema, Leitidee und Ziel(e)
  - Überblick über die zu bearbeitenden Unterthemen
  - Gruppeneinteilung (Anzahl Gruppen, Gruppenmitglieder, allfällige Spezialisierung in den Gruppen)
  - Zeitplan (Dauer der Arbeitsphase, Termin(e) für die Ergebnissicherung)
  - Genaue Angaben dazu, in welcher Form die Ergebnisse bzw. das Endprodukt vorzuliegen haben
  - Angaben dazu, wann die Gruppen Hilfe suchen sollen und wann nicht
  - Angaben zu den Beurteilungskriterien/zur Notenberechnung (falls eine Beurteilung vorgesehen ist)
- Hilfsmittel sind zur Verfügung zu stellen (z. B. Computerraum, Folien usw.).

Im Folgenden werden nun zuerst die allgemeinen Erfolgsfaktoren und möglichen Stolpersteine von *Kooperativen Lernformen* dargelegt (► Kap. 4.3.3 und ► Kap. 4.3.4), anschließend die Merkmale der wichtigsten kooperativen Lernarrangements im Einzelnen beschrieben (► Kap. 4.3.5).

4.3.3 Allgemeine Erfolgsfaktoren von kooperativen Lernformen

Es ist einfach festzustellen, dass *Kooperatives Lernen* nicht funktioniert, wenn es durch die Lehrperson nicht minutiös geplant und über die Aufgabenstellung nicht detailliert gesteuert wird. Die Schülerinnen und Schüler sitzen ratlos vor der Aufgabe, die Gespräche untereinander sind nicht zielführend, schweifen ab, Frustration ist greifbar. Die berechtigte Folgefrage lautet: Welche Merkmale sind es denn, die kooperatives Lernen erfolgreich machen?

In der empirischen Forschung haben sich dabei mehrere Faktoren herauskristallisiert. Die drei wichtigsten werden im Folgenden kurz referiert und operationalisiert (Konrad & Traub, 2012).

Erfolgsfaktor 1: Positive Interdependenz

Unter *Positiver Interdependenz* versteht man die wechselseitige Abhängigkeit der Mitglieder einer Lerngruppe. Anders ausgedrückt: Der Auftrag, den eine Gruppe erhält, kann vollständig nur dann erledigt werden, wenn jeder Einzelne seinen Beitrag dazu leistet. So einfach und intuitiv richtig dies klingt, so schwierig ist es für eine Lehrperson, diesen Faktor in einen konkreten Auftrag zu implementieren. Folgende Möglichkeiten stehen zur Verfügung:

- Der Auftrag ist so »groß«, dass er in der vorgegebenen Zeit nur dann erledigt werden kann, wenn wirklich jede und jeder einen substanziellen Beitrag leistet. Die Steuerung erfolgt hier also über die Stoffmenge.
- Die Lehrperson nimmt bereits in der Planung der Aufgabenstellung eine Rollenzuweisung vor, insofern bestimmte Aspekte des zu bearbeitenden Themas zwingend von einer dafür designierten Person zu bearbeiten sind.
- Letzteres kann zusätzlich noch dadurch verstärkt werden, dass die Gesamtaufgabe in Teilaufgaben zerlegt wird, die sich ergänzen. Das heißt: Das Gesamtprodukt ist nur dann vollständig, wenn die Schülerinnen und Schüler die Ergebnisse der ihnen zugewiesenen Teilaufgaben am Ende kooperativ zu einem Ganzen zusammenfügen.

Erfolgsfaktor 2: Individuelle Verantwortlichkeit

Kooperative Lernformen verlangen und unterstützen ja gerade das soziale Lernen: Die Schülerinnen und Schüler sollen ermuntert und angeleitet werden, miteinander zu kommunizieren, um im Austausch der Ideen und Argumente zu lernen. Nichtsdestotrotz muss die Lehrperson dafür sorgen, dass innerhalb der Teams eine individuelle Verantwortlichkeit etabliert wird: Jede und jeder soll wissen, was sie oder er selber erledigen muss, damit am Schluss alle zusammen als Gruppe Erfolg haben. Es muss also beides gegeben sein: Alle sitzen im selben Boot *(Positive Interdependenz)*, aber jeder muss auch rudern (oder steuern oder kochen), damit am Ende alle den Hafen erreichen. Für die individuelle Verantwortlichkeit stehen die folgenden Möglichkeiten zur Verfügung:

- Neben Austauschphasen empfiehlt es sich, immer auch mindestens eine *individuelle* Denk- und Arbeitsphase einzubauen. Beispielsweise erhalten die Schülerinnen und Schüler den Auftrag, sich zunächst einzeln Notizen zu machen, bevor sie in eine Gruppendiskussion gehen. Dabei erhöht es die individuelle Verantwortlichkeit, wenn die Ergebnisse dieser individuellen Vorbereitungsphasen schriftlich dokumentiert werden müssen und nachprüfbar vorliegen (Brünig & Saum, 2009).
- Falls die Ergebnisse einer kooperativen Lernphase am Ende bewertet werden, bekommt jedes Gruppenmitglied auch eine Einzelnote.
- Um mit dieser Maßnahme nicht die Bereitschaft für das Zusammenarbeiten zu unterminieren, empfiehlt es sich, sowohl die eine Einzel- wie auch eine Gruppenote zu setzen. Je nach Umfang können diese beiden Noten unterschiedlich gewichtet werden, etwa so, dass die Einzelnote doppelt und Gruppennote einfach zählt.
- Bei kürzeren Gruppenarbeiten (etwa im Rahmen einer Lektion oder einer Doppellektion) bewährt es sich auch, dass die Person, die das Ergebnis einer Gruppenarbeit präsentiert, erst unmittelbar vor der Präsentation durch Auslosen bestimmt wird.

Erfolgsfaktor 3: Förderliche Interaktion

Kooperatives Lernen ist in eminenter Weise soziales Lernen. Etwas technischer ausgedrückt: Die Aneignung von Wissen ist immer auch an einen sozialen Kontext gebunden; dabei werden neue Bedeutungen konstruiert, indem Informationen mit bereits bestehendem Vorwissen verbunden werden. Gerade im Lichte von konstruktivistisch orientierten Lerntheorien ist dieses Merkmal ein wichtiger Vorteil, da Wissen eben nicht (nur) im stillen Kämmerlein erworben wird, sondern immer auch im Austausch mit anderen erweitert, überprüft und allenfalls modifiziert werden muss.

Dies kann aber nur gelingen, wenn die Schülerinnen und Schüler die sozialen und kommunikativen Kompetenzen mitbringen, um produktiv eine gemeinsame Aufgabe zu lösen. Sie müssen bereit und in der Lage sein, sich gegenseitig Sachverhalte zu erklären, damit verbunden einander zuzuhören, miteinander die Arbeit zu planen, Argumente vorzubringen, diese zu verteidigen und sie gegebenenfalls fallen zu lassen oder im Sinne eines Kompromisses zu revidieren usw.

Sehr »arbeitsteilig« organisierte Gruppenarbeiten mögen die individuelle Verantwortlichkeit erhöhen, führen jedoch oftmals auch zur Hemmung produktiver Interaktionen: Jede und jeder kümmert sich nur noch um seinen Teil der Arbeit, beispielsweise, um für sich selber eine möglichst gute Note zu bekommen. Oder die Teilaufgaben sind so weit voneinander entfernt, dass durch die damit verbundene Spezialisierung eine konstruktive Zusammenarbeit nicht mehr möglich ist.

Um *förderliche Interaktionen* zu unterstützen, stehen ebenfalls mehrere Möglichkeiten zur Verfügung:

- Die (Teil-)Aufgaben sollen so gestellt werden, dass sie soziale Interaktionen erforderlich machen.
- Bei längeren Gruppenarbeiten ist es angezeigt, sich als Lehrperson im Beisein aller Gruppenmitglieder ein Bild vom Stand der Arbeiten zu machen, um sicher zu gehen, dass eine produktive Zusammenarbeit (noch) möglich ist und auch tatsächlich stattfindet.
- Falls man beobachtet oder falls die Gruppe dies selber so mitteilt, dass die Zusammenarbeit nicht mehr gewährleistet ist, dann soll man als Lehrperson entsprechende Hilfe anbieten.

4.3.4 Stolpersteine und Fragen im Zusammenhang mit kooperativen Lernformen

In diesem Kapitel werden weitere Punkte angesprochen, welche über die im vorhergehenden Kapitel ausgeführten Erfolgsfaktoren hinausgehen – aber natürlich mit diesen eng verwoben sind (siehe auch Konrad & Traub, 2012).

Kommunikative Defizite und Konflikte in der Gruppe

Eine Voraussetzung dafür, dass kooperative Lernformen überhaupt als eine lernwirksame Unterrichtsmethode eingesetzt werden können, ist die Fähigkeit der Schülerinnen und Schüler, miteinander zusammenzuarbeiten. Und im Rahmen eines Lernprozesses miteinander zusammenarbeiten heißt natürlich in erster Linie, konstruktiv miteinander zu kommunizieren.

Falls man als Lehrperson schon im Vornherein weiß oder aber nach Beginn eines Projektes feststellt, dass in einer Lerngruppe diese Voraussetzung nicht gegeben ist, ist es unabdingbar, mit den Schülerinnen und Schülern einige Grundlagen produktiven Verhaltens anzusprechen und allenfalls sogar einzuüben. Eine Möglichkeit bietet sich durch die Prinzipien der sogenannten *Transaktiven Kommunikation.* Die Grundidee dabei ist, dass eine Gruppenarbeit von den Mitgliedern als ein *Prozess* verstanden wird und man deshalb auf *gegenseitiges Verständnis angewiesen* ist. Da das Sich-Verstehen keine Selbstverständlichkeit und schon gar kein Selbstläufer ist, gilt es, die Schülerinnen und Schüler dafür zu sensibilisieren und ihnen Verhaltensweisen mitzugeben, dank deren Hilfe sie besser miteinander zusammenarbeiten können.

Hänze und Jurkowski (2011) schlagen in diesem Zusammenhang die folgenden Verhaltensweisen vor:

- Die Partnerin bzw. den Partner um Rückmeldung über die eigene Idee bitten
- Sie oder ihn nach einer genaueren Erklärung seiner Idee oder seines Beitrages fragen
- Den Wortbeitrag des Gegenübers mit eigenen Worten wiederholen und dadurch ein gemeinsames Verständnis sichern
- Eine Idee hinterfragen und auf Unstimmigkeiten oder Verbesserungsmöglichkeiten hinweisen

- Mit einer eigenen Idee den Wortbeitrag einer Lernpartnerin oder eines Lernpartners ergänzen
- Unterschiede und Gemeinsamkeiten einzelner Ideen aufzeigen und sie dadurch vergleichen
- Aus dem Vergleich unterschiedlicher Ideen eine Schlussfolgerung ziehen
- Die wichtigsten Wortbeiträge nennen und somit den Lernprozess zusammenfassen

Darüber hinaus müssen die Schülerinnen und Schüler auch elementare Regeln des *fairen und zielführenden Zusammenarbeitens* kennen und auch bereit sein, diese tatsächlich anzuwenden. Das heißt, sie müssen

- bereit sein, sich auf kontroverse Auseinandersetzungen einzulassen;
- bereit sein, die anfallende Arbeit gleichmäßig auf alle Beteiligten aufzuteilen;
- sich an Vereinbarungen halten (substanzielle Beiträge liefern, Termine beachten usw.).

Falls diese kommunikativen und arbeitstechnischen Voraussetzungen nicht oder zu wenig ausgeprägt gegeben sind, dann kommt eine Lehrperson nicht umhin, diese vor oder während des Einsatzes von kooperativen Lernformen mit den Schülerinnen und Schülern zu besprechen und oder gegebenenfalls sogar einzuüben.

Chaos im Schulzimmer

Da die Lehrperson in dem Moment, da die Gruppen ihre (weitgehend) autonome Arbeit aufnehmen, die direkte Steuerung des Unterrichtes und des Lernens aufgibt, besteht immer die Gefahr, dass sich im Klassenzimmer über kurz oder lang Chaos breitmacht bzw. die Lehrperson den Überblick verliert. Einige Maßnahmen können helfen, solchen Auflösungstendenzen entgegenzuwirken.

Die erste Maßnahme besteht (wie bereits oben erwähnt) darin, die Gruppenarbeit minutiös zu planen, sodass im Grunde alle Schülerinnen und Schüler zu jedem Zeitpunkt wissen, was sie zu tun haben (▸ Kap. 4.3.2). Dadurch wird es auch sehr viel einfacher für die Lehrperson, im disziplinarischen Notfall Gegensteuer zu geben und die Schülerinnen und Schüler zum ordnungsgemäßen Arbeiten zu ermahnen, da sie selber genau weiß, wer was wann tun sollte.

Bei längeren Gruppenarbeiten ist es sinnvoll, den autonomen Arbeitsprozess durch Meilensteine zu gliedern. An diesen Terminen müssen die einzelnen Gruppenmitglieder wie auch die Gruppe als Ganzes der Lehrperson über den Stand der Arbeiten Rechenschaft ablegen. Dabei erkennt man sehr schnell, ob einzelne Schülerinnen oder Schüler im Vergleich mit den anderen mit der Arbeit im Verzug sind oder ob gar die ganze Gruppe die Zeit nicht oder zu wenig produktiv genutzt hat. In einem solchen Fall kann man die Kontrolle verstärken und enge Terminvorgaben setzen, um das allenfalls Versäumte nachzuholen.

Auch die Frage des Arbeitsortes muss vor der Lektion, die in kooperativen Lernarrangements verläuft, geklärt sein. Jeder Gruppe wird durch die Lehrperson ein klar definierter Arbeitsort zugewiesen, der ausreichend Platz bietet und der es zudem erlaubt, dass die Schülerinnen und Schüler einander zugewandt arbeiten können. Sollte dies im zugeteilten Schulzimmer nicht möglich sein, so sollte man vor Unterrichtsbeginn abklären, ob allenfalls leere Räume zur Verfügung stehen und diese den Gruppen entsprechend zuweisen.

Von Trittbrettfahrern und Diktatoren

Zwei häufige Phänomene, die man beobachtet, wenn Menschen (jeden Alters!) an einer gemeinsamen Aufgabe zusammenarbeiten, sind die sogenannten *Trittbrettfahrer* bzw. *Diktatoren.*

Im Schulkontext handelt es sich im ersten Fall um jene Schülerinnen und Schüler, welche sich nur scheinbar für das Erledigen der Gruppenaufgabe engagieren, letzten Endes aber die ganze oder große Teile der anfallenden Arbeit den anderen Gruppenmitgliedern überlassen. Will dann die Gruppe die Aufgabe trotzdem vollständig und in der dafür vorgegebenen Zeit erledigen, bleibt den anderen Gruppenmitgliedern nichts anderes übrig, als die Arbeit des Trittbrettfahrers stillschweigend ebenfalls zu erledigen. Dies kann umso frustrierender sein, wenn der Trittbrettfahrer am Schluss die gleichen Lorbeeren einheimst wie die »Fleißigen«, etwa indem er für das Nichtstun eine gute oder gar sehr gute Note bekommt.

Die Gefahr bzw. die Realität des Trittbrettfahrens können realistischerweise aus dem Schulalltag wohl nie ganz eliminiert werden. Aber es können die weiter oben beschriebenen Maßnahmen ergriffen werden, um diese Gefahr etwas einzugrenzen (siehe oben unter dem Stichwort »Individuelle Verantwortlichkeit«).

Ebenfalls besteht die Möglichkeit, die Gruppe auf mögliche Trittbrettfahrer anzusprechen und einzugreifen, falls sich eine Vermutung bestätigt. Allerdings gilt es hier vorsichtig vorzugehen, da sonst Schülerinnen und Schüler in die Situation gebracht werden, unter Umständen gegen ihren Willen eine Mitschülerin oder einen Mitschüler bei der Lehrperson zu denunzieren.

Das andere Phänomen sind die *Diktatoren*, also jene Mitglieder einer Gruppe, die sowohl die Diskussion dominieren (und andere kaum zu Wort kommen lassen) als auch mehr oder weniger eigenmächtig bestimmen, wer welche Arbeit zu erledigen hat.

Da es in einem solchen Fall die anderen Gruppenmitglieder oft schwer haben, sich zur Wehr zu setzen – sonst wäre es ja gar nicht gelungen, diese Rolle einzunehmen –, bleibt einem als Lehrperson, falls man einen solchen Fall feststellt, nichts übrig, als einzuschreiten und mit der Gruppe das Gespräch zu suchen. Dieses Gespräch kann dazu dienen, an die Bedingungen eines gelingenden kooperativen Lernens zu erinnern bzw. die Schülerinnen und Schüler auf ihre Einzelarbeiten hinzuweisen.

Eine häufig gestellte Frage: Wie die Gruppen zusammenstellen?

Stellen wir uns vor: Ich als Lehrperson habe eine sinnvolle Gruppenarbeit geplant, den Lernstoff in etwa gleich umfangreiche Portionen gegliedert, der Terminplan ist fixiert und auch die Leistungsbeurteilung ist in sich schlüssig und für die Schülerinnen und Schüler transparent. Nun stellt sich noch die Frage: Wie soll ich meine Klasse in Gruppen aufteilen?

Diese Grundfrage enthält zwei miteinander zusammenhängende Aspekte: (a) Soll ich den Schülerinnen und Schülern die Zuteilung selber überlassen oder sie meinerseits vornehmen? (b) Wenn ich sie selber vornehme: Wer soll mit wem kooperieren, d. h., bringe ich Leistungsstärkere mit Leistungsschwächeren zusammen oder gerade das Gegenteil davon?

Es empfiehlt sich, dass gerade bei längerfristigen Gruppenarbeiten die Lehrperson die Gruppenzuteilung in Eigenregie vornimmt. Damit wird einerseits gewährleistet, dass nicht immer dieselben Leute zusammenarbeiten (die vielleicht auch außerhalb des Unterrichtes eine Gruppe bilden); und andererseits wird auch verhindert, dass sich für Schülerinnen und Schüler, die nicht so gut in die Klasse integriert sind, diese Tendenz noch verstärkt. Schwieriger ist die zweite Frage: Welche Zusammensetzung ist für alle Beteiligten die lernwirksamste? Die Forschung dazu gibt keine schlüssigen Antworten. In einer Metaanalyse haben Lou et al. (1996) die folgenden Befunde berichtet:

- Schwächere Schülerinnen und Schüler werden in leistungsheterogenen Gruppen optimal gefördert.
- Schüler im mittleren Leistungsbereich werden in homogenen Gruppen optimal gefördert.
- Für gute Schüler ist die Gruppenzusammensetzung egal.

Das *eine* Patentrezept gibt es also nicht. Als Faustregel könnte man aus einer Klasse, die aus 24 Schülerinnen und Schülern besteht, zum Beispiel folgendermaßen Vierergruppen bilden:

- 3 Gruppen mit je zwei leistungsstärkeren + zwei leistungsschwächeren Schülerinnen und Schülern
- 3 Gruppen mit den übrigen, durchschnittlich leistungsfähigen Schülerinnen und Schülern.

An Schulen mit Koedukation empfiehlt es sich zudem, die Gruppen nach Geschlechtern zu mischen, aber – falls möglich – die zahlenmäßige Verteilung in einer Gruppe homogen zu gestalten (also zum Beispiel zwei männliche und zwei weibliche Schülerinnen bzw. Schüler).

4.3.5 Kooperative Lernformen im Einzelnen

Im Kapitel 4.3.4 (► Kap. 4.3.4) haben wir ganz allgemein diejenigen Faktoren ausgeführt, die für den erfolgreichen (und das heißt lernwirksamen) Einsatz von *Kooperativen Lernformen* entscheidend sind. Nun geht es darum, die Merkmale und Besonderheiten von *verschiedenen Formen des sozialen Lernens* darzustellen.

Partnerarbeit

Eine *Partnerarbeit* meint die Kooperation von zwei Personen, die im gegenseitigen Austausch eine Aufgabe lösen. Diese Form des kooperativen Lernens ist sehr einfach umzusetzen – beispielsweise können Schülerinnen und Schüler, die nebeneinandersitzen, ohne weiteren Aufwand ein Team bilden. Aber natürlich ist auch eine von der Lehrperson geplante Zusammensetzung denkbar, etwa wenn stärkere Schülerinnen und Schüler schwächere beim Lernen unterstützen (Konrad & Traub, 2012).

Allerdings sollte man auch hier bei der Aufgabenstellung darauf achten, dass die Aufgabe nur oder zumindest besser bearbeitet werden kann, wenn sich beide Beteiligten engagieren. Ansonsten besteht die Gefahr, dass die Zusammenarbeit beliebig wird. Auch ist die Tendenz im Auge zu behalten, dass die Schülerinnen und Schüler sich gegenseitig von den Lerninhalten ablenken.

Eine spezielle Form der Partnerarbeit stellt die sogenannte *Skriptkooperation* dar (O'Donnell, Dansereau, Hall & Rocklin, 1987; Hasselhorn & Gold, 2006). Zwei Schülerinnen und Schüler erarbeiten die Inhalte eines (anspruchsvollen) Sach- oder literarischen Textes, indem

- sie den Text Abschnitt für Abschnitt durchlesen;
- einer der beiden den gelesenen Abschnitt zusammenfasst (Lehrerrolle), während
- der andere (Schülerrolle) zunächst zuhört, dann kommentiert und allenfalls korrigiert bzw. ergänzt.

Anschließend wird diese Prozedur wiederholt, allerdings mit umgekehrten Rollen (Tausch der Lehrerrolle bzw. Schülerrolle). Auf diese Weise werden die Schülerinnen und Schüler angeleitet, den Text genau zu lesen und durch die Zusammenfassung mit ihrem Vorwissen zu verbinden. Gleichzeitig werden so eher Verstehensillusionen aufgedeckt, falls derjenige, der die Schülerrolle innehat, tatsächlich Verständnisschwierigkeiten artikuliert und von seinem Partner elaboriertere Erklärungen einfordert.

Gruppenarbeit

Die wohl am häufigsten eingesetzte Form des *Kooperativen Lernens* ist die *Gruppenarbeit*. Dabei werden von den Schülerinnen und Schülern selber oder von der Lehrperson Teams von 3–6 Schülerinnen und Schüler gebildet (► Kap. 4.3.4 zur Gruppeneinteilung). Diese arbeiten über einen bestimmten Zeitraum ohne direkte Lehrersteuerung an einem Inhaltsgebiet bzw. am Lösen von Aufgaben zusammen.

Gruppenarbeiten sind möglicherweise deshalb so beliebt, weil ihre Struktur offen und zeitlich variabel ist. Diese Flexibilität zwingt aber die Lehrperson beim konkreten Einsatz, sich genau darüber im Klaren zu sein, wer mit wem wie lange zusammenarbeitet und wer in welcher Form seinen Beitrag zum Endprodukt beizusteuern hat. Falls diese Punkte nicht geklärt sind und den Schülern nicht kommuniziert werden, besteht die beobachtete Tendenz von unproduktiven, ja chaotischen Zuständen in der kooperativen Phase und entsprechend dürftigen Ergebnissen beim Endprodukt (Haag, 2008).

Gruppenpuzzle

Eine Methode, in der die *Positive Interdependenz* direkt implementiert ist, ist das sogenannte *Gruppenpuzzle* (engl. *Jigsaw Teaching Technique*). Die Puzzle-Methode wurde anfangs der 1970er Jahre von Elliot Aronson erfunden – ursprünglich um Jugendliche mit unterschiedlicher ethnischer Herkunft zum Zusammenarbeiten zu bewegen. Die Grundidee des Gruppenpuzzles besteht darin, dass die Lehrperson in der Unterrichtsvorbereitung zunächst einen bestimmten Lernstoff in etwa gleich große Teilbereiche aufgliedert. Die Umsetzung im Unterricht erfolgt anschließend in drei Phasen:

Phase 1
Die Lerngruppe, in der Regel eine Schulklasse, wird zunächst in möglichst gleich große Gruppen aufgeteilt, in sogenannte *Stammgruppen*. Im Idealfall besteht jede dieser Stammgruppen aus genau so vielen Schülerinnen und Schülern, wie es Teilthemen gibt.

Phase 2
Im nächsten Schritt werden die Stammgruppen sogleich wieder aufgelöst, und zwar so, dass sich jedes Mitglied mit einem Teilbereich des Lernstoffes befasst. Dies geschieht wiederum nicht alleine, sondern zusammen mit jeweils einem Mitglied aus allen anderen Stammgruppen. Die sich auf diese Weise konstituierenden *Expertengruppen* eignen sich – angeleitet durch entsprechende von der Lehrperson vorbereitete Materialien – den Stoff ihres Teilbereiches an, werden also dafür zu Expertinnen und Experten.

Phase 3
In einem letzten Schritt kehren die Expertinnen und Experten in ihre Stammgruppen zurück. Dort hat jedes Gruppenmitglied die Aufgabe, den anderen sein neu erworbenes Expertenwissen zu vermitteln. Ist dies geschehen, nimmt die Stammgruppe das Bearbeiten von Aufgaben in Angriff, die überhaupt nur durch das Gesamtwissen der Gruppe erfolgreich bearbeitet werden können.

Es ist unmittelbar einleuchtend, worin bei einem solchen Arrangement die *Positive Interdependenz* besteht: Ohne das Expertenwissen der einzelnen Gruppenmitglieder kann die Stammgruppe die Aufgaben, die das Wissen über den ganzen Lernstoff voraussetzen, nicht lösen! Das heißt: Der Erfolg der Stammgruppe hängt davon ab, dass die einzelnen Expertinnen und Experten a) sich das Teilwissen seriös aneignen und b) dieses in der Stammgruppe auf kompetente und verständliche Weise vermitteln. Zur Veranschaulichung der drei Phasen ist unten die Abbildung 8 angefügt.

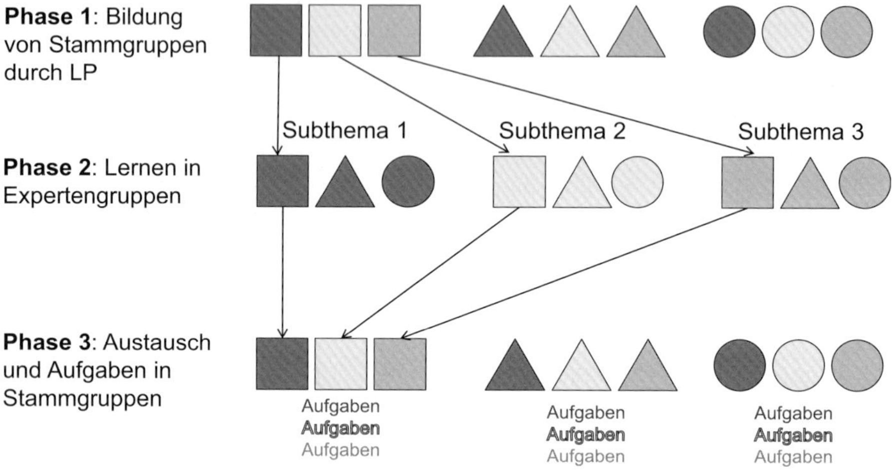

Abb. 8: Die drei Phasen der Puzzle-Methode

Die Puzzle-Methode ist vor allem dann gut geeignet, wenn sich ein komplexer Lernstoff tatsächlich sinnvoll in einander ergänzende Teilbereiche gliedern lässt. Ein einfaches Beispiel dafür ist die Kommasetzung im Deutschen. Der konkrete Verlauf eines Gruppenpuzzles sähe dann wie in Abbildung 9 aus:

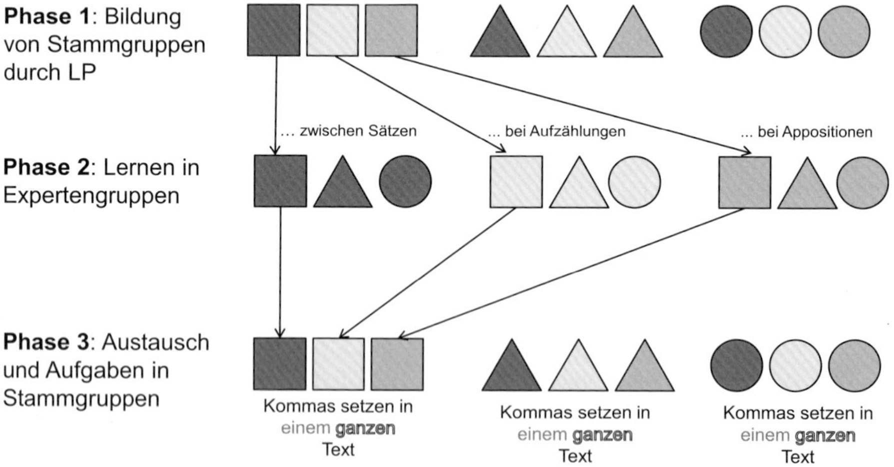

Abb. 9: Die drei Phasen der Puzzle-Methode an einem Beispiel aus dem Deutschunterricht

Der Lernstoff wird in drei Teilbereiche aufgeteilt: a) das Komma zwischen Sätzen, b) das Komma bei Aufzählungen und c) das Komma bei Appositionen. Jede Expertengruppe erarbeitet sich jeweils die Regeln zu einem dieser Unterthemen und gibt das Wissen anschließend in der Stammgruppe weiter. Die abschließende Aufgabe besteht dann in diesem Szenario darin, alle Kommas in einem Text korrekt zu setzen – und dies ist in den Stammgruppen nur möglich, wenn das Wissen aus allen Expertengruppen miteingeflossen ist.

Neben der Frage, welcher Lernstoff sich überhaupt eignet, um in für Schülerinnen und Schüler autonom zu bewältigende Teilbereiche aufgegliedert zu werden, stellt sich eine weitere wichtige Frage: Wie viel an Vorwissen bei allen Schülerinnen und Schülern ist nötig, damit sie vor allem in den Stammgruppen über ein geteiltes Grundwissen verfügen, um produktiv miteinander arbeiten zu können? Diese Frage ist sehr wichtig, denn die empirische Forschung hat gezeigt, dass Wissen, das nicht von allen geteilt wird, in realen Gruppenpuzzles auch oft ungeteilt bleibt. Um daher den Lernprozess möglichst effektiv zu machen, scheint es sehr wichtig zu sein, dass alle über ein Grundwissen in Bezug auf die zentralen Konzepte verfügen, während der Fokus des Gruppenpuzzles vor allem auf kontextuellen Informationen liegen soll, also etwa auf illustrierenden Beispielen oder konkreten Anwendungen und nicht in der Erarbeitung der Grundbegriffe selbst (Deiglmayr & Schalk, 2015).

In Bezug auf das oben bereits skizzierte Beispiel zum Thema Kommasetzung im Deutschen würde dies bedeuten: Alle Schülerinnen und Schüler müssen über gefestigtes deklaratives und prozedurales Wissen im Bereich der deutschen Satzlehre (Hauptsatz, Nebensatz, Satzformen, Satzglieder usw.) verfügen. Nur so sind sie in der Lage, sich effizient in einem Teilbereich der Kommasetzung zu spezialisieren und dieses Wissen anschließend im Rahmen der Phase 3 auch verständlich weitergeben zu können. Wenn sie nämlich dieses (Grund-)Wissen zu syntaktischen Fachbegriffen nicht haben, dann werden sie die Regeln im besten Fall zwar oberflächlich zur Kenntnis nehmen können, nicht aber über das zugrunde liegende konzeptuelle Wissen verfügen. Somit würde in diesem Fall der angestrebte Transfer (in eigenen Texten die Kommas korrekt zu setzen) sehr unwahrscheinlich.

Gruppenrallye

Neben den bisher referierten ›klassischen‹ Formen des kooperativen Lernens (Partnerarbeit, Gruppenarbeit und Gruppenpuzzle) gibt es weitere Formen. Eine davon ist die *Gruppenrallye*, das Ähnlichkeit mit dem *Gruppenpuzzle* aufweist, das jedoch einen weiteren Faktor miteinbezieht: den Wettkampfgedanken. Der Unterricht wird durch das Element »Spiel« angereichert mit dem Ziel, über das Wecken von Ehrgeiz die Lernmotivation zu erhöhen. Auch die *Gruppenrallye* umfasst, wie schon das Gruppenpuzzle, drei Phasen (Hasselhorn & Gold, 2006).

Phase 1
Die ganze Klasse absolviert individuell einen Einstiegstest, der das Vorwissen in Bezug auf den erst noch zu erwerbenden Lernstoff erfasst. Das Ergebnis des Tests

sollte in der Regel sehr schlecht ausfallen, da der Unterrichtsstoff ja eben noch nicht behandelt wurde. Die Lehrperson korrigiert den Test und teilt nachher die Klasse in möglichst homogene Gruppen auf. Das heißt in diesem Fall: Jede Gruppe sollte in etwa gleich viele leistungsstarke bzw. -schwache sowie entsprechend durchschnittliche Schülerinnen und Schüler umfassen.

Phase 2
Die von der Lehrperson so gebildeten Gruppen arbeiten auf der Grundlage der von der Lehrperson vorbereiteten Unterrichtsmaterialien den neuen Lernstoff auf. Dabei unterstützen die leistungsstärkeren Schülerinnen und Schüler die schwächeren, so dass am Ende möglichst alle Gruppenmitglieder möglichst viel vom neuen Unterrichtsstoff verstanden haben.

Phase 3
Es erfolgt der zweite Test, den die Schülerinnen und Schüler wiederum individuell absolvieren. Auch diesen Test wertet die Lehrperson aus, wobei aber nicht der individuelle Lernzuwachs das Entscheidende ist, sondern *der Lernzuwachs in der ganzen Gruppe*. Sieger ist jene Gruppe, die insgesamt den größten Lernzuwachs im Vergleich mit dem Einstiegstest in Phase 1 erreicht hat.

Auch bei dieser Methode ist die *Positive Interdependenz* deutlich erkennbar: Nur wenn alle Gruppenmitglieder gleichermaßen am Lernzuwachs partizipieren, kann die Gruppe beim Schlusstest erfolgreich sein und somit die anderen Gruppen in Bezug auf den Lernzuwachs überflügeln. So haben alle Schülerinnen und Schüler ein individuelles Interesse daran, sich zu verbessern, um damit ihren Beitrag für den Gruppenerfolg zu leisten. Die Idee dahinter ist natürlich, dass so die leistungsstärkeren Schülerinnen und Schüler die leistungsschwächeren oder durchschnittlichen beim Lernprozess unterstützen. Wenn es funktioniert, ist es eine Win-win-Situation, für die ersteren, weil sie durch das Erklären ihr eigenes Wissen selber noch mehr elaborieren, und für die letzteren, weil sie von Peers den Unterrichtsstoff erklärt bekommen.

4.4 Vier Unterrichtstechniken zur Kognitiven Aktivierung

Neben den in den Kapiteln 4.2 (► Kap. 4.2) und 4.3 (► Kap. 4.3) referierten Großformen der Unterrichtsgestaltung, hat die empirische Lehr- und Lern-Forschung in den letzten Jahrzehnten eine ganze Reihe von Lernformen entwickelt, mit deren Hilfe der Aufbau intelligenten Wissens effizient und nachhaltig gefördert werden kann. Dies wird im Folgenden an ausgewählten wissenschaftlichen Arbeiten gezeigt. Diese Lernformen und Unterrichtstechniken werden insgesamt als *kognitiv aktivierend* bezeichnet, weil sie die Schülerinnen und Schüler dazu anregen, aktiv an der Organisation ihres Wissens zu arbeiten und ihr Begriffswissen umzustrukturieren.

Da nach wie vor eine Kluft zwischen den Ergebnissen der Lehr- und Lern-Forschung und deren Umsetzung in Unterrichtseinheiten für verschiedene Anspruchsniveaus besteht, hat sich das MINT-Lernzentrum der ETH zum Ziel gesetzt, diese Lerneinheiten zusammen mit Lehrpersonen in den mathematisch-naturwissenschaftlichen Unterricht zu integrieren. Manche dieser Lernformen erfordern nur geringfügige Abweichungen vom bisherigen Vorgehen und können doch erstaunliche Effekte auslösen. So konnte zum Beispiel gezeigt werden (Ziegler & Stern, 2014), dass beim Einstieg in die Algebra in der Sekundarstufe Transformationsregeln nachhaltiger gelernt werden, wenn von Anfang an Additions- und Multiplikationsregeln gemischt werden, statt zuerst Additions- und dann Multiplikationsaufgaben vorzugeben. Die sogenannte *Kontrastierung* von Aufgaben wie z. B. »$a + a + a =$« und »$a \cdot a \cdot a =$« verdeutlicht den Unterschied zwischen multiplikativen und additiven Regeln und trägt zu einem besseren konzeptuellen mathematischen Verständnis bei.

Im vorliegenden Kapitel werden vier bewährte Unterrichtstechniken vorgestellt, die vor allem zur Vertiefung des konzeptuellen Verständnisses eingesetzt werden können. Diese Lernformen verstehen wir als methodenübergreifend, d. h., sie können in Form von Teilaufgaben in die oben referierten Großmethoden (also in die *Direkte Instruktion* oder in *Kooperative Lernformen*) integriert werden. Zum Beispiel kann im Rahmen des *Selbständigen Übens* in der *Direkten Instruktion* eine Aufgabe anhand der Idee der *Kontrastierenden Fälle* (▶ Kap. 4.4.1) eingebaut werden usw.

4.4.1 Erfinden mit kontrastierenden Fällen

Eine Möglichkeit, um die Schülerinnen und Schüler auf das Lernen vorzubereiten, besteht darin, mit ihnen als Einstieg vor der Präsentation der eigentlichen Lerninhalte zunächst zu erarbeiten, worin das Grundproblem besteht, für das eine bestimmte Theorie eine Lösung präsentiert (Schwartz et al., 2011). Dazu hat es sich bewährt, ihnen Fälle vorzugeben, die so ausgewählt sind, dass sie sich zwar in Oberflächenmerkmalen unterscheiden bzw. im Kontrast zueinander stehen, dass sie aber eine abstrakte Gemeinsamkeit aufweisen. Diese Gemeinsamkeit sollen die Schülerinnen und Schüler – unterstützt durch Aufträge und Hilfestellungen – selbstständig erarbeiten.

Erst nachdem sie selber Vorschläge formuliert haben, wird ihnen das wissenschaftliche Konzept vorgestellt. Sie können dann einschätzen, wie nah sie der korrekten Lösung mit ihren eigenen Vorschlägen gekommen sind. Diese Lernform hat sich in empirischen Vergleichsstudien bei manchen Inhalten gegenüber dem herkömmlichen Vorgehen – erst den Lerninhalt darstellen, dann Übungsaufgaben bearbeiten – als überlegen erwiesen. Denn die Schülerinnen und Schüler zeigten in anschließenden Transferaufgaben deutlich bessere Leistungen als die Vergleichsgruppe. Dieser Vorsprung wird damit erklärt, dass sie beim Bearbeiten der kontrastierenden Fälle ein tieferes Verständnis des Grundproblems erlangten als die Vergleichsgruppe mit herkömmlichem Unterricht (Schwartz, Chase & Oppezzo, 2011).

4.4.2 Aufträge zum Formulieren von Selbsterklärungen

Wie lässt sich im Unterricht oder im Anschluss daran das Gelernte vertiefen? Eine Lernform, die sich in den letzten zwei Jahrzehnten in zahlreichen experimentellen Studien als besonders lernwirksam erwiesen hat, besteht darin, die Schülerinnen und Schüler durch *Erklärungsaufträge* gezielt dazu anzuleiten, zentrale Lerninhalte noch einmal zu durchdenken (Berthold et al., 2008). Die Schülerinnen und Schüler haben dabei den Auftrag, sich zu überlegen, wie sie einem Laien bspw. ein Konzept, ein Naturgesetz oder einen Lösungsweg erklären würden. Solche Erklärungen, die man für sich selber konstruiert, werden in der Lehr- und Lern-Forschung als *Selbsterklärungen* bezeichnet.

Da Schülerinnen und Schüler anspruchsvolle Selbsterklärungen nur selten spontan konstruieren, müssen sie durch geeignete Anleitung regelmäßig dazu aufgefordert werden. Diese Aufträge können sowohl im Unterricht als auch zur Vertiefung bei den Hausaufgaben eingesetzt werden. Wichtig ist, dass die Aufträge anspruchsvoll sind und die Schülerinnen und Schüler geistig herausfordern. Wenn sie Selbsterklärungsaufträge bearbeiten, wird dadurch erstens ihr Verständnis des Lernstoffs vertieft. Zweitens erwerben sie schließlich die Kompetenz, sich selber solche Erklärungen abzuverlangen. Dies gilt vor allem dann, wenn sie *regelmäßig* mit solchen Aufträgen konfrontiert werden. Sobald diese Routine etabliert ist, verfügen sie damit nicht nur über Mittel zur Vertiefung ihres Wissens, sondern auch über einen Prüfstein für ihr Verständnis und erliegen seltener Illusionen über das eigene Verstehen.

4.4.3 Holistischer Vergleich von Modellen

Geht es um das Verständnis komplexer Modelle, hat es sich bewährt, den Schülerinnen und Schülern sowohl das korrekte Modell als auch ein teilweise inkorrektes Laienmodell zu präsentieren und sie anzuleiten, alle wichtigen Unterschiede zwischen diesen Modellen herauszuarbeiten. Auf diese Weise könnte etwa das Verständnis des menschlichen Blutkreislaufes noch lernwirksamer gefördert werden als mit Selbsterklärungsaufträgen (Gadgil et al., 2012). Das Besondere eines solchen Modellvergleichs liegt darin, dass damit gezielt Fehlvorstellungen angesprochen sowie die Vorteile des korrekten Modells hervorgehoben werden können.

4.4.4 Metakognitive Fragen

Erfolgreiches Lernen erfordert die regelmäßige Kontrolle des Lernstands und der Lernfortschritte. Um gezielt neues Wissen aufbauen zu können, ist es daher entscheidend, dass die Schülerinnen und Schüler wissen, was sie bereits gut verstanden haben und in welchen Bereichen sie an ihrem Verständnis noch arbeiten müssen. Aus diesem Grund ist es wichtig, dass sie lernen, sich selber regelmäßig Fragen zu ihrem eigenen Verständnis zu stellen, wie zum Beispiel die Frage: »Habe ich wirklich verstanden, worin der Unterschied zwischen einer Exponentialfunktion und einer Potenzfunktion besteht? Könnte ich den Unterschied anderen Personen klar und eindeutig erklären?«

Um ihnen diese Kompetenz zu vermitteln, müssen ihnen regelmäßig so genannte *metakognitive Fragen* vorgegeben werden (Mevarech & Fridkin, 2006). Metakognitive Fragen müssen von der Lehrperson sorgfältig auf die jeweiligen Unterrichtsinhalte abgestimmt sein. Sie dürfen zudem nicht zu leicht sein und müssen zentrale Konzepte und Probleme ansprechen, bei denen tatsächlich Verständnisschwierigkeiten auftreten können. Die Kenntnis der Schülervorstellungen ist deshalb entscheidend. Der Einsatz metakognitiver Fragen hat zwei Effekte: Erstens führt er dazu, dass die Schülerinnen und Schüler den Lernstoff noch einmal durchdenken und besser verstehen; und zweitens lernen sie, sich selber metakognitive Fragen zu stellen, und können so selbständig ihren Lernstand und ihre Lernfortschritte kontrollieren.

4.5 Frage- und Aufgabenformate

Unabhängig von der im Unterricht eingesetzten Methode – also den Großformen des Lerngeschehens im Klassenzimmer (▶ Kap. 4.2 bis ▶ Kap. 4.4) – und auch unabhängig vom ganz konkreten Unterrichtsverlauf (▶ Kap. 3.4) bilden Fragen und das Formulieren von Aufgaben die beiden wichtigsten Werkzeuge, um die Schülerinnen und Schüler zu einer aktiven Auseinandersetzung mit dem Lernstoff anzuregen. Um es mit einer Analogie zu veranschaulichen: So wie der Motor den Treibstoff benötigt, um bewegt zu werden, so müssen die instruktionalen Methoden mit Fragen und Aufgaben angereichert werden, um den Lernprozess der Schülerinnen und Schüler in Gang zu bringen. Deshalb befassen wir uns im vorliegenden Kapitel in einem methodenübergreifenden Sinn mit diesen beiden zentralen Instrumenten.

4.5.1 Die Frage

Vor allem in der Methode der *Direkten Instruktion* spielen *gezielte Fragen* in allen Phasen eine zentrale Rolle. Mit ihnen kann am Anfang einer Stunde oder einer Sequenz das Vorwissen der Schülerinnen und Schüler überprüft werden. Die *Darstellende Stoffvermittlung* kann begleitet werden durch Verständnisfragen seitens der Lehrperson, um zu kontrollieren, ob die Schülerinnen und Schüler dem Gedankengang zu folgen imstande sind. Insbesondere aber im Rahmen des *Angeleiteten Übens* und der *Lernüberwachung* bildet die Frage das unverzichtbare Instrument, um den Lernprozess zu steuern.

Die Kompetenz, ›gute‹ Fragen zu stellen, gehört somit zu den wichtigsten Fertigkeiten einer Lehrperson. Nicht nur kann diese Fähigkeit den Lernprozess bei den Schülerinnen und Schülern anregen, gute Fragen bringen sie zur aktiven und konzentrierten Auseinandersetzung mit dem Lernstoff und bilden somit einen wichtigen Pfeiler auch der Klassenführung. Schlechte Fragen dagegen können den Lernprozess nicht nur behindern oder gar verunmöglichen – sie führen auch schnell dazu, dass die Schülerinnen und Schüler verwirrt werden und die Aufmerksamkeit der Klasse verloren geht, was auch meistens zu Disziplinproblemen führt (► Kap. 7, *Klassenführung*).

Bevor man in der Feinplanung des Unterrichts konkrete Fragen vorbereitet – um sie mündlich zu stellen oder aber sie den Schülerinnen und Schülern in einer schriftlichen Form vorzulegen – ist es wichtig, sich zunächst darüber klar zu werden, welchen Zweck eine Frage (oder eine Fragenkette) hat.

- Fragen können am Anfang der Stunde – im Sinne einer *kognitiven Aktivierung* – das Interesse oder die Aufmerksamkeit der Schülerinnen und Schüler wecken.
- Mit Fragen kann man zu Beginn einer Lektion die *Lernvoraussetzungen der Schülerinnen und Schüler überprüfen*, etwa indem man zusammen mit ihnen auf diesem Weg Fakten oder Konzepte in Erinnerung ruft, die für den folgenden Lernprozess als Vorwissen unabdingbar sind.
- Auch ist es möglich, gerade bei der *Direkten Instruktion*, mit Fragen *lenkend* durch den Stoff zu leiten.
- Wenn die Fragen im Sinne einer Lernzieltaxonomie (► Kap. 3.3.2) auf einer höheren Ebene angesiedelt sind, dann lösen sie auch entsprechende Denkprozesse aus, die weit über das bloße Wiederholen von Fakten hinausgehen (etwa indem ein Phänomen nicht nur *verstanden*, sondern z. B. auch *evaluiert* wird).
- Schließlich können Fragen auch eine Plattform bieten, auf der die Schülerinnen und Schüler die Möglichkeit haben, ihre Einstellungen oder ihre Gefühle gegenüber dem Lernstoff zu artikulieren.

Zusammenfassend kann man sagen: Die Frage macht das, was in den Köpfen der Schülerinnen und Schüler tatsächlich passiert, sichtbar (► Kap. 2.2). Indem sie nämlich auf die Fragen antworten, zeigen sie der Lehrperson, inwieweit sie bereits neues Wissen erworben haben bzw. inwiefern sie neu Gelerntes anzuwenden in der Lage sind.

Fragen richtig stellen

So wichtig die Frage ist und so einfach es scheint, im Unterricht ›gute‹ Fragen zu stellen, so schwierig ist es tatsächlich, diesen Anspruch umzusetzen. Gerade bei Berufseinsteigerinnen und Berufseinsteigern kann immer wieder beobachtet werden, dass sie die Anregung, mündliche oder schriftliche Fragen zu stellen, aufnehmen, dass die Umsetzung dieser Technik im Unterricht jedoch zumindest teilweise scheitert: Die Fragen sind zu schwierig, sie sind in ihrer Abfolge nicht kohärent, zu eng oder viel zu weit gestellt. Und nicht selten ist diesen Lehrpersonen selbst nicht klar, welche Antwort sie eigentlich erwarten, sodass sie selber in Verwirrung geraten können, wenn von den Schülerinnen und Schülern Antworten kommen, mit denen sie nicht gerechnet haben (was eigentlich fast immer der Fall ist…). Fragen sollten deshalb den folgenden Minimalstandards genügen:

- Die Fragen sollen *effektiv*, d. h. unmittelbar auf den Unterrichtsstoff bezogen sein, sodass die Schülerinnen und Schüler ohne Umschweife eine Antwort erzeugen können und so in einen aktiven Lernprozess involviert werden.
- Die Frage soll *klar formuliert* sein, möglichst kurz und für die Schülerinnen und Schüler verständlich. Die Wortwahl muss so gestaltet sein, dass sie die Frage verstehen, ohne dass dafür unnötige Kapazitäten des Arbeitsgedächtnisses verschwendet werden (▶ Kap. 2 und ▶ Kap. 4.6.1).
- Beim mündlichen Stellen der Fragen ist auch auf den *Tonfall und die Wortbetonung* zu achten. Fragen sollten nicht als Drohung artikuliert werden, sondern als Einladung an die Schülerinnen und Schüler, sich eigenverantwortlich mit den von der Lehrperson dargebotenen Inhalten auseinanderzusetzen.
- Fragen sollen *auf verschiedenen kognitiven Niveaus* angesiedelt sein. Reines Abfragen von Fakten oder eine Aneinanderreihung von trivialen Verständnisfragen führen schnell zu Langeweile und Überdruss.
- Wir halten es auch für unverzichtbar, dass Lehrpersonen ihre eigenen Fragen ausführlich und schriftlich beantworten, und zwar bevor sie im Unterricht gestellt werden. So kann man selber überprüfen, ob die Fragen klar formuliert worden sind und somit eine entsprechende Antwort zulassen.

Konvergierende und divergierende Fragen

Grundsätzlich gibt es, bezogen auf den Inhalt, zwei unterschiedliche Typen von Fragen (wobei natürlich die Grenzen zwischen ihnen wieder fließend sind): die *konvergierende* und die *divergierende* Frage. Welchen Typ man jeweils wählt, hängt vom Zweck, genauer vom Lernziel, ab, das zu erreichen man intendiert.

Bei *konvergierenden Fragen* handelt es sich meist um konkrete Inhaltsfragen. Sie sind geschlossen und eng, d. h., die Antwortmöglichkeiten sind sehr begrenzt. Die Antworten können in der Regel klar als ›richtig‹ oder ›falsch‹ beurteilt werden. Beispiel: *Wie viele Atomkraftwerke gibt es in der Schweiz und auf dem Gebiet welcher Gemeinden stehen sie?*

Divergierende Fragen dagegen sind eher breit, sie zielen auf größere Prozesse oder Konzepte bzw. Konzeptnetzwerke. Die Antwortmöglichkeiten auf diesen Fragetyp sind viel größer, die Beurteilung von Antworten auf divergierende Fragen ist entsprechend anspruchsvoller sowie zeitintensiver. Beispiel: *Wie funktioniert das Atomkraftwerk in Gösgen?*

Der Einsatz beider Fragetypen im Unterricht ist gleichermaßen berechtigt. Mit *konvergierenden Fragen* kann man gezielt und relativ effektiv überprüfen, ob die Schülerinnen und Schüler die Grundzüge von neu vermitteltem Wissen verstanden haben. Solche Fragen zielen auf die Wissenssicherung von Fakten, Regeln und einfachen Prozeduren (vgl. dazu Borich, 2007).

Demgegenüber sind *divergierende Fragen* geeignet, um kognitive Prozesse auf höheren Ebenen auszulösen, also Konzepte, Muster und Abstraktionen (Borich, 2007). Divergierende Fragen können entsprechend lebhafte Unterrichtsgespräche auslösen und auch als Quelle für den weiteren Unterrichtsverlauf dienen, wenn etwa die Lehrperson einen in die Diskussion eingebrachten, aber nicht weiter vertieften

Aspekt zu einem späteren Zeitpunkt wieder aufgreift. Beispiel: *Soll die Schweiz aus der Atomenergie aussteigen?*

Fragetypen

Wie schon angedeutet, können konvergierende und divergierende Fragen auf verschiedenen kognitiven Niveaus angesiedelt werden (► Kap. 3.3.2, PUT). Sie können die Schülerinnen und Schüler an etwas *erinnern*, ihnen helfen, etwas besser zu *verstehen*, sie zu einer *Anwendung* führen, *analytische* Prozesse hervorrufen, sie zu einer *Beurteilung oder Stellungnahme anregen* oder gar dazu, in einem Prozess mit kreativen Elementen etwas zu *erschaffen* (K6). Es gibt keine Regel dafür, welche der beiden Frageformen auf welcher kognitiven Ebene besser geeignet ist. Man kann aber annehmen, dass konvergierende Fragen eher auf die unteren Ebenen zielen, während auf den oberen Ebenen die divergierenden Fragen dominieren.

Alles zusammenbringen: Elaborierte Fragesequenzen

Akademische Sachverhalte auf der gymnasialen Stufe sind in der Regel bereits so komplex, dass sie nicht mit einer einzigen Frage adäquat erfasst werden können. Die Herausforderung für die Lehrperson besteht so gesehen darin, zu einem Thema oder zumindest zu einem thematischen Aspekt eine *Fragesequenz* zu generieren, die die Schülerinnen und Schüler darin unterstützt, sie durch eigene kognitive Arbeit (noch einmal) durch die zu vermittelnden Inhalte hindurchzuführen.

Eine solche Fragesequenz zu erstellen, die die Schülerinnen und Schüler beim Lernprozess tatsächlich unterstützt und sie nicht verwirrt und/oder frustriert, ist anspruchsvoll. Folgende Merkpunkte können dabei helfen:

- Bei jeder Frage muss der Lehrperson klar sein, welchen Zweck die Frage hat.
- Alle Fragen müssen in jedem Fall gut gestellt sein.
- Die Fragen sollen in ihrem Schwierigkeitsgrad ansteigen. Es empfiehlt sich, mit konvergierenden Fragen zu beginnen (Wissenssicherung) und dann zu divergierenden Fragen überzugehen.
- Entscheidend (und wohl am schwierigsten zu erreichen) ist, dass die Fragen bzw. die durch sie evozierten Antworten inhaltlich miteinander kohärent sind; mit ihrer Beantwortung sollen also die Schülerinnen und Schüler gleichzeitig einen von der Sache her sinnvollen Lernprozess durchlaufen.
- Aus diesen Punkten folgt: Eine solche Fragesequenz muss zwingend im Voraus geplant werden, es dürfte auch für fachlich versierte und erfahrene Lehrpersonen ein Ding der Unmöglichkeit sein, eine Fragesequenz von der hier geforderten Qualität aus dem Unterricht heraus spontan zu generieren.
- Je schwieriger die Fragen und je umfangreicher die Fragesequenz ist, umso mehr Zeit muss den Schülerinnen und Schülern eingeräumt werden, um sich auf das Beantworten im Plenum vorzubereiten. In einem solchen Fall empfiehlt es sich, die Fragen schriftlich abzugeben und die Antworten auch in schriftlicher Form festhalten zu lassen, bevor sie im Klassengespräch gemeinsam erörtert werden.

Weitere Aspekte im Zusammenhang mit Fragen

In diesem Kapitel werden weitere Aspekte im Zusammenhang mit Fragen im Unterricht thematisiert, die vor allem bei der konkreten Unterrichtsdurchführung eine große Rolle spielen. Es sind dies

1. Spezielle Fragetechniken
2. Das Warten auf Antworten bei mündlich gestellten Fragen
3. Der Umgang mit Unterschieden in heterogenen Klassen
4. Die verschiedenen Techniken im Umgang mit Schülerantworten

1. Spezielle Fragetechniken
Wenn von einer Schülerin oder einem Schüler eine Antwort auf eine Frage gegeben wird, dann ist es möglich nachzufragen, der antwortenden Person auf den Zahn zu fühlen – oder aber die nachhakende Frage in den Raum zu stellen und deren Beantwortung jemand anderem zu überlassen. Das Nachhaken hat den Zweck, Klarheit zu schaffen (falls die Schülerantwort nicht ganz verständlich war), neue oder vertiefenden Informationen einzufordern oder aber die Schüler-Antwort neu zu strukturieren, um dann die nächste Frage einer Fragesequenz zu stellen.

2. Das Warten auf Antworten
Jede Frage löst in den Schülerinnen und Schülern kognitive und oft auch emotionale Prozesse – möglicherweise verbunden mit Stress – aus. Auch bei einfachen Fragen braucht es etwas Zeit, bis zumindest ein Teil einer Klasse für die als ›richtig‹ erachtete Antwort bereit ist und diese auch in der Öffentlichkeit des Klassenplenums artikulieren will.

Damit möglichst viele Schülerinnen und Schüler aktiv nach einer Antwort suchen, müssen sie, bevor man als Lehrperson die Antwort entgegennimmt, in den Denkprozess miteinbezogen werden, d. h., man muss ihnen Zeit geben. Liegt die Frage oder liegen die Fragen den Schülerinnen und Schülern in schriftlicher Form vor, dann kann man bereits während der Vorbereitung bestimmen, wie viel Zeit für die Beantwortung zur Verfügung gestellt wird. Stehen die Fragen aber mündlich im Raum, dann muss man sich – auch wenn dies vielen schwerfällt – als Lehrperson gedulden, einige Sekunden Stille ertragen, bevor man eine Schülerin oder einen Schüler die Antwort geben lässt. Eine Wartezeit von mehreren Sekunden (bei schwierigen, d. h. divergierenden Fragen auf einem höheren kognitiven Niveau können das auch 15 Sekunden sein) hat mehrere positive Effekte: Die Antworten werden elaborierter, es melden sich mehr Schülerinnen und Schüler freiwillig (auch weil sie sich ihrer Antwort sicherer sind), und es bleiben weniger Fragen gänzlich unbeantwortet.

3. Umgang mit Unterschieden in heterogenen Klassen
Wie bereits in Kapitel 3 (► Kap. 3) ausführlich dargelegt wurde, findet man in jeder Lerngruppe, auch auf der Stufe Gymnasium, große Differenzen in den Lernvoraussetzungen vor (Vorwissen, soziale Herkunft, Entwicklungsstand usw.). Dieser Sachverhalt spielt auch im Klassengespräch, sofern es auf Fragen basiert, eine wichtige Rolle. Es ist so gesehen die Aufgabe der Lehrperson, möglichst alle Schülerinnen

und Schüler in den (mündlichen) Lernprozess miteinzubeziehen – also auch jene aufzurufen, die sich wenig oder gar nie freiwillig melden.

Dies kann dadurch geschehen, dass man auch Schülerinnen und Schüler für die Beantwortung von Fragen aufruft, die sich nicht zu Wort melden (selbstverständlich *nie* in der Absicht, sie durch ein allfälliges Nichtwissen vor der Klasse bloßzustellen!); oder man hat eine Fragesequenz so vorbereitet, dass für alle Schülerinnen und Schüler eine Frage zur Verfügung steht – und man geht durch die Reihen, bis alle einen Beitrag geleistet haben.

Dass man auch leistungsschwächere Schülerinnen und Schüler in einer Klasse hat, soll einen als Lehrperson nicht davon abhalten, gelegentlich auch Fragen zu stellen, die einige zwar herausfordern, andere aber auch überfordern können.

4. Der Umgang mit Schülerantworten
Grundsätzlich gilt: Das auf Fragen basierende Klassengespräch soll von der Lehrperson als Lernprozess und -gelegenheit für die Schülerinnen und Schüler betrachtet werden. Das heißt, die Schülerbeiträge sollen *nicht* im Sinne einer Leistungsbeurteilung bewertet werden, sondern als ständiger Resonanzraum für die Lehrperson anhand der Leitfrage: Was haben die Schülerinnen und Schüler vom Lernstoff schon verstanden und bei welchen Punkten muss ich allenfalls den Lernstand noch verbessern, um anschließend mit neuen Inhalten weiterzufahren?

Nichtsdestotrotz ist es unabdingbar, ihnen ein Feedback zu geben auf ihre Antworten. Da sie nur selten beim ersten Mal die korrekte, elaborierte und für alle anderen eindeutig verständliche Antwort geben, ja, da es viel öfter vorkommt, dass völlig falsche oder gar völlig unerwartete Antworten gegeben werden, ist es als Lehrperson sinnvoll, über ein Repertoire an Verhaltensweisen für diese Unterrichtssituation zu verfügen. Als einfache Richtschnur kann dabei ein von Rosenshine und Stevens (1986) entwickeltes, einfaches Raster dienen, das hier kurz referiert wird. Nach den beiden Autoren lassen sich Schülerantworten – wenn man die Kategorien »richtig« und »falsch« als Unterscheidungs-Kriterium zugrunde legt – in vier Typen unterscheiden:

- Korrekt, rasch und sicher
- Korrekt, aber zögerlich
- Falsch wegen Nachlässigkeit
- Falsch aufgrund mangelnden Wissens

Erfolgt die Antwort korrekt, rasch und sicher, dann ist sie sachlich als richtig zu anerkennen und es ist gegebenenfalls gleich eine Anschlussfrage zu stellen. Gegen Ende einer Lektion oder einer umfangreicheren Unterrichtseinheit sollten (gemäß Rosenshine & Stevens, 1986) etwa 60–80 % solche korrekten Antworten generiert werden.

Im zweiten Fall – die Antwort erfolgt zwar korrekt, aber zögerlich – soll die Antwort von der Lehrperson ebenfalls sachlich als richtig gekennzeichnet werden (im Sinne eines positiven, verstärkenden Feedbacks. Sie muss jedoch gleichzeitig etwas ausführlicher kommentiert werden. Dies kann dadurch geschehen, dass man die Schülerin oder den Schüler die Antwort noch einmal wiederholen lässt (sodass auch der Rest der Klasse die korrekte Antwort noch einmal zu hören bekommt); oder aber man wiederholt die Antwort selber noch einmal in Form einer paraphrasierenden Rückfrage.

Kommen wir zum dritten Fall: Die Antwort ist falsch und der Grund ist offensichtlich die Nachlässigkeit des Antwortgebers. Man kann damit rechnen, dass etwa 20 % der Antworten von solcher Art sind, auch abhängig von den Umständen wie Tageszeit (früher Morgen oder später Nachmittag), Unaufmerksamkeit oder fehlende Motivation. Um den Unterrichtsfluss nicht zu stören und weil es letztlich das Ziel der Lehrperson sein muss, dass im Klassenplenum die richtige Antwort geäußert wird, ist auf eine emotionale Reaktion und eine Bestrafung prinzipiell zu verzichten. Stattdessen soll man klar machen, dass die Antwort falsch ist, dann aber anderen Schülerinnen und Schülern die Gelegenheit geben, die richtige Antwort zu geben.

Der letzte Fall – falsche Antwort aufgrund mangelnden Wissens – bedarf aus verschiedenen Gründen besonderer Aufmerksamkeit. Zunächst einmal ist unter allen Umständen zu verhindern, dass eine Schülerin oder ein Schüler, die oder der eine falsche Antwort gibt, vor der Klasse bloßgestellt wird. Ansonsten kann ein von Versagensangst geprägtes Klima den Lernprozess teilweise oder gänzlich verunmöglichen. Vielmehr hat die Lehrperson immer wieder zu betonen, dass Fehler jederzeit möglich, ja sogar erwünscht sind – denn nur so kann sie abschätzen, was die Schülerinnen und Schüler noch nicht verstanden haben. Außerdem kann aus jedem Fehler eine neue Lerngelegenheit geschaffen werden – entweder für den Antwortgeber selber oder aber für die ganze Klasse. Konkret heißt das: Bei einer falschen Antwort soll die Lehrperson korrigierend eingreifen, Hilfestellung geben, die Frage evtl. vereinfachen, zusätzliche Erklärungen anbieten usw. Falls das nichts hilft, kann die Frage an die ganze Lerngruppe zurückgegeben werden, bis eine Schülerin oder ein Schüler tatsächlich die korrekte Antwort zu geben imstande ist. Mit dieser Situation – falsche Antworten aufgrund mangelnden Wissens – ist man oft am Anfang einer Lektion bzw. einer Unterrichtseinheit konfrontiert. Zusammenfassend empfehlen sich für diesen Fall die folgenden Verhaltensstrategien:

- Fakten und Regeln, die für eine Antwort benötigt werden, wiederholen
- Schritte erklären, welche benötigt werden, um korrekte Antwort zu erzeugen
- Teilweise richtige Antworten unterstützend in Richtung korrekte Antwort lenken
- Anderes, ähnliches Problem nehmen und die Schülerinnen und Schüler zu korrekter Antwort leiten

4.5.2 Aufgabenformate

Wenn es das Ziel von schulischem Unterricht an einem Gymnasium sein soll, möglichst lernwirksamen Unterricht zu bieten und so die Schülerinnen und Schüler auf das akademische Studium vorzubereiten, dann muss es zu einer Kernkompetenz von Lehrpersonen gehören, gute Aufgaben zu stellen. Denn neben der Frage (► Kap. 4.5.1) bilden Aufgaben die Scharnierstelle zwischen dem Stoff, den Lernzielen und dem Lernprozess bei den Schülerinnen und Schülern. Das vorliegende Kapitel widmet sich auf diesem Hintergrund deshalb speziell dieser Kompetenz.

Zuerst werden die allgemeinen Merkmale gut gestellter Aufgaben diskutiert und anschließend die Grundstruktur von Aufgabenstellungen erläutert. Das Kapitel schließt mit einer Checkliste zum Einsatz von Aufgaben im Unterricht.

Aufgaben sollen dazu dienen, den Schülerinnen und Schülern Gelegenheit zu geben, sich aufgrund ihres bereits gefestigten (Vor-)Wissens neues Wissen anzueignen. Sei dies, dass sie durch Üben Routine erlangen, sei es, dass sie ihr konzeptuelles Wissen vertiefen und allenfalls auch korrigieren. In jedem Fall gilt es, Aufgaben so zu formulieren, dass die Schülerinnen und Schüler möglichst ohne Umschweife auf den Lernprozess geleitet werden. Ihr Arbeitsgedächtnis (► Kap. 2.4.2 und ► Kap. 4.6.1) darf also nicht durch irrelevante Faktoren überbeansprucht werden. Dementsprechend werden gut gestellte Aufgaben durch die folgenden Merkmale gekennzeichnet:

- *Die Aufgaben sind auf das Vorwissen der Schülerinnen und Schüler abgestimmt.* D. h., sie verfügen über gefestigte Routinen und über ein ausreichendes Konzeptwissen, um die Aufgaben zu lösen. Falls dies nicht der Fall ist, besteht sofort die Gefahr, dass sie abgelenkt sind, Zeit verlieren oder sich gar frustriert von der Aufgabe abwenden.
- *Die Aufgaben sind den Lernzielen angepasst.* Damit ist gemeint, dass die Aufgaben und auch deren Lösungsformate so formuliert sind, dass sie den Fokus der verschiedenen Lernziele einer Unterrichtseinheit widerspiegeln. Somit leisten sie einen wichtigen Beitrag im Lernprozess, insofern sie das *Alignement* von Stoff, Lernziel und Kompetenz vermitteln (► Kap. 3.3.2).
- *Die Aufgaben sind klar und einfach formuliert.* Es empfiehlt sich, Aufgaben in ganzen, kurzen Sätzen zu formulieren. Enthält eine Aufgabe mehrere Arbeitsschritte, so ist für jeden Schritt ein eigener, von allen anderen auch graphisch klar abgetrennter Satz zu verwenden.
- *Die Aufgaben müssen für die Schülerinnen und Schüler unmittelbar verständlich sein.* Neben einem klaren und einfachen Stil sollen die Aufgaben auch keine Fachbegriffe oder Fremdwörter enthalten, welche das Verständnis der Aufgabenstellung erschweren. Ist dies der Fall, müssen die Schülerinnen und Schüler solche Wörter zuerst nachschlagen oder bei der Lehrperson nachfragen, wodurch ihr Arbeitsgedächtnis unnötig belastet und sie vom eigentlichen Lernen abgelenkt werden.
- *Die Aufgabenstellung soll unmissverständlich formuliert sein.* Damit ist gemeint, dass die Aufgaben sachlich eindeutig sein sollen, sodass zumindest die Lehrperson eine korrekte oder adäquate Antwort zu geben imstande ist. Das heißt selbstverständlich nicht, dass nicht auch offene und kontroverse Aufgaben gestellt werden können – aber auch in diesem Fall sollte es inhaltlich klar sein, von welcher Art die Antwort zu sein hat. Die Lehrperson muss (wie auch bei Fragen, ► Kap. 4.5.1) sich vorgängig eine Musterlösung erarbeiten!

Grundsätzlich haben Aufgaben eine dreiteilige (Tiefen-)Struktur, wobei nicht in allen Aufgaben alle drei Teile explizit realisiert sein müssen.

- *Das Informationsfeld:* Im Informationsfeld werden die Ausgangsbedingungen dargelegt, die man kennen muss, um eine Antwort oder eine Lösung zu finden.

Falls die Lehrperson sicher sein kann, dass diese Ausgangsbedingungen allen Schülerinnen und Schülern klar sind, dann kann dieser Teil auch weggelassen werden.

- *Das Fragefeld:* Das Fragefeld dient dazu, das Problem mitzuteilen, das die Schülerinnen und Schüler zu lösen haben, es enthält also die Aufgabenstellung im engeren Sinn.
- *Das Antwortfeld:* Hier haben die Schülerinnen und Schüler die Möglichkeit, ihre Antworten festzuhalten, sei das in Form von Stichworten, eines ausformulierten Textes, einer Skizze, einer Berechnung usw. Je nach Aufgabenformat sind gewisse Antwortmöglichkeiten von der Lehrperson bereits vorgegeben (*geschlossene Aufgaben*), oder aber das Antwortfeld ist leer und muss von den Schülerinnen und Schülern vollständig selber mit Inhalt gefüllt werden (*offene Aufgaben*).

Natürlich stellt sich zum Schluss die Frage, wann im Unterricht welches Aufgabenformat eingesetzt werden soll. Als Entscheidungsgrundlage kann man sich an den folgenden vier Fragen orientieren:

- Welches Lernziel soll durch eine Aufgabe erreicht werden?
- Auf welcher Taxonomiestufe befindet sich dieses Lernziel – und welches Aufgabenformat passt am besten zu der jeweiligen Stufe?
- Wird das verwendete Aufgabenformat auch in einer geplanten Prüfung (einem *summativen Assessment*, ► Kap. 6) eingesetzt, sodass das Lösen der Aufgabe für die Schülerinnen und Schüler auch eine (formative) Prüfungsvorbereitung ist?
- Werden verschiedene Aufgabenformate eingesetzt, um nicht einige Schülerinnen und Schüler zu benachteiligen bzw. um auch für Abwechslung im Unterrichtsgeschehen zu sorgen?

Aber auch das Beantworten dieser Fragen ändert nichts daran, dass es kein pfannenfertiges Rezept gibt, um in jedem Fall das einzig richtige Format identifizieren zu können. Auf die Vor- und Nachteile der einzelnen Aufgabenformate gehen wir im Zusammenhang mit der Gestaltung von Prüfungsaufgaben noch näher ein, siehe dazu das Kapitel 6.4.1 (► Kap. 6.4.1).

4.6 Unterrichtsmaterialien und Hilfsmittel

Einmal vorausgesetzt, dass Lerninhalte, Lernziele, Methode(n), Fragen bzw. Aufgaben und entsprechend der genaue Stundenverlauf festgelegt sind: Dann stellt sich schließlich noch die Frage, mit welchen *Unterrichtsmaterialien* und *Hilfsmitteln* die Schülerinnen und Schüler konkret zur aktiven Auseinandersetzung mit den Lerninhalten angeleitet werden. Unter *Unterrichtsmaterialien* verstehen wir dabei die materiellen oder elektronischen Medien, welche allen Schülerinnen und Schülern *individuell und jederzeit zur Verfügung* stehen. Das können sämtliche von der Lehrperson selber erstellte Materialien sein wie Arbeitsblätter, thematische Dossiers oder ganze Skripts. Oder es handelt sich um von der Lehrperson übernommene Materialien, etwa Lehrbücher, Aufgabensammlungen, Unterrichtsmaterialien aus dem Internet oder digitale Lernprogramme in Form von elaborierten E-Learning-Einheiten.

Demgegenüber sind *Hilfsmittel* Medien, die zumeist nur in einfacher Form vorhanden sind. Beispiele dafür sind die Wandtafel (sofern sie denn überhaupt noch existiert…), Plakate/Schautafeln, Landkarten, der Hellraumprojektor, Beamer oder andere moderne Projektionstechnologien, Modelle (im Naturwissenschaftsunterricht), webbasierte Lernplattformen usw.

Mischformen von Unterrichtsmaterialien und Hilfsmitteln sind etwa der Taschenrechner (meist im Privatbesitz, aber als solcher nicht didaktisch aufbereitet), der Klassensatz eines Lehrbuchs, das den Schülerinnen und Schülern nicht gehört, Computerarbeitsräume und Laptopwagen, die nach Bedarf für eine Lektion von einer ganzen Klasse benutzt werden können.

Eine Sonderstellung nehmen natürlich mobile Digitalgeräte (Smartphones, Laptops, Tablets) ein. Man kann heute davon ausgehen, dass so gut wie alle Schülerinnen und Schüler eines oder mehrere solcher Geräte besitzen und dass sie auch (fast) immer Zugang zu (fast) allen Internet-Angeboten haben. Als multimediataugliche Gadgets, die in der Hosentasche Platz haben, bieten etwa Smartphones so gesehen ein unerschöpflich großes Potenzial für Unterrichtszwecke. Sie können sehr niederschwellig zum Recherchieren, für Ton-Aufnahmen, als Messgeräte für Experimente, mit themenbezogenen Apps und zur Kommunikation eingesetzt werden (um nur ein paar wenige Beispiele zu nennen). Andererseits bergen sie natürlich auch ein sehr hohes Risiko der Ablenkung vom eigentlichen Lernprozess, wenn der Einsatz nicht klar festgelegt wird und der Unterhaltungs- bzw. der soziale Aspekt überhandnimmt (► Kap. 7 zur *Klassenführung*).

In den folgenden Kapiteln werden einige Hinweise zur Gestaltung von Unterrichtsmaterialien (vor allem von Arbeitsblättern) und zum Einsatz von Hilfsmitteln gegeben.

4.6.1 Die lerntheoretische Grundlage: Die *Cognitive-Load-Theorie*

Bei der *Cognitive-Load-Theorie* handelt es sich um ein Modell aus der Kognitionsforschung, bei dem das Arbeitsgedächtnis (► Kap. 2) im Fokus steht – also jene Funktion unseres kognitiven Apparates, die es uns ermöglicht, auf mehrere mentale Objekte gleichzeitig zu fokussieren und diese Objekte bestimmten Operationen zu unterziehen. Das Resultat dieser Operationen kann aus dem Arbeitsgedächtnis in das Langzeitgedächtnis transferiert und zu einem beliebigen späteren Zeitpunkt wieder abgerufen werden. Für das schulische Lernen ist es nun auf diesem Hintergrund wichtig, dass das Arbeitsgedächtnis – im Gegensatz zum Langzeitgedächtnis – eine sehr begrenzte Speicherkapazität aufweist, dass also Menschen nur wenige unverbundene mentale Objekte gleichzeitig im Arbeitsgedächtnis halten können.

Deshalb ist es ganz entscheidend, dass beim schulischen Lernen das Arbeitsgedächtnis nur mit relevanten Reizen und Informationen belastet und nicht durch überflüssige Inputs vom eigentlichen Lernen abgelenkt wird. Um dies noch genauer zu fassen, werden innerhalb des Modells drei verschiedene Typen von *Cognitive Load* unterschieden: Extraneous Load, Intrinsic Load und Germane Load. Die Funktion dieser drei Typen soll im Folgenden an einem einfachen Beispiel erläutert werden. Nehmen wir einmal an, die Schülerinnen und Schüler hätten die folgende mathematische Aufgabe zu lösen:

Ausgangssituation
Unten abgebildet ist die Skizze einer Laufbahnrunde. Dabei weist die Strecke a eine Länge von 200 Metern auf, während eine halbe Breite (r) 20 Meter misst. Bei den beiden Kurven handelt es sich um Halbkreise.

Aufgabe
Berechne die Gesamtlänge der Laufbahnrunde. Schreibe dabei alle Zwischenschritte auf, die du beim Lösen machst.

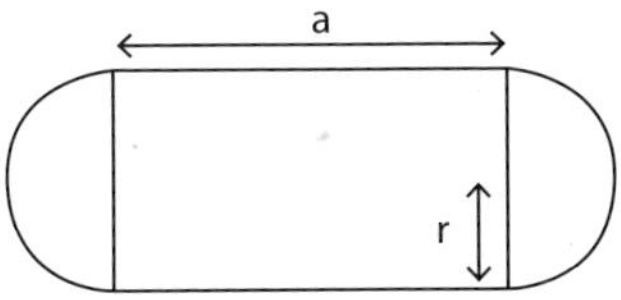

Lösung

Aus Sicht der *Cognitive-Load-Theorie* müssen die Schülerinnen und Schüler, um diese Aufgabe erfolgreich lösen zu können, ihr Arbeitsgedächtnis mit folgenden Elementen belasten:

1. Verstehen des Aufgabentextes und der Zeichnung
2. Laufbahn in Kreis und gerade Strecken zerlegen
3. Die Formel für den Kreisumfang erinnern
4. $2\pi r + 2a$ ausrechnen
5. Kreisumfang und Kreisfläche auseinanderhalten
6. Komplexe Aufgaben in Teilaufgaben zu zerlegen
7. Diagramme in Formeln zu übersetzen

Bei Punkt 1 handelt es sich um den *Extraneous Load*: Die Information kommt von außen in Form einer Aufgabenstellung; die Schülerinnen und Schüler müssen entsprechend den Text, die Zeichnung und das dabei formulierte mathematische Problem *verstehen*.

In den Schritten 2, 3 und 4 wird aus dem *Langzeitgedächtnis* das für die Problemlösung nötige *Vorwissen* aktiviert; die Problemlösung beinhaltet hier – neben dem Sich-Erinnern im eigentlichen Sinn – analytische Elemente (*zerlegen*) und anwendungsorientierte Operationen (*ausrechnen*). Diese Belastung des Arbeitsgedächtnisses wird als *Intrinsic Load* bezeichnet.

Schließlich bleiben noch die Elemente 5, 6 und 7. Einmal vorausgesetzt, dass die Schülerinnen und Schüler den analytischen und den Anwendungsteil bereits im Sinne von *prozeduralem Wissen* beherrschen, dann handelt es sich hier um den *Germane Load*: Die Schülerinnen und Schüler lernen etwas Neues, indem und während sie bereits bestehendes konzeptuelles und prozedurales Wissen einsetzen. Aus diesen Zusammenhängen lassen sich aus kognitionspsychologischer Sicht für die schulische Praxis die folgenden Handlungsmaximen ableiten:

- *Der Extraneous load soll minimiert werden.* Das heißt, die Unterrichtsmaterialien sollen sprachlich und graphisch so gestaltet sein, dass sie nicht vom eigentlichen Lernziel (vom *Germane Load*) ablenken.
- *Der Intrinsic Load soll so hoch wie nötig bzw. so niedrig wie möglich sein.* D. h., die Schülerinnen und Schüler sollen zum Lösen einer Aufgabe so angeleitet werden, dass sie genau jenes Vorwissen (re-)aktivieren, das zum Lösen der Aufgabe notwendig ist. Nicht mehr, aber auch nicht weniger.
- *Dagegen soll der Germane Load so hoch wie möglich sein.* Dank niedrigem *Extraneous Load* (den Schülerinnen und Schülern ist klar, was zu tun ist) und dank optimalem *Intrinsic Load* (die Schülerinnen und Schüler verfügen genau über das nötige Vorwissen) verfügt das Arbeitsgedächtnis über maximale Kapazitäten, um die Konstruktion von bedeutungshaltigem Wissen zu ermöglichen.

Worauf man als Lehrperson ganz allgemein achten soll, wenn man die Befunde aus der *Cognitive-Load-Theorie* ernst nimmt, lässt sich zunächst einmal in den folgenden Punkten zusammenfassen.

- Zu viel (visuelle und/oder auditive) Information wird präsentiert. Dadurch wird der *Extraneous Load* so hoch, dass die (meisten) Schülerinnen und Schüler keine Chance haben, den Input zu verarbeiten, geschweige denn Neues zu lernen und als Wissen im Langzeitgedächtnis abzulegen. Abhilfe kann schaffen, wenn man beispielsweise ein komplexes Schaubild nicht durch einen langen Text, sondern schrittweise über den auditiven Kanal erläutert; oder wenn man bei einem langen Lehrer-Vortrag die Instruktionsgeschwindigkeit anpasst und ihn in einzelne Teile mit Pausen gliedert.
- Das Material enthält zu viel »schmückendes« Beiwerk. Einfach darauf verzichten! Die an die Schülerinnen und Schüler abgegebenen Unterrichtsmaterialien sollen klar und übersichtlich gestaltet sein, inhaltlich sich aber immer auf das Wesentliche konzentrieren. Für PP-Folien heißt das zum Beispiel, dass man sie nicht überlädt und in jedem Fall mit Animationen sparsam umgeht. Auch die im Unterricht gestellten Fragen oder die den Schülerinnen und Schülern gestellten Aufgaben sollten möglichst einfach und klar formuliert sein (► Kap. 4.5).

4.6.2 Unterrichtsmaterialien: Die Gestaltung von Arbeitsblättern

Ein nach wie vor sehr häufig eingesetztes Unterrichtsmaterial ist das von der Lehrperson selbst erstellte Arbeitsblatt. Auf einem solchen Arbeitsblatt verdichten und materialisieren sich die inhaltlichen, lernzielspezifischen und methodischen Aspekte zu konkreten Lehrtexten, Abbildungen, Graphiken, Aufgabenstellungen usw. Da es sich hier aus Schülersicht um die eigentliche Schnittstelle zwischen dem Lernstoff und den von ihnen geforderten Aktivitäten handelt, ist diesem Schritt beim Vorbereiten besondere Aufmerksamkeit zu schenken.

Doch zunächst einmal zur Frage, wodurch sich ein Arbeitsblatt (oder eine Sammlung von Arbeitsblättern, ein Dossier) als solches überhaupt auszeichnet. Klar ist, dass die bloße Kopie etwa einer historischen Quelle, die Wiedergabe einer Kurzgeschichte, einer Tabelle oder einer physikalischen Versuchsanordnung noch kein Arbeitsblatt darstellen, vielmehr gilt:

> »Ein Arbeitsblatt ist ein didaktisch strukturierter, schriftlich, rechnerisch oder bildnerisch zu lösender Arbeitsauftrag. (…) Erst wenn auf diesem Blatt der Weg vorstrukturiert wird, auf dem sich die Schüler mit dem gestellten Thema auseinandersetzen sollen, kann von einem Arbeitsblatt gesprochen werden« (Meyer 1987, S. 307).

Entscheidend ist es also, dass ein Arbeitsblatt *didaktisch strukturiert* ist, das heißt, den Lernweg vorwegnimmt und anleitet. Dies geschieht mittels eines *Arbeitsauftrages* (womit natürlich auch *mehrere, aufeinander abgestimmte Aufgaben* gemeint sein können), die eben die aktive Auseinandersetzung der Schülerinnen und Schüler mit dem Lernstoff initiieren und steuern. Der Einsatz von Arbeitsblättern umfasst aus didaktischer Sicht drei Phasen:

- Einleitungsphase: Problembewusstsein schaffen
- Verarbeitungsphase: Aufarbeitung des neuen Lernstoffs
- Schlussphase: Auswertung, Vertiefung, Übung Hausaufgaben

In der *Einleitungsphase* stellt die Lehrperson das Arbeitsblatt in den Kontext des gesamten Unterrichtsverlaufes: Worauf nimmt es Bezug? Welche Themen werden behandelt? Welche Ziele sind damit verbunden? Dann folgt die *Verarbeitungsphase*, in der sich die Schülerinnen und Schüler individuell oder in Teams mit dem eigentlichen Auftrag beschäftigen. Wichtig ist hier, dass auch immer klar ist, in welcher Form das Ergebnis vorliegen soll. Denn nur so ist gewährleistet, dass in der *Schlussphase* eine konstruktive Auswertung erfolgen kann, um diese dann in weitere Aktivitäten münden zu lassen.

Auch wenn man unter Zeitdruck steht, soll man sich immer vor dem Einsatz eines Arbeitsblattes vergewissern, dass es sich qualitativ auf hohem Niveau befindet. Denn nicht zuletzt hängt davon der Lern- und der Unterrichtserfolg ab; ganz abgesehen von Problemen im Zusammenhang mit der Klassenführung (► Kap. 7), wenn Inhalte und/oder Aufgabenstellungen unklar sind und die Schülerinnen und Schüler nicht wissen, was zu tun ist.

Die folgende Checkliste kann einen darin unterstützen, die Qualität eines Arbeitsblattes vor dem Einsatz zu überprüfen bzw. in der Nachbereitung zu reflektieren.

1. Weist das Unterrichtsmaterial *klare Bezeichnungen* auf (wie Fach, Lehrperson, Datum/Einheit, Quellenangaben)? Solche Informationen unterstützen die Schülerinnen und Schüler darin, Ordnung in ihren Unterlagen zu schaffen, eine wichtige Voraussetzung für die Prüfungsvorbereitung und somit den Lernerfolg.
2. Weist das Material *eine graphisch ansprechende Gestaltung* auf? – Hier spielen die gute Lesbarkeit und die Übersichtlichkeit eine wichtige Rolle. Das Ziel muss es sein, den *Extraneous Load* (▸ Kap. 4.6.1) zu minimieren und so den Schülerinnen und Schülern zu ermöglichen, sofort mit der inhaltlichen Arbeit zu beginnen, ohne dass sie Zeit verlieren, sich überhaupt erst in den Unterlagen zurechtzufinden.
3. Werden *unterschiedliche Darstellungsweisen* genutzt, um die Schülerinnen und Schüler zu einer *aktiven Auseinandersetzung* mit dem Lernstoff anzuregen? – Hier empfiehlt es sich zum Beispiel, zwischen verschiedenen Symbolisierungsformen zu wechseln – etwa Gehörtes (in eigenen Worten) aufzuschreiben oder einen Fließtext in eine Tabelle umzuarbeiten usw.
4. Ist der Arbeitsauftrag in verschiedene, aufeinander aufbauende und aufeinander abgestimmte *Arbeitsschritte* gegliedert, welche die Schülerinnen und Schüler beim Lernprozess unterstützen?
5. Ist der Arbeitsauftrag für die Schülerinnen und Schüler klar formuliert und aufgrund ihres Vorwissens lösbar? – Bei diesem Punkt ist es unverzichtbar, dass die Lehrperson für sich selber eine Musterlösung formuliert. Daraus wird sofort ersichtlich, ob a) die Aufgabenstellung eine solche Antwort tatsächlich zulässt und b) ob die Aufgabenstellung ausreichend klar ist.
6. Werden durch die Aufgabenstellungen das selbstständige Aufgabenlösen einerseits gefordert und gleichzeitig auch gefördert?

4.6.3 Der Einsatz von Hilfsmitteln

Die Entscheidung, welche Hilfsmittel eingesetzt werden, hängt selbstverständlich auch davon ab, welche Infrastruktur in den Unterrichtsräumen zur Verfügung steht. Was auch immer die Institution bietet bzw. welche Präferenzen eine Lehrperson hat, gilt es einige Prinzipien zu beachten. Zunächst muss man sich der genuinen Funktionen von Hilfsmitteln bewusst sein. Hilfsmittel…

- zentrieren die Aufmerksamkeit der ganzen Lerngruppe auf einen Aspekt des Lernstoffes,
- dienen dazu, Gesprochenes zu visualisieren,
- unterstützen die Lehrperson dabei, Diskussionsergebnisse festzuhalten,
- ermöglichen es, den Schülerinnen und Schülern Anschauungsmaterial mittels verschiedener Medien darzubieten.

Die vielen technischen Möglichkeiten, die heute in der Regel an den Schulen zur Verfügung stehen, sollen nicht dazu verleiten, Hilfsmittel zum Selbstzweck einzusetzen. Eine Lektion wird nicht per se besser, wenn möglichst viele und möglichst unterschiedliche Medien eingesetzt werden. Die Leitfrage bei der Entscheidung, wann man als Lehrperson welches Hilfsmittel einsetzt, muss immer sein, auf welche Weise damit das verständnisvolle Lernen am besten gefördert wird. Das kann in gleichwertiger Weise mit der Wandtafel wie mit einem Hightech-Tablet geschehen – wichtig ist nur, *wie* die Lehrperson die Schülerinnen und Schüler mit Fragen und Aufgaben zum Erwerb von anspruchsvollen Inhalten führt.

Allgemein kann man, zumindest auf der Oberflächenstruktur des Unterrichts, anhand der folgenden kurzen Checkliste den Einsatz von Hilfsmittel optimieren:

1. Sind die Hilfsmittel vorbereitet und funktionstüchtig?
2. So viel wie nötig, so wenig wie möglich?
3. Ist die Übereinstimmung der verschiedenen Symbolisierungsformen (etwa von Gesprochenem und Geschriebenem) gewährleistet?
4. Dient der Einsatz dem Erreichen der Lernziele?
5. Ist die Choreographie des Einsatzes genau geplant?
6. Ist die didaktische Abstimmung von Hilfsmitteln, Arbeitsblättern und Unterrichtsgespräch gegeben?

Ganz entscheidend für den gelingenden Lehrerfolg – im Sinne der Lernwirksamkeit – sind mit Bestimmtheit die Punkte 5 und 6. Wenn die Lehrperson verschiedene Hilfsmittel einsetzt, dieser Einsatz aber nicht durch klare *Gelenkstellen* (▸ Kap. 7.3.2) für die Schülerinnen und Schüler nachvollziehbar choreographiert wird und dadurch die inhaltliche Kohärenz verloren geht, wird sich sehr schnell Verwirrung einstellen und das Lernen (zumindest für die meisten) erschweren bis verunmöglichen. Ganz ähnlich verhält es sich mit der didaktischen Abstimmung. Nur wenn den Schülerinnen und Schülern immer (oder zumindest meistens) ganz klar ist, was mit welchem Medium gezeigt wird und wie dies inhaltlich mit den ihnen vorliegenden Unterrichtsmaterialien zusammenhängt, können sie die zur Verfügung stehende Lernzeit nutzen und wird ihr Arbeitsgedächtnis nicht unnötig belastet.

4.7 Hausaufgaben

Das Thema Hausaufgaben ist, so kann man vermuten, überwiegend mit negativen Assoziationen besetzt. Von den Schülerinnen und Schülern werden sie wohl eher als lästig denn als sinnvolle Übungsgelegenheit erlebt, weil sie die ohnehin knapp bemessene Freizeit weiter einschränken. Die Eltern beobachten mit Sorgen und/oder Ärger das Erledigen von Hausaufgaben ihrer Kinder und sie werden – oft nolens volens – als Unterstützung miteinbezogen. Und auch bei den Lehrpersonen selbst gelten sie wohl eher als notwendiges Übel und bieten ein weites Feld für Ärger und Frustration – ganz abgesehen davon, dass die eigene Kontrollfunktion erhöht wird, was wiederum den Zwang zur Selbstdisziplin erhöht. Kein schönes Bild.

Das vorliegende Kapitel versucht, das Thema Hausaufgaben möglichst sachlich aufzuarbeiten, d. h. die Befunde aus der Unterrichtsforschung zur Lernwirksamkeit von Hausaufgaben darzustellen und daraus einige Handlungsempfehlungen für das Erteilen und Auswerten von Hausaufgaben abzuleiten.

Zunächst einmal: Was sind *Hausaufgaben* überhaupt? Nach einer Definition von Cooper (hier zitiert nach Hattie, 2009, S. 234) sind Hausaufgaben durch die folgenden Merkmale charakterisiert:

- Aufgaben durch Lehrperson erteilt, kontrolliert, besprochen
- Bearbeitung *außerhalb* der Unterrichtszeit
- Erledigung in Form von *selbstreguliertem Lernen* (keine Präsenz der Lehrperson)
- Gelegenheit, den Unterrichtsstoff *selbstständig* zu repetieren und zu vertiefen

Aus diesen Merkmalen wird deutlich: Erstens, der Lehrperson kommt eine entscheidende Rolle zu, nicht nur, weil sie Hausaufgaben erteilt, sondern auch, weil sie diese durch *Kontrolle und Besprechung* in das normale Unterrichtsgeschehen integrieren muss. Zweitens, man muss sich bewusst sein, dass es sich um eine Form von *selbstreguliertem Lernen* handelt – also um eine für viele Menschen und besonders für Jugendliche anspruchsvolle Situation, die auch, über den rein fachlichen Aspekt hinausgehend, ihre Persönlichkeit involviert. Und drittens sollen Hausaufgaben eine *Lerngelegenheit* sein, um den im Unterricht behandelten Schulstoff noch einmal zu verarbeiten. Auf alle diese Aspekte wird im Folgenden eingegangen.

4.7.1 Die Befunde aus der Unterrichtsforschung

Gemäß Hatties Befunden (Hattie, 2009) haben Hausaufgaben einen grundsätzlich positiven Effekt auf den Lernerfolg von Schülerinnen und Schülern – wenn auch nur einen leicht überdurchschnittlichen. Wenn man die Resultate etwas genauer unter die Lupe nimmt, dann ergibt sich das Bild, dass Hausaufgaben eher für ältere als für jüngere sowie eher für stärkere als für schwächere Schülerinnen und Schüler geeignet sind. Entscheidend ist aber in jedem Fall die *Qualität* der Hausaufgaben. Diese zu erfassen ist aber aus methodischen Gründen sehr schwierig: Wie soll man Daten zum Bearbeiten von Hausaufgaben durch die Schülerinnen und Schüler erheben und die einschlägigen Variablen kontrollieren, da es sich ja gerade um selbstreguliertes Arbeiten zu Hause handelt, dieses aber durch Interventionen gestört würde?

Die traditionelle Sicht auf die Qualität von Hausaufgaben bestand darin, dass man sagte: *Je mehr, desto besser* (Trautwein et al., 2003). Denn: Mehr Hausaufgaben bedeuten mehr Lernzeit, mehr Lernzeit bedeutet größeren Lernerfolg. Doch diese Sichtweise greift gemäß der Forschungsgruppe um Trautwein zu kurz: Grundsätzlich sei das Phänomen Hausaufgaben wenig erforscht und die Befunde seien nicht eindeutig. Außerdem werde in dieser Gleichung kein Unterschied gemacht zwischen dem »Vergeben von Hausaufgaben« und dem »Erledigen von Hausaufgaben«; denn entscheidend sei ja nicht die schiere Menge, sondern das möglichst sorgfältige Erledigen. Daher sei die Gleichsetzung von »großem Zeitaufwand« und »Sorgfalt« unzulässig. Ganz abgesehen davon, dass eben auch aus methodologischen Gründen die Messung des tatsächlichen Zeitaufwandes sehr schwierig ist. Daher haben

Trautwein et al. in ihrem Ansatz den Schwerpunkt auf den Begriff der *Selbstregulation* gelegt. Daraus haben sie zwei Fragen abgeleitet:

- Wie gehen die Schülerinnen und Schüler an die Erledigung der Hausaufgaben heran?
- Wie erleben sie (und ihr Umfeld) das Erledigen von Hausaufgaben?

Die *Selbstregulation* – also die Fähigkeit und auch die Bereitschaft, Hausaufgaben von sich aus in Angriff zu nehmen und zielorientiert zu bearbeiten – steht dabei aber nicht im luftleeren Raum, sondern ist eingebettet in ein Begriffsnetzwerk, das im folgenden Mehrebenen-Modell dargestellt ist (▶ Abb. 10) (HA steht im folgenden Modell für »Hausaufgaben« und SuS für »Schülerinnen und Schüler«).

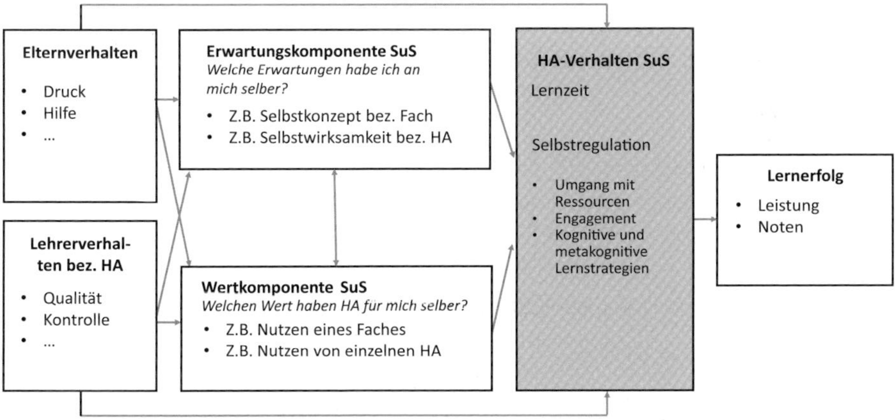

Abb. 10: Das Hausaufgaben-Modell von Trautwein et al. (leicht vereinfachte Darstellung)

Der Kern (die Selbstregulation) ist dabei abhängig von einer Erwartungskomponente und einer Wertkomponente der Schülerinnen und Schüler. Diese beiden Faktoren basieren ihrerseits auf dem Elternverhalten und natürlich auch auf dem Lehrerverhalten. Vereinfacht gesagt, könnte man folgende Aussage aus dem Modell ableiten:

> Der Lernerfolg im Zusammenhang mit Hausaufgaben hängt – neben vielem anderen – davon ab, mit welchem Engagement und welchen Strategien ein Schüler die Hausaufgaben in Angriff nimmt. Das Engagement wiederum steht in Zusammenhang damit, wie der Schüler selber seine Fähigkeiten in einem bestimmten Fach einschätzt und welchen Nutzen er im Erledigen der Hausaufgaben sieht. Diese beiden Faktoren können auf das Verhalten der Lehrperson zurückgeführt werden (also auf die Hausaufgabenqualität, auf die Hausaufgaben-Kontrolle und auf das im Unterricht vermittelte Klima).

Somit lassen sich die wichtigsten Befunden in den folgenden Punkten zusammenfassen:

- Erfolgreiche Selbstregulation beim Erledigen von Hausaufgaben korreliert nicht mit einem möglichst großen Zeitaufwand. Also nicht die Menge der Zeit, die die

Schülerinnen und Schüler für das Erledigen der Hausaufgaben aufwenden, ist entscheidend, sondern eher im Gegenteil: Zu langes Bearbeiten von Hausaufgaben bedeutet ja oft auch ein Nicht-Weiterkommen, Nicht-Verstehen und somit Frustration.

- Die von den Schülerinnen und Schülern wahrgenommene Qualität der Hausaufgaben korreliert positiv mit der Motivation, diese auch zu erledigen. Zur Qualität gehört auch, dass die Lehrperson die Hausaufgaben kontrolliert (Erledigung, inhaltliche Qualität). Diese Kontrollfunktion hat keine negativen Auswirkungen auf die Motivation der Schülerinnen und Schüler (Trautwein et. al, 2003).
- Den Eltern wird eher abgeraten, sich als Fremdregulierer in das Erledigen der Hausaufgaben einzumischen. Einerseits kann diese Intervention die sowieso schon latent empfundene Hilflosigkeit der Schülerinnen und Schüler noch erhöhen (»Alleine hätte ich das nie geschafft und werde es auch nie schaffen.«). Eine allfällige Zeitersparnis in Einzelfällen kann andererseits dazu führen, dass dafür der Zeitaufwand bei anderen Hausaufgaben oder umfangreicheren Klassenarbeiten noch weiter zunimmt, weil eine Schülerin oder ein Schüler nie gelernt und erlebt hat, eine Aufgabe aus eigener Kraft in guter Qualität zu erledigen.

4.7.2 Hinweise für die Praxis

Aus diesen Befunden lassen sich für Lehrpersonen einige Handlungsanweisungen für die Praxis ableiten.

- *Grundsätzlich sollen Hausaufgaben erteilt werden*. Sie bieten eine wichtige Lerngelegenheit, bei der die Schülerinnen und Schüler den behandelten Soff in einer Stillarbeitsphase noch einmal bearbeiten. Diese Stillarbeit ist eine wichtige Grundlage des akademischen Lernens überhaupt und somit auch eine wichtige Voraussetzung für die Studierfähigkeit.
- Hausaufgaben sollen nicht zwingend immer, aber *regelmäßig erteilt werden*. Als Faustregel gilt: *Lieber öfter wenig als (zu) viel auf einmal* (Lipowsky, 2007).
- Es ist im vorhergehenden Kapitel deutlich geworden, dass die *Qualität der Hausaufgaben der wichtigste Faktor für deren Lernwirksamkeit ist.* Zur Qualität gehören die folgenden Aspekte:
  - Hausaufgaben sollen den Schülerinnen und Schülern Gelegenheit zum Üben des im Unterricht behandelten Stoffes geben.
  - Dabei sollen die Hausaufgaben von einem Schwierigkeitsgrad sein, dass sie von den allermeisten Schülerinnen und Schülern erfolgreich bearbeitet werden können, dass sie also für die Mehrheit das Potenzial für ein Kompetenzerleben haben. Daher ist in der Regel von offenen, entdeckenden oder konzeptorientierten Aufgabenstellungen abzusehen.
  - Die Aufgaben müssen klar und verbindlich aufgegeben werden. Die Lehreraussage »Dann versucht doch mal noch zu Hause die Aufgabe 8–12 zu lösen«, während es schon zur Pause geklingelt hat, dürfte wenig Aussicht auf Erfolg haben.
  - Es ist wichtig, für das Erteilen von Hausaufgaben dieselben Kriterien zu beachten, die für das Stellen von Aufgaben ganz allgemein gelten: Sie müssen

innerhalb des regulären Unterrichts, möglichst in schriftlicher Form und verbindlich formuliert werden, also auch mit klaren Angaben, bis wann die Ergebnisse in welcher Form vorzuliegen haben.

- Ein weiteres Qualitätsmerkmal von Hausaufgaben besteht darin, dass der Unterricht an die Hausaufgaben anknüpft. Wenn die Lehrperson es unterlässt oder sogar vergisst, auf die erteilten Hausaufgaben einzugehen, dann werden die allermeisten Schülerinnen und Schüler nach kurzer Zeit aufhören, die Hausaufgaben in diesem Fach zu erledigen. Es ist ein wesentliches Element der Hausaufgabenqualität, dass die Lehrperson regelmäßig kontrolliert, ob sie gemacht und in welcher Qualität sie gemacht wurden. Dies kann natürlich auf verschiedene Weise geschehen.
  - Man kann bspw. am Anfang der Stunde durch die Reihen gehen und mit einem Blick überprüfen, von wie vielen die Hausaufgaben überhaupt erledigt wurden.
  - Oder aber man ruft stichprobenartig einzelne Schülerinnen und Schüler auf, um sich von ihnen mündlich ein Ergebnis (und/oder den Weg dorthin) berichten zu lassen.
  - Eine etwas aufwändigere, sowohl disziplinarische wie auch inhaltliche Aspekte umfassende Form der Qualitätsüberprüfung ist die schriftliche Hausaufgabenkontrolle. Die Schülerinnen und Schüler bekommen am Anfang der Stunde dieselben oder doch sehr ähnliche Aufgaben noch einmal vorgelegt und müssen diese unter einem gewissen Zeitdruck bearbeiten, wobei sie die eigenen Hausaufgaben-Unterlagen benützen dürfen. Im Anschluss daran zieht die Lehrperson die Ergebnisse ein und kontrolliert sie bis zur nächsten Stunde. Dies braucht zwar etwas mehr Zeit, gibt aber einen realistischen (und ungeschminkten) Einblick, ob und in welcher Qualität die Hausaufgaben in der ganzen Klasse und von einzelnen Schülerinnen und Schülern erledigt werden.
- Ein letzter Punkt betrifft die Beurteilung der Hausaufgaben-Qualität. Unter der Voraussetzung, dass Hausaufgaben ein Angebot an die Schülerinnen und Schüler sind, sich den Lernstoff noch besser anzueignen, also einen Schritt in einem Lernprozess zu machen, sollen Hausaufgaben nicht im Sinne eines summativen Assessments (zum Beispiel mit einer Note) beurteilt werden (▸ Kap. 6). Vielmehr können sie – im Sinne eines formativen Feedbacks – im besten Fall den Schülerinnen und Schülern aufzeigen, was sie bereits gelernt bzw. was sie eben noch nicht (ganz) verstanden und wo sie somit Repetitions- oder Klärungsbedarf haben. Umgekehrt gibt eine sorgfältig ausgewertete Hausaufgabenkontrolle der Lehrperson eine sehr fruchtbare Möglichkeit, die Hausaufgabendisziplin in der eigenen Klasse realistisch einzuschätzen und allenfalls bei den Schülerinnen und Schülern noch vorhandene Lücken und Fehlkonzepte aufzudecken und so den Unterricht entsprechend anzupassen (zum Formativen Assessment ▸ Kap. 5).

4.8 Zusammenfassung und Bezüge zur Unterrichtspraxis

- Die Wahl der Methode muss auf die Lernziele abgestimmt werden.
- Entscheidend ist in jedem Fall nicht die Wahl der Methode per se, sondern deren Anpassung und Modifikation auf die jeweils im Einzelfall vorliegenden Rahmenbedingungen.
- Sowohl bei der eher traditionellen Methode der *Direkten Instruktion* wie auch bei den eher als innovativ geltenden *Kooperativen Lernformen* ist es gleichermaßen wichtig, dass ihr Einsatz lernwirksam erfolgt.
  - Auch bei der *Direkten Instruktion* muss das relevante Vorwissen sichergestellt sein, und den Schülerinnen und Schülern ist zwingend ausreichend Raum zum Üben (also zur Eigenaktivität) zu geben.
  - Auch wenn eine Gruppenarbeit den Schülerinnen und Schülern größeren Freiraum und damit auch eine größere Selbstverantwortung einräumt: Die Rahmenbedingungen und auch die Aufgabenstellung muss von den Lehrpersonen bis ins Details durchdacht werden, damit während des Unterrichts nicht einfach ein Leerlauf entsteht.
- Besondere Aufmerksamkeit muss für das Formulieren von Fragen und Aufgaben aufgewendet werden. Nur wenn diese richtig gestellt werden, können sich die Schülerinnen und Schüler ohne Zeitverlust und frustrierte Ratlosigkeit mit dem eigentlichen Lernstoff auseinandersetzen.
- Entsprechend sind auch die Unterrichtsmaterialien einzusetzen: didaktisch in die gesamte Lernumgebung eingebettet, ansprechend gestaltet und mit klaren Aufgaben versehen.

5 Das individuelle Lernen unterstützen: Formatives Assessment

Sarah Hofer und Lennart Schalk

5.1 Einleitung

Schülerinnen und Schüler lernen nicht (oder nur sehr selten) genau das, was Lehrpersonen unterrichten. Der hauptsächliche Grund dafür ist der konstruktivistische Charakter von Lernprozessen (▸ Kap. 2 und ▸ Kap. 4.3.1). Wenn also Schülerinnen oder Schüler *etwas Neues* lernen, eine neue Kompetenz aufbauen, dann bestimmt ihr Vorwissen maßgeblich mit, wie sich dieser Prozess vollzieht. Anders ausgedrückt, *Lernen ist ein individueller Prozess*, bei dem neue an bestehende Wissenselemente angeknüpft oder bestehende Wissenselemente umstrukturiert werden. Das Problem dabei ist: Schülerinnen und Schüler unterscheiden sich zum Teil ganz erheblich in ihren Eigenschaften, Fähigkeiten und eben auch in ihrem Vorwissen.

Ausgehend von diesem Befund stellt dieses Kapitel eine grundlegende Idee vor, wie Lehrpersonen trotz der Unterschiede zwischen den Schülerinnen und Schülern das individuelle Lernen unterstützen können – das *Formative Assessment*. Der Einsatz von Techniken des Formativen Assessments trägt wesentlich dazu bei, das Angebot der Lehrperson so an das Vorwissen der Schülerinnen und Schüler anzupassen, dass ein Lernziel auch tatsächlich erreicht wird.

5.2 Anzahl der Schülerinnen und Schüler = Anzahl der Lernwege?

Bevor wir genauer erläutern, was unter dem Begriff des *Formativen Assessments* zu verstehen ist, gilt es jedoch etwas genauer herauszuarbeiten, was es überhaupt bedeutet, wenn von der Unterstützung individuellen Lernens gesprochen wird.

Eine grundsätzliche Anforderung, die heutzutage an Lehrpersonen gestellt wird, ist der Umgang mit Heterogenität. Schülerinnen und Schüler unterscheiden sich in vielerlei Hinsicht voneinander, und Lehrerinnen und Lehrer müssen damit angemessen und adaptiv umgehen können – sie sollen differenziert auf die Schülerinnen und Schüler eingehen, um so individuelle Unterstützung im Lernprozess bieten zu können. Auch wenn diese Anforderung in den letzten Jahren gehäuft in den Medien und der öffentlichen Diskussion über Schule auftaucht, so handelt es sich hier doch um ein zeitloses Thema (Helmke, 2014).

5.2.1 Formen von Heterogenität

Es gibt verschiedene Aspekte, in denen sich Schülerinnen und Schüler unterscheiden können. Helmke (2014) identifiziert vier Bereiche, um die sich die entsprechenden Diskussionen häufig ranken:

- Lernstile oder -typen
- Migrationshintergrund
- Entwicklungsstand
- Vorwissen

1. Lernstile und Lerntypen
In der Praxis findet sich häufig die Auffassung, Schülerinnen und Schüler ließen sich nach Lernstilen oder -typen unterteilen, bspw. in »Visualisierer« und »Verbalisierer«. Ein Übersichtsartikel konnte tatsächlich 71 verschiedene Lernstile und -typen in der Literatur identifizieren, nach denen sich angeblich Schülerinnen und Schüler klassifizieren lassen sollten (Coffield, Moseley, Hall & Ecclestone, 2004). Aber überzeugende empirische Evidenz dafür, dass diese Kategorisierungen irgendeinen praktischen Nutzen haben oder das Lernen von Schülerinnen und Schülern vorhersagen, *gibt es nicht* (Kirschner, 2017; Pashler, McDaniel, Rohrer & Bjork, 2009; Rogowsky, Calhoun & Tallal, 2015; ▸ Kap. 2).

Selbstverständlich ist es sinnvoll, beim Einsatz von Hilfsmitteln und Unterrichtsmaterialien (▸ Kap. 4.6) verschiedene Repräsentationsformen zu nutzen, die Unterrichtsmethoden zu variieren und den Schülerinnen und Schülern verschiedene Lernwege zu ermöglichen. Aber individuelles Lernen dadurch zu unterstützen, dass Lerntypen und -stile erhoben und berücksichtigt werden – also zu erfassen, mit welchen Methoden und welchen Repräsentationen Schülerinnen und Schüler »am liebsten« lernen und sie dann mit derartig gestalteten Materialien zu versorgen – zeigt sich in der empirischen Forschung schlicht als nicht lernwirksam! Man kann, ganz im Gegenteil, sogar sagen, selbst wenn es irgendwann einmal gelingen würde, eindeutige Lerntypen oder -stile oder auch nur einfache Präferenzen für bestimmte Lernsituationen zu identifizieren, dann sollte durch die Lehrperson gerade andersartiges Material bereitgestellt werden, damit die Kompetenzbildung nicht zu einseitig wird und Schülerinnen und Schüler ihr Wissen flexibilisieren.

2. Migrationshintergrund
Der Aspekt des Migrationshintergrunds ist für sich genommen auch nicht sehr aussagekräftig. Den Ergebnissen großer Vergleichsstudien wie PISA und IGLU zufolge erzielen Schülerinnen und Schüler mit Migrationshintergrund zwar schlechtere Leistungen als Schülerinnen und Schüler ohne Migrationshintergrund – aber ein

großer Teil dieses Leistungsrückstands kommt nicht durch den Migrationshintergrund an sich zustande, sondern durch den sozialen Hintergrund und durch niedrigere Sprachkompetenzen.

Der soziale Hintergrund, oder der Sozialstatus, ist eng mit Bildungserfolg gekoppelt – dies gilt für alle Schülerinnen und Schüler, ob mit oder ohne Migrationshintergrund (Battle & Lewis, 2005; Ramseier & Brühwiler, 2003; Sirin, 2005). Das Ausbildungsniveau der Eltern und deren Nähe zu Bildung haben einen Einfluss darauf, welche und wieviel Unterstützung und Anregung sie ihren Kindern bieten können (Bradley & Corwyn, 2002).

Bei Kindern mit Migrationshintergrund kommt oft eine weniger entwickelte Sprachkompetenz (z. B. beim Leseverständnis) hinzu. Gleichzeitig weisen Kinder mit tieferem Sozialstatus oft auch eine niedrigere Sprachkompetenz auf als Kinder mit höherem Sozialstatus (Micheel, Nieding, Ratermann & Stöbe-Bloßey, 2013).

Als Lehrperson kann man natürlich nichts am Migrationshintergrund oder am Sozialstatus der Schülerinnen und Schüler ändern. Aber man kann und sollte ihre Sprachkompetenz im Hinterkopf haben. Entsprechend ist es an den Lehrpersonen zu versuchen, jenen mit weniger entwickelten Sprachkompetenzen spezifische Unterstützung zu bieten, indem sie zusätzliche Ressourcen bereitstellen (etwa umfassendere Erklärungen oder auch einfach Wörterbücher). In Bewertungen und Beurteilungen sollte berücksichtigt werden, inwiefern die gestellten Aufgaben auch sprachliche Kompetenzen erfordern. So kommen bspw. bei Textaufgaben in der Mathematik oder bei Aufgabenstellungen in naturwissenschaftlichen Fächern häufig komplizierte Konzepte und eine exakte Fachsprache zusammen (Kempert, Schalk & Saalbach, 2019). Herauszufinden, ob es in solchen Fällen an mangelnden inhaltlichen oder aber an mangelnden Sprachkompetenzen liegt, wenn eine Aufgabe nicht angemessen bearbeitet wurde, ist eine diagnostische Herausforderung für Lehrpersonen (► Kap. 6, Validität).

3. Entwicklungsstand

In eine ähnliche Richtung geht die Argumentation, wenn bei der Differenzierung und Individualisierung im Klassenzimmer die Berücksichtigung des Entwicklungsstandes gefordert wird. Bestimmte motivationale, emotionale und kognitive Prozesse entwickeln sich noch bis ins junge Erwachsenenalter, und diese Entwicklung unterscheidet sich in ihrer Geschwindigkeit stark zwischen Schülerinnen und Schülern (► Kap. 2). Ganz offensichtlich wird dieser Sachverhalt, wenn man vor einer Klasse mit zwölfjährigen Schülerinnen und Schülern steht. Einige wirken noch wie Kinder, andere schon beinahe wie junge Erwachsene. Natürlich kann man als Lehrperson diese stark biologisch determinierte Entwicklung ebenfalls nicht direkt beeinflussen, aber man kann und sollte sie berücksichtigen. Beispielsweise brauchen jüngere Kinder eher klarere Strukturen, mehr Orientierung und explizitere Anleitungen bei der Bearbeitung von Lernaufgaben als ältere Kinder, da ihre metakognitiven Fähigkeiten als Teil der Selbstregulation noch weniger ausgebildet sind. Die Berücksichtigung des Entwicklungsstands erfordert eine langfristige Diagnostik durch die Lehrperson; sie muss die Schülerinnen und Schüler in einer Gruppe kennenlernen und entsprechend mehr oder weniger Unterstützung bieten.

4. Vorwissen
Unterschiede im Entwicklungsstand und im Sozialstatus manifestieren sich meist auch direkt im Wissen und Können oder anders ausgedrückt: in den Kompetenzen der Schülerinnen und Schüler. Die Kompetenzen oder ganz allgemein das Vorwissen, das die Schülerinnen und Schüler in eine Unterrichtssituation mitbringen, haben einen Einfluss darauf, was und wie gelernt wird (► Kap. 2 und Simonsmeier, Flaig, Deiglmayr, Schalk & Schneider, in Vorbereitung). Erfolgreiche Lehrpersonen orientieren den Unterricht an diesem Vorwissen, indem sie es gezielt aktivieren, damit den Erwerb von neuem oder die Umstrukturierung von bestehendem Wissen anregen und die dabei initiierten Lernprozesse überwachen.

Die gute Nachricht: Aus der Perspektive der Lehrperson lassen sich gerade solche Unterschiede zwischen Schülerinnen und Schülern am einfachsten diagnostizieren, und zwar dadurch, dass das Wissen und vor allem die Wissens*entwicklung* regelmäßig erhoben werden. Die dabei festgestellten Unterschiede können dann dafür verwendet werden, den Unterricht entsprechend anzupassen. Das konstante Erheben und Diagnostizieren der Wissensentwicklung sowie die daraus folgende Anpassung des Unterrichts sind zentral für das professionelle Handeln von Lehrpersonen. In der Literatur wird dieser Prozess als *lernförderliche Beurteilung*, *assessment for learning*, *formative evaluation* oder eben *Formatives Assessment* bezeichnet.

5.2.2 Wie mit Heterogenität umgehen?

Bevor wir in den nächsten Kapiteln genau darlegen, was *Formatives Assessment* ist, welche Aspekte es umfasst und welche Techniken es zur Erhebung der individuellen Wissensentwicklung gibt, kehren wir noch einmal zum Kernthema dieses Kapitels zurück: der Förderung des individuellen Lernens bei *Heterogenität* im Klassenzimmer. Schülerinnen und Schüler in einer Klasse haben ganz unterschiedliche familiäre, kulturelle und sozioökonomische Hintergründe, sie entwickeln sich nicht gleich schnell und sie bringen unterschiedliches Wissen und unterschiedliche Kompetenzen mit.

Diese Heterogenität kann für eine Lehrperson überwältigend wirken. *Muss man nun so viele verschiedene Lernwege berücksichtigen wie die Anzahl der Schülerinnen und Schüler, die man vor sich hat?* Pointiert gefragt: Erfordert Differenzierung und Individualisierung des Unterrichts, dass man als Lehrperson für 24 verschiedene Schülerinnen und Schüler 24 verschiedene Lernwege ermöglicht und entsprechend 24 verschiedene Materialien für jede einzelne Unterrichtseinheit erstellt?

Die Antwort ist ein klares *Nein!* Erfahrene Lehrpersonen wissen, dass es immer Gruppen von Schülerinnen und Schülern innerhalb einer Klasse gibt, die auf einem ähnlichen Stand sind. Neuere Forschungsergebnisse, in denen die Wissensentwicklung von Hunderten oder gar Tausenden von Schülerinnen und Schülern statistisch analysiert wurde, unterstützen diese praktische Erfahrung von Lehrpersonen. Betrachtet man bspw. die Wissensentwicklung in einem grundlegenden naturwissenschaftlichen Thema wie dem »Schwimmen und Sinken« von Körpern in der Primarschule, so findet man sicherlich weniger als zehn unterschiedliche Entwicklungspfade (Schneider & Hardy, 2013; Edelsbrunner, Schalk, Schumacher & Stern, 2018).

Ähnliche Erkenntnisse gibt es mittlerweile für eine ganze Reihe von Unterrichtsinhalten sowie verschiedene Altersgruppen. Diese Befunde lassen sich darauf zurückführen, dass Schülerinnen und Schüler eines Kulturkreises in ihrem Alltag sowie während ihrer bisherigen formalen und informellen Bildung letztlich doch ähnliche Erfahrungen machen, die die Entwicklung ihres Wissensnetzwerks mitbestimmen. Verschiedene Schülerinnen und Schüler verfügen entsprechend also bspw. über ähnliche Fehlkonzepte (▸ Kap. 2), sie machen ähnliche Fehler und verändern ihr Wissen auf ähnliche Weise (▸ Kap. 2, Konzeptwandel). Diese Erkenntnis vereinfacht die Differenzierung und Individualisierung im Klassenzimmer – aber der Umgang mit Heterogenität bleibt trotzdem die wohl größte Herausforderung für Lehrpersonen. Um mit dieser Herausforderung umgehen zu können und den Unterricht möglichst lernwirksam für alle Schülerinnen und Schüler zu gestalten, lohnt sich regelmäßiges *Formatives Assessment.*

5.3 Formatives Assessment

Um das individuelle Lernen zu fördern, muss man als Lehrperson die Heterogenität im Klassenzimmer erfassen, nur so kann der Unterricht differenziert und individualisiert werden. Ein zentraler und für Lehrpersonen relevanter Aspekt der Heterogenität ist die Unterschiedlichkeit im Vorwissen und in der Wissensentwicklung des jeweils unterrichteten Faches (▸ Kap. 5.2).

5.3.1 Was ist Formatives Assessment?

Lehrpersonen planen ihren Unterricht oft ausführlich und sehr genau, sie konsultieren fachdidaktische Literatur, nehmen selber didaktische Rekonstruktionen vor, entwickeln aufwändig und zeitintensiv Unterrichtsmaterialien. Trotz dieser umfassenden Vorbereitung kann es sein, dass Schülerinnen und Schüler nicht das aus dem Unterricht mitnehmen, was sie gemäß der Planung mitnehmen sollten. Entscheidend ist, dass man sich als Lehrperson dessen bewusst ist, damit man nicht über die Köpfe der Schülerinnen und Schüler hinweg oder gar völlig an ihnen vorbeidoziert und sie so im schlimmsten Fall »verliert«. Um dies zu verhindern, ist es notwendig, das Wissen der Schülerinnen und Schüler und dessen Entwicklung immer wieder zu diagnostizieren und den Unterricht entsprechend den dabei gewonnenen Erkenntnissen anzupassen.

Wenn der Lehrperson bekannt ist, was die Schülerinnen und Schüler bereits wissen bzw. wo noch Wissenslücken oder Fehlkonzepte vorliegen, kann sie ein Gerüst bauen (in der Fachliteratur als *scaffolding* bezeichnet). Sie weiß dann

- was man *abreißen* muss (z. B. Fehlvorstellungen, an die nicht sinnvoll neues Wissen angeknüpft werden kann),
- worauf man *aufbauen* kann (z. B. Alltagsvorstellungen, die weiterentwickelt oder umstrukturiert werden können) und
- wo es *zusätzliche Hilfsgerüste* braucht (z. B. Vereinfachungen des Stoffes oder ausführlichere Lernmaterialien, die komplementäre Erklärungen bieten).

Das Instrument dazu ist das *Formative Assessment* (für umfassende Überblicke siehe Black & Wiliam, 1998, 2009 und Wiliam, 2018). Dylan Wiliam (2018, S. 48) stellt eine breite Definition von *Formativem Assessment* zur Verfügung:

> »An assessment functions formatively to the extent that evidence about student achievement is elicited, interpreted, and used by teachers, learners, or their peers to make decisions about the next step in instruction that are likely to be better, or better founded, than the decision they would have made in the absence of that evidence.«

Aus diesem Zitat wird direkt deutlich,

- dass *Formatives Assessment* die Interaktion verschiedener Akteure umfasst,
- dass die aus dem Assessment gewonnenen Erkenntnisse als *Entscheidungshilfe für weiteres pädagogisch-didaktisches Vorgehen* verwendet werden (daher eben *formativ*!)
- und – dieser Aspekt ist der zentrale – dass der Begriff »formativ« eine Funktion des Assessments und nicht das Assessment an sich beschreibt.

Der letzte Punkt ist zentral, weil es eben darum geht, aufgrund der diagnostischen Erkenntnisse die Lernumgebung so zu gestalten und *anzupassen*, dass sie an den *tatsächlichen* Lernstand der Schülerinnen und Schüler möglichst gut anknüpfen kann. Dabei können folgende Fragen leitend sein: Muss der Stoff nochmals wiederholt werden? Sollte er nochmals aus einer anderen Perspektive betrachtet werden oder kann man im Unterricht weitergehen?

Nutzen Lehrpersonen ein Assessment entsprechend formativ, dann wirkt sich das lernförderlich aus (z. B. Andersson & Palm, 2017; Decristan, Klieme, Kunter, Hochweber, Büttner, Fauth, Hondrich, Rieser, Hertel & Hardy, 2015; zu einem größeren ETH-Forschungsprojekt im Bereich Physikunterricht zu diesem Thema siehe auch Lichtenberger, 2017). Gleichzeitig wirkt sich die regelmäßige Erhebung des Wissensstands auch positiv auf die Motivation der Schülerinnen und Schüler aus und hilft ihnen, ihren eigenen Lernfortschritt besser einzuschätzen sowie ihr Lernen und ihre Lernstrategien in der Folge anzupassen (z. B. Meusen-Beekman, Joosten-ten Brinke & Boshuizen, 2016). Sie schätzen Gelegenheiten, ihren Wissensstand zu überprüfen, ohne dass sie bereits eine für die Selektion zählende und möglicherweise ungenügende Noten bekommen.

Formatives Assessment sollte eine Routinetätigkeit im Klassenzimmer sein. Es sollte konstant überprüft werden, *ob* und *wie* die Schülerinnen und Schüler das instruktionale Angebot *tatsächlich* verarbeiten. Haben sie das in dieser Lektion zu erwerbende Wissen konstruiert oder nicht? Wenn der Unterricht nicht zum intendierten Wissensaufbau geführt hat und die Inhalte relevant für anschließende Inhalte sind (was in der Schule fast immer der Fall ist), dann müssen sie (in anderer Form) nochmals erarbeitet werden. Mit diesem Anspruch werden fünf grundlegende Aspekte verfolgt (Leahy, Lyon, Thompson & Wiliam, 2005), die gemeinsam die hohe Lernwirksamkeit des *Formativen Assessments* ausmachen:

1. Das Klarstellen, Verteilen und gemeinsame Verstehen von Lernzielen und diesbezüglicher Erfolgskriterien
2. Das Aufdecken von Evidenzen in Bezug auf das Lernen
3. Das Bereitstellen von Feedback, das das Lernen unterstützt
4. Die Aktivierung von Schülerinnen und Schülern als instruktionale Ressource füreinander
5. Die Aktivierung von Schülerinnen und Schülern als Überwacher ihres eigenen Lernprozesses

Gemäß *Aspekt 1* ist es hilfreich für den Unterricht und das Lernen, wenn Lehrpersonen und Schülerinnen und Schüler sich darüber im Klaren sind, worum es geht bzw. worauf der Unterricht hinauslaufen soll (▸ Kap. 3.3). Was von den Schülerinnen und Schülern erwartet wird, zeigt sich unmittelbar in den regelmäßigen Lernstandserhebungen auf dem Weg zum Lernziel.

Aspekt 2 verdeutlicht, dass es wichtig ist, Informationen darüber zu gewinnen, wie sich das Lernen tatsächlich vollzieht. Eine Lehrperson sollte sich dabei nicht nur von ihrer Unterrichtsvorbereitung leiten lassen, auch wenn sie diese selbst als optimal einschätzt.

Aspekt 3 hebt hervor, dass ausgehend von den mittels des *Formativen Assessments* gewonnenen Informationen spezifische und adaptive Rückmeldungen gegeben werden.

Aspekt 4 illustriert, dass *Formatives Assessment* nicht nur in der Interaktion zwischen der Lehrperson und Schülerinnen und Schülern relevant ist, sondern auch den Schülerinnen und Schülern untereinander ermöglicht, sich Rückmeldungen zu geben und sich zu unterstützen. Wurden bspw. die Erklärungen der Lehrperson nur von einigen Schülerinnen und Schülern in der Klasse verstanden, so kann es hilfreich sein, dass nicht die Lehrperson eine weitere Erklärung anbietet, sondern sie in die Klasse fragt, wer Erklärungen in eigenen Worten beisteuern möchte. Die Erklärungen von Schülerinnen und Schülern basieren auf ihren Wissensstrukturen und diese sind meist näher am aktuellen Wissensstand ihrer Kolleginnen und Kollegen als die der Lehrperson. Denn wenn jemand gerade verstanden hat, wie etwas funktioniert, dann erinnert man sich auch meist noch gut daran, wie es war, als man es noch nicht verstanden hat und welche Denkhürden im Weg standen. Lehrpersonen haben diese Hürden, vor denen sie einst vermutlich auch standen, oft längst vergessen.

Aspekt 5 unterstreicht schließlich, dass Lernen ein individueller Konstruktionsprozess ist (▸ Kap. 2) und dass Schülerinnen und Schüler lernen müssen, ihr eigenes Lernen verstehen und einschätzen zu können. Im Gegensatz zu den anderen Aspekten zielt dieser also nicht nur auf das fachliche Lernen, sondern ganz ausdrücklich auf eine überfachliche Kompetenz und deren Entwicklung – die Metakognition (▸ Kap. 4.4.4).

Zusammengefasst kann man also sagen: *Formatives Assessment* bietet Rückmeldungen sowohl für die Lehrperson als auch für die Schülerinnen und Schüler. Die Lehrperson kann ihren Unterricht besser an die Schülerinnen und Schüler anpassen und sie auf Kurs halten, letztere können ihren Lernstand besser einschätzen und ihre Lernstrategien kontinuierlich auf ihre Effektivität hin überprüfen. Dieser doppelte Feedbackzyklus macht *Formatives Assessment* so wichtig und – in der Forschung belegt – wirksam für die Förderung des individuellen Lernens.

5.3.2 Techniken des Formativen Assessments

Formatives Assessment ist keine einzelne Technik. Viele verschiedene Methoden bieten sich an, um Informationen über den Lernfortschritt zu sammeln und den Unterricht danach entsprechend anzupassen. Eine Lehrperson kann etwa gezielt vorbereitete, kurze Fragen an die Klasse stellen, um etwas über den aktuellen Lernstand zumindest von einzelnen Schülerinnen und Schülern zu erfahren (► Kap. 4.5.1, zum Thema Fragen stellen). Oder man kann auch sehr ausgefeilte und aufwändige Techniken wie das Erstellen einer Mindmap oder einer Merkmalsmatrix einsetzen.

Formatives Assessment sollte im gesamten Unterrichtsprozess genutzt werden. Es bietet sich zu Beginn eines Unterrichtsthemas an (als Diagnose des Vorwissens), zur Überwachung des Lernfortschritts während der Bearbeitung des Themas sowie am Ende einer Unterrichtseinheit (zur Überprüfung des Lernerfolgs insgesamt). Auch das Kontrollieren und/oder Besprechen der Hausaufgaben (► Kap. 4.7) in der Klasse können im Sinne des *Formativen Assessment* eingesetzt werden.

Im praktischen Teil dieses Kapitels stellen wir beispielhaft konkrete Techniken vor. Wir wollen hier jedoch betonen, dass die Nützlichkeit einer jeden Methode stark von der Unterrichtssituation abhängt. Je nach dem, wie der Unterricht geplant wurde, welche Unterrichtsmethode eingesetzt wurde, wie groß die Gruppe ist, wie relevant ein bestimmter Unterrichtsabschnitt ist, sollten unterschiedliche Techniken gewählt werden.

Unabhängig davon, welche Technik eingesetzt wird, ist jedoch ein ganz entscheidender Aspekt zu beachten: Das Ziel von *Formativem Assessment* ist, Lernen und Lernwege sichtbar zu machen. Dafür ist es essentiell, dass Fehler gemacht und geäußert werden dürfen. Die Lehrperson muss wissen, welche Vorstellungen die Schülerinnen und Schüler tatsächlich haben und wie sich diese Vorstellungen in der Klasse verteilen. Liegen Missverständnisse vor und auf welche Fehlvorstellungen lassen sich diese möglicherweise zurückführen? Wenn Schülerinnen und Schüler Angst haben, sich frei zu äußern, weil sie etwa befürchten, für einen möglichen Fehler bloßgestellt zu werden oder eine schlechte Bewertung zu kassieren, dann wird *Formatives Assessment* nicht funktionieren. Es braucht ein Klassenklima, bei dem in Lernsituationen Fehler, Spekulationen und Unsicherheiten der Schülerinnen und Schüler nicht nur toleriert werden, sondern sogar erwünscht sind.

Für eine Lehrperson, die *Formatives Assessment* ernst nimmt, bedeutet dies, dass sie zwingend eine klare Trennung zwischen Lern- und Leistungssituationen schaffen muss (► Kap. 6, *Summatives Assessment*). Es kann sich somit auch anbieten, auf

Techniken zurückzugreifen, die es erlauben, ein anonymes Bild über den Stand der Klasse zu bekommen.

Jede Aktivität, die der Lehrperson Informationen über den Wissensstand der Klasse in Bezug auf ein bestimmtes Lernziel liefert, kann ein *Formatives Assessment* sein – einzige Bedingung ist, dass die Informationen nicht nur gesammelt, sondern auch zur Anpassung des Unterrichts bzw. des Lernens auf Seiten der Schülerinnen und Schüler verwendet werden. Ein zentrales Kriterium aller Diagnosetechniken, die im Rahmen des *Formativen Assessments* zum Einsatz kommen, ist ihre Effizienz. Anders als das *Summative Assessment* (▶ Kap. 7), das in der Regel am Ende einer Unterrichtseinheit eine der Selektion dienende Leistungsbeurteilung liefert, muss das *Formative Assessment* keine repräsentative Messung aller behandelten Inhalte darstellen. Für die Lehrperson geht es also nicht darum, einen perfekten Leistungstest zu konstruieren, der eine vollständige, zuverlässige und genaue Messung der Kompetenzen der Schülerinnen und Schüler bietet. Vielmehr sollen häufig – und dafür weniger elaboriert – diejenigen Inhalte abgefragt werden, die gerade im Unterrichtsprozess zum Weiterkommen bedeutsam sind. Die zentrale Frage dabei lautet immer »Kann im Stoff weitergegangen werden oder muss nachgearbeitet werden?« und *nicht* »Wie kompetent ist die Schülerin bzw. der Schüler am Ende einer Lerneinheit?«.

Wir stellen im Folgenden eine Auswahl von diagnostischen Techniken vor, die im Rahmen des *Formativen Assessements* verwendet werden können. Weitere Vorschläge finden sich in großer Anzahl in der Literatur (z. B. Wiliam, 2018). Alle Techniken können modifiziert oder erweitert werden. Generell gilt: Ein breites Methodenrepertoire, das im Unterricht Abwechslung bietet, führt sehr wahrscheinlich auch bei den Schülerinnen und Schülern zu höherer Lernmotivation und Aktivierung. Die Technik muss dabei jedoch zum Lernziel passen. Lernzieltaxonomien wie die weiter oben (▶ Kap. 3.3.2) eingeführte pragmatische Unterrichtsplanungstaxonomie (PUT) können der Lehrperson dabei helfen, die Passung zwischen Lernzielen, Unterrichtsmethoden und diagnostischen Methoden sicherzustellen. Entsprechend beziehen wir uns bei der folgenden Darstellung der Wissensdiagnosetechniken auf die PUT und führen jeweils beispielhaft an, welche Lernziele mit welchen Techniken abgeprüft werden können.

Formatives Assessment-Technik 1: Fehlkonzept-Check

Diese Technik zielt auf die Erfassung von Fehlkonzepten oder auch von synthetischen Konzepten ab (▶ Kap. 2.4.5).

- Die Lehrperson wählt ein bekanntes Fehlkonzept oder ein synthetisches Konzept aus (evtl. auch mehrere, wenn das Lernziel komplexer ist). Die Auswahl kann dabei auf der Grundlage eigener Unterrichtserfahrungen oder einer Literaturrecherche geschehen. Nach der Auswahl wird ein kurzer Fragebogen erstellt, der gezielt nach diesen inadäquaten Konzepten fragt. Meist wird diese Technik als Multiple- oder Single-Choice-Test umgesetzt und nicht selten genügt eine einzige Frage.

- Der Fehlkonzept-Check kann ausgedruckt an die Klasse ausgeteilt, projiziert oder auch über digitale Tools (z. B. Klicker-Systeme oder Online-Systeme) verbreitet werden. Wichtig ist, dass die Erhebung anonym durchgeführt wird und kein Rückschluss darauf möglich ist, von wem welche Antwort stammt.
- Die Auswertung der Antworten kann direkt im Anschluss an die Erhebung erfolgen, indem die Lehrperson bspw. die anonymen Antworten einsammelt und wieder neu an die Schülerinnen und Schüler verteilt. Diese haben dann die Möglichkeit, die zufällig erhaltenen Antworten mit der Klasse zu teilen und zu besprechen. Hier wird die Tatsache genutzt, dass es immer leichter fällt, über Antworten zu diskutieren, die nicht die eigenen sind. Alternativ – und je nach den Möglichkeiten des gewählten Mediums – können die Antworten der Schülerinnen und Schüler auch graphisch dargestellt und gemeinsam diskutiert werden.
- Je nach den Ergebnissen der Erhebung kann die Lehrperson direkt in der Diskussion auf bestehende inadäquate Konzepte eingehen, die Schülerinnen und Schüler als Ressource füreinander aktivieren oder auch für den weiteren Unterrichtsverlauf zusätzliche Erklärungen und Aktivitäten einplanen.

Der Fehlkonzept-Check ist schnell und ökonomisch in allen Fächern anwendbar. Die Anonymität begünstigt ehrliche Antworten, während das Teilen der Antworten in der Klasse den Schülerinnen und Schülern aufzeigt, dass Fehlkonzepte und synthetische Modelle auch bei den Klassenkameraden bestehen.

Diese Technik ist sehr flexibel einsetzbar. Auch komplexere Lernziele können gegebenenfalls durch eine Erweiterung des Fragebogens abgeprüft werden. Hinsichtlich der kognitiven Prozessdimension lassen sich mit dem Fehlkonzept-Check Lernziele auf der Ebene des *Reproduzierens* bis zur Ebene des *Transferierens* abgreifen. Da hier explizit Konzepte (verschiedener Komplexität) erfasst werden sollen, eignet sich die Methode nicht für Lernziele, die auf prozedurales Wissen fokussieren.

Formatives Assessment-Technik 2: Unklarster Punkt (Muddiest Point)

Das Ziel dieser Diagnosemethode ist es zu erfassen, was nicht verstanden wurde und worauf in der nächsten Stunde nochmals eingegangen werden sollte. Dadurch werden die Schülerinnen und Schüler angeregt, das eigene Lernen konkret und kritisch zu hinterfragen, was selten spontan geschieht: In der Regel blenden Schülerinnen und Schüler nicht Verstandenes eher aus, als dass sie sich gezielt noch einmal damit auseinandersetzen.

- Am Ende eines Themas, einer Einheit oder einer Lektion stellt die Lehrperson den Schülerinnen und Schülern eine einfache Aufgabe: *Schreibt in 1–2 Sätzen auf, was für euch in der vergangenen Stunde am unklarsten oder am schwierigsten zu verstehen war.*
- Die Lehrperson zieht die (anonymen!) Rückmeldungen ein und erhält somit einen guten Überblick über die Probleme der Schülerinnen und Schüler. Sie

erkennt, ob das Unterrichtsniveau zu hoch oder angemessen war. Die Lehrperson analysiert die Antworten als Vorbereitung auf die nächste Unterrichtsstunde und legt fest, ob etwas wiederholt werden sollte und falls dies notwendig ist, wie es geschehen soll. So kann das Verständnis der zentralen und wichtigsten Lerninhalte sichergestellt werden.
- In einer sehr effektiven Variante sammelt die Lehrperson die (anonymen) Antworten ein und verteilt diese aber sogleich wieder in der Klasse, wobei alle einen Zettel von jemand anderem bekommen. Einzelne Schülerinnen oder Schüler haben dann die Aufgabe, den vorliegenden unklarsten Punkt vorzulesen und, falls möglich, zu klären oder den Aspekt in der Klasse zu diskutieren.

Die Technik ist schnell, einfach und braucht wenig Vorbereitung. Der *Unklarste Punkt* kann für Lernziele mit beliebiger Komplexität in allen Fächern verwendet werden. Die Methode eignet sich für Lernziele auf den Ebenen des *Reproduzierens* und des *Transferierens*, die insbesondere konzeptuelles Wissen abgreifen.

Formatives Assessment-Technik 3: Paraphrasieren

Beim Paraphrasieren wird überprüft, wie tief das Verständnis der Schülerinnen und Schüler in Bezug auf einen bestimmten Inhalt ist. Diese Methode erfordert von den Schülerinnen und Schülern, wichtige Informationen oder Konzepte zusammenzufassen und in eigenen Worten wiederzugeben.

- Den Schülerinnen und Schülern wird entsprechend die Aufgabe gestellt, einen behandelten Inhalt in eigenen Worten einem bestimmten Zielpublikum zu erklären. Als Zielpublikum kann bspw. der eigene Großvater, eine Politikerin oder eine Klassenkameradin vorgegeben werden. Die Anpassung an ein bestimmtes Zielpublikum erfordert von den Schülerinnen und Schülern einen weiteren Schritt weg von der bloßen Wiedergabe der Information aus dem Lehrbuch oder dem Schulheft; es müssen für die Erklärung der Inhalte neue, für das jeweilige Zielpublikum angemessene Begriffe und Formulierungen verwendet werden.
- Die Texte der Schülerinnen und Schüler können in der Klasse geteilt und diskutiert werden oder von der Lehrperson eingesammelt und ausgewertet werden.
- Bei der Auswertung sollte die Lehrperson neben inhaltlicher Richtigkeit auch berücksichtigen, inwiefern der Text tatsächlich in eigenen Worten formuliert wurde. Wenn nicht oder nur teilweise paraphrasiert, also eher auswendig gelernt oder abgeschrieben wurde, kann dies als Hinweis angesehen werden, dass der Inhalt noch nicht ausreichend verstanden ist und deshalb noch einmal thematisiert werden sollte.

Diese Methode ist realitätsnah, da im Alltag häufig Wissen paraphrasiert werden muss, und sie fördert zudem die Fähigkeit zur Anwendung des neu erworbenen Wissens. Beim Paraphrasieren wird deutlich, dass auch die Diagnosemethoden selbst wertvolle Lerngelegenheiten sein können. Viele der Techniken können dementsprechend nicht nur als Lernstandserhebung, sondern auch als Lernanlass genutzt werden.

Das Paraphrasieren kann an beliebig komplexe Lernziele angepasst werden. Die Technik zielt allerdings speziell auf Lernziele ab, bei denen Inhalte transferiert werden müssen. Auch diese Technik eignet sich nicht für das Testen von prozeduralem Wissen.

Formatives Assessment-Technik 4: Grobe Analogien

Mit dieser Technik soll das Verständnis von Beziehungen zwischen Konzepten erfasst werden. Allgemein ausgedrückt: A verhält sich zu B wie C zu D (▸ Kap. 2). Ein Beispiel: Formatives Assessment verhält sich in Bezug auf das Erreichen von Lernzielen wie ein Pilot, der seinen Kurs wegen eines Unwetters anpassen muss, um sicher am Ziel zu landen.

Die Technik funktioniert im Einzelnen folgendermaßen:

- Ein im Kontext eines Lernziels zentraler Zusammenhang zwischen Konzepten wird ausgewählt. Für diesen Zusammenhang sollen von den Schülerinnen und Schülern mögliche Analogien gefunden werden. Ein Hinweis im Sinne von »*Konzept A verhält sich zu Konzept B wie … zu …*« ist dabei hilfreich. Wichtig ist, dass die Schülerinnen und Schüler verstehen, was eine Analogie ist und wie sie bei dieser Aufgabe vorgehen sollen.
- Die Lösungen der Schülerinnen und Schüler können eingesammelt und ausgewertet werden. Hierbei ist eine grobe Kategorisierung (z. B. »gut«, »fragwürdig«, »ungeeignet«) zu empfehlen. Es bietet sich an, einige Analogien anonym in der Klasse zu diskutieren: Warum ist eine Analogie gut? Warum ist eine andere ungeeignet?

Auch die Methode der groben Analogien ist nicht nur Diagnosetechnik, sondern auch eine gute Methode zur Unterstützung des Lernens. Die Schülerinnen und Schüler werden angeregt, ihr Wissensnetzwerk zu stärken und zu erweitern, indem sie bestehendes Wissen mit neuen Inhalten verknüpfen.

Grobe Analogien eignen sich speziell für komplexere Lernziele mit mehr als einem Wissenselement (▸ Kap. 3.3.2), da Zusammenhänge zwischen Konzepten betrachtet werden. Die Technik erfordert von den Schülerinnen und Schülern, dass Wissen transferiert wird. Prozedurales Wissen kann auch mit dieser Technik nicht erfasst werden.

Formatives Assessment-Technik 5: Testfragenentwurf

Bei dieser Methode werden die Schülerinnen und Schüler aufgefordert, Aufgaben zum behandelten Thema zu generieren.

- Konkret haben sie die Aufgabe, zu einem Thema jeweils ein bis zwei ihrer Ansicht nach gute Testfragen mit Musterlösungen zu entwerfen und anonym abzugeben.

- Die Lehrperson sammelt die Aufgaben ein und gibt den Schülerinnen und Schülern Feedback zur Passung der Testfragen auf die Lernziele.
- Da sie die Testfragen zu den Inhalten entwerfen, die aus ihrer Sicht besonders wichtig sind, kann die Lehrperson aus den Fragen schließen, ob verstanden wurde, welche Inhalte in einem bestimmten Themenbereich besonders relevant sind. Zudem erfährt sie, welche Aufgaben die Schülerinnen und Schüler als fair und nützlich empfinden.
- Aus der Komplexität und dem kognitiven Prozessniveau der Aufgaben sowie aus den Musterlösungen bzw. den Antworten der Schülerinnen und Schüler kann abgeleitet werden, wie gut sie die Inhalte verstanden haben. Werden bspw. vielfach einfache Reproduktions-Aufgaben abgegeben, sollte die Lehrperson nachfragen, ob das möglicherweise an Verständnisproblemen lag, die das Entwickeln von Fragen auf höheren kognitiven Prozessebenen verhindert haben.

Mit dieser Methode kann das Erreichen aller möglichen Lernzielstufen überprüft werden.

Formatives Assessment-Technik 6: Merkmalsmatrix

Die Merkmalsmatrix soll die Fähigkeit der Schülerinnen und Schüler erfassen, die wesentlichen Eigenschaften neu erworbener Konzepte zu analysieren und diese von anderen, ähnlichen Konzepten abzugrenzen.

- Die Lehrperson wählt hierfür mindestens zwei ähnliche Konzepte sowie eine gemischte Liste von geteilten und nicht-geteilten Eigenschaften dieser Konzepte aus.
- Die Schülerinnen und Schüler sollen nun in einer von der Lehrperson vorgegebenen Matrix die Eigenschaften den Konzepten zuordnen.
- Diese Technik ist schnell und ökonomisch durchführ- bzw. auswertbar. Nebenbei fördert sie die Analysefähigkeit und vermittelt eine einfache Methode, Informationen zu sortieren.

Die Merkmalsmatrix ist speziell für komplexere Lernziele geeignet, die sich auf deklaratives Wissen beziehen, also solche, die bspw. die Koordination mehrerer Konzepte umfassen. Sie hilft zu diagnostizieren, ob Schülerinnen und Schüler das Wissen *reproduzieren* (oder auch *transferieren*) können.

Formatives Assessment-Technik 7: Wortjournal

Das Wortjournal erfasst die Fähigkeit, Informationen zu verdichten und neu zu reflektieren.

- Die Lehrperson sucht hierzu einen Text (aus einem Lehrbuch, auf einer Homepage o. Ä.), der einen zentralen behandelten Inhalt thematisiert.
- Die Schülerinnen und Schüler sollen diesen Text in einem einzelnen Wort zusammenfassen und schriftlich begründen, weswegen gerade dieses Wort gewählt wurde.

- Die entstandenen Texte werden eingezogen und ausgewertet. Insbesondere aus den Begründungen der Schülerinnen und Schüler für ihr gewähltes Wort kann die Lehrperson ableiten, ob die fachlich wesentlichen Aspekte aus dem Textinhalt verstanden wurden.
- Diese Methode fördert eine tiefe Verarbeitung von Texten. Zunächst wird ein persönlicher Bezug zwischen Textinhalt und den Schülerinnen und Schülern hergestellt, indem sie ihr »eigenes« Wort wählen. Anschließend wird durch die Produktion eines Textes aus anderer Perspektive das Wissensnetzwerk ausgebaut und verstärkt.

Das Wortjournal eignet sich für beliebig komplexe Lernziele. Die Schülerinnen und Schüler setzen sich mit deklarativem, konzeptuellem Wissen auseinander und müssen dieses in neuer Form *produzieren*.

Formatives Assessment-Technik 8: Concept Map

Eine *Concept Map* prüft, ob die Schülerinnen und Schüler in der Lage sind, ein ganzes Begriffsnetzwerk in einen sinnvollen Zusammenhang zu bringen. Die Zusammenhänge können beliebiger Art sein – wie etwa »gehört zu«, »größer als« oder »folgt aus«. Ein (allerdings sehr komplexes) Beispiel dafür wäre eine *Concept Map*, in der die wichtigsten Begriffe der deutschen Grammatik in ihren Beziehungen zueinander dargestellt werden.

- Die Lehrperson erstellt hierzu eine umfangreiche *Concept Map* zu einem behandelten Thema oder auch Themenbereich. (Hinweis: Der Name *Concept Map* impliziert hier nicht, dass nur ein einzelnes Konzept dargestellt wird).
- Auch die Schülerinnen und Schüler erstellen eine *Concept Map* zu demselben Thema. Dies kann a) frei und ohne jede Vorgabe erfolgen, b) nach Vorgabe von Inhalten, die dann in einer Map angeordnet werden müssen, oder c) nach Vorgabe einer leeren Map, in der nur die Beziehungen vorgegeben sind, die aber mit Inhalten gefüllt werden soll.
- Die Auswertung erfolgt so, dass die *Concept Maps* von der Lehrperson mit jenen der Schülerinnen und Schüler verglichen werden. Hierbei sollten die *Concept Maps* der Schülerinnen und Schüler hinsichtlich der Nähe der verwendeten Begriffe sowie der Art der Beziehungen zwischen den Inhalten und Begriffen (z. B. Kausalität, Schnitt-/Teilmenge) analysiert werden.
- Anhand der *Concept Maps* können Fehlkonzepte oder synthetische Modelle aufgedeckt und große Wissenszusammenhänge nachvollzogen werden.

Concept Maps eignen sich für das Erfassen beliebig komplexer, deklarativer Wissensinhalte und erfordern von den Schülerinnen und Schülern je nach Ausgestaltung der Aufgabe, Wissen zu *reproduzieren*, zu *transferieren* und/oder zu *produzieren*.

Formatives Assessment-Technik 9: Pro- und Kontra-Raster

Mit der Technik des *Pro- und Kontra-Rasters* kann die Breite und Tiefe des Wissens erfasst werden, welches erforderlich ist, um komplexe Themen zu beurteilen.

- Die Lehrperson wählt hierzu ein geeignetes (z. B. stark kontroverses) Thema mit Unterrichtsbezug aus.
- Zu diesem Thema wird nun eine spezifische Frage formuliert, die die Schülerinnen und Schüler durch das Auflisten von Pro- und Kontra-Argumenten bearbeiten sollen.
- Entweder im Klassenverbund oder durch die Lehrperson erfolgt nun ein Vergleich der Pros und Kontras mit den von der Lehrperson angedachten oder im Unterricht behandelten Argumenten (z. B. Welche Aspekte wurden nicht genannt? Wie ausbalanciert sind die beiden Seiten?).
- Die Auswertung ermöglicht eine rasche Überprüfung der Fähigkeit, ein komplexes Thema aus mehreren Perspektiven zu beleuchten und zeigt der Lehrperson damit, wie tief die Schülerinnen und Schüler das entsprechende Wissen bereits verarbeitet haben.

Diese Diagnosemethode greift beliebig komplexe, deklarative Lernziele ab. Je nach Lernziel und Unterrichtsmethode erfordert das Pro- und Kontra-Raster, Wissen zu *reproduzieren*, zu *transferieren* und/oder zu *produzieren*.

5.3.3 Technische Hilfsmittel zur Unterstützung des individuellen Lernens

Mittlerweile existiert eine recht große Auswahl an frei verfügbaren digitalen Tools, die der Lehrperson bei der Unterstützung des individuellen Lernens auf verschiedene Art behilflich sein können. Solche Tools erlauben nicht nur Formen der Zusammenarbeit, Gestaltungsmöglichkeiten sowie Arten der Datenaufbereitung und Veranschaulichung, die über das ansonsten Mögliche hinausgehen. Sie stellen auch eine motivierende Abwechslung im Unterrichtsfluss dar (siehe auch Webb et al., 2018).

Kognitive Tutoren-Software-Programme, wie sie führend an der Carnegie Mellon University insbesondere im Bereich Algebra entwickelt werden (https://www.carnegielearning.com/products/software-platform/mathia-learning-software/), gehen durch die Aufgabenauswahl adaptiv auf den Lernstand der einzelnen Schülerinnen und Schüler ein und bieten entsprechende Hilfestellungen und Feedback an.

Die Entwicklung von Lern-Apps boomt, viele können auch als *Formatives Assessment*-Methode adaptiert und eingesetzt werden (eine umfassende Sammlung findet sich bspw. auf https://learningapps.org/).

Bei den oben vorgestellten Techniken (▶ Kap. 5.3.2) eignet sich nur eine zur Erfassung von Lernzielen, die auf die Entwicklung von prozeduralem Wissen abzielen, nämlich die Technik des Testfragenentwurfs – natürlich abgesehen von der Möglichkeit, der Klasse einfach eine Frage zu stellen, die ein prozedurales Lernziel abprüft. Für das *Formative Assessment* von prozeduralem Wissen bieten sich computerbasierte Lernmaterialien und Lern-Apps an. Diese liefern einer Lehrperson häufig nicht nur Informationen darüber, ob eine Aufgabe richtig oder falsch beantwortet wurde, sondern auch darüber, wie viel Zeit zur Beantwortung nötig war.

Neben den sehr komplexen und umfassenden kognitiven Tutorensystemen gibt es eine Vielzahl von Tools, die sich speziell auf die Diagnose-Komponente des Unterrichtens beziehen und somit geeignet sind, *Formatives Assessment* zu unterstützen. Verschiedene Lernplattformen erlauben es Lehrpersonen, kleine Assessments zu erstellen (bestehend aus Multiple-Choice Fragen oder Anordnungsaufgaben) oder auch Assessments aus einer großen Vielfalt an zum Teil spielerischen Lernstandserhebungen auszuwählen. Diese werden dann von den Schülerinnen und Schülern auf eigenen Geräten (im Klassenzimmer oder auch als Hausaufgabe) bearbeitet. Der Prozess und das Ergebnis werden über einen gemeinsamen Bildschirm geteilt, sie geben also ein unmittelbares Feedback, das im Sinne des *Formativen Assessments* genutzt werden kann.

Ebenso existieren verschiedene Klicker-Systeme, über die die Schülerinnen und Schüler auf ihren eigenen Geräten von der Lehrperson gestaltete Fragen durch das Auswählen von Optionen bearbeiten. Die Ergebnisse werden anschließend über einen gemeinsamen Bildschirm graphisch aufbereitet und geteilt. Auch Lern- und Arbeitsplattformen wie »Moodle« oder »LearningView« bieten Anwendungen an (z. B. Umfragen, Foren, Lerntagebuch), die die Diagnose des Wissensstands der Schülerinnen und Schüler erleichtern können.

Doch die Verwendung all dieser Tools, seien sie noch so ansprechend gestaltet, führt nicht automatisch zu einem guten und für die Lernziele angemessenen *Formativen Assessment*. Es ist und bleibt die Lehrperson, die je nach ihrem unterrichtlichen Planen und Handeln die richtigen Fragen stellen, die Antworten interpretieren und die Konsequenzen für die Unterstützung individuellen Lernens ableiten muss.

5.4 Zusammenfassung und Bezüge zur Unterrichtspraxis

- Lernen ist ein individueller Prozess abhängig vom Vorwissen bzw. dem aktuellen Wissensstand der Schülerinnen und Schüler.
- Es obliegt der Lehrperson durch aufmerksames Beobachten zu diagnostizieren, inwieweit individuelle Unterschiede im Lernen auf andere Faktoren wie mangelnde Sprachkompetenz oder den speziellen Entwicklungsstand einer Schülerin oder eines Schülers zurückzuführen sind, und diese Erkenntnisse entsprechend in der Unterrichtsgestaltung zu berücksichtigen.
- Um individuelles Lernen optimal unterstützen zu können, ist eine regelmäßige Erhebung des (Vor-)Wissensstands der Schülerinnen und Schüler sowie eine gegebenenfalls daraus folgende Adaptation des Unterrichts notwendig. Dieses Vorgehen wird als *Formatives Assessment* bezeichnet.

- Hierbei ist es wichtig zu betonen, dass individuelles Lernen nicht für jede Schülerin und jeden Schüler anders abläuft; diese haben oft die gleichen oder zumindest ähnliche Fehlkonzepte, sie machen ähnliche Fehler und verändern ihr Wissen auf ähnliche Weise.
- *Formatives Assessment* hilft nicht nur der Lehrperson, ihren Unterricht besser an die Schülerinnen und Schüler anzupassen; es ermöglicht auch ihnen selbst, ihren Lernstand besser einschätzen und ihre Lernstrategien kontinuierlich auf ihre Effektivität hin überprüfen zu können.
- *Formatives Assessment* kann auf vielfältige Art und Weise mit unterschiedlichen Techniken umgesetzt werden. Es ist jedoch unumgänglich, dass die Lehrperson eine Atmosphäre im Klassenzimmer schafft, in der das Offenlegen und Diskutieren von Fehlern und Unklarheiten von allen Beteiligten als essentieller Schritt auf dem Weg zur Wissensentwicklung angesehen wird.

6 Lernleistung bewerten: Summatives Assessment

Peter Edelsbrunner, Sarah Hofer und Lennart Schalk

6.1 Einleitung

Neben der Förderung des Lernens individueller Schülerinnen und Schüler (▶ Kap. 5) müssen Lehrpersonen auch die Lernleistung bewerten. Typischerweise bedeutet dies, eine in einer Prüfung gezeigte Leistung zu benoten. Dabei findet eine Bewertung meist am Ende einer (oder mehrerer) thematisch zusammenhängender Unterrichtseinheit(en) statt. Aus diesem Grund wird die Bewertung einer Lernleistung auch als *Summatives Assessment* (also: zusammenzählende oder zusammenfassende Bewertung) bezeichnet.

Die Bewertung anhand von Schulnoten ist ein kontrovers diskutiertes Thema. Auf gesellschaftspolitisch relevante Diskussionen wie Sinnhaftigkeit von Schulnoten ganz allgemein gehen wir in diesem Kapitel nicht ein. Für umfangreichere Übersichten und Diskussionen zu *Summativem Assessment* und Benotung verweisen wir auf Sacher (2014) und Brookhart et al. (2016).

Wir gehen im vorliegenden Buch von der Tatsache aus, dass die Bewertung von Schülerinnen und Schülern derzeit von Gesellschaft und Politik gefordert wird und somit konstitutiver Teil des schulischen Alltags ist. Wir möchten mit diesem Kapitel Lehrpersonen darauf vorbereiten, ihre Summativen Assessments möglichst zielführend, aussagekräftig und gerecht zu *gestalten*, *einzusetzen* und *durchzuführen*.

Lehrpersonen sollen bei ihren Bewertungen die Fähigkeiten der Schülerinnen und Schüler *nachvollziehbar* einschätzen. Wir werden uns in den folgenden Kapiteln dieser Herausforderung aus Sicht der Psychometrie nähern. Diese Disziplin beschäftigt sich mit der Frage, wie menschliche Fähigkeiten und Eigenschaften gemessen werden können. Ihrem Namen entsprechend wurde die Psychometrie in der Psychologie entwickelt, sie kommt jedoch auch im Bereich der schulischen Leistungsbeurteilung seit vielen Jahrzehnten zum Einsatz. Sie bietet einen konzeptuellen Rahmen für die Erhebung von Lernleistungen.

Eine Lernleistung, also eine Kompetenz, ist uns nicht direkt zugänglich, da wir nicht in die Köpfe der Schülerinnen und Schüler schauen können. Jedoch können wir indirekt, anhand zumeist mündlicher oder schriftlicher Antworten auf Testfragen, versuchen, Lernleistung oder Lernfortschritt zu messen und zu bewerten. Das beobachtbare Verhalten von Schülerinnen und Schülern in diesem Sinn wird in der Fachsprache auch als *Performanz* bezeichnet.

Im vorliegenden Kapitel vergleichen wir zunächst das *Summative Assessment* mit dem *Formativen Assessment* (▶ Kap. 5). Dabei gehen wir darauf ein, für welche Zwecke *Schulnoten* verwendet werden und welche Ansprüche sich daraus an notenbasierte

Leistungserhebungen ergeben (► Kap. 6.2). Anschließend beschäftigen wir uns mit dem Anlegen und der Orientierung einer *Notenskala*. Dort stellen wir dar, an welchen *Bezugsnormen* sich die Festlegung von Schulnoten orientieren kann und welche Vor- und Nachteile die verschiedenen Normen aufweisen (► Kap. 6.3). Ebenso beleuchten wir das Thema der *Testkonstruktion*, d. h. die Frage, wie man als Lehrperson Tests auf der Grundlage psychometrischer Prinzipien erstellen kann. Dazu beschäftigen wir uns mit den drei *Gütekriterien* von Erhebungsverfahren – der *Validität*, der *Reliabilität* und der *Objektivität*. Wir beschreiben, welche Gefahren für die Genauigkeit und Aussagekraft von Schulnoten bestehen und wie mit diesen umgegangen werden kann (► Kap. 6.4).

Zum Abschluss werden exemplarisch die Schritte bei der Erstellung einer Prüfung durchgespielt. Als Hilfe präsentieren und erläutern wir einfache psychometrische Analyseansätze, die dabei helfen, die Qualität jener Aufgaben einzuschätzen, die zur Leistungsbewertung genutzt werden (► Kap. 6.5).

Das vorliegende Kapitel soll somit verdeutlichen, was eine effektive und effiziente Bewertung der Lernleistung anhand von Schulnoten ausmacht, wie dies erreicht und die Qualität von schulischen Prüfungen sichergestellt werden kann. Da die schulischen Noten nach wie vor eine entscheidende Rolle bei der Selektion und somit bei der Gestaltung von (Bildungs-)Biographien spielen, ist die Fähigkeit, angemessene und faire Bewertungen zu gestalten, unverzichtbar für Lehrpersonen.

6.2 Summatives Assessment vs. Formatives Assessment

In Kapitel 5 (► Kap. 5) haben wir das *Formative Assessment* als den Unterricht kontinuierlich begleitende Erhebung von Lernprozessen zur Förderung des individuellen Lernens vorgestellt. Beim *Summativen Assessment* hingegen sollen ein abgeschlossener Lernprozess und die dabei erzielte Lernleistung bewertet werden. Selbstverständlich ist ein Lernprozess immer nur mehr oder weniger abgeschlossen – als Abschluss wird hier einfach definiert, dass ein Inhalt über längere Zeit im Unterricht ausführlich besprochen wurde. Mittels eines *Summativen Assessments* soll dann bestimmt werden, wie erfolgreich das Lernen dieses Themas oder Inhaltes bis zu diesem Zeitpunkt war. Der Unterschied zwischen summativem und formativem Assessment wird von manchen Lernforschern mit folgendem Beispiel auf den Punkt gebracht: Wenn in einem Restaurant die Suppe in der Küche probiert wird, ist das Formatives Assessment. Die Suppe kann nachgewürzt und optimiert werden, bevor sie den Gästen vorgesetzt wird. Sobald die Suppe im Speisesaal den Gästen serviert wird, ist das Probieren der Suppe summatives Assessment, da es eine abschließende Bewertung sowie Entscheidungen impliziert (z. B. ob man das Restaurant nochmals besuchen wird oder nicht). Das Essen derselben Suppe – je nachdem ob es in der Küche oder im Speisesaal geschieht – dient unterschiedlichen Zielen. Das kann auch für

Aufgaben gelten, je nachdem ob sie eingesetzt werden, um den Lernprozess zu optimieren oder um das Resultat zu testen. Ganz so einfach wie das Beispiel mit der Suppe ist es aber nicht.

Um die Unterschiede zwischen *Formativem* und *Summativem Assessment* im Detail zu verdeutlichen, kontrastieren wir die beiden Assessments direkt. Das *Formative Assessment* soll zum Lernen beitragen, daher wird es im Englischen auch als »Assessment *for* learning« bezeichnet. Hingegen stellt das *Summative Assessment*, wie oben definiert, eine Überprüfung abgeschlossener Lernprozesse dar und wird daher im Englischen auch als »Assessment *of* learning« bezeichnet. Diese zusammenfassende Beurteilung der Lernleistung schließt den Anspruch mit ein, dass Prüfungen oder Aufgabenstellung, die für ein *Summatives Assessment* herangezogen werden, bestimmte Kriterien zu erfüllen haben. Diese werden auch als *Testgütekriterien* bezeichnet. Zu den Testgütekriterien kommen wir später ausführlich. Hier halten wir erst einmal fest, dass ein *Summatives Assessment* eine sehr viel sorgfältigere Konstruktion erfordert, als dies für ein *Formatives Assessment* notwendig ist.

Mit einem *Summativen Assessment* wird evaluiert, in welchem Maß die gesellschaftlich geforderten Kompetenzen und Lerninhalte in einer Person ausgeprägt sind. Diese Kompetenzen und Lerninhalte sind in Lehrplänen definiert, denn Lehrpläne repräsentieren einen gesellschaftlichen Konsens über Zielkriterien und Standards der schulischen (Aus-)Bildung (▸ Kap. 3.2.1). Entsprechend könnte man bei einem *Summativen Assessment* beispielsweise bestimmen wollen, wie »gut« Schülerinnen und Schüler »zu einer Funktionsgleichung Wertepaare bestimmen und in einem Koordinatensystem einzeichnen« (Lehrplan 21, S. 237) können. Es zählt nur das Erreichen der Kompetenz oder das Verstehen der Lerninhalte; die Wege dahin können sehr unterschiedlich sein: Ob die Lernumgebung etwa durch die *Direkte Instruktion* (▸ Kap. 4.2) oder durch eine *kooperative Lernform* (▸ Kap. 4.3) geprägt war, ist für das *Summative Assessment* nebensächlich. Ein *Formatives Assessment* hingegen, welches zur Optimierung des Lehr- und Lernprozesses dienen soll, erfordert die Beachtung der Lernbedingungen, wird auf die eingesetzten Methoden abgestimmt und orientiert sich stärker am vorgeplanten Lernweg zu einem Thema.

Stellen Sie sich zwei Mathematik-Lehrpersonen vor. Beide zielen mit ihrem Unterricht darauf ab, dass die Schülerinnen und Schüler *»zu einer Funktionsgleichung Wertepaare bestimmen und in einem Koordinatensystem einzeichnen können«*. Sie nutzen dafür unterschiedliche Unterrichtsmethoden, die Lernwege der Schülerinnen und Schüler unterscheiden sich und entsprechend nutzen die beiden Lehrpersonen unterschiedliche Arten von Aufgaben als *Formatives Assessment*. Die abschließende Prüfung, das *Summative Assessment*, könnten aber beide Lehrpersonen gemeinsam entwickeln und genau gleich in ihren Klassen einsetzen, da die zu überprüfende und zu bewertende Kompetenz dieselbe ist.

Und noch eine letzte Gegenüberstellung. Um den Unterricht tatsächlich an das Lernen der Schülerinnen und Schüler anzupassen und dadurch lernwirksamer zu machen, ist ein häufiges *Formatives Assessment* notwendig. Beim *Summativen Assessment* hingegen reicht eine seltenere Diagnostik aus, denn das Interesse liegt auf dem Lern-Endergebnis und das Ziel ist die Erfassung überdauernder Merkmale. Wenn in einem *Summativen Assessment* eine Schülerin besser »zu einer Funktionsgleichung Wertepaare bestimmen und in einem Koordinatensystem einzeichnen« kann als eine andere, dann geht man davon aus, dass dies zum Zeitpunkt der Prüfung und darüber hinaus so stimmt. Die Bewertung für das *Summative Assessment* soll also auch die Leistung einige Zeit später vorhersagen können.

Aus der Gegenüberstellung von *Formativem* und *Summativem Assessment* wird ein zentraler Aspekt deutlich: Die Bewertung (etwa für eine Prüfungsnote) hat nicht nur auf die bewertete Schülerin oder den bewerteten Schüler einen Einfluss, sondern auch auf das Leben außerhalb des Klassenzimmers. Denn die Bewertung liefert Informationen über die Leistung einer Schülerin oder eines Schülers für andere Lehrpersonen, die Eltern und – im ganz Allgemeinen – die Gesellschaft. Aus dieser Information wird dann etwa Folgendes geschlossen: Diese Schülerin hat eine gute Note in Mathematik, also kann sie gut Mathematik. Ist die Interpretation einer Note tatsächlich so einfach? Was heißt eigentlich »gut«? Oder anders ausgedrückt, was genau *kommuniziert* eigentlich eine Bewertung bei einem *Summativen Assessment*?

6.3 Bezugsnormen bei der Leistungsbewertung

Die genaue Einschätzung einer Leistungsbewertung ist viel schwieriger, als es auf den ersten Blick scheint. Die Bewertung »gut« zum Beispiel kann sehr unterschiedliche Bedeutungen haben. Die Information, die eine Leistungsbewertung transportiert, hängt nämlich davon ab, in welchem *Vergleichsrahmen* sie steht. Anders ausgedrückt: Um eine Leistungsbewertung einschätzen zu können, muss man wissen, welche *Bezugsnorm* ihr zu Grunde liegt, also *mit welchem Standard die Leistung einer Person verglichen* wurde.

6.3.1 Leistungsbewertung in Mathematik: Ein Gedankenexperiment

Stellen wir uns folgende Situation vor: In einer Schule gibt es vier Klassen in einem Jahrgang. Diese vier Klassen (A, B, C und D) besuchen den Mathematikunterricht bei vier verschiedenen Lehrpersonen. Die Lehrpersonen haben gemeinsam eine Prüfung zu einem Thema entwickelt, denn sie wollen ein kleines Experiment durchführen. Sie möchten herausfinden, ob sie fair und gerecht bewerten. Nachdem sie den Unterricht zu diesem Thema über mehrere Wochen durchgeführt haben, schreiben ihre Schülerinnen und Schüler die Prüfung. Die Lehrpersonen haben sich vorher vorbildlich darüber verständigt, wie viele Punkte jede einzelne Aufgabe gibt, und sie haben einen genauen Lösungsschlüssel entwickelt, wie diese Punkte pro Aufgabe vergeben werden. Insgesamt können 30 Punkte erreicht werden. Die vier Lehrpersonen haben allerdings noch nicht vereinbart, wie die von einer Schülerin oder einem Schüler erreichte Gesamtpunktzahl in eine Note übersetzt wird.

Nachdem die Lehrpersonen die Prüfungen ihrer Klassen korrigiert haben, vergleichen sie ihre vergebenen Noten. Tatsächlich sieht die Notenverteilung in den drei

Klassen B, C und D sehr ähnlich aus. Es gibt jeweils wenige sehr gute und wenige sehr schlechte Noten, die meisten Noten bewegen sich im Mittelfeld. Die vierte Lehrperson (Klasse A) hat aber tatsächlich ganz anders bewertet – sie hat in ihrer Klasse A nur zwei Gruppen von Schülerinnen und Schülern. Die eine Gruppe hat ein »nicht bestanden« erhalten, die andere Gruppe ein »bestanden«. Die Lehrperson der Klasse A, so ihre Rechtfertigung, habe genau analysiert, welche Punkte notwendig sind, damit man einer Schülerin oder einem Schüler die Kompetenz zusprechen kann, die mit der Prüfung getestet werden sollte. Alle Schülerinnen und Schüler, die diese Punkte erreicht haben, haben also bestanden; alle Schülerinnen und Schüler, die diese Punkte nicht erreicht haben, haben nicht bestanden.

Bei der Lehrperson der Klasse B zeigt sich ebenfalls ein auf den ersten Blick irritierendes Bild: Die Schülerinnen und Schüler mit den höheren Punktzahlen haben nicht unbedingt die besseren Noten. Die Lehrperson der Klasse B meint, sie habe, bevor sie den Unterricht durchgeführt hat, genaue Aufzeichnungen darüber geführt, welches Vorwissen ihre Schülerinnen und Schüler mitgebracht haben. Sie habe dann das Vorwissen mit der Leistung in der Prüfung in Beziehung gesetzt und für die Note den *Lernzugewinn* berücksichtigt. Sie hat also bewertet, wie stark sich jemand gesteigert hat. Zwei Schüler erreichten in der Prüfung die gleiche Punktzahl, bekamen aber unterschiedliche Noten, weil sich einer der beiden stärker verbessert hat als der andere.

Nun bleiben noch die Klassen C und D. Hier bemerken die Lehrpersonen beim Vergleichen der Punkte schnell, dass es sich wohl um zwei unterschiedlich leistungsstarke Klassen handelt. In Klasse C ist die schlechtestes Punktzahl 18 (von max. 30) und die beste 29. In der Klasse D hingegen ist die schlechteste Punktzahl 4 und die beste 19. Klasse C ist also klar leistungsstärker als Klasse D. In der Klasse C hat die Schülerin, die 18 Punkte erreicht hat, die schlechteste Note auf der Notenskala erhalten. In Klasse D hat der Schüler, der 19 Punkte erreicht hat, die beste Note auf der Notenskala erhalten. Die Lehrpersonen dieser beiden Klassen erklären, wie sie auf die Noten gekommen sind. Sie haben sich jeweils den Punktebereich ihrer Klasse angesehen und danach die Noten über diesen Bereich normalverteilt: Diejenigen Schülerinnen und Schüler, die im Klassenvergleich eine annähernd durchschnittliche Leistung zeigten, erhielten auch die durchschnittliche Note. Die wenigen Schülerinnen und Schüler, welche besonders wenige oder viele Punkte erreichten, erhielten auch die schlechtesten beziehungsweise besten Noten.

Erstaunlicherweise sind alle vier Begründungen der Lehrperson nachvollziehbar. Natürlich ist uns bewusst, dass das Beispiel konstruiert ist. Es dient der plakativen Illustration der unterschiedlichen Bezugsnormen der Leistungsbeurteilung.

6.3.2 Die drei Bezugsnormen der Leistungsbewertung im Einzelnen

Entsprechend dem Beispiel (► Kap. 6.3.1) kann sich eine Leistungsbewertung an drei verschiedenen Bezugsnormen orientieren: der *kriterialen*, der *individuellen* und der *sozialen* Bezugsnorm. Will man also wissen, was genau eine »gute« Schulnote oder Bewertung bedeutet, so muss man erst einmal herausfinden, *welche Bezugsnorm einer vergebenen Note zugrunde liegt*. Wir beschreiben die drei Bezugsnormen nun nochmals etwas allgemeiner. Dies wird uns helfen, die unterschiedlichen Bewertungen der Lehrpersonen in unserem Beispiel zu erkennen und deren Vor- und Nachteile zu diskutieren.

Bei der *kriterialen Bezugsnorm* (manchmal auch als *sachliche* Bezugsnorm bezeichnet) orientiert sich die Leistungsbewertung an der Erreichung fachlich-sachlicher Kriterien. Dabei werden bereits vor der Durchführung eines Verfahrens zur Leistungsbeurteilung (z. B. einer schriftlichen Prüfung) klare Kriterien definiert – etwa durch die eindeutige Festlegung von Lernzielen –, auf die bezogen dann eine gezeigte Leistung evaluiert wird. Eine Umsetzung dieser Bezugsnorm findet sich bspw. in Tests, die international genutzt werden, um die Fremdsprachkompetenz von Personen zu beurteilen (z. B. Cambridge English Qualifications, TOEFL® Test usw.). Die Lehrperson der Klasse A (▸ Kap. 6.3.1) hat sich strikt an diese Bezugsnorm gehalten: Sie hat die Leistung ihrer Schülerinnen und Schüler nur mit »bestanden« oder »nicht bestanden« bewertet.

Bei der *individuellen Bezugsnorm* hingegen wird die Leistung der Einzelperson betrachtet, insbesondere die Entwicklung der Leistung. Wie sehr hat sich die aktuelle Leistung im Vergleich zur letzten gezeigten Leistung verbessert oder verschlechtert? Eine Schülerin oder ein Schüler bekommt dann eine bessere Bewertung als andere der Lerngruppe, wenn sie oder er ausgehend von ihrem vorherigen oder anfänglichen Wissensstand viel dazugelernt hat. Diese Bezugsnorm wurde strikt von der Lehrperson in Klasse B angewendet.

Bei der *sozialen Bezugsnorm* schließlich orientiert sich die Leistungsbewertung an den anderen Gruppenmitgliedern, mit denen gemeinsam gelernt wurde. In der Schule ist dies typischerweise eine Klasse. Die mittlere Leistung, die innerhalb einer Schulklasse erzielt wurde, entspricht dann der mittleren Schulnote. Die Schülerinnen und Schüler mit den besten Prüfungsergebnissen erhalten die besten Schulnoten und die mit den schlechtesten Prüfungsergebnissen die schlechtesten Schulnoten. Wird diese Bezugsnorm in ihrer reinen Form umgesetzt, hängt also bei einer Leistungsbewertung nach der sozialen Bezugsnorm das Ergebnis einer Schülerin absolut von den Leistungen ihrer Klassenkameraden ab. Wenn alle besser antworten als sie, erhält sie die schlechteste Note; im umgekehrten Fall erhält sie die beste Note. Die Lehrpersonen in Klasse C und D haben sich bei der Notenvergabe strikt an dieser Bezugsnorm orientiert.

6.3.3 Welche Bezugsnorm für die schulische Praxis? Eine Abwägung

In der schulischen Praxis trifft man selten auf Reinformen dieser drei Bezugsnormen (▸ Kap. 6.3.2). Meist kommen Mischformen der unterschiedlichen Bezugsnormen zum Einsatz. Dafür gibt es gute Gründe. Denn jede der drei Bezugsnormen hat Vor- und Nachteile und jede erfüllt unterschiedliche Zwecke. Durch die gleichzeitige Anwendung verschiedener Bezugsnormen kann von der Lehrperson ein nach ihrem Ermessen sinnvoller Ausgleich erreicht werden.

Somit werden auch wir im vorliegenden Kapitel keine definitive Antwort bieten, welche Bezugsnorm oder welche Kombination wann in jedem Fall gewählt werden sollte. Unser Ziel ist es, ein Nachdenken anzuregen, wie eine Leistungsbewertung zu Stande kommt und was sie im Einzelfall bedeutet. Wir halten uns mit Empfehlungen auch deshalb zurück, weil es in unterschiedlichen Bundesländern oder Kantonen und teilweise auch an verschiedenen Schulen unterschiedliche Vorgaben gibt, welche Bezugsnormen zur Leistungsbeurteilung herangezogen werden sollten.

Die *kriteriale Bezugsnorm* verschafft eine gut nachvollziehbare Orientierung. Die Lehrperson kann klar kommunizieren, welche Kompetenzen und Inhalte zum Bestehen eines *Summativen Assessments* und für das Erreichen etwa einer genügenden Note erforderlich sind. Damit wissen die Schülerinnen und Schüler, aber auch Eltern und andere Personen, an die die Bewertung kommuniziert wird, was »gut«, »bestanden«, »nicht bestanden« oder allenfalls noch feinere Abstufungen bedeuten und was dafür zu leisten war. Somit sind auch Vergleiche über Klassen, Schulen und gar Länder hinweg möglich.

Moderne Lehrpläne sind fast ausnahmslos kompetenzorientiert formuliert. Dies passt an und für sich gut zur kriterialen Bezugsnorm, denn in den entsprechenden Tests wird idealerweise eben genau abgeprüft, in welchem Maß die Schülerinnen und Schüler die definierte Kompetenz erworben haben. Gleichzeitig kann aber die kriteriale Bezugsnorm motivational problematisch sein. Wenn Schülerinnen und Schüler nur durch Noten motiviert sind, etwas zu tun – sie also rein *leistungsorientiert* und nicht *lernorientiert* sind (▶ Kap. 6.4.3) –, dann müssen sie nur herausfinden, welche Leistung für welche Note zu erreichen ist. Wenn umgekehrt schwächere Schülerinnen und Schüler immer wieder scheitern, weil sie es nie schaffen, die festgelegte Bezugsnorm zu erreichen, dann verlieren sie möglicherweise mit der Zeit jegliche Motivation zu lernen. Trotz dieser möglichen Probleme muss aber ein zentraler Vorteil der kriterialen Bezugsnorm klar hervorgehoben werden: Für Außenstehende ist die Bedeutung dieser Bewertungsform gut einschätzbar.

Die *individuelle Bezugsnorm* gibt den einzelnen Schülerinnen und Schülern ein auf sie zugeschnittenes Feedback. Dies ist natürlich sehr sinnvoll, denn so können Schülerinnen und Schüler gut nachvollziehen, wie sich ihre eigenen Lernanstrengungen auswirken, und zwar unabhängig vom Leistungsstand der Lerngruppe, in der sie sich befinden. Bei der individuellen Bezugsnorm können somit auch schwächere Schülerinnen und Schüler gute Bewertungen erreichen, nämlich dann, wenn sie sich relativ zu ihren früheren Leistungen stark verbessern. Für stärkere Schülerinnen und Schüler kann diese Bezugsnorm aber ein Nachteil sein. Für sie wird es immer schwieriger, sich zu verbessern, und dafür werden sie dann auch noch durch schlechte Noten bestraft, weil sie nur noch geringe Lernzugewinne aufweisen.

Unseres Erachtens ist die individuelle Bezugsnorm nur schwer umsetzbar. Sie fordert von der Lehrperson das Erheben eines individuellen Zugewinns an Wissen – eine angemessene Umsetzung ist häufig kompliziert und sehr aufwändig. Für Außenstehende ist eine Bewertung, die auf einer individuellen Bezugsnorm basiert, kaum einzuschätzen. Als Folge davon kann man wohl als Lehrperson nach Außen kaum nachvollziehbar rechtfertigen, dass beispielsweise jemand, der eine sehr gute Leistung zeigte, sich jedoch seit der letzten Prüfung kaum verbessert hat, eine schlechtere Note bekommt, als jemand, der eine schlechtere Leistung zeigte, sich jedoch seit der letzten Prüfung stark verbessert hat. Insgesamt ist die individuelle Bezugsnorm somit gut dafür geeignet, Lernfortschritte einzelner Schülerinnen und

Schüler abzubilden, etwa im Rahmen eines *Formativen Assessments* (▶ Kap. 5). Um eine auch für die Selektion relevante Leistung im Vergleich oder in Bezug auf ein Lernziel abzubilden, sind jedoch die anderen Bezugsnormen zu bevorzugen.

Die *soziale Bezugsnorm* zeigt den Schülerinnen und Schülern, wo sie im Vergleich zu ihren Mitschülerinnen und Mitschülern stehen. Sie fördert somit den Wettbewerb unter ihnen: Einige werden dadurch möglicherweise angeregt, andere kann diese Bezugsnorm demotivieren, wenn sie feststellen, dass sie im Vergleich zu anderen immer an der gleichen Stelle bleiben. Hinzu kommt, dass eine nach einer sozialen Bezugsnorm gebildete Note für sehr unterschiedliche Leistungen stehen kann. Für eine Schülerin in einer leistungsstarken Klasse bedeutet eine gute Note etwas anderes als für eine Schülerin aus einer leistungsschwächeren Klasse (▶ Kap. 6.3.1, die Klassen C und D im Gedankenexperiment). Informationen über die Leistungsstärke der Gruppe im Vergleich zu anderen Gruppen werden aber typischerweise nicht kommuniziert. Damit ist die Bedeutung einer Note, die auf der sozialen Bezugsnorm basiert, über den spezifischen Klassenkontext hinaus unklar und für Außenstehende kaum einzuschätzen.

Wie oben bereits erwähnt, möchten wir mit diesen Ausführungen zur Reflexion über die Bezugsnormen und ihre jeweiligen Vor- und Nachteile anregen. Wir sprechen keine spezifischen Empfehlungen aus, welche Bezugsnorm genutzt werden sollte. Es hängt von Kontextbedingungen ab, welche (Kombination) der Bezugsnormen angemessen ist, mit welchen Nachteilen man leben kann und von welchen Vorteilen man profitieren möchte. Wichtig ist uns, dass Lehrpersonen *sich bewusst sind*, welche *Bezugsnormen* sie anwenden und *welche Botschaften* sie entsprechend mit ihren Noten den Schülerinnen und Schülern, aber auch über das Klassenzimmer hinaus kommunizieren.

Eine kleine Anregung zum Schluss: Erinnern Sie sich daran, gemäß welchen Bezugsnormen Sie selbst in Ihrer Schulzeit oder während des Studiums bewertet wurden und was dies in Ihnen ausgelöst hat? Überlegen Sie alleine, aber diskutieren Sie auch mit Ihren Kolleginnen und Kollegen!

6.4 Testkonstruktion, Testgütekriterien und Gefahren bei der Bewertung

Im Allgemeinen wird von Schulnoten erwartet, dass sie Schülerinnen und Schüler auf einer Skala entsprechend ihrer Kompetenzen, ihres Wissens oder ihres Lernstands einordnen. Es soll also bspw. eine Aussage gemacht werden, wer in einer Klasse mehr oder weniger als andere gelernt hat oder wer ein bestimmtes Thema im Biologieunterricht wie gut verstanden hat. Diese Aussage wird dann für vielfältige weitergehende Beurteilungen und Entscheidungen herangezogen.

Die Schulnoten von Schülerinnen und Schülern dienen etwa Übergangs- und Auswahlentscheidungen wie dem Aufstieg in eine höhere Klassenstufe oder der

Selektion für das Gymnasium, für eine Berufsausbildung oder für ein Studium an der Hochschule. Schülerinnen und Schüler vergleichen sich aber auch untereinander anhand ihrer Beurteilung, und manchmal werden sogar Lehrpersonen, Schulklassen oder Schulen aufgrund dieser Informationen in Relation zueinander gesetzt. Dies verdeutlicht wiederum, dass schulische Tests eigentlich sehr hohen Ansprüchen genügen müss(t)en, um alle diese Beurteilungen, Entscheidungen und Diagnosen tatsächlich rechtfertigen zu können!

Wenn eine Leistung bewertet wird, dann wird dies typischerweise anhand von Aufgaben gemacht, die den Schülerinnen und Schülern in einer *Beurteilungssituation* (einer Prüfung) gestellt werden. Diese werden in der Regel von der Lehrperson entworfen, um eine oder mehrere Kompetenzen zu messen. Man kann eine solche Beurteilungssituation (allgemeiner: ein solches *Summatives Assessment*) als psychometrisches Verfahren auffassen. Psychometrische Verfahren ermöglichen es, nicht direkt beobachtbare Eigenschaften, wie eben das Wissen oder die Kompetenz von Schülerinnen und Schülern, anhand ihrer Performanz zu messen.

Die einzelnen Aufgaben, die in einer Beurteilungssituation gestellt werden, bezeichnen wir mit dem psychometrischen Begriff *Item*. Die Beurteilungssituation selbst bezeichnen wir als *Test*. Ein *Test*, also etwa eine schriftliche, mündliche oder praktische Prüfung, umfasst somit mehrere *Items*, die von den Schülerinnen und Schülern zu bearbeiten sind. Mit Hilfe dieser Begriffe orientieren wir uns im folgenden Kapitel zur Testkonstruktion an den Erkenntnissen aus der Psychometrie, die mittlerweile in der pädagogisch-psychologischen Forschung anerkannt und weit fortgeschritten ist.

Die Psychometrie beschäftigt sich mit der Frage, welche Eigenschaften und Qualitäten Tests erfüllen müssen, um aussagekräftige Schlussfolgerungen über Personen zuzulassen. Um es nochmals zu betonen: Die Ergebnisse von Lernprozessen sind nicht direkt beobachtbar (die Ausnahme ist vermutlich das Fach Sport), deshalb müssen wir den Lernerfolg aufgrund der Antworten von Schülerinnen und Schülern ableiten und einschätzen. Man schließt also von einer *Performanz* (dem beobachteten Verhalten) auf eine *Kompetenz* (der kognitiven Veränderung durch das Lernen) (► Kap. 2).

Um eine *adäquate* Einschätzung und Beurteilung der Lernleistung zu ermöglichen, sollten schulische Tests analog zu anderen psychometrischen Verfahren (z. B. Persönlichkeitstests, Intelligenztests) gewisse Eigenschaften aufweisen. Diese Eigenschaften sind die sogenannten *Testgütekriterien*. Bevor wir zu diesen Kriterien und deren Überprüfung kommen, müssen wir jedoch zunächst eine Prüfungssituation (z. B. eine Klausur) konstruieren.

6.4.1 Testkonstruktion

Bei der Konstruktion eines Tests ist die Unterrichtsplanung leitend. In Kapitel 3 (► Kap. 3) haben wir bereits ausgeführt, dass *Leitideen*, *Lernziele*, *Unterrichtsmethoden* und *Diagnosemethoden* aufeinander abgestimmt sein sollten (das sogenannte *Alignment*). In diesem Kapitel sind wir nun also bei der Ausarbeitung der Diagnosemethode – hier bezogen auf ein *Summatives Assessment* bzw. einen Test – angelangt.

Nur wenn die Lernziele, Unterrichts- und Diagnosemethode miteinander abgeglichen sind und ein zusammenhängendes Ganzes bilden, kann ein Test als gültiges und geeignetes Verfahren angesehen werden, um die in den Lernzielen aufgeführten Kompetenzen und Inhalte zu messen. Für die Gültigkeit wird in der Testtheorie der Begriff der *Validität* verwendet (▶ Kap. 6.4.2).

Ein Beispiel: Wenn man in einem Lernziel lediglich das Auswendiglernen von Definitionen in einem Fachgebiet festgelegt und auch im Unterricht nur das Auswendiglernen trainiert hat, dann sollten der Test und die darin enthaltenen Items auch nur eben dieses Auswendiglernen abprüfen. So könnten also die Schülerinnen und Schüler aufgefordert werden, eine bestimmte Definition zu reproduzieren. Würde man in dem Test jedoch ein Item verwenden, das die flexible Anwendung auf eine ihnen unbekannte Problemstellung erfordert, wäre diese Aufgabe nicht valide. Lernziel und Unterrichtsmethode passen bei einer solchen Aufgabe nicht zusammen, denn das Lernziel war nur auf das *Reproduzieren* von Informationen ausgerichtet, *nicht* aber auf das *Transferieren*.

Bei der Testkonstruktion gilt es also, valide Items zu erstellen. Items variieren selbstverständlich oberflächlich stark. Ihre Gestaltung hängt u.a. davon ab, in welchem Fach der Test durchgeführt und welche Form des Tests gewählt wird (z. B. eine schriftliche oder mündliche Prüfungsform). Allerdings kann man über die verschiedenen Kontexte hinweg drei grundsätzliche Kategorien von Items identifizieren: geschlossene, halboffene und offene Items (▶ Kap. 4.5.2 für weitere Details).

Bei *geschlossenen Items* müssen Schülerinnen und Schüler keine eigene Antwort formulieren, sondern nur aus vorgegebenen Antwortalternativen auswählen oder die Korrektheit von Aussagen bewerten. Diese Items sind auch bekannt unter den Bezeichnungen Antwort-Wahl-Verfahren, Multiple-Choice, Single-Choice, Best-Answer etc.

Geschlossene Items machen das Korrigieren einfach, denn es muss lediglich entschieden werden, ob ein Kreuz an der richtigen Stelle gesetzt wurde oder nicht. Allerdings sind geschlossene Items in der Konstruktion herausfordernd. Man muss den Itemtext, die richtige(n) Antwort(en) sowie die Antwortalternativen sehr sorgfältig entwerfen. Bei schlechten geschlossenen Items erkennen wir sofort, was die richtige Antwort ist; auch sind in ihnen manchmal die Unterschiede in den Antwortalternativen nur feinste sprachliche Nuancen – sie testen dann zwar sprachliche Kompetenz, aber nicht das eigentliche Inhaltswissen. Außerdem können Schülerinnen und Schüler bei geschlossenen Items natürlich raten und damit zufällig die richtige Antwort wählen, obwohl sie keine Ahnung haben. Stellt man etwa ein Item mit drei möglichen Aussagen als Antworten und die Schülerinnen und Schüler sollen die am besten passende Aussage identifizieren, dann ist die Ratewahrscheinlichkeit 33 %. Daher sollte bei der Korrektur von geschlossenen Items die Ratewahrscheinlichkeit unbedingt berücksichtigt werden.

Geschlossene Items prüfen eher die passive Verfügbarkeit von Wissen, da die Schülerinnen und Schüler nicht (direkt) selber etwas produzieren müssen. Gleichzeitig sind aber geschlossene Items nicht auf bestimmte Lernziele wie »einfaches« Reproduzieren beschränkt. Es kann durchaus gelingen, sehr komplexe geschlossene Items zu konstruieren, die dann zur Beantwortung das Heranziehen zusätzlicher

Informationen erfordern oder das Berechnen von Lösungen etc. Diese Lösungswege werden allerdings nicht (oder nur sehr selten) in der Bewertung von geschlossenen Items berücksichtigt.

Geschlossene Items haben einen prinzipiellen Vorteil. Sie erlauben es, die Anzahl von Items in einem Test zu erhöhen, da sie meistens schneller zu beantworten sind als Items, die von den Schülerinnen und Schülern das Verfassen einer Textantwort einfordern. Die Anzahl von Items verbessert außerdem die Genauigkeit, mit der die zu messende Kompetenz oder die zu messenden Inhalte erfasst werden. In der Psychometrie wird die Genauigkeit eines Tests als *Reliabilität* bezeichnet (► Kap. 6.4.2).

Halboffene Items erfordern von den Schülerinnen und Schülern – im Gegensatz zu geschlossenen Items –, die Lösung in eigenen Worten zu geben. Manchmal reicht bei halboffenen Items als Antwort ein einzelnes (Lösungs-)Wort, manchmal müssen ein oder mehrere Sätze geschrieben werden. Typischerweise ist es aber so, dass eine bestimmte, klar definierte Antwort erwartet wird. Dementsprechend ist auch die Aufgabenstellung strukturiert und stellt eine Frage, die auf das Produzieren einer bestimmten Information, einer bestimmten Definition, einer bestimmten Liste von Eigenschaften usw. abzielt.

Beim Erstellen halboffener Items sollte darauf geachtet werden, für sich selbst klar auszuformulieren, welche Antwort erwartet wird. Ebenso sollte bereits im Voraus eindeutig festgelegt werden, wie die vollständige und auch die nur teilweise korrekte Beantwortung bewertet wird. Wie geschlossene Items sind auch halboffene Items nicht auf bestimmte Lernzieltypen beschränkt.

Im Gegensatz zu halboffenen Items wird schließlich bei *offenen Items* nicht eine ganz bestimmte Antwort erwartet. Offene Items sind so gestellt, dass sie Schülerinnen und Schüler zum *Transferieren* (dies umfasst Argumentieren, Analysieren, Evaluieren und Synthetisieren) und *Produzieren* anregen (z. B. neue Argumentationslinien entwickeln). Mit offenen Aufgaben möchte man meist das Zusammenspiel verschiedener Kompetenzen und die Integration verschiedener Inhalte abprüfen. Bei der Konstruktion von offenen Aufgaben ist es unerlässlich, einen genauen Leitfaden für die Auswertung zu erstellen. Es sollte klar festgelegt werden, welche Aspekte wie bewertet und gewichtet werden. Auf den ersten Blick wirkt das Erstellen von offenen Items sehr einfach. Wenn man offene Items aber fair und angemessen bewerten möchte, erfordert dies sehr genaue und explizite Vorüberlegungen über das, was als Antworten erwartet wird und wie man eine nachvollziehbare Bewertung erreichen kann.

Geschlossene, halboffene und offene Items werden selbstverständlich auch häufig in einem Test kombiniert. Abgesehen davon, dass Abwechslung auch für die Schülerinnen und Schüler motivierend ist, macht es die Kombination einfacher, das Erreichen unterschiedlich komplexer Lernziele vom *Reproduzieren* über das *Transferieren* bis hin zum *Produzieren* gleichzeitig zu testen.

Bei der Konstruktion eines Tests gibt es noch einen weiteren Aspekt, der zu berücksichtigen ist: Dürfen die Schülerinnen und Schüler während des Tests bestimmte Ressourcen nutzen oder nicht? Bei ressourcenarmen Tests sind sie im Extremfall nur mit einem Stift und einem Blatt Papier ausgestattet, um die Antworten aufzuschreiben. Bei ressourcenreichen Tests hingegen wird es ihnen erlaubt, bestimmte Hilfsmittel zu verwenden. Dies könnten bspw. Formellisten oder auch das

Drama sein, zu dem ein bestimmter Aspekt erörtert werden soll. Unter Umständen sind die Ressourcen sogar ein unerlässlicher Teil der zu testenden Kompetenzen. So könnte beispielsweise ein Rechercheauftrag gegeben werden, der mithilfe einer Suche im Internet bearbeitet werden soll. Oder die Schülerinnen und Schüler sollen in einem virtuellen Labor einen Versuch aufbauen, mit dem eine bestimmte Forschungsfrage zu beantworten ist. In dieser Hinsicht stehen der Lehrperson zahlreiche Möglichkeiten offen.

Wie zu Beginn dieses Kapitels erwähnt, hängt die Testkonstruktion von den Lernzielen ab. Je nachdem, welche Lernziele formuliert wurden, bietet es sich an, unterschiedliche Itemarten in die Prüfung aufzunehmen und verschiedene Ressourcen zuzulassen – oder eben nicht. Ein grundsätzliches und unseres Erachtens unverzichtbares Qualitätsmerkmal eines Tests bleibt also der Abgleich zwischen Lernzielen, dem durchgeführten Unterricht und den Testaufgaben. Erst wenn diese Grundvoraussetzung erfüllt ist, kann man eine Prüfung anhand der in der Psychometrie gängigen Testgütekriterien evaluieren – und genau davon handelt das folgende Kapitel (► Kap. 6.4.2).

6.4.2 Testgütekriterien

Wenn man die Qualität von Tests bewerten will, werden drei zentrale Eigenschaften unterschieden, nämlich *Validität*, *Reliabilität* und *Objektivität*.

Die *Validität* (oder auch *Gültigkeit*) eines Tests beschreibt den Aspekt, wie *passend* der Test tatsächlich ein Merkmal erhebt, das er erheben soll. Die Prüfung ist dann valide, wenn sich Unterschiede im Ausmaß, in dem einzelne Schülerinnen und Schüler eine Kompetenz bzw. ein Lernziel erreicht haben, auch in ihren Antworten auf die Items im Test zeigen. Wenn diese Unterschiede im Testergebnis zutage treten, dann erfasst der Test tatsächlich das zu erfassende Merkmal. Über die *Validität* nachzudenken, ist zentral für Lehrpersonen, indem sie etwa die Frage stellen: *Werden diejenigen Lernziele, für deren Beurteilung der Test entworfen wurde, tatsächlich mit dem Test erfasst?* Eine Antwort darauf erscheint einfacher, als sie dann tatsächlich ist (► Kap. 6.5).

Die *Reliabilität* beschreibt, wie *exakt* ein Test die zu erfassende Kompetenz bzw. das zu erfassende Lernziel erhebt und abbildet. Reliabilität wird manchmal auch mit den Begriffen *Genauigkeit* oder *Konsistenz* bezeichnet. Im Unterschied zur Validität geht es somit nicht um die Frage, was abgebildet wird, sondern *wie genau* dieses »Etwas« erfasst wird. In der psychometrischen Forschung werden verschiedene Arten von Reliabilität unterschieden. So sollten bspw. die Testergebnisse stabil sein. Wenn also ein Intelligenztest in einer Klasse durchgeführt wurde, dann sollten die Schülerinnen und Schüler bei einer wiederholten Erhebung ähnliche Ergebnisse erreichen. Diese Art der Reliabilität wird als »Retest«-Reliabilität (also Reliabilität der Messwiederholung) bezeichnet. Eine andere Art der Reliabilität ist die interne Konsistenz des Tests. Enthält er mehr Items, die dieselbe Kompetenz abtesten, dann hat er typischerweise eine höhere Reliabilität, eine höhere interne Konsistenz, als ein Test, der weniger Items umfasst. Ein längerer Intelligenztest gibt also ein besseres Maß der Intelligenz ab als ein kürzerer. Dies ist ein äußerst wichtiger Aspekt, denn die Messgeräte von Lehrpersonen (die von ihnen konstruierten Prüfungen) sind so gesehen in der Regel nicht die genauesten. Gelingt es ihnen, mehr Aufgaben zur Messung einer Kompetenz zu stellen, dann wird die Messung reliabler.

Die *Objektivität* schließlich beschreibt, in welchem Ausmaß das Testergebnis unabhängig von denjenigen ist, die den Test einsetzen. Das heißt, subjektive Einflüsse auf die Interpretation von Testergebnissen sollten möglichst vermieden oder minimiert werden – denn sonst führt die Bewertung eines Tests durch zwei verschiedene Personen zu unterschiedlichen Ergebnissen. Die Objektivität eines Tests kann in drei Phasen gefährdet sein, nämlich in der *Durchführung*, der *Auswertung* und der *Interpretation*. Während der Durchführung eines Tests in einer Klasse könnte bspw. eine Schülerin eine Frage an die Lehrperson stellen und diese beantwortet die Frage nur hörbar für die Schülerin – die Antwort der Lehrperson gibt ihr einen Hinweis, wie die Items des Tests zu bearbeiten sind. Die anderen Schülerinnen und Schüler haben diese Information nicht, die Durchführung des Tests ist nicht mehr objektiv. Bei der Auswertung und Interpretation kann es vor allem bei halboffenen und offenen Fragen (► Kap. 6.4.1) dazu kommen, dass die Erwartungen an die Antworten eines Items zu wenig genau bestimmt wurden. Aus diesem Mangel kann resultieren, dass die Lehrperson das entsprechende Item nicht über alle Schülerinnen und Schüler hinweg einheitlich bewertet und/oder dass unterschiedliche Bewertende zu unterschiedlichen Ergebnissen kommen.

Die drei Gütekriterien können für einen gegebenen Test durchaus auch mithilfe verschiedener Verfahren überprüft werden. Wir werden diese später genauer erklären, wenn wir den schrittweisen Ablauf der Konzeptualisierung, Erstellung, Durchführung und Benotung eines Tests darlegen (► Kap. 6.5). Zunächst aber stellen wir anhand von verschiedenen Befunden weitere Gefahren bei der Beurteilung dar, ebenso wie entsprechende Auswege. So lässt sich nämlich konkreter darstellen, welche enorme Bedeutung die Bezugsnormen (► Kap. 6.3.2) und die Gütekriterien für die Aussagekraft von Tests und Schulnoten haben.

6.4.3 Gefahren bei der Bewertung und Auswege

Bewertungen und Noten haben einen maßgeblichen Einfluss auf die Zukunftschancen der Schülerinnen und Schüler. Sie stellen die konkreteste und greifbarste Form des Feedbacks bezüglich ihrer schulischen Fähigkeiten dar und sind daher eng verknüpft mit ihren akademischen Interessen, ihrem schulischen Selbstbild, zukünftigem schulischen Engagement und, als unmittelbare Folge davon, zukünftigen Schulleistungen (z. B. Harackiewicz, Durik, Barron, Linnenbrink-Garcia & Tauer, 2008; Marsh, Trautwein, Lüdtke, Köller & Baumert, 2005; Poorthuis et al., 2014; von Maurice, Dörfler & Artelt, 2014). Vor diesem Hintergrund ist es von großer Bedeutung, sich mit potentiellen Gefahren bei der Bewertung auseinanderzusetzen – vor allem, da einige davon zu vermeiden sind, wenn man sich ihrer bewusst ist. Wir diskutieren nachfolgend zunächst die *Vergleichbarkeit von Noten*, der wichtigsten Währung eines selektiven Schulsystems; anschließend gehen wir auf den *motivationalen Aspekt von Noten* und zuletzt auf *Verzerrungen* in der Urteilsbildung von Lehrpersonen ein.

Warum eine Fünf auch eine Drei sein könnte

Noten werden meist ohne Berücksichtigung des Kontextes interpretiert: Eine Vier ist eine Vier, genauso wie 2 cm eben 2 cm sind – egal, wo ich mich gerade befinde. Aber ist diese Interpretation gerechtfertigt?

Wir haben bereits bei der Diskussion der Bezugsnormen (▶ Kap. 6.3.2) festgestellt, inwiefern die Note »4« für ganz unterschiedliche Leistungen stehen kann. Die Bedeutung einer Bewertung oder einer Note hängt zudem auch noch von der Qualität eines Tests ab. Ist der Test bspw. nicht valide und objektiv, so misst er nicht nur das Wissen der Schülerinnen und Schüler, sondern auch den Einfluss verschiedener Charakteristika der Lehrperson, der Region, der Schulform, der Schulstufe, des Schulfaches, der Einzelschule und/oder der einzelnen Klasse – also den Kontext. Vergleicht man verschiedene Lehrpersonen, die denselben Test bewerten, so zeigen sich Unterschiede in den registrierten Fehlern, der festgesetzten Höchstpunktezahl, der Punktezuordnung zu einzelnen Items sowie dem angelegten Notenschlüssel (vgl. Brookhardt et al., 2016). Die Objektivität ist unter diesen Umständen schlicht nicht gegeben.

Um die Objektivität der Benotung zu erhöhen, sollte die Durchführung und Auswertung des Tests nach vorher klar definierten und festgelegten Prozeduren ablaufen. So sollte ein Skript bzw. Fahrplan für schriftliche und mündliche Tests erstellt werden. Zudem helfen Musterlösungen mit feinkörnigen Kriterien statt mit groben Richtlinien, die Bewertung nachvollziehbar zu halten. Wenn es die Kompetenzen und Inhalte erlauben, sind geschlossene Items zu bevorzugen. Diese sind einfach objektiver auszuwerten als halboffene oder gar offene Items. Zudem empfiehlt sich eine »blinde« Auswertung (durch Abdecken der Namen), um Vorlieben der Lehrperson für bestimmte Schülerinnen und Schüler oder sonstigen unbewussten subjektiven Einflüssen entgegenzuwirken.

Charakteristika der Klasse spielen ebenfalls nachweislich eine entscheidende Rolle. Wir haben diese Situation schon bei der Betrachtung der Bezugsnormen kennengelernt, als wir die Bewertungen innerhalb von vier verschiedenen fiktiven Klassen kontrastiert haben (▶ Kap. 6.3.1). Doch das Phänomen zeigt sich auch in der Realität! Bei einer Vollerhebung aller deutschsprachigen Klassen im Kanton Fribourg (CH) wurde der Übertritt von der Grundschule in die verschiedenen Schulformen der Sekundarstufe I genauer analysiert (Trautwein & Baeriswyl, 2006). Es zeigte sich, dass die konkrete Formulierung einer Übertrittsempfehlung der Lehrpersonen bedeutsam vom Leistungsniveau der Klasse abhing. Anders ausgedrückt: Schülerinnen und Schüler aus leistungsstärkeren Klassen erhielten im Schnitt weniger positiv ausfallende Übertrittsempfehlungen als jene aus weniger leistungsstarken Klassen!

Man spricht hier auch von Referenzgruppeneffekten. Diese resultieren automatisch aus einer an der sozialen Norm orientierten Bewertung von Leistungen. Sie können sich aber auch bei der Verwendung anderer Bezugsnormen ergeben, da die Interpretation individueller Leistungen selten im luftleeren Raum ohne jeglichen Abgleich mit Leistungen einer Vergleichsgruppe erfolgt (Kronig, 2007).

Gefahren für die Bewertung ergeben sich also aus mangelnder Objektivität und aus dem Spielraum bei den Bezugsnormen. Eine stärkere Berücksichtigung der kriterialen Bezugsnorm bei der Bewertung sowie eine regelmäßige Reflexion der Kontextabhängigkeit eigener Beurteilungen stellen die wohl wirkungsvollsten Auswege aus dieser Gefahr dar. Als Lehrperson sollte man immer die problematischen Auswirkungen einer kontextabhängigen Beurteilung im Hinterkopf haben – und entsprechend Gegensteuer geben. Denn selbst im Kontext strikt kriterialer Bewertung bleibt Raum für Interpretationen, worunter die Objektivität leiden kann.

Was Noten bei Schülerinnen und Schülern bewirken können

Was und wie an der Schule bewertet wird, spiegelt wider, welche Kompetenzen von den Schülerinnen und Schülern gesellschaftlich erwartet werden. Wer in der Schule erfolgreich sein will, muss sich an dieses System anpassen (oder sich mit diesem System abfinden). Das bedeutet für viele Schülerinnen und Schüler, immer und immer wieder Kompetenzen und Wissensinhalte in einer Prüfungssituation abrufen zu können. Sie tendieren somit schnell dazu, genau dann (und nur dann!) Kompetenz zu demonstrieren, wenn dies gefordert ist.

Lernen mit dem Ziel einer Weiterentwicklung des Wissensstandes tritt hingegen häufig in den Hintergrund. Man spricht hier auch von *Leistungsorientierung* (engl. *performance goal orientation*) – im Kontrast zur *Lernorientierung* (engl. *mastery goal orientation*; z. B. Elliot, 2005; Nicholls, 1984). *Lernorientierung* führt zu einem vertieften Auseinandersetzen mit Lerninhalten, einem höheren Engagement bei der Bearbeitung von Lernaufgaben, einer positiven Einstellung gegenüber Herausforderungen, längerem Durchhaltevermögen sowie positiveren Emotionen während des Lernens. Eine Leistungsorientierung hingegen wirkt sich häufig negativ sowohl auf die Leistung selbst als auch auf die emotionale Lage der Schülerinnen und Schüler aus. Dies wird insbesondere dann problematisch, wenn sie sich nicht ausreichend kompetent fühlen und Angst vor Misserfolg haben.

Vor dem Hintergrund der negativen Folgen einer Leistungsorientierung sollten einige Aspekte der gängigen Bewertungspraxis an Schulen überdacht werden. Dazu gehören

- der ständig präsente soziale Vergleich zwischen Schülerinnen und Schülern,
- die damit einhergehende kompetitive Ausrichtung,
- die große Bedeutung, die der Leistungserhebung generell beigemessen wird und
- der Fokus auf Defizite anstelle einer konstruktiven Feedback-Kultur, die Fehler als Chance zur Weiterentwicklung ansieht (z. B. Kaplan & Maehr, 2007).

Auf der anderen Seite können

- das Einbeziehen einer individuellen Bezugsnorm,
- das Ermöglichen selbstständigen Arbeitens,

- das Einsetzen ergebnisoffener Aufgaben, die nicht nur auf eine Art und Weise richtig gelöst werden können, und
- das regelmäßige Einsetzen von *Formativen Assessments* (► Kap. 5)

zur Förderung einer Lernorientierung beitragen.

Der an vielen Schulen anzutreffende Fokus auf Prüfungen unterstützt nicht nur die Entwicklung einer Leistungsorientierung, sondern verstärkt auch die Bedeutung der Noten für das akademische Selbstkonzept der Schülerinnen und Schüler. Dieses Selbstkonzept beschreibt, wie sie sich in Bezug auf ihre generellen schulischen Fähigkeiten und ihre schulfachspezifischen Fähigkeiten selbst einschätzen. Typische Aussagen dazu sind: »*Ich verstehe Inhalte (in Fach x) schneller/langsamer als meine Klassenkameraden.*« »*Mir fällt das Lernen (in Fach x) leicht/schwer.*« Oder: »*Ich bin gut/schlecht in der Schule/in Fach x.*«

Das Selbstkonzept beeinflusst zukünftige Schulleistungen, das Interesse an entsprechenden Inhalten sowie die in die Zukunft gerichtete Motivation, eine Karriere in der jeweiligen Fachrichtung zu verfolgen (z. B. Jansen, Scherer & Schroeders, 2015; Marsh, Trautwein, Lüdtke, Köller & Baumert, 2005). Es entsteht hauptsächlich aus den Rückmeldungen, die die Schülerinnen und Schüler bezüglich ihrer Fähigkeiten im Lauf ihrer Schulkarriere erhalten, und das sind meist die Noten (z. B. Marsh & Martin, 2011). Auch unter diesem Gesichtspunkt wird noch einmal klar, warum Tests eine hohe Qualität haben müssen!

Es spricht somit viel dafür, als Lehrperson den Aufbau eines positiven Selbstkonzepts zu fördern. Dafür eignen sich Leistungsrückmeldungen, die individuelle Fortschritte und das Entwicklungspotential betonen. Insbesondere sollte verhindert werden, dass sich das Selbstkonzept von Schülerinnen und Schülern auf der Basis von Leistungsbewertungen formt, die nicht der tatsächlichen Leistung entsprechen, sondern durch *Urteilsverzerrungen* auf Seiten der Lehrperson zustande kommen. Wenn bestimmte Stereotype bei Lehrpersonen vorhanden sind, dann haben diese nicht nur eine unmittelbare Auswirkung auf die Note, sondern über das Selbstkonzept letztlich auch auf die zukünftige Leistung – im Sinne einer sich selbst erfüllenden Prophezeiung: »*Ich schreibe in dem Fach immer schlechte Noten, also werde ich das nie können.*« Welche Formen von Urteilsverzerrungen es gibt und was man dagegen unternehmen kann, ist Thema des nächsten Kapitels.

Urteilsverzerrungen erkennen und vermeiden

Die Bewertung von Leistungen erfordert nicht nur fachliches Wissen (Leitfrage: *Inwiefern ist die Antwort fachlich korrekt?*), sondern auch pädagogisch-psychologisch-didaktisches Wissen (Leitfrage: *Wie kann ich aus der Antwort der Schülerin bzw. des Schülers den Leistungsstand in Bezug auf das jeweilige Lernziel ableiten?*). Selbst optimal vorbereitete Prüfungen mit zu den Lernzielen und der Unterrichtsmethode passenden Items und kleinschrittigen Musterlösungen sind nicht gegen Verzerrungen gefeit. Immer wieder ist die Interpretation von Informationen notwendig.

Verzerrungen kommen zustande, weil Bewertungssituationen eine hohe Komplexität haben und Menschen grundsätzlich dazu neigen, Komplexität zu reduzieren.

Hierbei beziehen wir uns nicht auf bewusste Komplexitätsreduktionen, sondern auf solche, die Menschen unbewusst vornehmen. Solche sind oft hilfreich, können aber im schulischen Kontext auch in (gravierenden) Beurteilungsfehlern zu Tage treten.

Hauptquellen dieser Fehler sind

- das ungleichmäßige Ausschöpfen des Beurteilungsspektrums und
- Interferenzen im Urteil.

Unter diesen beiden groben Kategorien lassen sich verschiedene Urteilsfehler zusammenfassen, die im Folgenden zusammen mit den Möglichkeiten ihrer Vermeidung ausgeführt werden.

Wird das *Beurteilungsspektrum ungleichmäßig ausgeschöpft*, dann ist das Gütekriterium der *Objektivität* in Gefahr. Dabei unterscheiden wir zwischen dem *Strengefehler*, dem *Mildefehler* und der *Tendenz zur Mitte* oder zu *Extremurteilen*.

Als *Strengefehler* wird die Neigung bezeichnet, kleinere Mängel stark zu gewichten. Daraus resultieren dann vorwiegend negative Urteile bzw. schlechte Noten. Beim *Strengefehler* können die (möglicherweise zu hohen) Erwartungen der Lehrperson kaum erfüllt werden. Sobald in einer Antwort auf ein Item eine kleine Unzulänglichkeit oder Unklarheit auftaucht, wird dies streng geahndet. Im Gegensatz dazu wird beim *Mildefehler* unabhängig von der tatsächlichen Leistung kaum von ungenügenden Bewertungen oder Noten Gebrauch gemacht. Unzulänglichkeiten und Unklarheiten in Antworten werden ignoriert, es wird nur auf die korrekten Aspekte fokussiert. Sowohl der Strenge- wie auch der Mildefehler resultieren also in Extremurteilen, die entweder sehr schlecht oder sehr gut ausfallen. Eine Scheu vor extremen Urteilen zeigt sich in einer *Tendenz zur Mitte*, bei der sich durchschnittliche Bewertungen und Noten häufen. Dieser Urteilsfehler kann auf eine Entscheidungsunlust oder auch auf die Angst vor möglichem Widerstand gegen die Bewertung zurückgeführt werden. Durchschnittliche Noten führen nämlich selten zu Konflikten und sind in der Regel leichter zu vertreten als besonders gute oder schlechte Noten. Man findet aber auch die *Tendenz zu Extremurteilen* – eine Kombination aus Strenge- und Mildefehler. Bei einer Tendenz zu Extremurteilen werden selten mittlere Noten, dafür übermäßig oft Extremnoten vergeben. Zum Beispiel werden bei Begeisterung kleine Mängel übersehen oder bei Enttäuschung über bestimmte Fehler gelungene Teile nicht mehr berücksichtigt.

Ein *ungleichmäßiges Ausschöpfen des Beurteilungsspektrums* auf die eine oder andere Weise führt zwangsläufig zu einem Verlust an Differenzierung in den Urteilen. Die Leistung der Schülerinnen und Schüler wird systematisch über- bzw. unterschätzt oder man drückt sich vor klaren Bewertungen. Um diesen Urteilsverzerrungen entgegenzuwirken, muss sich die beurteilende Person über ihre eigenen Urteilsfehler im Klaren sein. Ist man selbst stets der einzige Maßstab der Bewertung, wird diese Einsicht kaum möglich sein. Unter diesem Gesichtspunkt macht es Sinn, Bewertungen regelmäßig durch mehrere Beurteiler durchzuführen (ein Test wird bspw. zusätzlich zur Lehrperson auch von einer Fachkollegin bewertet). Aus dem Vergleich und der Diskussion möglicher Abweichungen können Informationen über eigene Urteilsfehler abgeleitet werden. Dieses Wissen sollte dann in zukünftigen Bewertungssituationen berücksichtigt werden. Ein Beispiel: Bei einer vermuteten Tendenz zu Extremurteilen wird konsequent immer nur eine Aufgabe über alle Schülerinnen und Schüler hinweg bewertet, anschließend werden alle Tests gemischt und danach wird die nächste Aufgabe bewertet. Systematische Strenge- und Mildefehler können auch auf falsche Erwartungen bezüglich der alterstypischen Leistungsfähigkeit der Klasse zurückgeführt werden. Möglicherweise erwartet eine Lehrperson zu viel von Schülerinnen und Schülern, die gerade erst das Lesen gelernt haben, oder sie unterschätzt ihre Fähigkeit, auch komplexere Inhalte zu erfassen. Eine kritische Reflexion der alterstypischen Leistungsfähigkeit der Klasse kann folglich auch ein Weg sein, diesen Urteilsfehlern entgegenzuwirken.

Wenn *Interferenzen im Urteil* auftreten, dann ist ebenfalls die *Objektivität* in Gefahr. Wir beschreiben im Folgenden die Gefahren, die von *Reihungsfehlern*, *logischen Fehlern*, dem *Halo-Effekt* und von *Stereotypen* ausgehen.

Von einem *Reihungsfehler* ist die Rede, wenn die Reihenfolge der Leistungsbegutachtung einen Einfluss auf deren Bewertung hat. So wird bspw. eine durchschnittliche Leistung besser bewertet, wenn sie auf eine mäßige Leistung folgt, und tendenziell schlechter, wenn sie auf eine gute Leistung folgt. Diesem Fehler liegen Erwartungen über mehr oder weniger wahrscheinliche Sequenzen von Ereignissen zugrunde: Das Eintreten desselben Ereignisses mehrmals hintereinander (z. B. »sehr gute« Prüfungsleistung) wird als unwahrscheinlich wahrgenommen. Dieser Fehlschluss ist analog zu demjenigen des Roulettespielers, der denkt, nach dreimal Rot müsse doch jetzt einmal Schwarz kommen. Dabei sind die einzelnen Ereignisse komplett unabhängig voneinander. Für die Leistungen von Schülerinnen und Schülern bezüglich einer Aufgabe gilt selbstverständlich dasselbe – es sei denn, es wurde abgeschrieben…

Bei den sogenannten *logischen Fehlern* führen naive Vorstellungen von Zusammenhängen dazu, dass ein bekanntes Leistungsmerkmal ein anderes Leistungsurteil beeinflusst. Beispiele hierfür wären die Erwartungen, dass Schülerinnen und Schüler, die gut in Mathematik sind, auch gut in Physik sein müssen, oder dass eine gute Gedächtnisleistung mit gutem Verständnis einhergeht. Stellen wir uns zwei Schülerinnen vor. Die eine ist dafür bekannt, gut in Mathematik zu sein, die andere dafür, gerade Probleme in diesem Fach zu haben. Bei der Bewertung einer Aufgabe in einem Physiktest würde der logische Fehler nun dazu führen, dass trotz identischer Antwort die gute Matheschülerin eine bessere Bewertung erhält als die schlechte Matheschülerin. Bei dem logischen Fehler wird also Wissen aus einem bestimmten Bereich herangezogen, um ein Urteil in einem anderen Bereich zu fällen.

Ein Urteil kann auch durch den Gesamteindruck einer Person beeinflusst werden. Wenn der globale (subjektive) Allgemeineindruck, etwa vermittelt durch das Auftreten, die Kleidung oder die Sprache, die Wahrnehmung einzelner Merkmale bestimmt, spricht man von »Halo-Effekten« (»halo« kann vom Englischen ins Deutsche übersetzt werden als Heiligen- oder Glorienschein). Ein positiver Gesamteindruck kann demnach die Leistungsbewertung (z. B. jene im Geographieunterricht) in positiver Richtung, ein negativer Gesamteindruck die Bewertung in negativer Richtung verzerren.

Eng mit den beiden zuletzt genannten Urteilsfehlern verbunden – allerdings noch etwas allgemeiner angelegt – ist die *durch Stereotype verzerrte Urteilsbildung*. Stereotype bezeichnen stark vereinfachende Vorstellungen über eine Gruppe von Menschen. Sie werden oft von einer Vielzahl von Menschen geteilt und sind relativ änderungsresistent. Dazu zählen bspw. auch verschiedene Eigenschaften, die stereotyp mit dem Berufsstand der Lehrenden assoziiert sind – Lehrpersonen haben vormittags recht und nachmittags frei. Stereotype vereinfachen die Interpretation von Wahrnehmungen in komplexen Situationen – wie beispielsweise der Bewertungssituation im Schulkontext. Typische Beispiele sind Aussagen wie *»Mädchen sind viel sprachbegabter als Jungen, aber Mathe, nein, das können die nicht.«* Den Einfluss von Stereotypen kann man auch empirisch eindrucksvoll demonstrieren. So zeigten schweizerische und österreichische sowie weibliche deutsche Physiklehrpersonen (erstaunlicherweise nicht die männlichen deutschen Physiklehrer) in der ersten Dekade ihrer Karriere ein Geschlechter-Stereotyp. Eine halbrichtige Antwort in einer Physikprüfung wurde im Durchschnitt etwa eine halbe Note schlechter bewertet, wenn sie vermeintlich von einer Schülerin stammte, als wenn sie vermeintlich von einem Schüler stammte (Hofer, 2015).

Vielen Interferenzen im Urteil kann durch eine Anonymisierung der Prüfungskorrektur begegnet werden. Befindet sich der Name der Schülerin oder des Schülers bspw. auf einem Deckblatt, so kann diese Seite vor Beginn der Bewertung umgeschlagen und im Folgenden ignoriert werden. Diese Maßnahme hat das Ziel, individuelle Merkmale der Schülerinnen und Schüler in der Bewertungssituation möglichst auszublenden. Vermutlich kennt man irgendwann ihre Handschriften, so dass eine anonyme Korrektur schwieriger wird. Hier bieten sich Chancen durch die Digitalisierung: Aufgaben, die am Computer bearbeitet werden können, lassen sich danach sehr viel einfacher anonymisiert korrigieren.

Um Interferenzen im Urteil zu vermeiden, hilft es generell, Beschreibung und Bewertung der Leistung strikt voneinander zu trennen. Werden in einem ersten Durchgang nur korrekte Aspekte bzw. Fehler beschrieben und die Bewertung erst in einem zweiten Durchgang vorgenommen, dann kann viel eher sichergestellt werden, dass die Bewertung der positiven Aspekte bzw. Fehler für alle Schülerinnen und Schüler gleich erfolgt. Gegebenenfalls kann die Musterlösung auch nach der Beschreibung der Leistungen aller Schülerinnen und Schüler und vor der Bewertung noch einmal angepasst werden – wichtig ist aber natürlich, dass alle Schülerinnen und Schüler auf Grundlage derselben Musterlösung bewertet werden.

Bei der Erstellung der Musterlösung bzw. der Lösungsschablone sind differenzierte Beurteilungskriterien anstatt globaler Beurteilungsgesichtspunkte zu empfehlen. Es sollte ein differenziertes Bewertungsschema vorbereitet werden, das festlegt, für welche Teilantworten wie viele Punkte vergeben werden. Ein derartiger, eher kleinschrittiger Fahrplan berücksichtigt bereits im Voraus verschiedene Varianten korrekter und falscher Aspekte und spezifiziert, wie damit umzugehen ist (bspw. in der Bewertung von Flüchtigkeits- oder Folgefehlern). Je engmaschiger und eindeutiger dieser Fahrplan, desto weniger Unklarheiten bestehen in der Bewertungssituation. Weniger Unklarheit senkt den Bedarf an Komplexitätsreduktion, wodurch dann auch die Wahrscheinlichkeit von Urteilsfehlern sinkt. Eine Variation der Reihenfolge, in der einzelne Prüfungsaufgaben bewertet werden, kann speziell systematischen Reihungsfehlern entgegenwirken. Da Interferenzen im Urteil insbesondere in ambigen Bewertungssituationen – wie etwa die oben genannte halbrichtige Physikprüfungsantwort – zu beobachten sind, treten diese Urteilsfehler vor allem bei Leistungen im Mittelbereich auf. Auffällig gute oder schlechte Leistungen lassen sich in der Regel eindeutiger interpretieren. Bei mittleren Leistungen ist also besondere Aufmerksamkeit geboten.

6.5 Schrittweise Prüfungsgestaltung

Nachdem wir nun ausführlich dargestellt haben, welche Faktoren die Qualität eines *Summativen Assessments* ausmachen, welche Gefahren bei der Bewertung lauern und wie man ihnen begegnen kann, werden wir nun konkret. Zu diesem Zweck gehen wir die Schritte einer Prüfungsgestaltung einzeln ab. Wir beginnen mit der Konzipierung und dem Erstellen der Prüfung, gehen auf die Durchführung ein und zeigen auch die Handlungskonsequenzen auf, die sich für die Lehrperson aus einem *Summativen Assessment* für den weiteren Unterricht ergeben.

Abbildung 11 gibt einen Überblick der Schritte. Wie durch die Abbildung verdeutlicht wird, arbeitet man die einzelnen Schritte nacheinander von oben nach unten ab (angezeigt durch Pfeile auf der linken Seite der Darstellung). In diesem hierarchischen Prozess wird es allerdings immer wieder notwendig sein, Schritte zurückzugehen und Anpassungen auf vorherigen Stufen vorzunehmen (angezeigt durch Pfeile auf der rechten Seite der Darstellung). Nur so lassen sich *Validität*, *Reliabilität* und *Objektivität* (▸ Kap. 6.4.2) einer Prüfung sicherstellen.

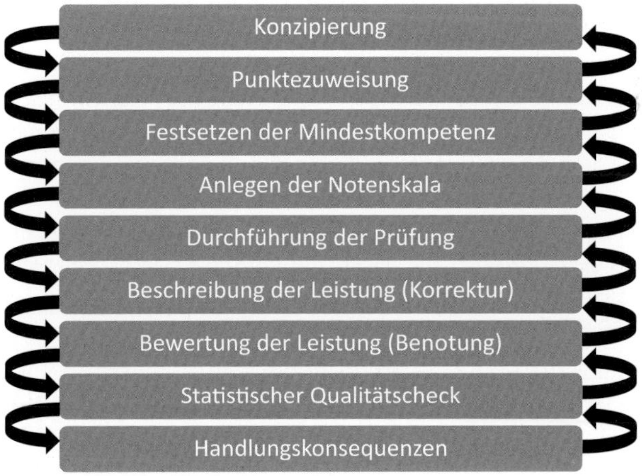

Abb. 11: Die 9 Schritte der Prüfungsgestaltung

Die Prüfungsgestaltung umfasst (mindestens) diese neun Schritte. Bei der Beschreibung der einzelnen Schritte werden wir auf Informationen zurückgreifen, die bereits in den vorherigen Kapiteln erörtert wurden. Eine gewisse Redundanz ist dabei beabsichtigt. Denn wie bereits bei den Gefahren der Bewertung geschildert (▶ Kap. 6.4.3), laufen viele Prozesse beim Auswerten und Beurteilen unbewusst ab. Es ist daher wichtig, sich dies immer wieder bewusst zu machen – und dies geschicht eher, wenn man sich wiederholt und konzentriert mit den Aspekten der Prüfungsgestaltung auseinandersetzt.

6.5.1 Schritt 1: Konzipieren der Prüfung

Ausgehend von der Unterrichtsplanung (▶ Kap. 3) werden Aufgaben für eine Bewertungssituation bzw. eine Prüfung erstellt. Eine solche Bewertungssituation kann ganz unterschiedlich aussehen. Sie kann eine *praktische*, eine *mündliche* oder eine *schriftliche* Prüfung sein; sie kann *online* oder *offline* durchgeführt werden; sie kann *ressourcenarm* oder *ressourcenreich* erfolgen. Zudem kann man *offene*, *halboffene*, *geschlossene* oder eine *Kombination dieser Aufgabenformen* verwenden. Ganz allgemein gilt, dass mit einer einfachen Aufgabe begonnen werden sollte, damit die Schülerinnen und Schüler ihre anfängliche Nervosität ablegen und sich in die Prüfung hineinfinden können. Unabhängig von der Art der Aufgaben gibt es vier Aspekte, die beim Konzipieren einer Prüfung berücksichtigt werden sollten.

Erstens müssen die gestellten Aufgaben das abdecken, was in den Lernzielen formuliert und was entsprechend im Unterricht behandelt wurde. Anders ausgedrückt, die Aufgaben sollten repräsentativ für die Lernziele und den Unterricht sein. Zudem ist sicherzustellen, dass die Aufgaben angemessen formuliert werden. Nicht geläufige oder für die Schülerinnen und Schüler unbekannte Begriffe müssen vermieden werden, denn sonst erfasst man mit der Prüfung eher sprachliches Verständnis und weniger die eigentlich zu messenden Fachkompetenzen oder -inhalte. Gutes und einfaches Formulieren ist schwierig, nehmen Sie sich Zeit dafür!

Zweitens ist es sinnvoll, Lernziele und Kompetenzen nicht nur mit einer einzelnen Aufgabe zu erfassen, sondern wenn möglich die Anzahl an Aufgaben pro Lernziel bzw. Kompetenz zu erhöhen. Scheitert jemand bei einer einzelnen Aufgabe, muss dies nicht nur an mangelnder Kompetenz liegen, vielleicht wurde auch einfach diese eine Aufgabe missverstanden. Je mehr Aufgaben ein Lernziel oder eine Kompetenz abdecken, desto genauer wird die Messung. Dieser Aspekt trägt wesentlich zur *Reliabilität* einer Prüfung bei.

Drittens müssen klare Erwartungen für die Lösungen formuliert werden. Das heißt, man sollte schriftlich festhalten, welche Antworten von den Schülerinnen und Schülern erwartet werden, wie man mit Fehlern umgeht und wie Teilpunkte vergeben werden. Es ist also zwingend eine detaillierte Musterlösung mit einer transparenten Punkteverteilung zu erstellen. Dieser Aspekt trägt zur *Objektivität* der Prüfung bei.

Viertens gilt es zu bedenken, ob die Prüfung tatsächlich in der dafür vorgesehenen Zeit zu bearbeiten ist. Hier empfiehlt es sich, für jede Aufgabe abzuschätzen, wie viel Zeit die (durchschnittlich guten!) Schülerinnen und Schüler brauchen. Die Summe der Schätzungen darf die zur Verfügung stehende Gesamtzeit keinesfalls überschreiten. Auch das Berücksichtigen dieses Aspekts trägt viel zur *Validität* der Prüfung bei.

Sind die Aufgaben diesen vier Aspekten folgend erstellt, kann man zum nächsten Schritt übergehen.

6.5.2 Schritt 2: Punktezuweisung

Bei der Punktezuweisung sprechen wir zum ersten Mal eine Empfehlung aus, die bei den folgenden Schritten auch wieder auftauchen wird: *Die Anzahl von Entscheidungen bei der Prüfungsgestaltung sollte möglichst gering gehalten werden, nachvollziehbar und leicht zu rechtfertigen sein.* Warum? Als Lehrperson hat man sehr viele Freiheitsgrade bei der Erstellung und Bewertung einer Leistung. Es muss für Schülerinnen und Schüler, aber auch für Außenstehende nachvollziehbar bleiben, wie diese Freiheiten genutzt wurden. So auch bei der Punktezuweisung zu den einzelnen Aufgaben. Ist der Interpretationsspielraum zu groß, wird es zu Konflikten kommen.

Viele Lehrpersonen hingegen neigen dazu, die *Schwierigkeit* von Aufgaben heranzuziehen und entsprechend für Aufgaben, die Ihnen als schwieriger erscheinen, mehr Punkte zu vergeben als für leichtere. Allerdings ist die Einschätzung der Schwierigkeit kaum möglich. Man ist so geübt in dem eigenen Fach, dass es oftmals nicht mehr wirklich nachvollziehbar ist, wo überall Verständnisschwierigkeiten auftauchen könnten.

Aus diesem Grund plädieren wir dafür, die Punkte entsprechend der *Bedeutsamkeit* der in Aufgaben getesteten Kompetenzen zu vergeben (siehe auch Sacher, 2009). Unseres Erachtens ist es einfacher, die Bedeutsamkeit von Kompetenzen und Inhalten zu bewerten. Denn hier gilt es zu bestimmen, welche Kompetenzen und Inhalte relevant für die weitere Schulkarriere, also für das weitere Lernen im Fach (oder auch in anderen Fächern) sind und welche eher peripher (z. B. Inhalte, die bei dem gerade behandelten Thema durchaus interessant sind, welche aber bei anschließenden Themen kaum wieder aufgegriffen werden). Die Bedeutsamkeit von Kompetenzen und Inhalten sollte sich selbstverständlich schon vorher in der Unterrichtsplanung – genauer, in der für bestimmte Inhalte aufgewendeten Unterrichtszeit – widerspiegeln. Folglich sollen jene Aufgaben, die bedeutsame Aspekte abdecken, ein höheres Gewicht in der Prüfung haben. Diese Gewichtung erreicht man am einfachsten, indem mehr Aufgaben für die bedeutsameren Kompetenzen und Inhalte als für die peripheren erstellt werden.

Zwar haben wir gerade eine Gewichtung vorgeschlagen, wollen dies aber gleich einschränken. Weitergehende Gewichtungen von Aufgaben oder gar innerhalb von Aufgaben erachten wir nicht als sinnvoll. Je mehr Gewichtungen man macht, umso mehr Entscheidungen müssen getroffen werden und umso komplizierter wird deren Rechtfertigung. Bei der Punktezuweisung schlagen wir daher vor, die Punkte möglichst ähnlich über die verschiedenen Aufgaben einer Prüfung hinweg zu verteilen. Wenn also bspw. bei einer Aufgabe nach zwei Begriffen gefragt wird und bei einer anderen Aufgabe ebenfalls, dann sollte es bei beiden Aufgaben jeweils 2 Punkte geben, wenn zwei relevante Begriffe genannt wurden. Innerhalb dieser Aufgaben sollte pro genannten Begriff je 1 Punkt vergeben werden und nicht für einen Begriff, den man als Lehrperson als wichtiger erachtet, 1.5 Punkte und für den anderen 0.5 Punkte. Denn dann hätte man ja nicht nach zwei Begriffen fragen müssen, sondern einfach nur nach dem wichtigsten Begriff.

Wenn in einem Test zwei Kompetenzen geprüft werden und eine davon ist bedeutsamer, dann sollte man für diese wichtigere Kompetenz mehr Aufgaben stellen als für die weniger bedeutsame. Mit diesem Kniff erreicht man also eine Gewichtung nach Bedeutsamkeit, vermeidet aber eine kompliziertere Gewichtung, bei der für einzelne Aufgaben oder Teilaufgaben mehr Punkte als für andere vergeben werden.

Das eben vorgeschlagene Vorgehen erhöht die Transparenz der Bewertungssituation. Schülerinnen und Schüler können aus den Fragestellungen schon einmal annähernd erkennen, was von ihnen gefordert ist. Jedoch bietet es sich an, die Punktezuweisung noch transparenter zu machen. Schreiben Sie die zu erreichenden Punktzahlen an die einzelnen Aufgaben! Drucken Sie relevante Teile der Aufgabenstellung fett (z. B. »Nennen Sie **zwei** Bezugsnormen der Leistungsbewertung!«)! So wird für die Schülerinnen und Schüler, aber auch für deren Eltern oder andere Personen, die sich die Prüfung u. U. ansehen, nachvollziehbar, wie Sie bei der Konzeption und der Punktezuweisung vorgegangen sind.

Schließlich ist es für die Punktezuweisung unerlässlich, Ihre Musterlösung weiter auszuarbeiten. Dabei sollten Sie vor allem folgende Aspekte spezifizieren: Wie wollen Sie mit Flüchtigkeitsfehlern umgehen, wie mit Übertragungsfehlern? Ist eine korrekte Rechtschreibung punkterelevant oder nicht? Das heißt also bspw., dass Flüchtigkeitsfehler bei allen Aufgaben auf die gleiche Art gleich sanktioniert werden. Bei der Ausarbeitung Ihrer Musterlösung macht es wiederum Sinn, über die Aufgaben einer Prüfung hinweg konsistent zu sein und sich von den Lernzielen leiten zu lassen.

Wenn Sie die Punktezuweisung vorgenommen haben, überprüfen Sie, ob bedeutsame Kompetenzen und Inhalte tatsächlich mehr Gewicht haben als weniger bedeutsame. Stellen Sie sicher, dass Sie alle Lernziele so abdecken, wie Sie dies im Unterricht getan haben. Sollten Sie Diskrepanzen feststellen, müssten Sie nochmals zum ersten Schritt zurückkehren und Aufgaben streichen oder neue aufnehmen. Sind Sie zufrieden mit Ihrer Punktezuweisung, dann können Sie zum nächsten Schritt übergehen.

6.5.3 Schritt 3: Festlegen der Mindestkompetenz

Bevor Noten vergeben werden können, sollten Sie eine *Mindestkompetenz* festlegen, mit der eine Prüfung als bestanden gilt. Damit ist gemeint, dass diese *alle* Schülerinnen und Schüler erreichen sollten, gemäß der im Kapitel 6.5.2 (► Kap. 6.5.2) eingeführten *Bedeutsamkeit* von Lehrinhalten. Wenn die Mindestkompetenz in der Prüfung erreicht wird, dann erlaubt Ihnen dies nämlich, auf das Wissen im nachfolgenden Unterricht aufbauen zu können. Wird diese Mindestkompetenz nicht erreicht, dann wird es für die Schülerinnen und Schüler entsprechend schwierig, dem weiteren Unterricht zu folgen.

Ein Beispiel zur Illustration: Eine Lehrperson hat einen Vokabeltest entwickelt. Dieser testet das Wissen über 100 Vokabeln ab, die die Schülerinnen und Schüler über den letzten Monat hinweg gelernt haben. Der Lehrperson ist es wichtig, dass die Schülerinnen und Schüler ihren Wortschatz in der Fremdsprache konstant erweitern. Die entsprechenden 100 Vokabeln hat sie deshalb ausgewählt, weil sie in der Klasse demnächst einen einfachen Roman lesen will, in dem diese Vokabeln vorkommen. Nach ihren Überlegungen ist es für ein erstes Verständnis des Romans zumindest notwendig, 60 der 100 Vokabeln zu kennen, sonst würde das Lesen zur Tortur, weil die Schülerinnen und Schüler nonstop im Wörterbuch nachschlagen müssten. Dementsprechend legt sie als Mindestkompetenz eine Lösungsrate von 60 % für den Vokabeltest fest. Wir sehen dies schematisch in Abbildung 12. Erreicht eine Schülerin also gerade eine Lösungsrate von 60 %, dann würde sie die Note bekommen, die gerade noch für ein »bestanden« steht.

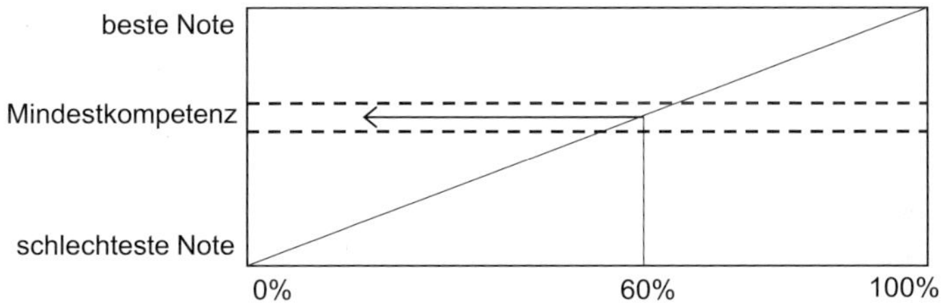

Abb. 12: Mindestkompetenz in einer linearen Skala der Zuordnung von Lösungsrate und Note

Abbildung 12 zeigt die Zuordnung der Lösungsrate zu einer Note. In diesem Beispiel wird eine lineare Zuordnung vorgenommen. Die beste Note gibt es, wenn alle (oder zumindest fast alle) Aufgaben korrekt gelöst wurden, also bei 100 % (oder knapp darunter). Die schlechteste Note gibt es, wenn alle (oder zumindest fast alle) Aufgaben falsch bearbeitet wurden, also bei 0 % (oder knapp darüber). In diesem Beispiel ist die Mindestkompetenz durch eine Lösungsrate von 60 % definiert (angedeutet durch die gestrichelten Linien). Für diese Leistung würde es also die Note geben, die gerade noch ausreichend ist (in Deutschland, der Schweiz und Österreich wäre dies typischerweise die Note 4).

In unserem schematischen Beispiel war das Festsetzen der Mindestkompetenz relativ einfach. Im realen Unterricht ist dies oft schwieriger. Hier können wir wieder nur betonen, wie wichtig es ist, eine gute Unterrichtsplanung vorzunehmen. Denn diese erlaubt es, klar abzuschätzen, welche Kompetenzen und Inhalte bedeutsam, welche peripher sind. Hat man beim Festlegen der Mindestkompetenz Schwierigkeiten, diese mit den Aufgaben der Prüfung abzubilden, dann muss zu den vorherigen Schritten zurückgegangen werden. Ist es Ihnen gelungen, die Mindestkompetenz für Ihre Prüfung zu Ihrer Zufriedenheit festzulegen, dann können Sie einen Schritt weitergehen.

6.5.4 Schritt 4: Anlegen der Notenskala

Zusätzlich zur Mindestanforderung gilt es festzulegen, wie sich die Gesamtpunktzahl, die in der Prüfung erreicht wurde, in eine Note übersetzt. Diese Zuordnung sollte logisch eindeutig sein. Eine bestimmte Punktzahl entspricht also einer bestimmten Note. Bei einer höheren Punktzahl gibt es entsprechend eine bessere Note; bei einer niedrigeren Punktzahl gibt es eine schlechtere Note. Oftmals existieren in Bundesländern oder Kantonen, manchmal gar in einzelnen Schulen klare Richtlinien oder sogar Vorschriften, wie die Übersetzung von Punkten in Noten gemacht werden sollte. Selbstverständlich müssen Sie sich an die jeweils für Ihre Schule geltenden Bestimmungen halten. Trotzdem sollten Sie sich bei diesem Schritt über verschiedene Aspekte Gedanken machen.

Die Zuordnung von Punkten zu Noten sollte mit der *von Ihnen gewählten Bezugsnorm* zusammenpassen (► Kap. 6.3). Folgen Sie bspw. einer sozialen Bezugsnorm, so könnten Sie zusätzlich festlegen, dass sich die Noten in Ihrer Klasse normalverteilen sollten. Für einen Punktwert, der nahe am Mittelwert der Klasse liegt, gäbe es demnach eine mittlere Note. Für Punktwerte, die über oder unter dem Mittelwert liegen, gibt es entsprechend eine bessere oder eine schlechtere Note. Der Normalverteilung folgend gäbe es zudem wenige sehr schlechte und wenige sehr gute Noten. Folgen Sie dagegen einer strikt kriterialen Bezugsnorm, wäre es hingegen möglich, dass alle Schülerinnen und Schüler dieselbe Note erhalten. Sie haben einen tollen Unterricht geliefert und alle Schülerinnen und Schüler haben das Kriterium vollständig erreicht. Bei einer individuellen Bezugsnorm schließlich müssten Sie die Punktwerte mit Vorinformationen über die Schülerinnen und Schüler zusammenbringen. Diejenigen, die am meisten dazu gelernt haben, bekämen dann die besten Noten.

Auch bei der Übersetzung von Punkten in Noten gilt es, die Anzahl von Entscheidungen zu minimieren. Betrachten Sie noch einmal Abbildung 12. In diesem Beispiel ist eine monoton lineare Skala angelegt. Das bedeutet, dass die Steigung der Gerade über den gesamten Bereich gleichbleibt. Damit sind auch die Abstände zwischen den verschiedenen Noten immer gleich groß. Diese Zuordnung ist einfach und klar. Aber es könnte in bestimmten Situationen durchaus sinnvoll sein, komplexere Zuordnungen zu definieren. Beispielsweise könnte man die Steigung der Geraden partiell linear machen und vor und nach der Mindestkompetenz unterschiedliche Steigungen verwenden. Dies kann dazu beitragen, bei ähnlichen Punktzahlen stärker mit den Noten differenzieren zu können.

Ein weiteres Beispiel für eine partiell lineare Zuordnung von Punkten bzw. Lösungsrate zu Noten ist in Abbildung 13 dargestellt. Während die Schülerinnen und Schüler in diesem Beispiel zwar recht bald eine Note bekommen, die fast der Mindestkompetenz entspricht, ist die Festsetzung der besten Note streng angelegt. Diese Zuordnung führt dazu, dass auch diejenigen, welche die Mindestkompetenz nicht erreicht haben, eine Note erhalten, die von der Mindestkompetenz weniger weit entfernt ist als etwa bei einer monoton linearen Zuordnung. Das könnte sich positiv auf die Motivation dieser Schülerinnen und Schüler auswirken, da die erreichte Note nicht so weit von der Mindestkompetenz entfernt scheint. Andererseits führt die Festsetzung einer sehr hohen Hürde für die beste Note dazu, dass diese nur von wenigen Schülerinnen und Schülern erreicht wird, die für eine herausragende Leistung auf der Prüfung belohnt werden.

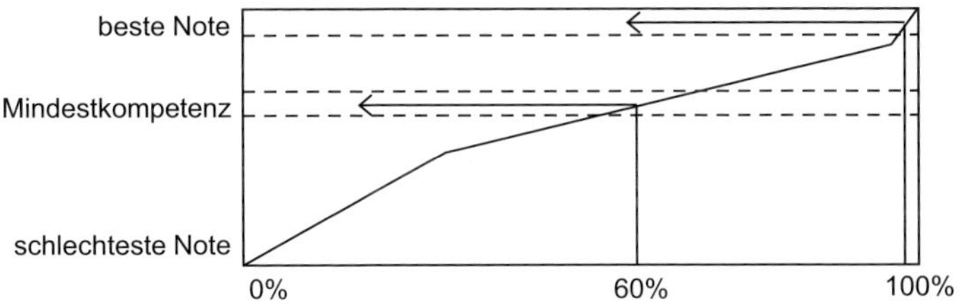

Abb. 13: Partiell lineare Skala der Zuordnung von Lösungsrate und Note

Vergleichen Sie die Abbildung 13 mit der Abbildung 12. Überlegen Sie sich, welche Vor- und Nachteile die drei verschiedenen Steigungen der Zuordnungsgeraden in Abbildung 13 gegenüber der linearen Zuteilung in Abbildung 12 haben.

Prinzipiell sollte das Anlegen der Notenskala *vor* der Durchführung der Prüfung stattfinden. Bemerkt man dabei Probleme, bspw. gibt es nicht genügend Aufgaben, um in bestimmten Bereichen gut differenzieren zu können, dann muss man zu den vorherigen Schritten zurückkehren und Anpassungen vornehmen. Oft zeigen sich Probleme mit der Notenskala aber auch erst bei der Auswertung der Prüfung. Dies kann ein nachträgliches Anpassen der Skala erfordern. War bspw. die Zeit für die Prüfung zu knapp bemessen und die letzten Aufgaben der Prüfung konnten eindeutig aus diesem Grund nicht mehr bearbeitet werden, dann muss man einen pragmatischen Umgang damit finden. Wir werden bei der Beschreibung der nächsten Schritte darauf zurückkommen. Wenn Sie aber erst einmal zufrieden mit Ihrer Notenskala sind, dann kann nun die Prüfung durchgeführt werden.

6.5.5 Schritt 5: Durchführung der Prüfung

Ihre Schülerinnen und Schüler müssen nun in der von Ihnen konzipierten Bewertungssituation ihr Wissen und ihre Kompetenzen demonstrieren. Dies ist eine Stresssituation. Mit Stress gehen Menschen sehr unterschiedlich um. Versuchen Sie, den Stress durch klare Kommunikation zu verringern. Bereiten Sie Ihre Schülerinnen und Schüler darauf vor, was sie in der Prüfung erwartet. Das heißt natürlich nicht, dass Sie die Prüfungsaufgaben vorher verraten. Vielmehr geht es darum, den Schülerinnen und Schülern klar zu machen, wie die Prüfung abläuft. Sie könnten bspw. in der Lektion vor dem Test anhand von konkreten Beispielaufgaben erläutern, welche Arten von Aufgaben vorkommen werden.

Generell gilt: Bei einer konsistenten Unterrichtsplanung (▶ Kap. 3, Unterrichtsplanungstaxonomie) geben die Inhalte, die Schwerpunktsetzung und das Niveau des Unterrichts vor, was in der Prüfung abgefragt wird. Wird diese Konsistenz im Unterricht transparent gemacht, kann das ebenfalls Verunsicherung und Stress vor der Prüfung reduzieren.

Überlegen Sie auch vorher, wie Sie mit bestimmten Situationen umgehen wollen. Was wollen Sie bspw. machen, wenn eine Schülerin abschreibt? Wie reagieren Sie, wenn Sie einen Schüler beim Schummeln erwischen? Wie ist die Situation geregelt, wenn jemand auf die Toilette muss? Wichtig ist selbstverständlich auch, vorher klar zu kommunizieren, ob und welche Hilfsmittel erlaubt sind.

Wenn nun die Prüfung durchgeführt wird, unterstützen Sie den Beginn der Prüfung – lassen Sie die Schülerinnen und Schüler in die Prüfungssituation hineinfinden. Bei schriftlichen Prüfungen kann es z. B. sinnvoll sein, sich zu Beginn Zeit zu nehmen, um mit den Schülerinnen und Schülern alle Aufgaben durchzugehen. So können Sie frühzeitig und im Klassenverband mögliche Verständnisschwierigkeiten ausräumen. Hierbei sollten Sie auch erklären, dass die Aufgaben nicht zwingend in der von Ihnen festgelegten Reihenfolge bearbeitet werden müssen (es sei denn, es gibt gute Gründe für eine Bearbeitung gemäß der vorgegebenen Reihenfolge). Erklären Sie auch, dass man durchaus erst einmal zu einer anderen Aufgabe springen kann, wenn man mit einer Aufgabe nicht zurechtkommt, um sich dann später nochmals mit der Schwierigkeit bereitenden Aufgabe zu beschäftigen. Sie sollten die Schülerinnen und Schüler auch auf die für jede Aufgabe angegebenen Punktwerte hinweisen.

Während der Prüfung können Sie den Schülerinnen und Schülern periodisch die noch verbleibende Zeit mitteilen. Dieses müssen Sie nicht in die Klasse rufen – schreiben Sie es bspw. an die Tafel, die Schülerinnen und Schüler werden so weniger gestört. Wenn Fragen auftauchen, gilt es zu überlegen, inwiefern Ihre Antwort einen Vorteil für die fragende Person bietet. Oftmals ist es durchaus sinnvoll, Ihre Antwort der ganzen Klasse kundzutun. Dadurch halten Sie die Prüfungsbedingungen fair.

Selten geht bei der Durchführung einer Prüfung alles schief, so dass sie tatsächlich wiederholt werden müsste. Nur in diesen Extremfällen müssten Sie zu vorherigen Schritten zurückgehen. Es kann allerdings durchaus sinnvoll sein, auffällige Vorkommnisse während der Prüfung zu notieren. Wird etwa dieselbe Frage zu einer Aufgabe wiederholt gestellt, ist die Zeit am Schluss knapp, oder blättern die Schülerinnen und Schüler häufig hin und her, so kann das wichtige Ansatzpunkte für die zukünftige Prüfungsgestaltung oder auch unmittelbar für die Prüfungskorrektur liefern. Wenn Sie – was wohl meistens der Fall sein wird – die Prüfung erfolgreich durchgeführt haben, können Sie zur Beschreibung der Leistung weitergehen, also die Prüfungskorrektur vornehmen.

6.5.6 Schritt 6: Beschreibung der Leistung (Korrektur)

Nach der Durchführung geht es darum, die von den Schülerinnen und Schülern erbrachte Leistung im Prozess der Prüfungskorrektur zu beschreiben. Bei der Korrektur lauern die bereits im Kapitel 6.4.3 (► Kap. 6.4.3) dargestellten Urteilsfehler: *Interferenzen im Urteil* können auftreten oder das *Beurteilungsspektrum kann ungleichmäßig ausgeschöpft* werden.

Urteilsfehler gefährden die Objektivität. Grundsätzlich wichtig ist eine strikte Trennung zwischen der beschreibenden Erfassung der Leistung (also der Korrektur) und ihrer Bewertung. Das ist auch der Grund, warum wir hier zunächst ein Kapitel zur Beschreibung der Leistung präsentieren und dann erst im nächsten Schritt zur Bewertung bzw. Benotung der Leistung kommen. Unter der strikten Trennung ist Folgendes zu verstehen: Sie haben sich zwar bei der Erstellung der Prüfung Gedanken über die möglichen Antworten der Schülerinnen und Schüler auf die von Ihnen gestellten Aufgaben gemacht und ein Lösungsschema geschrieben. Allerdings sollten Sie nun erst einmal prüfen, ob die Antworten tatsächlich Ihrem Schema entsprechen. Wenn man gleich damit beginnt, eine Antwort auf eine Aufgabe zu korrigieren und dafür dann sofort auch schon Punkte vergibt, dann ist die Gefahr groß, sich von eigenen Erwartungen über die Schülerinnen und Schüler leiten zu lassen. Schauen Sie also erst einmal ein paar Lösungen von zufällig ausgewählten Schülerinnen und Schülern an und prüfen Sie, inwiefern Ihr Lösungsschema funktioniert. Möglicherweise müssen Sie Anpassungen oder Ausdifferenzierungen vornehmen. Dies sollte aber eben passieren, bevor Sie tatsächlich bewerten. Sonst wird sich Ihr Bewertungsmaßstab über die Schülerinnen und Schüler hinweg verändern, die Objektivität leidet massiv.

Wenn sich durch diesen Check Ihr Lösungsschema als valide erwiesen hat, dann empfehlen wir folgendes Vorgehen. Versuchen Sie bei der Korrektur zu ignorieren, von wem die Prüfung stammt. Lassen Sie bspw. den Namen nur auf ein Deckblatt schreiben, das Sie vor Beginn der Korrektur umschlagen können. Die Schriften der Schülerinnen und Schüler erkennt man natürlich mit der Zeit (bei getippten Antworten ließe sich dieser Einfluss ausschalten). Trotzdem kann Ihnen ein solches Ritual helfen, sich immer wieder bewusst zu machen, dass Sie eine objektive Bewertung vergeben möchten.

Nun gehen Sie in Ihrer Korrektur »aufgabenweise« vor. Sie beginnen also mit Aufgabe 1 und korrigieren diese Aufgabe für *alle* Schülerinnen und Schüler. Danach mischen Sie den Stapel der Prüfungen und korrigieren Aufgabe 2 wiederum über alle Schülerinnen und Schüler hinweg. Danach mischen Sie wieder und korrigieren Aufgabe 3 usw. Auf diese Weise können Sie enger bei Ihrem Lösungsschema bleiben, da Sie nicht das Lösungsschema für jede Aufgabe im Kopf haben müssen, sondern immer nur das Schema für eine Aufgabe.

Auch bei diesem Vorgehen gibt es Gefahren. Wir haben diese bereits oben im Kapitel 6.4.3 (► Kap. 6.4.3) kurz geschildert: Menschen haben Erwartungen an Reihen von eigentlich unabhängigen Ereignissen. Wenn das vierte Mal schwarz beim Roulette gekommen ist, dann muss doch nun endlich rot kommen! Hat man vier sehr gute Antworten bei einer Aufgabe hintereinander korrigiert, dann muss doch mal eine schlechte kommen! Diese Gefahr lauert, aber das aufgabenweise Korrigieren hilft, sich vor jeder Bewertung einer Antwort nochmals kurz das Bewertungsschema zu vergegenwärtigen – man kann es einfach danebenlegen, dies kostet kaum Zeit. Vor allem aber hilft das Mischen, also das Verändern der Reihenfolge – es kommen nicht immer dieselben Schülerinnen und Schüler hintereinander.

Sollten Sie während der Korrektur einer Aufgabe feststellen, dass Ihr Korrekturschema für diese Aufgabe problematisch ist, müssen Sie Anpassungen am Schema vornehmen. Dies erfordert natürlich, nochmals alle Antworten der Schülerinnen und Schüler mit diesem neuen Schema zu bewerten.

Zusätzlich zu diesen Maßnahmen ist es auch hilfreich, ab und zu im Team zu korrigieren. Fragen Sie eine Kollegin oder einen Kollegen für eine gemeinsame Korrektur an. Dabei muss nicht alles doppelt korrigiert werden. Prüfen Sie für ein paar Aufgaben, ob Ihr Korrekturschema objektiv und für andere nachvollziehbar ist. Kommen Sie und Ihre Kollegin bzw. Ihr Kollege zu sehr ähnlichen Ergebnissen, wissen Sie: Ihr Schema funktioniert!

6.5.7 Schritt 7: Bewertung der Leistung (Benotung)

Nach der Korrektur der einzelnen Aufgaben können Sie zur Gesamtbewertung übergehen. Sie zählen nun also die für die einzelnen Aufgaben gegebenen Punkte zusammen. Diesen Gesamtpunktwert können Sie dann mit Hilfe der im vierten Schritt festgelegten Notenskala in eine Note übersetzen.

Für das Zusammenzählen und die Übersetzung in Noten bietet sich eine automatisierte Auswertung an. Legen Sie bspw. in einer Tabellenkalkulationssoftware eine Matrix an, die Sie für Ihre Prüfungsauswertungen nutzen können. Am besten so, dass Sie diese Matrix immer wieder verwenden können. Der Vorteil ist eine größere Übersichtlichkeit. Zudem können Sie mithilfe der Tabellenkalkulationssoftware einfacher statistische Checks durchführen. Diese helfen Ihnen, die Qualität Ihrer Prüfung zu evaluieren. Gleichzeitig erkennen Sie aber auch, welche Aspekte schon sehr gut verstanden sind und bei welchen Aspekten die Schülerinnen und Schüler noch Probleme haben. So können Sie ein *Summatives Assessment* auch *formativ* nutzen, d. h., Sie können den nachfolgenden Unterricht auf weniger gut verstandene Aspekte ausrichten und diese nochmals thematisieren.

6.5.8 Schritt 8: Statistischer Qualitätscheck

Um einen Eindruck über die testtheoretische Qualität einer Prüfung zu erlangen, empfiehlt sich die Berechnung einiger grundlegender statistischer Kennzahlen. Diese Zahlen können helfen, um die Qualität der Gesamtprüfung sowie der einzelnen Prüfungsaufgaben einzuschätzen bzw. weiterzuentwickeln, falls Sie diese in zukünftigen Schulklassen wieder zu nutzen beabsichtigen. Schlussendlich helfen statistische Maße dabei einzuordnen, wie gut die in einer Prüfung erhobenen Aspekte in einer Klasse verstanden werden. Damit gewinnen Sie Informationen, wie gut Ihr Unterricht zu den in der Prüfung erfassten Inhalten funktioniert hat und wie sie gegebenenfalls in Zukunft Ihre Unterrichtsplanung anpassen können.

Gut funktioniert die statistische Auswertung von Prüfungsfragen beispielsweise in einer Tabellenkalkulationssoftware. Geben Sie in jeweils einer Zeile die Daten einer Schülerin oder eines Schülers ein. In jede Spalte wird die erreichte Punktzahl für alle Schülerinnen und Schüler für *eine* Prüfungsaufgabe eingetragen. Dies ist in der Beispieltabelle (▸ Tab. 3) dargestellt. Wenn diese Daten für alle Schülerinnen und Schüler sowie für alle Prüfungsaufgaben eingegeben wurden, lassen sich statistische Maße berechnen, die einen Überblick über die psychometrischen Eigenschaften der Prüfung und der einzelnen Aufgaben bieten.

Tab. 3: Beispieltabelle für die statistische Auswertung von Prüfungen

Schülerin	Aufgabe 1	Aufgabe 2	…
Schülerin 1	2	0	…
Schülerin 2	1		…
…	…	…	…

Zunächst sollte in einer neuen Spalte die Zeilensumme berechnet werden, also die Gesamtpunktzahl der einzelnen Schülerinnen und Schüler (diese Zahl benötigen Sie ohnehin für die Übersetzung der Punkte in eine Note). Basierend auf der Gesamtpunktzahl jeder Schülerin und jedes Schülers können Sie nun statistische Maße für die Gesamtprüfung erstellen und einsehen

Die ersten Kennzahlen, die uns interessieren, sind die *Lösungsrate*, das *Minimum* und das *Maximum* sowie die *Standardabweichung*. Die *Lösungsrate* über die Prüfungsergebnisse aller Schülerinnen und Schüler erhalten Sie, indem Sie die Gesamtpunktzahl aller Schülerinnen und Schüler aufsummieren und diesen Summenwert dann durch die Anzahl der Schülerinnen und Schüler teilen. Dies ist in Abbildung 14 (▸ Abb. 14) dargestellt: Für insgesamt 10 Schülerinnen und Schüler wird der Gesamtpunktwert über 10 Prüfungsaufgaben hinweg berechnet. In dieser Beispieltabelle bringen alle Aufgaben jeweils 1 Punkt, doch die vorgestellten Berechnungen und Interpretationen lassen sich ohne weiteres auf Prüfungsaufgaben übertragen, die mit mehr als einem Punkt oder Teilpunkten bewertet werden. (Die Aufgaben 3 bis 9 werden in der Grafik aus Platzgründen nicht gezeigt.) Die Gesamtpunktwerte der individuellen Schülerinnen und Schüler summieren wir nun über die ganze Schulklasse hinweg auf. Es ergibt sich eine von der Schulklasse insgesamt erreichte Gesamtpunktzahl von 65. In dieser Prüfung wurden 10 Prüfungsfragen gestellt. Die Lösungsrate der Gesamtprüfung ist demnach $65/10 = 6.5$. Die Schülerinnen und Schüler haben also im Durchschnitt 6.5 von 10 Aufgaben korrekt gelöst, somit etwa zwei Drittel oder 65 % der Prüfungsaufgaben. Diese Lösungsrate lässt vermuten, dass die Prüfungsaufgaben für die Schülerinnen und Schüler im Durchschnitt recht fordernd waren.

Als nächstes sehen wir uns das Minimum sowie das Maximum an: Welche Schülerinnen und Schüler haben die meisten respektive die wenigsten Aufgaben gelöst? Die Gesamtpunktzahl der entsprechenden zwei Schüler haben wir in der Beispielabbildung fett markiert. Den höchsten Gesamtpunktwert, also das Maximum, hat Schüler 8 mit 9 Punkten erreicht. Niemand hat folglich sämtliche Prüfungsaufgaben korrekt gelöst. Die wenigsten Prüfungsaufgaben hat Schüler 2 gelöst, er markiert mit 2 Punkten das Minimum unter den Gesamtpunktzahlen.

Der Abstand zwischen dem Minimum und dem Maximum beträgt $9 - 2 = 7$ Punkte. Dieser Abstand zeigt an, dass die Schülerinnen und Schüler auf der Prüfung insgesamt ein breites Leistungsspektrum gezeigt haben. Es gibt also über die einzelnen Schülerinnen und Schüler hinweg relativ große Unterschiede. Die Prüfung konnte somit erfolgreich Unterschiede in den Lernständen der Schülerinnen und Schüler abbilden. Wenn das Leistungsspektrum auf der Prüfung sehr eng ausfällt, also nur ein begrenzter Bereich der möglichen Gesamtpunktzahlen auftritt, dann

SchülerIn	Aufgabe 1	Aufgabe …	Aufgabe 10	Gesamt
Schülerin 1	1	…	0	5
Schüler 2	1	…	0	**2**
Schüler 3	1	…	0	7
Schülerin 4	1	…	1	8
Schülerin 5	0	…	0	8
Schüler 6	1	…	0	6
Schülerin 7	1	…	0	8
Schüler 8	0	…	1	**9**
Schüler 9	1	…	0	4
Schülerin 10	1	…	0	8
Lösungsraten	Gesamt-summe = 8, /10 SuS = 0.8	…	Gesamt-summe = 2, /10 SuS = 0.2	Gesamt-summe = 65, /10 SuS = 6.5

Minimum

Maximum

Lösungsrate der Gesamtprüfung

Lösungsraten der Einzelaufgaben

Abb. 14: Berechnungsbeispiel

haben es die Prüfungsfragen nicht gut geschafft, Unterschiede abzubilden. In diesem Fall sollte man sich überlegen, ob die Prüfungsfragen möglicherweise nicht ausreichend gut die Inhalte und Kompetenzen abdecken, welche im Unterricht behandelt wurden (Validität). Falls jedoch die Lösungsrate für die Gesamtprüfung hoch ausfällt, dann ist ein geringeres Leistungsspektrum durchaus zu erwarten. In diesem Fall hat entweder der Unterricht insgesamt sehr gut funktioniert und die meisten Schülerinnen und Schüler haben einen Großteil der Lernziele erreicht; oder aber die Prüfungsfragen waren insgesamt zu einfach. Hier sollte man also ebenfalls nochmals überprüfen, ob die Aufgaben tatsächlich auch die anspruchsvolleren Lernziele vollständig abgedeckt haben.

Von weiterem Interesse sind Statistiken für einzelne Prüfungsaufgaben. Die Lösungsrate jeder Aufgabe berechnet sich aus der Summe der erreichten Punktzahlen aller Schülerinnen und Schüler auf der Aufgabe, geteilt durch die Anzahl der Schülerinnen und Schüler. Daraus resultiert der Klassendurchschnitt der erreichten Punkte in Bezug auf eine Aufgabe, welchen wir als *Lösungsrate* der Einzelaufgaben bezeichnen. Auffallend hohe oder niedrige Lösungsraten können darauf hindeuten, dass einzelne Aufgaben zu einfach oder zu schwierig gestellt (vielleicht sogar unverständlich formuliert) waren. Sehr hohe Lösungsraten bedeuten jedoch nicht unbedingt, dass eine Aufgabe zu einfach war. Der hohe Wert könnte auch einfach darauf hindeuten, dass der Unterricht gut funktioniert hat und ein Lernziel bei den meisten oder allen Schülerinnen und Schülern erreicht wurde.

Aufgabe 1 in Abbildung 14 (▸ Abb. 14) hat eine Lösungsrate von 0.8 – das bedeutet, im Durchschnitt erreichten die Schülerinnen und Schüler auf dieser

Aufgabe 0.8 von einem möglichen Punkt. Wenn man diesen Wert mit 100 multipliziert, kann man interpretieren, dass die Schülerinnen und Schüler diese Aufgabe im Durchschnitt mit einer Wahrscheinlichkeit von 80 % lösen. Damit ist diese Aufgabe relativ einfach. Aufgabe 10 hingegen, die eine Lösungsrate von 0.2 aufweist, wurde nur von zwei Schülerinnen und Schülern korrekt gelöst.

Wie interpretiert man nun diese Lösungsraten der einzelnen Items? Dies hängt davon ab, welche Lernziele die Aufgaben abdecken sollen und auf welchem Anforderungsniveau sich diese befinden. Für eine Aufgabe, die ein Lernziel abdeckt, bei dem hauptsächlich das Auswendiglernen basaler Fakten zählt (bspw. das Reproduzieren von Vokabeln oder das Aufschreiben einer zentralen Definition), ist häufig eine hohe Lösungsrate zu erwarten. Die viel niedrigere Lösungsrate von nur 0.2 bei Aufgabe 10 sollte man sich genauer ansehen. Falls es sich bei dieser Aufgabe auch um ein bedeutsames Lernziel handelt, das die meisten Schülerinnen und Schüler erreicht haben sollten, dann kann es sein, dass diese Aufgabe Schwierigkeiten in ihrer Formulierung aufweist. Beispielsweise könnte in der Aufgabenstellung unklar angegeben sein, welche Vokabeln oder Definitionen aufgezählt werden müssen. In diesem Fall hätte die Aufgabe keine ausreichende Validität, da sie nicht das tatsächliche Wissen abprüft, sondern das fehlende Verständnis in Bezug auf die Aufgabenstellung. Bei Aufgaben, welche Lernziele auf einer höheren Ebene der Taxonomie abdecken (etwa Transferaufgaben), ist schon eher eine niedrige Lösungsrate zu erwarten – obgleich es natürlich schön ist, wenn der eigene Unterricht so gut funktioniert hat, dass die Schülerinnen und Schüler selbst die anspruchsvollen Prüfungsaufgaben mit Bravour meistern.

Ein weiteres Maß, das anzeigen kann, ob einzelne Aufgaben gut funktionieren oder einzelne Lernziele vergleichsweise gut oder schlecht erreicht wurden, ist die *Trennschärfe* einer Prüfungsaufgabe. Diese kann beispielsweise eingesehen werden, indem man die Lösungsraten der fünf Schülerinnen und Schüler mit der höchsten Gesamtpunktzahl mit jenen vergleicht, die die niedrigste Punktzahl erreicht haben. Der Vergleich der beiden Gruppen bezieht sich aber auf einzelne Aufgaben, denn auch hier sollten sich diese beiden Extremgruppen im Mittel sichtlich unterscheiden. Falls sie sich bei einer Aufgabe jedoch nicht unterscheiden oder die Gruppe mit den niedrigsten Gesamtpunktezahlen in einer Aufgabe sogar einen höheren Mittelwert erreicht, dann weist dies auf eine *niedrige Trennschärfe* der Aufgabe hin. In unserem Beispiel haben wir die Zeilen mit den Ergebnissen der fünf besten Schülerinnen und Schülern unterstrichen. Nun berechnen wir nur für sie die Lösungsraten in den einzelnen Aufgaben. Auf Aufgabe 1 haben insgesamt zwei dieser fünf Schülerinnen und Schüler einen Punkt erhalten, die Lösungsrate liegt bei diesen also bei $2/5 = 0.4$. Dies ist bedeutend niedriger als die Lösungsrate der schlechteren Schülerinnen und Schüler in dieser Aufgabe. Von den fünf schlechteren Schülerinnen und Schülern haben alle diese Aufgabe gelöst, ihre Lösungsrate liegt also bei 1. Das ist ein deutlicher Hinweis für eine *niedrige Trennschärfe* dieser Aufgabe, denn diejenigen Schülerinnen und Schüler, welche insgesamt in der Prüfung am besten abgeschnitten haben, zeigen in dieser Aufgabe im Vergleich zu den anderen eine sehr schlechte Leistung. Aufgabe 10 hingegen wurde von zweien der fünf besten Schülerinnen und Schülern korrekt gelöst; von den schlechteren Schülerinnen und Schülern hat niemand diese Aufgabe korrekt gelöst. Hier haben jene, welche insgesamt in der Prüfung am besten abgeschnitten haben, auch in dieser Einzelaufgabe die beste Leistung gezeigt. Damit ist diese Aufgabe *sauber trennscharf*, was ein Indikator dafür ist, dass sie gut funktioniert hat.

Kritisch begutachten sollte man Aufgaben mit niedrigen Trennschärfen. Denn eine solche Diagnose könnte bspw. darauf hindeuten, dass sie für manche Schülerinnen und Schüler schwer verständlich waren. Bei geschlossenen Aufgaben (z. B. Multiple Choice) kann es auch vorkommen, dass falsche Antwortoptionen so gestellt wurden, dass Schülerinnen und Schüler mit höherem Lernstand diese eher gewählt haben. In diesem Fall lohnt es sich also, sich die Aufgabenstellung und den Inhalt der Aufgabe noch einmal genau anzusehen: Kann es sein, dass diejenigen, welche eigentlich sehr gut auf die Prüfung vorbereitet waren, die Aufgabe falsch verstanden haben? Häufig führen unklare Angaben in der Fragestellung zu niedrigen Trennschärfen. Es kann auch sein, dass man im Unterricht etwas unverständlich erklärt hat, so dass diejenigen Schülerinnen und Schüler, die besonders gut aufgepasst haben, mit falschem Verständnis der Inhalte in die Prüfungssituation gingen.

Insgesamt möchten wir Ihnen empfehlen, diese einfachen statistischen Checks bei jeder Ihrer Prüfungen in Betracht zu ziehen. Besonders empfiehlt sich dies bei Prüfungsaufgaben, die man zum ersten Mal einsetzt, mit deren Qualität man also noch keine Vorerfahrung hat. Wenn man diese einfachen statistischen Mittel ein paar Mal eingesetzt hat, hat man Übung und kann diese mit wenig Zeitaufwand zur Auswertung der Prüfung sowie zur Sicherung der Qualität der Prüfung und der weiteren Unterrichtsgestaltung einsetzen.

6.5.9 Handlungskonsequenzen

Stellen Sie sich folgende Situation vor. Nach einer Unterrichtseinheit wurde eine Prüfung geschrieben. In der Prüfung haben 35 % der Schülerinnen und Schüler eine nicht ausreichende Leistung erbracht. In der nächsten Unterrichtsstunde wird mit einem neuen Thema begonnen.

Wir alle erinnern uns an solche Situationen aus unserer eigenen Lernerfahrung. Wenn man als Lehrperson nach einer Prüfung einfach im Fahrplan weitermacht und die Ergebnisse der Prüfung nur für die Notenfestlegung nutzt, dann ist etwas gewiss: Man hängt diejenigen vom weiteren Unterricht ab, die Probleme in der Prüfung hatten. In der Schule bauen Schülerinnen und Schüler ihr Wissen langsam auf, und fast immer sind bestimmte Inhalte und Kompetenzen die Voraussetzung für komplexere Inhalte und Kompetenzen. Daher sollte man ein *Summatives Assessment* auch immer formativ nutzen (► Kap. 5)!

Ein *Summatives Assessment* bietet zahlreiche Informationen für die Lehrperson. Es zeigt, was noch einmal zu wiederholen ist (hierfür ist der statistische Qualitätscheck enorm hilfreich). Möglicherweise brauchen einige Schülerinnen und Schüler, die große Schwierigkeiten zeigen, zusätzliche Förderung. Hier hilft eine Orientierung an der festgesetzten Mindestkompetenz: Falls in einer Prüfung mehrere Schülerinnen und Schüler unter der Mindestkompetenz abschneiden, dann ist dies ein Hinweis, mit dem weiteren Unterricht nicht so einfach fortzufahren. In diesem Fall sollte erwogen werden, noch einmal Zeit in die Wiederholung zentraler Inhalte zu investieren, bevor mit einem nächsten Thema begonnen wird, das auf den abgeprüften Inhalten aufbaut.

Ein *Summatives Assessment* kann (als Ergänzung zum *Formativen Assessment*) auch wichtige Hinweise für die konstante Weiterentwicklung des eigenen Unterrichts liefern. Welche Erklärungen sind mir gelungen? Welche nicht? Wo sollte ich zusätzliche Beispiele bringen? Wo ist mehr Übung notwendig?

Ein *Summatives Assessment* kann man auch hervorragend als Lernanlass im darauffolgenden Unterricht nutzen. Lassen Sie Ihre Schülerinnen und Schüler über Ihre Lösungen diskutieren. Fordern Sie sie auf, die perfekte Lösung für eine Aufgabe zu erstellen. Nutzen Sie die Informationen, die Ihnen ein *Summatives Assessment* bietet, kreativ aus! So tragen Sie zur Wissensentwicklung, aber auch zur Motivation einer Klasse bei. Sie verhindern, dass einzelne Schülerinnen und Schüler oder gar ganze Gruppen den Anschluss verlieren und fördern nebenbei eine Kultur der Lern- anstelle einer Leistungsorientierung. Angelone, Keller und Moser (2013) haben die Lernstandsentwicklung von Zürcher Schülerinnen und Schülern für verschiedene Fächer angesehen. Im Fach Mathematik zeigt sich: Die Lernkurve (also der Zugewinn von Wissen) ist von der 6. Klasse bis zur 9. Klasse (als die Beobachtung endete) fast flach – es wird also im Mittel kaum mehr etwas hinzugelernt. So etwas sollte nicht passieren, es werden enorme Ressourcen verschenkt. Ziehen Sie die richtigen Handlungskonsequenzen aus Ihren qualitätsvollen *Summativen Assessments*!

6.6 Zusammenfassung und Bezüge zur Unterrichtspraxis

- Eine zentrale Aufgabe für Lehrpersonen ist die Bewertung von Lernleistungen – diese *Summativen Assessments* beeinflussen die Lernwege und die Karrieren von Schülerinnen und Schülern und sollten daher sehr sorgfältig konstruiert und ausgewertet werden.
- Bewertungen und Noten können ganz unterschiedliche Aspekte rückmelden, je nachdem, welche *Bezugsnorm* zugrunde liegt.
- Die Gestaltung eines *Summativen Assessments* kann als *psychometrische Testkonstruktion* aufgefasst werden; dabei gilt es, die drei Gütekriterien *Validität*, *Reliabilität* und *Objektivität* zu berücksichtigen.
- Als Lehrperson unterliegt man (wie alle Menschen) leicht Urteilsverzerrungen; man sollte diese kennen und bewusst Strategien bei der Bewertung nutzen, damit Verzerrungen möglichst vermieden werden.
- Die Berechnung grundsätzlicher statistischer Maße ermöglicht es, die Qualität eines *Summativen Assessments* besser einzuschätzen und die richtigen Handlungskonsequenzen aus den Ergebnissen zu ziehen.

7 Klassenführung: Die Voraussetzungen für effektives Lehren schaffen

Anne Deiglmayr

7.1 Einleitung

Die vorangegangenen Kapitel 3 bis 6 (▸ Kap. 3 bis ▸ Kap. 6) geben Lehrpersonen das nötige Wissen und die nötigen Werkzeuge an die Hand, um alle Aspekte der Unterrichtsvorbereitung professionell bewältigen zu können: Die Fachinhalte sind in *Lernziele* (▸ Kap. 3.3) gegossen; zu diesen wurde eine *passende Methode* ausgewählt, in die wiederum lernförderliche *Aufgaben und Fragen* implementiert sind (▸ Kap. 4); und auch ein *Formatives Assessment* (▸ Kap. 5) ist bereits geplant, um den Lernprozess der Schülerinnen und Schüler möglichst individuell zu unterstützen, damit sie gut vorbereitet zur abschließenden *Prüfung* antreten können (▸ Kap. 6).

Doch nun geht es ins Klassenzimmer, in die Praxis, die Realität ... Man tritt durch die Tür, vor einem sitzen, stehen, laufen 20, 25, ja bis 30 Kinder oder Jugendliche, die ab sofort die mit viel Aufwand vorbereitete Lernumgebung während einer oder mehrerer Lektionen möglichst effektiv nutzen sollen. Und dies auch dann, wenn möglicherweise einige aus der Klasse aus persönlichen Gründen gar nicht lernen wollen, andere kein Interesse am Fach haben – und bei den meisten das Bewirtschaften aller Chatgruppen sowieso die höchste Priorität hätte!

Nun: Was kann ich als Lehrperson tun, um ein kooperatives Klassenklima und eine lernfreundliche Arbeitsatmosphäre zu fördern? Wie kann es mir gelingen, dass möglichst viele Schülerinnen und Schüler vorbereitet und pünktlich zum Unterricht erscheinen und sich aktiv am Unterricht beteiligen? Wie verhindere ich Störungen? Wie gehe ich mit kleineren Störungen angemessen um, wie mit gröberen Regelverletzungen oder gar Straftaten?

Diese und ähnliche Fragen stellen sich nicht nur Berufsanfängerinnen und Berufsanfänger, denn sie berühren eine zentrale Dimension von Unterrichtsqualität bzw. beruflicher Kompetenz: die Qualität der *Klassenführung*. Mit dieser Dimension befasst sich das vorliegende Kapitel 7. Es handelt sich im Angebot-Nutzungs-Modell um eine zentrale Kompetenz der Lehrperson selbst bzw. ihres pädagogisch-psychologischen Wissens.

Zunächst wird der Begriff Klassenführung selber umrissen und ein kurzer Abriss über die Forschungsgeschichte zu diesem Aspekt vorgelegt (▸ Kap. 7.2). In den beiden anschließenden Kapiteln legen wir die wichtigsten Verhaltensweisen dar, mit denen Lehrpersonen entweder präventiv Störungen vorbeugen (▸ Kap. 7.3.) oder in Form von Interventionen Störungen beenden können (▸ Kap. 7.4). Dieses Kapitel beinhaltet auch sehr wichtige Hinweise darauf, wie man mit eigenen bzw. mit Schüleremotionen umgeht und was es heißt, bei Regelverstößen »konsequent« zu sein.

7.2 Was ist Klassenführung?

Effiziente *Klassenführung* durch die Lehrperson ist ein zentrales Merkmal guten Unterrichts und gilt in der empirischen Forschung als einer der besten Prädiktoren für das Leistungsniveau und für den Leistungsfortschritt von Schulklassen (Helmke, 2014). Zur *Klassenführung* gehört der Einsatz von Strategien und Techniken, um *Ordnung*, *aktive Mitarbeit*, *Kooperation* und *gute Beziehungen* innerhalb der Klasse zu fördern (Nolting, 2012). Eine einheitlich verwendete Definition gibt es nicht (für einen Überblick, siehe z. B. Helmke, 2014). Unser Verständnis von Klassenführung in diesem Buch stimmt mit demjenigen von Schönbächler (2008, zitiert nach Haag & Streber, 2012, S. 19) überein; sie definiert Klassenführung als

> »Haltung und situativ angepasstes Handeln der Lehrperson, welche auf die Schaffung von gegenseitig anerkennenden Beziehungen aller im Unterricht Beteiligten, auf die Errichtung und Aufrechterhaltung von Ordnungs- und Kommunikationsstrukturen sowie auf die aktive Partizipation der Schülerinnen und Schüler am Unterricht zielt und somit Rahmenbedingungen schafft, welche das Lernen der Schülerinnen und Schüler begünstigt«.

Das Ziel von *Klassenführung* ist es, Störungen im Unterrichtsablauf vorzubeugen bzw. diese effizient zu unterbinden, und so den Schülerinnen und Schülern möglichst viel aktive Lernzeit zu bieten. Natürlich muss die aktive Lernzeit dann auch durch didaktisch und fachlich gut gestalteten Unterricht sinnvoll genutzt werden. Andererseits ist ein von den Schülerinnen und Schülern als sinnvoll erlebter Unterricht selber wiederum die beste Störungsprävention. Langer Rede kurzer Sinn:

> »Effiziente Klassenführung ist nicht alles, aber ohne sie geht alles andere gar nicht« (Helmke & Helmke, 2015, S. 7).

Die ersten Untersuchungen zu effizientem *Classroom Management* – so der Fachbegriff für *Klassenführung* im angelsächsischen Raum – wurden in den 1960-er und 1970-er-Jahren in den USA durchgeführt. Während man anfangs vor allem zu ergründen suchte, wie Lehrpersonen möglichst effektiv auf Störungen des Unterrichts *reagieren* können (*Intervention bei Störungen*), wurde im Verlauf der Forschung immer deutlicher, dass erfolgreiche Lehrpersonen vor allem eine gute *Störungsprävention* betreiben (Nolting, 2012).

Richtungsweisend für diese Erkenntnis war das Forschungsprogramm von Jacob Kounin (1976, 2006), der anhand der detaillierten Analyse von Unterrichtsvideos zentrale Dimensionen der Störungsprävention identifizierte. Neben dem sehr einflussreichen ökologischen Ansatz von Kounin fließen in die aktuelle Diskussion zum Thema Klassenführung auch behavioristische Ansätze und solche mit Wurzeln in der klinischen bzw. humanistischen Psychologie ein; zudem wird das Konzept der Klassenführung den geänderten Rahmenbedingungen von Unterricht angepasst. Der Begriff wird beispielsweise um die Förderung von Kooperationsfähigkeit und Selbstregulation in offeneren Unterrichtsformen erweitert (Haag & Streber, 2012) (► Kap. 4.3).

Heute wird *Klassenführung* in der Regel als eine Kombination

- der Förderung eines positiven Unterrichtsklimas,
- von Strategien zur Störungsprävention und
- dem angemessenen Umgang mit auftretenden Störungen angesehen.

Grundlage für das Gelingen aller im Folgenden beschriebenen Techniken und Strategien der Klassenführung ist, dass sie nicht »mechanisch«, sondern nur (wie es auch in der Definition oben betont wird) »situativ angepasst« umgesetzt werden können. Sie sind also Bestandteile einer grundlegenden, tragfähigen, von gegenseitigem Vertrauen und Respekt gekennzeichneten *Beziehung* zwischen der Lehrperson und den Schülerinnen und Schülern (Borich, 2014; Helmke & Helmke, 2015) (► Kap. 7.3.4).

7.3 Prävention von Unterrichtsstörungen

In der aktuellen Literatur zu Strategien effizienter Störungsprävention lassen sich grob fünf Bereiche identifizieren, auf welche wir in den Kapiteln 7.3.1 (► Kap. 7.3.1) bis 7.3.5 (► Kap. 7.3.5) im Einzelnen eingehen:

- Die Etablierung von *Regeln und Routinen*
- Ein möglichst reibungsloser *Unterrichtsfluss*
- Störungsprävention durch *breite Aktivierung*
- Eine positive Lernatmosphäre
- Das Auftreten, insbesondere die »*Präsenz*« der Lehrperson

7.3.1 Regeln und Routinen etablieren

Regeln sind – oftmals explizit kommunizierte und unter Umständen sogar schriftlich festgehaltene – »*Erwartungen an das Verhalten in bestimmten Situationen*« des Unterrichtsalltags (Nolting, 2012, S. 43). Beispiele dafür sind etwa, dass die Schülerinnen und Schüler während des Unterrichts ihre Handys ausschalten oder wann und wie regelmäßig Hausaufgaben erledigt und abgegeben werden müssen.

Routinen dagegen sind »*spezifische Verhaltensmuster für immer wiederkehrende Situationen*« (Helmke, 2014, S. 181), welche oftmals weniger explizit formuliert werden als Regeln. Eine vermutlich fast jedem Schüler bekannte Routine ist das »Sich-Melden« oder »Aufstrecken« (statt Antworten einfach in die Klasse zu rufen). Weniger universelle Routinen betreffen z. B. die Art und Weise, wie eine bestimmte Lehrperson ihren Unterricht beginnt, die Erwartungen, wann die Schülerinnen und Schüler ruhig an ihren Plätzen sitzen sollten, oder wann und in welcher Lautstärke Nebengespräche während des Unterrichts erlaubt oder zumindest toleriert sind.

Der Übergang von Regeln zu Routinen ist dabei fließend: Was bei jüngeren Kindern oder einer unruhigen Klasse noch der expliziten Regelung bedarf (z. B.

Regeln dafür, wie man sich für den Turnunterricht zur Sporthalle begibt), ist bei älteren Schülerinnen und Schülern zur Routine geworden.

Sowohl verbindliche Regeln als auch gut etablierte Routinen spielen für die effiziente Störungsprävention eine zentrale Rolle. Der Hinweis auf die Bedeutung von Regeln fehlt daher in so gut wie keiner Abhandlung über effektive Klassenführung (z. B. Borich, 2012; Evertson & Emmer, 2013; Haag & Streber, 2012; Helmke, 2014; R. Marzano, Gaddy, M.C. Foseid, M.P. Foseid, & Marzano, J., 2005; Nolting, 2012). Wenn man als Lehrperson Regeln einführt, gilt es, sie

- möglichst *frühzeitig* einzuführen,
- *explizit* zu kommunizieren und
- *konsequent* durchzusetzen.

Gerade im Umgang mit älteren Schülerinnen und Schülern stellt sich jedoch die Frage, wie explizit Regeln im Unterrichtsalltag tatsächlich (noch) kommuniziert werden müssen. Die Schule ist grundsätzlich ein Ort voller Regeln und Routinen, welche auf verschiedenen Ebenen (Gesetze, Schulordnung, Klassenregeln, persönliche »Abmachungen«) das Verhalten der Schülerinnen und Schüler und der Lehrpersonen durchdringen. Der Unterricht und das Schulleben insgesamt findet im Kontext verschiedener bereits von anderer Stelle vorgegebener Regeln (z. B. Schulregeln) und zu früheren Zeitpunkten etablierter Routinen wieder. Lehrpersonen, welche eine neue Klasse übernehmen, tun daher gut daran, sich mit den bereits etablierten Regeln und Routinen vertraut zu machen und diese entweder (ggf. stillschweigend) zu übernehmen oder allenfalls durch eigene Regeln zu ergänzen.

Sind Regeln bereits bekannt und Routinen für einen reibungslosen Unterrichtsablauf etabliert, besteht keine Notwendigkeit, diese noch einmal explizit zu machen. Stellt die Lehrperson im Zuge des »Kennenlernens« einer neuen Klasse jedoch fest, dass unerwünschte Routinen bestehen oder sich einzustellen drohen, so lassen sich diese – auf der Grundlage einer im Allgemeinen guten Beziehung zur Klasse – oft bereits durch die klare Kommunikation der eigenen Erwartungen auch nachträglich noch wirksam verändern. Ein Beispiel: Die Schülerinnen und Schüler packen ihre Sachen ein, bevor der Unterricht durch die Lehrperson beendet wurde, um beim Läuten möglichst schnell das Klassenzimmer zu verlassen. Die Regel, um dies zu verhindern, könnte etwas lauten: »*Niemand packt zusammen, bis ich die Stunde beendet habe.*« Wichtig ist dabei, dass die Lehrperson sich der eigenen Erwartungen bewusst ist und allenfalls beobachtete unerwünschte Routinen möglichst rasch, d. h. zu Beginn des Schuljahrs korrigiert.

Unbedingt explizit kommuniziert werden müssen alle Regeln, welche die Sicherheit der Schülerinnen und Schüler betreffen (z. B. Regeln für den Umgang mit Labor- oder Sportgeräten); oft werden solche Sicherheitsregeln auch in schriftlicher Form ausgehändigt oder von der Schuladministration aufgehängt. Zudem ist es sinnvoll, jene Regeln frühzeitig und eindeutig zu kommunizieren, welche nicht als bereits bekannt vorausgesetzt werden können (z. B. spezifische Regeln in einem neuen Fach bzw. bei einer neuen Lehrperson, beispielsweise was das Erledigen und Abgeben von Hausaufgaben angeht).

Neue Regeln werden von Schülerinnen und Schülern vor allem dann akzeptiert, wenn sie deren *Sinnhaftigkeit* einsehen und/oder wenn sie von einer Lehrperson vorgegeben werden, die sie *respektieren* und zu der sie *grundsätzlich Vertrauen* haben (Nolting, 2012). Werden neue Regeln eingeführt, um ein konkretes Problem zu lösen (z. B. um in einer »lauten« Klasse wieder ungestörtes Arbeiten zu ermöglichen), ist es hilfreich, die Schülerinnen und Schüler in den Problemlösungsprozess und das Aufstellen der Regeln einzubeziehen (für Beispiele s. Nolting, 2012, Kapitel 4) (► Kap. 8.4.3). Im Alltag genügt allerdings oft auch schon eine kurze Begründung einer Regel (z. B. »*Handys müssen ausgeschaltet bleiben, um Ablenkungen zu vermeiden.*«), um den Schülerinnen und Schülern zu verdeutlichen, dass die Regeln ein legitimes Ziel haben (hier: ablenkungsfreien Unterricht) und nicht der Willkür oder gar Boshaftigkeit der Lehrperson entspringen.

Auch aus der empirischen Forschung zu effizienter Klassenführung wissen wir, dass Lehrpersonen, in deren Klassen Regeln und Routinen besonders reibungslos funktionieren, im Alltag und in ihrer Kommunikation mit den Schülerinnen und Schülern gerade nicht in erster Linie regelkonformes Verhalten (Ruhe, Ordnung, Disziplin), sondern das aktive Lernen und die Konzentration auf das Fach in den Vordergrund stellen (Evertson & Anderson, 1980, zitiert nach Nolting, 2012, S. 47). Regeln und Routinen mit dem Ziel, möglichst viel aktive Lernzeit für möglichst viele Schülerinnen und Schüler aufzustellen, signalisieren ihnen gegenüber »*die überragende Wichtigkeit und Wertigkeit, die die Lehrperson dem Lernen zuschreibt*« (Helmke, 2014, S. 176).

Regeln aufzustellen ist das Eine, ihre konsequente Einhaltung durchzusetzen das Andere. Und so wichtig die Einsicht der Schülerinnen und Schüler in die Sinnhaftigkeit einer Regel bei deren Einführung auch ist: Ist eine Regel etabliert, so sollte sie konsequent durchgesetzt und im Fall eines Regelverstoßes nicht (wieder) diskutiert werden. Andernfalls verlieren Regeln schnell ihre Gültigkeit. In ihrem lesenswerten Praxisratgeber plädieren Rhode & Meis (2014) für eine klare Trennung zwischen der *Implementierung* eines Regelwerks, in deren Verlauf die Sinnstiftung in der Diskussion mit den Schülerinnen und Schülern erfolgt, und dem *Verstoß* gegen eine bereits implementierte Regel, in welchem eine konsequente Reaktion gefordert ist:

> »Nach einem Regelverstoss verfolgen Lehrerinnen und Lehrer ein klares Ziel, nämlich der regelverletzenden Person zu vermitteln, dass die Regel gilt – und nicht, dass sie sinnvoll ist« (S. 70).

Dies setzt die klare innere Haltung der Lehrperson voraus, dass »*die Regel gilt*«. Lehrpersonen sollten daher ausschließlich solche Regeln aufstellen, von denen sie selber überzeugt und auf deren Einhaltung sie zu bestehen bereit sind – auch im Fall von Widerstand (► Kap. 7.4.4 zum Umgang mit Regelverstössen).

7.3.2 Für einen möglichst reibungslosen Unterrichtsfluss sorgen

Reibungslosigkeit ist eine zentrale Dimension effektiver Klassenführung (Kounin, 1976, 2006; die englischen Begriffe im Original lauten *smoothness and momentum*).

Auch die im vorhergehenden Kapitel beschriebenen Regeln und Routinen haben im Prinzip das Ziel, einen möglichst reibungslosen Unterrichtsfluss und damit einen hohen Anteil aktiver Lernzeit zu gewährleisten. Zusätzlich zu effektiven Regeln und Routinen müssen Lehrpersonen aber auch in eine gute Planung und Vorbereitung des Unterrichts investieren (▶ Kap. 4.5). Im Zusammenhang mit der *Reibungslosigkeit* spielen vor allem die sogenannten »Gelenkstellen« (das *Wechseln von einer Unterrichtsaktivität zur nächsten)* sowie ein effizienter Umgang mit potentiellen »Zeitdieben« während des Unterrichts eine entscheidende Rolle.

Ein reibungsloser Unterrichtsfluss ist dadurch gekennzeichnet, dass die Schülerinnen und Schüler in der Unterrichtsstunde *jederzeit wissen, was sie gerade zu tun haben*, ohne dass die Lehrperson dies andauernd wiederholen muss. Dadurch entstehen auch nur wenig Leerläufe. Videostudien zur Qualität des Unterrichts haben gezeigt, dass dies in der Realität oftmals nicht der Fall ist (z. B. Helmke, T., Helmke, A., Schrader, Wagner, Nold, & Schröder, 2008; Reusser, Pauli, & Waldis, 2010). Zentral in diesem Zusammenhang sind die gute Planung und Vorbereitung von Stundenbeginn und -ende sowie der Wechsel von einer Unterrichtsaktivität zur nächsten – beispielsweise vom Lehrervortrag in eine Stillarbeitsphase oder von einer Gruppenarbeitsphase zurück ins Plenum. Man spricht hier von »Übergängen« oder »Gelenkstellen« (Wahl, 2005). Einige Techniken haben sich dabei als besonders hilfreich erwiesen, um typische »Zeitdiebe« (vor allem auch bei Gelenkstellen) zu minimieren:

- *Klare Arbeitsaufträge geben*: Klar formulierte Arbeitsaufträge mit eindeutigen Angaben zu Auftrag, Materialien, Sozialform und zeitlichen Vorgaben sind eine der einfachsten Möglichkeiten der Störungsprävention. Beispiel: »Bearbeiten Sie in Einzelarbeit alle drei Aufgaben auf der Vorderseite des Arbeitsblattes. Sie haben dafür die nächsten 10 Minuten Zeit.« Bei einfachen Arbeitsaufträgen sollen, bei komplexen Arbeitsaufträgen *müssen* die Anweisungen schriftlich und für alle dauerhaft einsehbar gegeben und mündlich erläutert werden; im Zweifelsfall sollte die Lehrperson überprüfen, ob der Arbeitsauftrag verstanden wurde. Manche Lehrpersonen auf der Stufe Primarschule pflegen beispielsweise das Ritual, Arbeitsaufträge a) an der Tafel anzuschreiben oder durch eine Symbolkarte zu visualisieren, diese b) zusätzlich mündlich zu erläutern und c) jeweils einen zufällig ausgewählten Schüler den Auftrag mündlich wiederholen zu lassen.
- *Materialien einsatzbereit halten:* Alle für die aktuelle Unterrichtsstunde benötigten Materialien liegen bei Stundenbeginn in ausreichender Anzahl und griffbereit sortiert bereit. Für das Austeilen gibt es Routinen, welche es der Lehrperson erlauben, weiter zu unterrichten (z. B. Materialstapel leise »durchgeben« und eine Kopie hinunternehmen; austeilen lassen durch einzelne Schüler).
- *Technik testen und einsatzbereit halten:* Für den Fall, dass technische Geräte (Computer, Fernseher, Laborgeräte usw.) eingesetzt oder Experimente durchgeführt werden, stellt die Lehrperson vor Unterrichtsbeginn deren Funktionsfähigkeit sicher und richtet ein, was sich vorbereiten lässt. Soll eine PowerPoint-Präsentation gezeigt werden, so kann man beispielsweise Beamer, Computer und Präsentation vor Unterrichtsbeginn starten und den Beamer »blind« stellen, bis die Präsentation benötigt wird.

- *Administratives nach Möglichkeit auslagern*: »Administratrivia« (Helmke, 2014) lassen sich nicht immer vermeiden (Formulare/Briefe austeilen und einsammeln, Geld einsammeln, Anwesenheitslisten führen usw.). Aber der zeitliche Aufwand lässt sich minimieren (z. B. durch Ablagefächer, Verantwortungsdelegation an Schülerinnen und Schüler, elektronischen Versand o. ä.).
- *Routinen für organisatorische Gelenkstellen etablieren*: Im Unterricht jeder Lehrperson gibt es bestimmte organisatorische *Gelenkstellen*, die immer wiederkehren – beispielsweise den Wechsel von Einzelarbeit oder Lehrervortrag in Lerngruppen, den Wechsel von Räumen, den Aufbau von benötigten (Labor-) Materialien, das Zusammentragen von Arbeitsergebnissen im Plenum usw. Diese Übergänge verlaufen reibungsloser und damit störungsfreier, wenn die Schülerinnen und Schüler jeweils an eine bestimmte Routine gewöhnt sind, welche die Lehrperson mit wenigen Worten aufrufen kann.
- *Routinen für Unterrichtsbeginn und -ende etablieren:* In den meisten Schulen gibt es einen »Gong« oder eine Klingel, welche den Beginn und das Ende einzelner Lektionen anzeigt. Dennoch sollte auch die Lehrperson einerseits *klare Erwartungen kommunizieren, was sie zu Beginn der Stunde erwartet* (Sollen die Schülerinnen und Schüler beim letzten Klingeln bereits an ihrem Platz sitzen? Was gilt als »zu spät kommen«? Ab wann erwartet die Lehrperson Ruhe?). Andererseits ist auch der *Beginn des »eigentlichen« Unterrichts klar zu signalisieren* (z. B. Schließen der Tür, Einnehmen einer bestimmten Position vor der Klasse, laute und deutliche Begrüssung, bei jüngeren Kindern beispielsweise ein »Count-Down«, an dessen Ende es ruhig sein soll). Ähnliches gilt für *das Ende einer Stunde*. Viele Lehrpersonen legen beispielsweise Wert darauf, dass sie selbst die Stunde (natürlich pünktlich) beenden, z. B. mit einer bestimmten Verabschiedungsformel, und dass die Schülerinnen und Schüler erst dann zusammenräumen dürfen.

Auch die Einrichtung des Klassenzimmers trägt zur Lernatmosphäre bei und kann darüber hinaus helfen, Störungen zu vermeiden. Falls eine Klasse überhaupt ein solches Zimmer hat, sind nach Evertson und Emmer (2013) bei der Vorbereitung des Klassenraums (idealer Zeitpunkt: vor Beginn des Schuljahrs) vor allem die folgenden drei Punkte wichtig:

- Die Möbel sollten so platziert werden, dass Staus und Störungen vermieden werden. Beispielsweise sollte der Zugang zu Türen und Arbeitsplätzen frei und Durchgänge ausreichend breit sein.
- Die Lehrperson sollte den Raum und insbesondere die Arbeitsplätze der Schülerinnen und Schüler gut überblicken können.
- Materialien, welche die Schülerinnen und Schüler im Unterricht benötigen, sollten leicht zugänglich sein.

Auch für den Umgang mit auftretenden Störungen gilt im Übrigen das Gebot, dass durch die Reaktion auf die Störung der Unterrichtsfluss möglichst wenig unterbrochen werden sollte (Kounin spricht in diesem Zusammenhang von »*Überlappung*«, also der Fähigkeit der Lehrperson, zwei Dinge – Unterrichten und Störungen begrenzen – gleichzeitig zu tun). Reaktionen auf Störungen sollten also frühzeitig und niederschwellig sowie nach Möglichkeit (zunächst) nonverbal und »überlappend« zum eigentlichen Unterricht erfolgen. Wenn längere Gespräche mit einzelnen Schülerinnen und Schülern notwendig sind, dann sind sie auf die Zeit nach der Unterrichtsstunde auszulagern (▶ Kap. 7.4).

7.3.3 Breite Aktivierung: Möglichst viele Schülerinnen und Schüler gleichzeitig einbeziehen

In seinen klassischen Untersuchungen benannte Kounin (1976) eine weitere Dimension effektiver Störungsprävention als »*Aufrechterhaltung des Gruppenfokus*«. Heute wird in diesem Zusammenhang eher von *breiter Aktivierung oder Klassenaktivierung* gesprochen (Nolting, 2012). Ziel einer solchen breiten Aktivierung ist es, dass sich nicht nur einzelne, sondern möglichst viele, ja *alle* Schülerinnen und Schüler gleichzeitig aktiv mit dem Lernstoff auseinandersetzen. Gemeint ist dabei insbesondere die *kognitive* Auseinandersetzung mit zentralen Ideen, Konzepten und Prinzipien (▶ Kap. 4.4). Diese Auseinandersetzung kann, muss aber nicht mit einer handelnden Bearbeitung von Unterrichtsmaterialien einhergehen (▶ Kap. 4.6).

Eine breite kognitive Aktivierung lässt sich zum einen dadurch erreichen, dass das Anspruchsniveau der gestellten Arbeitsaufträge so gewählt ist – oder individuell so angepasst werden kann –, dass keine Schülerin und kein Schüler komplett unter- oder überfordert ist (▶ Kap. 5). Der in jeder Klasse gegebenen Heterogenität vor allem in Bezug auf das Vorwissen sollte also Rechnung getragen werden, um möglichst alle Schülerinnen und Schüler zu erreichen und auch auf diese Weise Störungen vorzubeugen. Niemand ist frustriert, weil gar nichts verstanden wird; niemand ist gelangweilt, weil die Aufgaben trivial sind.

Durch den gezielten Einsatz und Wechsel von Unterrichtsmethoden kann zudem Abwechslung und Stimulation geschaffen werden – eine weitere der ursprünglichen Kounin-Dimensionen (er nannte sie »*programmierte Überdrussvermeidung*«), welche wir hier als Teilaspekt der breiten Aktivierung betrachten. Allerdings sprechen wir bewusst von Aktivierung und nicht von Motivierung, und zwar aus folgendem Grund:

> »Während es kaum möglich ist, alle Schüler/innen für den Unterrichtsstoff zu motivieren, ist es doch möglich, viele oder alle zum Mitmachen zu veranlassen oder wenigstens zu verhindern, dass sie stören« (Nolting, 2012, S. 52).

Breite kognitive Aktivierung lässt sich zudem dadurch erhöhen, dass die Schülerinnen und Schüler erwarten müssen, jederzeit «aufgerufen» bzw. jederzeit für ihr Lernen zur Rechenschaft gezogen zu werden (Rechenschaftsprinzip; Nolting, 2012). Eine einfache Strategie ist bereits, wenn die Lehrperson Fragen und Erklärungen an die ganze Klasse (statt an einzelne Schüler oder Schülergruppen) richtet und dies z. B. dadurch signalisiert,

- dass sie den Blick über die gesamte Klasse schweifen lässt,
- nach Fragen bewusst Zeit zum Nachdenken und Melden gibt
- und/oder die ganze Klasse zu Meldungen auffordert und darauf achtet, immer wieder andere Schüler »dranzunehmen«.

Wie Analysen von Unterrichtsvideos zeigen, geben viele Lehrpersonen den Schülerinnen und Schülern nur wenige Sekunden Zeit, über Fragen nachzudenken, bevor sie die erste Meldung annehmen (Helmke, 2009). Als bessere Alternative empfehlen wir z. B. den folgenden Arbeitsauftrag: »*Nehmt euch zwei Minuten Zeit zum Nachdenken, notiert eure Gedanken auf einem Zettel*« (Nolting 2012, S. 56). So wird signalisiert, dass man von allen Schülerinnen und Schülern (schweigendes) Nachdenken erwartet, und nicht eine möglichst schnelle Antwort von einem oder wenigen (guten) Schülern. Durch die Aufforderung, sich Notizen zu machen, ist zudem für die Lehrperson nachprüfbar, ob tatsächlich alle Schülerinnen und Schüler ihrer Aufforderung nachkommen, was das Gefühl persönlicher Rechenschaft erhöht.

Gerade bei kooperativen Lernformen ist es wichtig, das Rechenschaftsprinzip umzusetzen. Eine zielführende Strategie hier ist es beispielsweise, die Schülerin oder den Schüler, welche die Ergebnisse einer Gruppenarbeit präsentiert, erst im Moment der Präsentation zufällig zu bestimmen, statt es der Gruppe zu überlassen, wen sie präsentieren lässt. Der Unterschied ist, dass im Fall der zufälligen Auswahl alle Gruppenmitglieder die Ergebnisse »parat« haben müssen, während die Verlockung, sich hinter dem Team zu verstecken (so genannter »Trittbrettfahrereffekt«), im anderen Fall deutlich höher ist (Brüning & Saum, 2009) (► Kap. 4.3).

Mit dem Rechenschaftsprinzip ist natürlich auf keinen Fall gemeint, dass jede Unterrichtsstunde in eine mündliche Prüfung verwandelt werden sollte. Aus der Lernforschung wissen wir, dass es für die Lernmotivation und den Lernfortschritt viel günstiger ist, wenn Lernsituationen (Unterrichtsstunde) klar von Leistungssituationen (Prüfung) abgegrenzt werden (Weinert, 1999). In Lernsituationen sollte – gerade im Sinn einer breiten Aktivierung – ein Klima herrschen, in dem Fehler und falsche Antworten nicht nur geduldet werden, sondern sogar erwünscht sind. Es soll nicht auf jede Frage eine »richtige« Antwort erwartet werden – wohl aber, dass alle Schülerinnen und Schüler »mitdenken«, sich mit den Lerninhalten auseinandersetzen und ihre Gedanken auch der Lehrperson und der Klasse mitteilen (► Kap. 5).

Wie die Ausführungen in diesem Kapitel deutlich machen, ist bei der Umsetzung einer möglichst breiten Aktivierung insbesondere das didaktische Geschick der Lehrperson gefragt. Die Abgrenzung zwischen guter Klassenführung und inhaltlich gutem Unterricht verschwimmt an dieser Stelle. Es mag banal klingen, wird aber in der Praxis tatsächlich oftmals übersehen: *Didaktisch gut durchdachter Unterricht ist selber schon eine der effektivsten Möglichkeiten der Störungsprävention* (vgl. dazu Helmke, 2014; Nolting, 2012)!

7.3.4 Eine positive Lernatmosphäre schaffen

Eine *positive Lernatmosphäre* vermittelt den Schülerinnen und Schülern Sicherheit und fördert ihre Bereitschaft zu aktiver Mitarbeit und sozialem Verhalten (Helmke, 2014). Lehrpersonen können einiges tun, um zum Aufbau und Erhalt einer positiven Lernatmosphäre beizutragen. Zentral ist das Ausmaß, in welchem es ihnen gelingt, *ihre Schülerinnen und Schüler konstruktiv zu unterstützen*.

1. *Didaktische Kompetenz:* Nach Kunter und Trautwein (2013), welche die bestehende Forschungsliteratur zu diesem Thema zusammenfassen, gehört zu einer konstruktiven Unterstützung zunächst schlicht die *didaktische Kompetenz*: Konstruktiv unterstützende Lehrpersonen haben immer auch die individuellen Bedürfnisse der Schülerinnen und Schüler auf dem Radar und gestalten entsprechend ihren Unterricht adaptiv (► Kap. 5.3). Sie verringern beispielsweise bei Verständnisschwierigkeiten das Unterrichtstempo, geben zusätzliche Erklärungen oder ändern Aufgabenstellungen ab (Kunter & Trautwein, 2013).

2. *Empathische Kommunikation:* Konstruktive Unterstützung zeigt sich auch in der Art der *Kommunikation* der Lehrpersonen mit ihren Schülerinnen und Schülern: Sie zeigen Empathie, sind geduldig und leben einen konstruktiven Umgang mit Fehlern vor. Im Sinn eines konstruktiven Umgangs mit Fehlern unterscheiden sie beispielsweise konsequent zwischen Lern- und Leistungssituationen (Weinert, 1999). Sie fördern damit ein fehlerfreundliches Lernklima und reduzieren negative Emotionen (Angst, Scham) und Vermeidungsverhalten bei ihren Schülerinnen und Schülern (Meyer, Seidel, & Prenzel, 2006). Denn diese verunmöglichen letzten Endes den Lernprozess überhaupt.

3. *Positive Beziehung:* Schließlich sind konstruktiv unterstützende Lehrpersonen um eine *positive Beziehung zu ihren Schülerinnen und Schülern bemüht* und fördern auch deren soziale Kompetenzen (Kunter & Trautwein, 2013). Beispielsweise legen sie Wert auf einen freundlichen, wertschätzenden Umgang und vermeiden sarkastische, kränkende oder bloßstellende Bemerkungen, d. h., sie nehmen Schülerinnen und Schüler primär als eigenständige Personen wahr. Sie signalisieren, für die Schülerinnen und Schüler ansprechbar zu sein, und zwar grundsätzlich auch für nicht lernbezogene Probleme (ohne in die Rolle der Therapeutin bzw. des Therapeuten zu schlüpfen, aber um zuzuhören und Schülerinnen und Schüler ggf. an geeignete Gesprächspartner zu verweisen (► Kap. 8.4)).

4. *Motivation fördern:* Eine positive Lernatmosphäre können Lehrpersonen außerdem dadurch fördern, dass sie bei der Gestaltung des Unterrichts die *motivationalen Grundbedürfnisse* der Schülerinnen und Schüler nach *Autonomie*, *Kompetenzerleben* und *sozialer Eingebundenheit* berücksichtigen und nach Möglichkeit unterstützen (Ryan & Deci, 2000; Rakoczy, 2008). *Autonomieunterstützung* kann sich beispielsweise darin zeigen, dass die Lehrperson den Schülerinnen und Schülern altersentsprechende Freiräume und Wahlmöglichkeiten zugesteht und ihre Eigeninitiative unterstützt. Die Lehrperson setzt angemessene Verhaltensstandards (Regeln, Routinen, Bewertungsmaßstäbe), deren Sinnhaftigkeit die Schülerinnen und Schüler einsehen oder an deren Erarbeitung sie sogar beteiligt waren. *Kompetenzunterstützung* im Unterricht lässt sich durch strukturierten Unterricht, die Wahl von Aufgaben mit passendem Anforderungsniveau, informatives Feedback und Bewertungen nach einer individuellen Bezugsnorm (► Kap. 6.3.2) realisieren. *Soziale Eingebundenheit* schließlich kann man als Lehrperson – im Sinn der weiter oben bereits erwähnten positiven Beziehungsqualität – u. a. durch das Einfordern und Einüben eines respektvollen und wertschätzenden Umgangs miteinander fördern (Rakoczy, 2008).

5. *Humor und Schlagfertigkeit:* Nicht zu unterschätzen ist schließlich die Rolle des *Humors*. Dabei gilt es Folgendes vorauszuschicken: *Humor* meint in diesem Zusammenhang ausschließlich *positiven Humor*. Dieser bezeichnet nach Aussage von Prof. Willibald Ruch, Humorforscher an der Universität Zürich, »einerseits eine heiter gelassene Haltung gegenüber den Widrigkeiten des Lebens, andererseits ist Humor ein Sammelbegriff für alles, was uns zum Lachen bringt« (zitiert nach Helmke, 2014, S. 118).

Zynischer, verletzender Humor fördert nie eine positive Lernatmosphäre, weil er dem Prinzip wertschätzender und respektvoller Kommunikation widerspricht. Zynismus und Sarkasmus gehören – gemeinsam mit Erschöpfung und reduzierter Leistungsfähigkeit – zu den ersten Symptomen einer sich entwickelnden Erschöpfungsdepression (»Burn-Out«) und können somit als Warnzeichen dienen (Heim & Nido, 2008; Maslach, 1982; siehe dazu auch Kapitel 8.3).

Durch positiven Humor – also durch witzige bzw. schlagfertige Reaktionen und Uminterpretationen in Bezug auf das aktuelle Unterrichtsgeschehen – können Lehrpersonen bei sich selber und auch bei den Schülerinnen und Schülern Konflikte entschärfen, Stress abbauen und negative Emotionen vermeiden. Das heißt nun nicht, dass man als Lehrperson andauernd den Clown spielen muss. Vielmehr gilt es, (authentischen) positiven Humor regelmäßig, aber dosiert einzusetzen, um letzten Endes den Lernprozess zu fördern und nicht um dem Spaßfaktor aus Selbstzweck Genüge zu tun.

Allerdings ist es schwierig, Humor objektiv zu erfassen, weshalb es relativ wenig Forschung zu diesem Thema gibt (Helmke, 2014). Neuere Forschungsansätze aus der Positiven Psychologie und in der Regel klinischen Einsatzkontexten zeigen immerhin, dass Humor erlernbar zu sein scheint (Ruch & Zimmermann, 2017).

7.3.5 Präsent sein

Ein weiterer, sehr wichtiger Aspekt effizienter Klassenführung betrifft das überzeugende Auftreten vor der Klasse, wobei die Lehrperson idealerweise *Präsenz*, *Allgegenwärtigkeit* und eine *aufmerksame Zugewandtheit* ausstrahlt. Kounin (1976) erfand in diesem Zusammenhang das Wort »*withitness*«, um zum Ausdruck zu bringen, wie eine effiziente Lehrperson auf die Schülerinnen und Schüler wirkt. In der deutschsprachigen Literatur ist meist von »Präsenz« die Rede. Präsent zu sein und vor allem auch zu wirken, fällt unserer Erfahrung nach Berufseinsteigern oft besonders schwer; vermutlich auch, weil sich die dafür notwendigen Kompetenzen nur schwer in Worte fassen lassen. Dennoch ist ein präsentes Auftreten lernbar; hilfreich sind insbesondere Rückmeldungen durch instruierte Beobachter (z. B. kollegiale Hospitation) oder Videofeedbacks, welche beispielsweise in praktischen Trainingskursen zur Klassenführung routinemäßig eingesetzt werden (z. B. Kiel, Frey & Weiß, 2013).

Aus den Forschungsbefunden zur Bedeutung von Präsenz bzw. »withitness«, beispielsweise aus Videostudien, wird immer wieder deutlich, dass Lehrpersonen oftmals nur einen Bruchteil von dem mitbekommen, was ihre Schülerinnen und Schüler im Unterricht tatsächlich tun (Helmke, 2014; Kounin, 1976). Lehrpersonen, die sich durch eine gute Klassenführung auszeichnen, schaffen es aber besser als andere, den Schülerinnen und Schülern das Gefühl zu vermitteln, dass sie es bemerken, ob diese abgelenkt sind oder sich mit dem Lernstoff beschäftigen. Auf die Schülerinnen und Schüler wirkt es dann so, als hätten diese Lehrpersonen »Augen am Hinterkopf«.

Zur wahrgenommenen Präsenz der Lehrperson tragen insbesondere nonverbale Signale bei. Dazu gehören beispielsweise die Position und Bewegung im Raum sowie die Mimik und Gestik der Lehrperson. Um die eigene Präsenz (im Sinne von »withitness«) zu reflektieren, kann man sich die folgenden Leitfragen stellen:

- *Stehe oder sitze ich so, dass ich alle/alles im Raum gut überblicken kann?* Dies kann eine Position vorne am Lehrerpult sein, aber auch (beispielsweise im Computer-Pool) ein Platz im Rücken der Schülerinnen und Schüler (mit Blick auf die Monitore); oder es kann ein Zirkulieren im Raum bedeuten (z. B. zwischen Gruppenarbeitstischen oder Laborinseln).
- *Nehme ich alle Schülerinnen und Schüler wahr?* Die Lehrperson nutzt ihre günstige Position/ihren Bewegungsspielraum und lässt den Blick in alle Richtungen schweifen. In Momenten, in denen die Lehrperson sich auf einen bestimmten Ort bzw. »Blickwinkel« konzentrieren muss, lässt sie ihren Blick immer wieder auch über die ganze Klasse schweifen. Ebenso behält sie beim Anschreiben an die Tafel, im Gespräch mit einer einzelnen Schülerin, bei der Interaktion mit einem Computer oder einem sonstigen Gerät das Verhalten der ganzen Klasse im Auge.
- *Nehme ich aufkeimende Störungen frühzeitig wahr und reagiere niederschwellig?* Die Lehrperson bewegt sich auf störende/unruhig werdende Schüler zu, nimmt Blickkontakt auf oder sendet mit einem mahnenden Blick oder einer »Psst«-Geste noch deutlichere (aber immer noch non-verbale) Signale.

Ein ganz entscheidender Faktor im Zusammenhang mit der Präsenz ist auch der *Einsatz der eigenen Stimme*. Als Lehrperson kann man fachlich und didaktisch noch so gut vorbereitet sein: Wenn man mit einer (zu) leisen, im Tempo nicht variierten oder gar monotonen Stimme zu den Schülerinnen und Schülern spricht, dann wird man nicht nur durch deren Aufmerksamkeit in kürzester Zeit verlieren, sondern es besteht sogar die Gefahr, dass sie eine Aversion gegen das Fach oder die eigene Person entwickeln. Denn wir alle wissen: Es gibt fast nichts Unerträglicheres, als über längere Zeit einer gleichförmigen Stimme ausgesetzt zu sein ohne Möglichkeit, ihr zu entkommen…

Eine angemessen laute, die Worte klar artikulierende, vor allen Dingen aber *variantenreich modulierte Stimme* ist so gesehen ein zentrales Instrument nicht nur der Stoffvermittlung, sondern auch der Markierung von Präsenz und somit der Klassenführung.

Michael Felten, Gymnasiallehrer und Sachbuchautor, fasst seine Erfahrungen mit »Präsenz« im Unterricht so zusammen:

> »Sicher, mehr Zeit für das einzelne Kind ist nie verkehrt. Dennoch habe ich die Erfahrung gemacht, dass man selbst größere Gruppen so führen kann, dass sich jeder Einzelne durchgängig gemeint fühlt: Wenn ich jeden immer wieder anspreche, auch die Stilleren; wenn jeder stets etwas Sinnvolles zu tun hat; wenn jeder merkt, dass ich alles mitbekomme,

was in der Klasse so läuft, und angemessen darauf reagiere; wenn es keine thematischen Brüche gibt und die Stunde wie aus einem Guss wirkt. Es ist, als würde ich die Gruppengröße durch diese Art meiner Präsenz reduzieren« (Felten & Stern, 2012; S. 85).

Fazit: Störungsarmer Unterricht ist vor allem ein Ergebnis von präventiven Faktoren, welche die Lehrperson gezielt beeinflussen kann. Dazu gehören didaktisch guter, kognitiv aktivierender Unterricht und eine positive Lernatmosphäre, aber auch spezifischere Klassenführungsstrategien wie das Unterrichten von Regeln und Routinen, das Sicherstellen eines reibungslosen Unterrichtsflusses sowie der Auftritt und die Präsenz der Lehrperson.

7.4 Intervention bei Unterrichtsstörungen

Auch mit der besten, auf Prävention basierenden Klassenführung lassen sich nicht alle Störungen verhindern. Aus den Ausführungen in Kapitel 7.3 (▶ Kap. 7.3) wurde aber vermutlich bereits klar: Die Art und Weise, *wie* die Lehrperson die Schülerinnen und Schüler wahrnimmt und welche Beziehung sie zu ihnen hat, bestimmt, wie effizient sie auf auftretende Störungen reagieren kann. Hat eine Lehrperson mit tatsächlichen Unterrichtsstörungen zu kämpfen, so kann es sinnvoll sein, sich zu überlegen, *wie* die Antworten auf die unten angeführten Fragen ausfallen – und davon ausgehend nach Möglichkeiten zur Abhilfe suchen.

- Ist allen Beteiligten klar, welche Regeln in der Klasse gelten?
- Sind wichtige Routinen (z. B. für das Melden, den Wechsel von Räumen, das Holen von Arbeitsmaterial…) weitgehend »eingeschliffen«?
- Sind der aktuelle Arbeitsauftrag und die damit verbundenen Erwartungen klar kommuniziert?
- Ist mein Verhältnis zu den Schülerinnen und Schülern frei von (ungelösten) Konflikten?
- Habe ich zumindest einen groben Eindruck davon, was die Schülerinnen und Schüler der Klasse aktuell neben ihrem Unterricht noch beschäftigt bzw. für sie wichtig sein könnte (z. B. Konflikte mit anderen Lehrpersonen, eine stressreiche Prüfungsphase, eine aufregende Fussball-WM, persönliche Probleme mit Peers oder in der Familie, Krankheiten usw.)?
- Habe ich durch mein bisheriges Handeln bewiesen, dass ich fair, angemessen und vorhersehbar auf Störungen und Regelverletzungen reagiert habe?
- Habe ich in der Vergangenheit meinen Schülerinnen und Schülern signalisiert, dass ich sie nicht nur als »Leistungserbringer«, sondern als Personen wahrnehme und wertschätze?

Je zahlreicher diese Bedingungen erfüllt sind, desto leichter wird es der Lehrperson fallen, wirkungsvoll und effizient auf Unterrichtsstörungen zu reagieren.

In dem konkreten Moment, in dem eine Unterrichtsstörung auftritt, hat die Reaktion der Lehrperson vor allem das Ziel, die *Störung so rasch und reibungslos wie möglich zu beenden*, um den Schülerinnen und Schülern ein Maximum an aktiver Lernzeit zu bieten. Zudem sollte die Reaktion *die eigene Autorität als Lehrperson bekräftigen*, ohne die Beziehung zu den störenden Schülern oder der Klasse als Ganzes zu gefährden.

Es ist nicht immer einfach, beiden Zielen gerecht zu werden. Aus der Forschungs- und Ratgeberliteratur zu gelingender Klassenführung lassen sich ein paar *allgemeine, handlungsleitende Prinzipien* herauskristallisieren. Es ist jedoch zentraler Bestandteil der *adaptiven* Expertise von Lehrpersonen, *im konkreten Einzelfall* eine angemessene Reaktion zu finden (Felten & Stern, 2012).

7.4.1 Frühzeitige und niederschwellige Reaktion

Die meisten evidenzbasierten Ratgeber für Lehrpersonen sind sich einig, dass ein erstes handlungsleitendes Prinzip im Umgang mit Unterrichtsstörungen eine *frühzeitige, aber möglichst niederschwellige Reaktion* beinhaltet. In der englischsprachigen Literatur hat sich dafür der Begriff des *»low profile«-Ansatzes* durchgesetzt (Borich, 2014); in der deutschsprachigen Literatur finden sich eher saloppe Umschreibungen für dasselbe, etwa *»den Ball flach zu halten«* (Helmke, 2014) bzw. *»nicht mit Kanonen auf Spatzen zu schießen«* (Gold, 2015). Gerne zitiert wird in diesem Zusammenhang auch die Faustregel, dass die Reaktion auf eine Unterrichtsstörung den Unterricht nicht stärker stören sollte als die Unterrichtsstörung selbst.

Wahl, Weinert und Huber (1984) haben mit der Methode des *»Begrenzens und Bekräftigens«* eine Strategie zur Reaktion auf aufkeimende Störungen entwickelt, an der sich dieser »low profile«-Ansatz gut veranschaulichen lässt.

- Lehrpersonen sollen im Fall von aufkeimenden Störungen sehr frühzeitig eingreifen und durch nonverbale oder verbale Stopp-Signale eine Grenze ziehen (*»Begrenzen«*).
- Hört die Störung dann auf, so soll das nunmehr erwünschte Verhalten zusätzlich kurz bekräftigt werden, z. B. nonverbal durch ein freundliches Lächeln oder verbal durch ein kurzes Dankeswort (*»Bekräftigen«*).

Stopp-Signale sind keine Sanktionen, sondern dienen lediglich dazu, Schülerinnen und Schüler darauf aufmerksam zu machen, dass ihr Verhalten bemerkt wurde und den Unterricht beeinträchtigt. In vielen Fällen genügt dies bereits, um kleinere Störungen wirksam zu unterbinden. Voraussetzung dafür wiederum ist die Präsenz der Lehrperson (▶ Kap. 7.3.5). Zu typischen nonverbalen Stoppsignalen gehören die folgenden Verhaltensweisen:

- Sich in die Nähe der Störungsquelle bewegen (nicht drohend, sondern eher beiläufig und den Unterricht ununterbrochen weiterführend)

- Blickkontakt mit der störenden Schülerin bzw. dem störenden Schüler aufnehmen (langer Blickkontakt sollte eher vermieden werden, da dies als aggressives »Anstarren« wirken kann)
- Durch Mimik (von der hochgezogenen Augenbraue bis zum »bösen Blick«) oder Gestik (z. B. einen Finger an die Lippen legen) signalisieren, dass das Verhalten stört
- Ggf. den Namen/die Namen der störenden Schülerinnen und Schüler nennen

Angehende Lehrpersonen, welche sich nicht sicher sind, welche Stopp-Signale sie im Unterricht senden und welche Wirkung sie dabei hervorrufen, können dies in Rollenspielen, beim Micro-Teaching (d. h. kleinen Unterrichts-Simulationen) und idealerweise unter der Zuhilfenahme von Videofeedback ausprobieren und gezielt üben. Wichtig ist, dass Stopp-Signale weder aggressiv noch unsicher, sondern selbstsicher wirken sollen: Sie sind Ausdruck der legitimen, in der Natur der Rolle liegenden Autorität, welche eine Lehrperson benötigt, um störungsfrei zu unterrichten.

Das Besondere am hier referierten Ansatz ist die Empfehlung, auf ein begrenzendes Stopp-Signal dann eine Bekräftigung folgen zu lassen, wenn die Schülerin oder der Schüler sich wieder wie erwünscht verhält (Wahl et al., 1984). Eine solche Bekräftigung darf knapp ausfallen (z. B. Lächeln, Nicken, »Danke«, »Prima« o. ä.). Eine abwertende oder gar sarkastische Reaktion ist jedoch zu unterlassen, also eine Aussage wie »Na bitte, geht doch!« oder auch ein übertrieben und damit eben sarkastisch wirkendes Lob. Diese sind gerade keine Bekräftigung des erwünschten Verhaltens, sondern eine Herabsetzung der Schülerin oder des Schülers vor der ganzen Klasse. Der Wert einer Bekräftigung liegt darin, dass die Lehrperson die (aktuelle) Kooperation der Schülerinnen und Schüler würdigt und gleichzeitig einen höflichen und respektvollen Kommunikationsstil vorlebt. Die Lehrperson festigt damit ihre eigene Autorität und pflegt so die für das Lernen fundamentale Beziehung zur Klasse (► Kap. 7.3.4).

7.4.2 Angemessene, gestufte Sanktionen

Niederschwelliges Reagieren auf aufkeimende Störungen mit rascher Rückkehr zu reibungslosem Unterrichtsfluss setzt voraus, dass die Schülerinnen und Schüler im Prinzip Interesse an reibungslosem Unterricht haben oder zumindest nicht weiter auffallen möchten. Es gibt aber im Unterricht auch Situationen, in denen ein niederschwelliges Reagieren alleine nicht ausreicht. Manche Schülerinnen und Schüler haben sich selber zu wenig gut im Griff, um sich durch mehr oder weniger subtile Stopp-Signale leiten zu lassen. Dies ist beispielsweise bei jüngeren Kindern oder bei Kindern und Jugendlichen mit Störungen der Verhaltensregulation der Fall (Dix, 2010). Aber auch ganz »normale« Kinder oder Jugendliche haben einmal einen schlechten Tag und neigen dazu, ohne böse Absicht sich selber und der Klasse das Lernen sowie damit der Lehrperson das Lehren massiv zu erschweren.

In allen diesen Fällen benötigen die »störenden« Kinder bzw. Jugendlichen eventuell deutlichere Aufforderungen und Erinnerungen an geltende Regeln. Gegebenenfalls müssen ihnen positive Konsequenzen erwünschten bzw. drohende negative Konsequenzen fortgesetzten unerwünschten Verhaltens (Sanktionen) verdeutlicht werden. Auch hier sollte die erste Reaktion der Lehrperson zunächst ein frühzeitiges Stoppsignal sein. Wenn dieses nicht beachtet wird, wird die Lehrperson deutlicher. Fällt eine Schülerin oder ein Schüler oder eine Gruppe regelmäßig durch störendes Verhalten auf, kann es auch angezeigt sein, sich mit anderen Lehrpersonen auszutauschen und eine gemeinsame Strategie dagegen festzulegen. Angehende Lehrpersonen sollten sich in jedem Fall ein Repertoire an Reaktionsmöglichkeiten auf unterschiedlichen »Stufen« der Deutlichkeit zurechtlegen. Ein Beispiel für eine solche »Leiter« an Stoppsignalen (die auch jene aus Kapitel 7.4.2 einschließen) sind (nach Gold (2015, S. 117 f.):

1. Blickkontakt aufnehmen oder dicht an den Störenfried herantreten – ohne den Unterrichtsfluss zu unterbrechen
2. Verbal beiläufig intervenieren, z. B. durch das Aufrufen des betreffenden Schülers – ohne den Unterrichtsfluss zu unterbrechen
3. An die vereinbarten Regeln erinnern und die vereinbarten Konsequenzen in Erinnerung rufen
4. Dazu auffordern, die vereinbarten Routinen oder Regeln zu benennen und ihnen Folge zu leisten
5. Den Störenfried unmissverständlich auffordern, seine Störung zu unterlassen
6. Privilegien entziehen oder einen Schüler kurzzeitig aus der Lerngruppe ausschließen
7. Eine schriftlich abgefasste Reflexion über die begangene Regelverletzung einfordern
8. Schüler nach der Schulstunde zum Gespräch einbestellen
9. Die Schulleitung informieren und Kontakt mit den Eltern aufnehmen

Selbstverständlich sollte die Reaktion auf eine Störung bzw. Regelverletzung deren Schweregrad angemessen sein (Borich, 2014). Im Fall von extrem störendem Verhalten (z. B. lautes Musikhören, Verweigerung der Mitarbeit, Nichtbefolgen von berechtigten Forderungen der Lehrperson) oder von schwerwiegenden Regelverstößen, wie beispielsweise Gewalt gegen Sachen oder Personen, Beschimpfungen von Mitschülerinnen und Mitschülern oder gar der Lehrperson, sind nicht nonverbale Stoppsignale gefragt, sondern deutliche verbale Aufforderungen, was zu unterlassen und was zu tun ist. Je nach Schweregrade des Regelverstosses wird die Lehrperson in diesem Fall auch eine Sanktion verhängen. Im Unterrichtsalltag relativ häufig anzutreffende Sanktionen als Reaktion auf kleinere bis mittelschwere Regelverstösse sind (vergl. Borich, 2014; Keller, 2014):

- Schriftliche oder mündliche Verwarnung (z. B. Eintrag ins Klassenbuch, Eintrag von Strichen)
- Umsetzen der Schülerin oder des Schülers, z. B. an einen Einzelplatz
- Zusätzliche Hausaufgaben oder Arbeit für die Klasse (z. B. Aufräumen)
- Gespräch nach der Stunde oder nach Unterrichtsschluss
- Auszeit
- Benachrichtigung der Eltern

- Wiedergutmachung (z. B. Schaden reparieren, Verschmutzung beseitigen, sich mündlich oder schriftlich entschuldigen)
- Nachholen eines Unterrichtsversäumnisses
- Vorübergehendes Einziehen von Gegenständen

Sanktionen sollten dem Alter und Entwicklungsstand der Schülerinnen und Schüler angemessen sein. Für Jugendliche und junge Erwachsene der Sekundarstufe II empfiehlt beispielsweise Dix (2010, S. 84):

> »Auch wenn Ihre Schüler erwachsen sind, sollte ihnen klar sein, dass sie mit Konsequenzen rechnen müssen, wenn sie die Arbeit der anderen stören. Drei Sanktionen reichen aus, z. B.: 1. Ermahnung, 2. Kurzes Gespräch nach der Stunde, 3. 15-Minuten-Gespräch nach Unterrichtsschluss.«

Schwere disziplinarische Verstöße werden in der Regel auf Schulebene (z. B. durch die Schulleitung oder eine Schulkommission) in Form von Disziplinar- oder Ordnungsmaßnahmen sanktioniert, etwa durch den (zeitweisen) Ausschluss vom Unterricht. Sie unterliegen der Schulordnung und dem Schulgesetz des jeweiligen Kantons bzw. Bundeslandes. Manche Regelverstöße haben gegebenenfalls zusätzlich zivil- oder strafrechtliche Konsequenzen; hierzu gehören unter anderem Diebstahl, Sachbeschädigung, tatsächliche oder versuchte Körperverletzung, Nötigung, Verleumdung, Beleidigung oder Verstöße gegen das Betäubungsmittelgesetz (z. B. Abgabe von Drogen). In solchen Fällen sollte die Lehrperson unverzüglich die Schulleitung informieren und das weitere Vorgehen mit dieser absprechen.

Ob, wann und in welcher Form man den in der eigenen Klasse geltenden »Bußgeldkatalog« oder das geltende Schulrecht mit den Schülerinnen und Schülern bespricht, hängt sicherlich von deren Alter und der konkreten Situation in der Klasse ab. Gerade in Klassen höherer Schulstufen, in denen eine Lehrperson nur selten zu Sanktionen greifen muss, wirkt ein ausführliches Besprechen von Regelverstößen und den dafür zu erwartenden Sanktionen wohl eher befremdlich. Wichtig ist allerdings auch in solchen Klassen, dass die Lehrperson Sanktionen konsequent und objektiv ausspricht, da sie sonst zu leicht als willkürlich oder verhandelbar erscheinen. Das heißt: Hat die Lehrperson sich entschlossen, eine bestimmte Art von Regelverstoß in bestimmter Weise zu sanktionieren und dies kommuniziert, so sollte diese Regelung für alle Schülerinnen und Schüler in allen Situationen gleichermaßen gelten (d. h. auch der sonst so fleißige und pflichtbewusste Schüler bekommt einen Strich für die ausnahmsweise einmal vergessenen Hausaufgaben).

In manchen Schulen gelten schulweite Regeln für den Umgang mit Regelverstößen. Ein Beispiel für einen schulweiten Interventionsansatz ist die sogenannte »Trainingsraum«-Methode zum Umgang mit Unterrichtsstörungen (Bründel & Simon, 2013; kritisch dazu z. B. Nolting, 2012, S. 126 ff.). Auch Präventionsprogramme, beispielsweise Programme gegen Mobbing (z. B. Be-Prox, Alsaker, 2012; für eine kriterienbasierte Bewertung aktueller Programme siehe Baumann, 2012) oder allgemein gegen Gewalt (z. B. »faustlos«, Schick & Cierpka, 2003; http://h-p-z.de) setzen sinnvollerweise auf Schulebene an. Die Wirksamkeit vieler Programme (u. a. der oben genannten) ist wissenschaftlich evaluiert und im Allgemeinen gut. Sie setzt aber die Bereitschaft der Schulleitungen und der Lehrpersonen voraus, sich gemeinsam mit der

Frage auseinanderzusetzen, welche Werte, Regeln und Sanktionen an ihrer Schule gelten sollen, und sich auf eine gemeinsame »Linie« zu einigen. Eine detaillierte Diskussion dieser Programme würde den Rahmen des vorliegenden Kapitels sprengen; Interessierte seien daher auf die angegebenen Veröffentlichungen verwiesen.

7.4.3 Umgang mit Emotionen

Im Umgang mit störenden Schülerinnen und Schülern, welche ggf. sogar bewusst provozieren, reagieren gerade unerfahrene Lehrpersonen manchmal sehr emotional – beispielsweise mit Ärger, Wut oder gar Verzweiflung. Solche emotionalen Reaktionen sind verständlich. Starke Emotionen gefährden jedoch die Objektivität der Lehrperson und damit ihre Fähigkeit, eine professionelle Beziehung zu ihren Schülerinnen und Schülern aufrecht zu erhalten und die Verantwortung für die Gestaltung dieser Beziehung zu übernehmen. Die Regulation der eigenen Emotionen und die Wahrung von »emotionaler Objektivität« (Marzano et al., 2005) wird daher oft als ein wichtiger Aspekt erfolgreicher Klassenführung genannt. Zu den Merkmalen emotionaler Objektivität zählen insbesondere (vergl. Helmke & Helmke, 2015)

- ein grundsätzlich wertschätzender Umgang mit den Schülerinnen und Schülern – ohne diese dabei in unrealistischerweise als »Freunde« oder »Kumpel« wahrzunehmen;
- die Fähigkeit, sich gerade auch im Fall von Störungen in die Schülerinnen und Schüler hineinzuversetzen und ihre Beweggründe zu verstehen – ohne deren Verhalten dadurch entschuldigen oder gar gutheissen zu wollen;
- die Fähigkeit, eigene negative Emotionen zu kontrollieren – also auf keinen Fall etwa Schülerinnen und Schüler anzuschreien oder zu demütigen.

Für angehende, aber auch für schon erfahrene Lehrpersonen kann es (immer wieder) hilfreich sein, sich zu vergegenwärtigen, dass Schülerinnen und Schüler aus vielen verschiedenen Gründen den Unterricht stören, von denen die wenigsten in der Person der Lehrperson liegen. Das hilft dabei, Unterrichtsstörungen nicht als persönlichen Angriff fehlzuinterpretieren (vergl. Rhode & Meiss, 2014). Dix (2010, S. 75) empfiehlt dazu:

> »Es ist das Beste, es gar nicht erst als aussergewöhnlich zu betrachten, dass Schüler gegen Regeln verstossen oder Rituale brechen. Ich empfehle vielmehr, es von vornherein einzuplanen und als Gelegenheit zu sehen, angemessenes Verhalten zu demonstrieren und zu ermutigen.«

Wird eine störende Schülerin oder ein störender Schüler von der Lehrperson ermahnt oder erhält eine Sanktion, so ist dies in der Regel für jene mit negativen Emotionen verbunden – dies ist ja in gewissem Sinn der Zweck der Sanktion. Die Lehrperson sollte dabei jedoch darauf achten, das Selbstwertgefühl der Schülerin oder des Schülers nicht anzugreifen – so wird die Beziehung möglichst wenig belastet und eine Eskalation (»Jetzt erst recht!«; »Das lasse ich nicht mit mir machen!«) vermieden. Dabei können die folgenden Strategien helfen (Dix, 2010; Rhode & Meiss, 2014):

- Sanktionen werden möglichst nicht öffentlich erteilt, sondern »unter vier Augen«. Insbesondere werden Diskussionen oder gar Eskalationen vor der ganzen Klasse vermieden.
- Die Begründung von Sanktionen bezieht sich auf das Verhalten bzw. eine getroffene Entscheidung, *nicht* auf die Person.
- Die Lehrperson teilt die Sanktion nicht emotional oder gar in verletzendem Tonfall mit, sondern gefasst und in nüchternem bis freundlichem Ton (dies fällt leichter, wenn man sich zuvor zurechtgelegt hat, was und wie kommuniziert werden soll) (► Kap. 8.4.6).
- Die Lehrperson vermeidet drohende Gesten und aggressive Körpersprache; sie respektiert die Privatsphäre und die persönlichen Gegenstände der Schülerinnen und Schüler.
- Ist eine Sanktion erteilt, so gibt die Lehrperson der Schülerin oder dem Schüler Zeit, sich zu beruhigen und sein Verhalten anzupassen; in dieser Zeit hält sie sich beispielsweise nicht direkt neben ihnen auf.
- Die Lehrperson bleibt ruhig und unerbittlich, auch wenn sich jemand gegen eine verhängte Sanktion wehrt; Sanktionen sind nicht verhandelbar.
- Die Lehrperson ist nicht »nachtragend«; jede Stunde beginnt für alle Schülerinnen und Schüler ohne Vorbelastungen.

Nach der Erfahrung von Gymnasiallehrer Michael Felten (Felten & Stern, 2012, S. 86) geht es bei effektiver Klassenführung ohnehin

> » … weniger um cleveres Disziplinieren als um authentische Zugewandtheit: Schüler brauchen eben das Gefühl, dass ich sie als Mensch sehe – und nicht nur als Erlediger von Wochenplänen; dass ich an ihrer Sicht der Dinge interessiert bin – und nicht nur am nächsten Schritt meiner Unterrichtsidee; dass mir ihre Schwierigkeiten wichtig sind – und nicht nur ein erträglicher Notendurchschnitt im nächsten Test«.

Fazit: Lehrpersonen, denen eine effiziente Klassenführung gelingt, reagieren in der Regel niederschwellig und frühzeitig auf aufkeimende Störungen (»low profile«-Ansatz), beispielsweise mit nonverbalen oder verbalen Stopp-Signalen. Für den Fall schwerwiegenderer Regelverstöße verfügen sie über eine Reihe von gestuften Sanktionsmöglichkeiten. Diese sind der Schwere des Regelverstoßes und dem Alter der Schülerinnen und Schüler angemessen und werden in vorhersehbarer, konsequenter und fairer Weise angewendet. Lehrpersonen regulieren ihre eigenen negativen Emotionen und kommunizieren auch in der Reaktion auf schwerere Störungen und Regelverletzungen nicht in abwertender oder verletzender Weise.

7.4.4 Hintergrundwissen zum Lernen aus «Konsequenzen»

Lehrpersonen, die ihre Strategien im Umgang mit Unterrichtsstörungen reflektieren möchten, können dabei von den umfangreichen Erkenntnissen zum Lernen aus Strafe und Belohnung profitieren, welche im Rahmen des behavioristischen Forschungsparadigmas gesammelt wurden. »Lernen« bezieht sich in diesem Zusammenhang immer auf die Veränderung der Auftretenswahrscheinlichkeit von definierten Verhaltensweisen, also gewissermaßen auf die Veränderung der Motivation, ein bestimmtes Verhalten zu zeigen bzw. zu unterlassen (▸ Kap. 2.3).

Lehrpersonen haben in der Regel bereits eine gute Vorstellung davon, durch welche in Aussicht gestellten Konsequenzen sie ihre Schülerinnen und Schüler motivieren können, erwünschtes Verhalten zu zeigen (z. B. aktive Mitarbeit) und unerwünschtes Verhalten zu unterlassen (z. B. Störungen). Im ersten Fall arbeiten sie beispielsweise mit mündlichem Lob, (symbolischen) Belohnungen oder gar ausgefeilten Belohnungssystemen; im zweiten Fall mit Ermahnungen und Strafen oder ggf. einem bewussten Ignorieren. Vor dem Hintergrund lernpsychologischer Theorien machen alle diese Strategien Sinn. Manchmal, vor allem wenn die intendierten Belohnungen bzw. Bestrafungen wirkungslos zu sein scheinen, lohnt sich jedoch ein zweiter Blick.

Wie in Tabelle 4 dargestellt ist, wird *Verhalten aufgebaut* (also dessen Auftretenswahrscheinlichkeit erhöht), wenn als Konsequenz ein als angenehm empfundener Reiz auftritt. Beispielsweise wird eine Schülerin oder ein Schüler für ein bestimmtes Verhalten gelobt; oder aber es wird eine unangenehme Situation beendet, wenn etwa jemand, der zuvor aufgrund wiederholter Störungen auf einen Einzelplatz versetzt wurde, aufgrund der anschließend gezeigten guten Mitarbeit sich wieder auf den ursprünglichen Platz zurücksetzen darf. Im ersten Fall spricht man von *positiver*, im zweiten von *negativer Verstärkung* (»negativ«, da etwas entfernt bzw. beendet, also sozusagen »abgezogen« wird).

Verhalten wird andererseits dadurch *abgebaut* (also seine Auftretenswahrscheinlichkeit wird gesenkt), wenn als Konsequenz ein als unangenehm empfundener Reiz auftritt (z. B. ein Schüler wird für ein störendes Verhalten getadelt) oder eine als angenehm empfundene Situation beendet bzw. die Aussicht auf einen als angenehm empfundenen Reiz zerstört wird (z. B. eine Schülerin muss aufgrund eines schweren Regelverstoßes vorzeitig von einer Schulreise nach Hause zurückkehren).

Tab. 4: Beispiele für Verstärkung und Bestrafung aus der Unterrichtspraxis

Der Reiz wird erlebt als …	*Nach dem* Auftreten des Verhaltens wird ein Reiz… hinzugefügt	entfernt
angenehm	positive Verstärkung Beispiele: Lob, Aufmerksamkeit Pluspunkte beliebte Aktivität (z. B. Exkursion) (symbolische) materielle Belohnung	Bestrafung (Typ 2) Beispiele: »Nachsitzen« statt Pause Ausschluss von beliebten Aktivitäten Entzug von Privilegien (z. B. Wahlmöglichkeiten) Abzug von Pluspunkten
unangenehm	Bestrafung (Typ 1) Beispiele: Ermahnung, Tadel, Strafarbeit Aufenthalt im »Trainingsraum« Gespräch mit Schulleitung, Elterngespräch	negative Verstärkung Beispiele: Verzicht auf angedrohte negative Konsequenzen Rückkehr an alten Platz

Für alle Arten von Verstärkung und Bestrafung gilt: Es ist eine triviale, aber in der Praxis leicht übersehene Tatsache, dass nicht die Absicht der Lehrperson eine Konsequenz zu einer Belohnung oder Bestrafung macht, sondern deren Interpretation durch die »Empfängerin« oder den »Empfänger« (► Kap. 8.4.2). Ein gut gemeintes Lob durch die Lehrperson kann von einer Schülerin auch ins Gegenteil, etwa als Beleidigung, interpretiert werden (*»Für so eine leichte Aufgabe lobt sie mich? Hält sie mich für so dumm?«*); eine intendierte Bestrafung kann verstärkend wirken, wenn z. B. eine Schülerin dadurch im Ansehen ihrer Freundinnen steigt.

Aufbau von erwünschtem Verhalten

Spricht man über »Konsequenzen« im Unterricht, so sind damit in der Regel Sanktionen für unerwünschtes Verhalten gemeint. Lehrpersonen setzen in der Praxis jedoch auch zahlreiche positive Konsequenzen ein, um erwünschtes Verhalten aufrechtzuerhalten bzw. zu verstärken (positive Verstärkung). Ein paar Beispiele:

- Ein freundliches Lächeln oder Nicken (z. B. für eine gute Antwort, eine Hilfestellung, das Beenden einer leichten Unterrichtsstörung)
- Das explizite In-Aussicht-Stellen einer beliebten Aktivität (z. B. früherer Unterrichtsschluss; Film schauen; Exkursion) im Austausch für gutes Benehmen und aktive Mitarbeit
- Der Einsatz mehr oder weniger ausgeklügelter Belohnungssysteme

Soll erwünschtes Verhalten neu aufgebaut werden, ist es sinnvoll, es konsequent zu belohnen. Wenn die Regel eingeführt wurde, dass die Klasse auf ein bestimmtes Zeichen der Lehrperson ruhig sein soll, wird die Lehrperson die Klasse zu Beginn immer dann loben, wenn diese auf das Zeichen hin tatsächlich ruhig war. Man spricht in diesem Fall von *kontingenter Verstärkung*. D. h., die Verstärkung erfolgt immer dann und nur dann, wenn die Klasse das gewünschte Verhalten zeigt.

Ist die Regel einmal etabliert und zur Routine geworden, geht es weniger um den Aufbau als um das Aufrechterhalten des erwünschten Verhaltens. In diesem Fall ist es lernpsychologisch effektiver, wenn die Lehrperson das gewünschte Verhalten nicht jedes Mal, sondern nur hin und wieder lobt; man spricht von *intermittierender Verstärkung* (Borich, 2014; Helmke & Helmke, 2015). Intermittierende (gelegentliche) Verstärkung, vor allem, wenn sie unvorhersehbar erfolgt, macht Verhalten besonders löschungsresistent, d. h. weniger anfällig für einen Wegfall der Belohnung.

Viele Lehrpersonen verzichten gänzlich auf Lob für einmal etablierte Regeln und Routinen. In seinen anschaulichen Praxisberichten verdeutlicht Paul Dix (2010) jedoch, wie wertvoll gelegentliches Lob auch für »selbstverständliches« Verhalten sein kann, um Schülerinnen und Schüler zu motivieren und ihre Bereitschaft aufrecht zu erhalten, sich in erwünschter Weise zu verhalten.

Belohnungssysteme (*»token economies«*) zum Aufbau erwünschter Verhaltensweisen basieren auf kontingenter Verstärkung von zuvor definierten, erwünschten Verhaltensweisen. Sie sind insbesondere auf der Primarstufe beliebt, werden teilweise jedoch auch von Lehrpersonen auf der Sekundarstufe eingesetzt. Im Rahmen eines Belohnungssystems können die Schülerinnen und Schüler für erwünschtes Verhalten individuell und/oder auf Klassenebene Pluspunkte sammeln (z. B. in Form von Strichen, Stickern o. ä.) und diese nach einem definierten Regelwerk in Belohnungen umtauschen (z. B. beliebte Aktivitäten, Privilegien, kleine materielle Belohnungen). Umgekehrt werden für unerwünschtes Verhalten oftmals Pluspunkte entzogen (*»response cost«*; Bestrafung Typ 2). Belohnungssysteme funktionieren nur, solange sie von den Betroffenen positiv interpretiert werden; mit steigendem Alter und Reifegrad der Schülerinnen und Schüler steigt die Gefahr, dass diese ein Belohnungssystem und das damit verbundene Regelwerk als »unter ihrer Würde« – als zu starken Eingriff in ihre Autonomie – betrachten, was die Beziehung zwischen Schülerinnen und Schülern und Lehrperson belasten würde.

Wer als Lehrperson erwünschtes Verhalten durch systematische Verstärkung aufbauen möchte, muss beachten, dass eine Belohnung im besten Fall die Motivation zum Zeigen des Verhaltens erhöht. Das Verhalten selber wird durch die Belohnung nicht gelernt. Die Schülerinnen und Schüler müssen in der Lage sein, sich in erwünschter Weise zu verhalten, bevor Lob und Belohnung Aussicht auf Erfolg haben. Sie müssen also beispielsweise wissen, wie sie sich im Unterrichtsalltag verhalten sollen; sie müssen die Regeln und Routinen kennen, die es zu befolgen gilt; sie müssen Aufgaben verstanden und die erforderlichen Mittel zu ihrer Bearbeitung zur Verfügung haben. Adäquates Verhalten in komplexeren sozialen Situationen (wie beispielsweise Gruppendiskussionen) muss ggf. zuerst geübt werden. Sind diese Voraussetzungen nicht erfüllt, ist es ein mühsamer und eher an Dressur als an Unterricht erinnernder Prozess, den Schülerinnen und Schülern durch Lob und Tadel (quasi durch Versuch und Irrtum) erwünschtes Verhalten beibringen zu wollen.

Vermutlich würde keine Lehrperson bewusst diesen Weg wählen. Doch gerade dann, wenn eine Klasse oder eine einzelne Schülerin bzw. ein einzelner Schüler besonders unmotiviert, aufmüpfig oder aggressiv wirkt, kann es sinnvoll sein zu überprüfen, ob diese das gewünschte Verhalten überhaupt zeigen könnten bzw. ob ihnen bewusst ist, welches Verhalten erwartet würde. Für jüngere oder für verhaltensauffällige Schülerinnen und Schüler kann es hilfreich sein, Regeln, Routinen, Abläufe, Arbeitsaufträge und Ähnliches zu visualisieren (für Beispiele s. Dix, 2010).

Damit Schülerinnen und Schüler langfristig zum Lernen motiviert sind, ist es wichtig, dass sich ihre Motivation nicht ausschließlich durch externe Verstärker ergibt (vergleiche dazu Ryan & Deci, 2000). Einer der wichtigsten »internen« Verstärker in der Schule ist das Kompetenzerleben: Ein Ziel erreicht zu haben, wirkt verstärkend und spornt zu weiterer Anstrengung an (Felten & Stern, 2012, S. 57). Aufgaben in einem passenden Schwierigkeitsbereich (nicht zu leicht, aber auch nicht überfordernd), ggf. ermutigende Zusprache, damit die Schülerinnen und Schüler auch bei Hindernissen »dranbleiben«, und ein informatives und zeitnahes Feedback tragen zu Kompetenzerlebnissen bei und führen somit letztendlich zur positiven Verstärkung von Lernmotivation und Durchhaltevermögen.

Abbau von unerwünschtem Verhalten

Wenn in einer Klasse bzw. Schule ein System aus Regeln und Konsequenzen für deren Überschreitung gilt, so beugt dies im besten Fall bereits potentiellen Regelverletzungen vor und wirkt somit präventiv (► Kap. 7.3.1). Im Fall eines relevanten Regelverstoßes muss dieser konsequent und in vereinbarter Weise sanktioniert werden – andernfalls verlieren Regeln und angedrohte Sanktionen ihre Glaubwürdigkeit bzw. Gültigkeit. Strafen sind dann besonders wirkungsvoll, wenn sie möglichst unmittelbar auf das zu bestrafende Verhalten folgen und in einem sinnvollen Zusammenhang mit dessen Konsequenzen stehen. Sinnvolle Strafen beinhalten beispielsweise eine Art von Schadensausgleich (verpassten Unterrichtsstoff nacharbeiten; angerichteten Schaden wiedergutmachen; sich für eine Beleidigung entschuldigen) oder zielen darauf ab, die zukünftige Verhaltensregulation der Schülerinnen und Schüler zu unterstützen. Als Möglichkeiten sehen wir Gespräche nach Unterrichtsschluss, in denen es vor allem um Abmachungen für zukünftiges Verhalten geht (► Kap. 8.4), oder aber Verhaltens- oder »Rückkehr«-Pläne, wie sie beispielsweise im Rahmen der Trainingsraum-Methode (Bründel & Simon, 2013) erarbeitet werden müssen.

Für Strafen, ob angedroht oder tatsächlich angewendet, gilt, dass sie unerwünschtes Verhalten im besten Fall zuverlässig unterdrücken; sie helfen dagegen gerade *nicht* dabei, erwünschtes Verhalten aufzubauen (siehe dazu z. B. Borich, 2014). Strafen sollten daher mit Maßnahmen zum Aufbau erwünschter Verhaltensweisen kombiniert werden (z. B. Gespräch über Regeln und Erwartungen, Lob/Belohnung von erwünschtem Verhalten; für Beispiele s. Nolting, 2012 und Dix, 2010).

Wird ein unerwünschtes Verhalten wiederholt gezeigt, kann man in der Regel davon ausgehen, dass es durch (positive und/oder negative) Verstärker aufrechterhalten wird, d. h., dass es für die Person relativ zuverlässig positive Konsequenzen hat oder in der Vergangenheit hatte. Damit erfüllt das Verhalten für diese Person eine positive Funktion. Entscheidend ist wiederum, wie die Person selber die Konsequenzen wahrnimmt, und nicht, wie diese ggf. intendiert waren. Ein klassisches Beispiel hierfür ist dasjenige einer Lehrperson, welche störende Schülerinnen und Schüler reihenweise (und gleichzeitig) »vor die Tür« stellt und sich darüber wundert, dass diese Bestrafung das Störverhalten nicht reduziert, sondern die Situation in der Klasse eher noch verschlimmert. In diesem Fall war zumindest für eine relevante Zahl von Schülerinnen und Schülern das »Vor-die-Tür-gestellt-Werden« keine negative Konsequenz, sondern ein wünschenswertes Ereignis (man entgeht dem Unterricht und ist noch dazu in guter Gesellschaft…).

Wenn ein störendes Verhalten immer wieder auftritt, so kann es hilfreich sein zu überlegen, welche Verstärker dieses unerwünschte Verhalten vermutlich aufrechterhalten – nicht immer ist dies so offensichtlich wie im obigen Beispiel. Es kann für die Lehrperson entlastend sein zu wissen, welche Funktionen ein wiederholt gezeigtes, unerwünschtes Verhalten für die Schülerinnen und Schüler haben könnte: Sind sie gelangweilt und suchen nach Zerstreuung? Beschäftigen sie gerade wichtige Themen, über die sie sich dringend untereinander austauschen wollen? Suchen sie die Anerkennung ihrer Mitschülerinnen und Mitschüler? Solche Überlegungen sollen nicht dazu dienen, das störende Verhalten der Schülerinnen und Schüler zu entschuldigen oder einfach zu tolerieren. Sie helfen der Lehrperson aber dabei, die eigenen negativen Reaktionen auf unerwünschtes Schülerverhalten zu reduzieren, das Verhalten besser zu verstehen und letztendlich auch es wirksam zu beeinflussen (Marzano et al., 2005).

Sollte die Lehrperson zu dem Schluss kommen, dass ihre eigene Reaktion zur Verstärkung des unerwünschten Verhaltens beitragen könnte, so kann sie versuchen, anders zu reagieren oder das Verhalten zu ignorieren. Ein Beispiel: Ein Schüler, welcher wiederholt den Unterricht durch launische Bemerkungen stört, wird zwar durch die Lehrperson getadelt (für ihn eine leicht unangenehme Konsequenz), erfährt jedoch auch positive Aufmerksamkeit durch das Gelächter und die Anerkennung seiner Kollegen. Zudem wirken der mit der Situation verbundene »Nervenkitzel« und eine gewisse intellektuelle Befriedigung (Kompetenzerleben!) bei besonders »gelungenen« Bemerkungen verstärkend. Was also tun? Wird ein Verhalten über längere Zeit nicht mehr verstärkt (hat es also nicht mehr dieselben positiven Konsequenzen), so sinkt seine Auftretenswahrscheinlichkeit. Lerntheoretisch spricht man von »Löschung«. Dieser Begriff ist allerdings insofern irreführend, als das Verhalten selber weder verlernt noch absolut unterdrückt wird – in Lernexperimenten zur »Löschung« von Verhalten findet man in der Regel eine graduelle Abnahme des Verhaltes, welches jedoch oft durch ein spontanes Wieder-Aufflammen (»Spontanremission«) unterbrochen wird.

Früher wurde Lehrpersonen oft empfohlen, im Fall von leichteren Regelverstössen durch bewusstes Ignorieren ein Verhalten zu »löschen« (Keller, 2014). Dies benötigt aber, wenn es sich wirklich um Löschung im lerntheoretischen Sinn handelt, Zeit, Geduld und gute Nerven; zudem funktioniert bewusstes Ignorieren nur, wenn damit auch die entscheidenden Verstärker wegfallen. Im obigen Beispiel könnte die Strategie des bewussten Ignorierens dann Erfolg haben, wenn der Schüler bei Ausbleiben einer Reaktion der Lehrperson nach und nach auch die Aufmerksamkeit der anderen Schülerinnen und Schüler verliert – der »Nervenkitzel« jedenfalls fällt weg, wenn die Lehrperson sich nicht länger aufregt. Zusätzlich könnte es daher sinnvoll sein, den Schüler (unter vier Augen) auf sein Verhalten anzusprechen (▸ Kap. 8.4.6) und ihn darin zu unterstützen, andere Möglichkeiten zu finden, seinen Witz einzusetzen und sich der Anerkennung seiner Freunde zu versichern.

Fazit

Aktuelle Vorstellungen von effektiver Klassenführung betonen die Wichtigkeit einer positiven Lehrer-Schüler-Beziehung, motivierenden Unterrichts, der Förderung von Eigeninitiative und Verantwortlichkeit der Schülerinnen und Schüler sowie von didaktisch gutem, kognitiv aktivierendem und binnendifferenzierendem Unterricht. Behavioristisch anmutende Ansätze der Verhaltensmodifikation wirken dagegen nicht mehr zeitgemäß; sie werden auch von unseren Studierenden oft zunächst als »Dressur« abgetan.

Die lernpsychologischen Gesetzmäßigkeiten des Lernens aus Konsequenzen entfalten jedoch nach wie vor ihre Gültigkeit. Wie Helmke und Helmke (2015, S. 9) anmerken:

»Lernpsychologische Gesetzmäßigkeiten zu ignorieren, ist (...) ein kapitaler Fehler, wie nicht zuletzt die von der Hattie-Studie belegte Wirksamkeit verhaltenspsychologischer Maßnahmen für die Reduzierung von Störungen zeigt (Effektstärke von d = 0,76; Hattie 2013, S. 125).«

Wichtig ist, sich zu vergegenwärtigen, dass der Abbau unerwünschten Verhaltens durch Sanktionen immer durch den Aufbau und die Aufrechterhaltung erwünschten Verhaltens durch Lob und/oder Belohnung ergänzt werden sollte. Was Schülerinnen und Schüler als Sanktion bzw. als Belohnung empfinden, ist allerdings durchaus individuell unterschiedlich und sollte entsprechend berücksichtigt werden.

7.5 Zusammenfassung und Bezüge zur Unterrichtspraxis

- Klassenführung beschreibt die Strategien, die Lehrpersonen anwenden können, um ein lernförderliches Klassenklima, aktive Mitarbeit und Ordnung (»Disziplin«) in ihrer Klasse zu fördern. Effektive Klassenführung ist eine zentrale Dimension lernwirksamen Unterrichts.
- Gerade Berufsanfänger berichten oftmals über Schwierigkeiten im Bereich der Klassenführung – überzeugendes Auftreten, wertschätzendes Kommunizieren, bewusstes Loben und weitere Strategien der effektiven Klassenführung sind jedoch erlernbar!
- Aus der Forschung zu Klassenführung wissen wir nicht nur um deren zentrale Bedeutung für das Klassenklima und kognitive Lernergebnisse, sondern vor allem auch um die wichtige Funktion, die Regeln, Routinen und anderen Arten der Störungsprävention zukommt. Prävention vor Intervention!
- Didaktisch gute Unterrichtsplanung (inkl. breiter kognitiver Aktivierung, klarer Aufträge, vorausschauend geplanter »Gelenkstellen«) ist bereits eine sehr gute Störungsprävention.
- Störungen sind ein normaler Bestandteil des Unterrichts. Reaktionen auf Störungen erfolgen idealerweise frühzeitig und niederschwellig, wirken de-eskalierend und belasten die Lehrer-Schüler-Beziehung nicht nachhaltig.
- Hintergrundwissen zu lernpsychologischen Gesetzmäßigkeiten der Wirkung von Lob und Strafe kann sehr nützlich sein, um das eigene »Disziplinierungs«-Verhalten zu überdenken.
- Sanktionen für Regelverstösse sollten fair und angemessen sein. Bei schwereren Regelverstößen (insbesondere bei strafrechtlich relevanten Verstößen) sollte die Schulleitung einbezogen werden.
- Sozio-emotionale und kommunikative Kompetenzen (► Kap. 8) helfen der Lehrperson, bei Bedarf schwierige Gespräche zu führen, negative Emotionen zu regulieren und belastende Problemsituationen anzugehen. Auch diese Kompetenzen lassen sich trainieren.

8 Psychosoziale Anforderungen im Lehrberuf

Peter Greutmann

8.1 Einleitung

Der Lehrberuf bringt, wie schon aus den vorangegangenen Kapiteln deutlich geworden ist, vielschichtige Anforderungen mit sich: Die Fachkompetenz ist eine unabdingbare Voraussetzung für gelingenden Unterricht, insbesondere auch auf der gymnasialen Stufe. Ebenso ist es wichtig, dass eine Lehrperson auf der Grundlage von klar definierten Lernzielen in der Lage ist, die jeweils am besten geeignete Methode anzuwenden und auf die Lernvoraussetzungen abzustimmen. Wie im Kapitel 7 (▸ Kap. 7) ausgiebig erörtert, ist auch die Klassenführungskompetenz ein wichtiger Faktor, um Lernprozesse anzuregen und aufrechtzuerhalten. Doch das ist (noch) nicht alles. In der Institution *Schule* hat man es, um es einmal salopp zu formulieren, ›mit Menschen zu tun‹, d. h., es kommt im Klassenzimmer und auch außerhalb zu zahlreichen sozialen Interaktionen mit Personen in unterschiedlichen Lebenssituationen und Rollen. Dadurch gehen mit dem Lehrberuf auch zahlreiche *psychosoziale Anforderungen* einher – was den Beruf einerseits attraktiv und abwechslungsreich, andererseits aber auch anspruchsvoll und unter Umständen belastend macht.

Doch was heißt *psychosozial*? Insofern man als Lehrperson nicht einfach eine Lehrmaschine ist und das Gegenüber ebenfalls nicht einfach eine Lernmaschine, sondern eine Person mit bestimmten und je individuellen kognitiven, emotionalen, physischen und psychischen Merkmalen, ist es unvermeidlich, dass man im Rahmen der beruflichen Tätigkeit auch auf der persönlichen Ebene in starkem Maß gefordert ist. Ein Schüler weint, weil er eine schlechte Note bekommen hat; in einer Klasse wird eine Schülerin gemobbt; selber gerät man mit einem Lehrerkollegen in einen Konflikt; bei einem Schulausflug konsumieren minderjährige Schülerinnen und Schüler nachts Alkohol; innerhalb der eigenen Fachgruppe kommt es zu einem Streit in Bezug auf das angestrebte Leistungsniveau in den Abschlussklassen usw. Dies ist nur eine kurze und beliebig erweiterbare Liste von Situationen im Schulalltag, mit denen man über alles Fachlich-Pädagogische hinaus unvermeidlich konfrontiert wird.

Etwas abstrakter ausgedrückt: Als Lehrperson ist man in hohem Maß auch sozialkommunikativ, emotional und motivational gefordert. Gerade im Umgang mit Kindern und Jugendlichen bedarf es dabei (Schaarschmidt, 2005)

- *sozialer Sensitivität*, während man gleichzeitig *emotional robust* sein muss;
- der *Fähigkeit zur Empathie* und zu einem in Maßen partnerschaftlichen Verhältnis, während man sich bei gegebenem Anlass auch schlicht gegen Schülerinnen und Schüler oder eine ganze Klasse *abgrenzen und/oder durchsetzen können* muss;

- einer *fokussierten Aufmerksamkeit* auf einzelne Schülerinnen und Schüler, während man dabei auf keinen Fall über längere Zeit die ganze Klasse aus den Augen verlieren darf;
- eines *klaren Fokus* auf das intendierte Unterrichtsziel, während es gleichzeitig unabdingbar für ein förderliches Unterrichtsklima ist, dass man den Schülerinnen und Schülern auch in einer gewissen *Lockerheit und Gelassenheit* begegnet.

Diese Widersprüche als solche zu akzeptieren und bereit zu sein, jeden Tag aufs Neue produktiv mit ihnen umzugehen, macht den Lehrerberuf interessant, stellt aber gleichzeitig auch eine große Herausforderung dar. Das vorliegende Kapitel 8 hat das Ziel, Lehrpersonen wissenschaftlich fundiertes Wissen und praktische Handreichungen zu verschiedenen Aspekten psychosozialer Anforderungen im Lehrberuf zu bieten, um diesen Spagat erfolgreich zu meistern.

Es geht letzten Endes darum, den Lehrberuf als *erfüllende Profession* zu erleben und dabei langfristig physisch, vor allem aber auch psychisch gesund zu bleiben. In Bezug auf das Angebot-Nutzungs-Modell heißt das: Es geht um die *selbstregulativen, sozialen und kommunikativen Fähigkeiten*. Wir thematisieren zuerst allgemein, dann aber auch berufsfeldbezogen den Begriff *Gesundheit* (▸ Kap. 8.2). Da chronischer Stress (im Sinne von *Distress*) die Gesundheit langfristig gefährden kann, widmet sich Kapitel 8.3 (▸ Kap. 8.3) diesem Begriff. Um die negativen Folgen von solchem Stress zu vermeiden oder zumindest abzufedern, schlagen wir *symptomorientierte*, vor allem aber auch *problemorientierte Stressbewältigungs-Strategien* vor. Zwei davon halten wir für ein gelingendes Berufsleben als unabdingbar: die *kommunikative Kompetenz* (▸ Kap. 8.4) und die *Fähigkeit zur Selbstregulation* (▸ Kap. 8.5). Die in diesem Zusammenhang ebenfalls zentrale Kompetenz, nämlich eine Klasse professionell zu führen, haben wir bereits im Kapitel 7 (▸ Kap. 7) in allen Facetten ausgeführt.

8.2 Psychische und körperliche Gesundheit im Lehrberuf

Der Lehrberuf kann ein stark belastender und somit potentiell die Gesundheit gefährdender Beruf sein (z. B. Rudow, 1994; van Dick & Stegmann, 2013). Viele Lehrpersonen weisen eher ungünstige Strategien auf, um die hohen psycho-sozialen Anforderungen des Lehrberufs zu bewältigen (z. B. Rothland, 2013; Schaarschmidt, 2005). Das konnte etwa in der großangelegten Potsdamer Lehrerstudie (Schaarschmidt, 2005) gezeigt werden. Im Rahmen dieser Studie wurden über 20.000 Probanden (Lehrpersonen und Vertreterinnen bzw. Vertreter anderer Berufsgruppen) der AVEM-Fragebogen vorgelegt (*AVEM: Arbeitsbezogenes Verhaltens- und Erlebens-Muster*). Dieser Fragebogen deckt drei Bereiche ab, wobei jeder Bereich zusätzlich in drei oder vier Subbereiche gegliedert ist.

Bereich	Subbereiche
Arbeitsengagement	*Bedeutsamkeit der Arbeit* *Beruflicher Ehrgeiz* *Verausgabungsbereitschaft* *Perfektionsstreben*
Widerstandskraft	*Distanzierungsfähigkeit* *Resignationstendenz* *Offensive Problembewältigung* *Innere Ruhe und Ausgeglichenheit*
Emotionen	*Erfolgserleben im Beruf* *Lebenszufriedenheit* *Erleben sozialer Unterstützung*

Dabei gelang es der Forschungsgruppe, *vier typische Verhaltens- und Erlebens-Muster* zu identifizieren. Zwei von ihnen korrelieren überdurchschnittlich hoch mit psychischen und physischen Beschwerden. Dies betrifft vor allem Lehrpersonen,

- die sich für die berufliche Tätigkeit verausgaben, ohne sich in der Freizeit ausreichend davon abgrenzen zu können;
- die aus welchen Gründen auch immer resigniert, sich in die innere Emigration verabschiedet haben.

Besonders brisant an der Studie war,

- dass die beiden genannten Risikomuster bei deutlich mehr als der Hälfte aller Lehrpersonen festzustellen waren
- und dass insgesamt im Lehrberuf, verglichen mit anderen Berufsgruppen, eine deutlich höhere psychische und physische Belastung als in allen anderen erhobenen Berufsgruppen festgestellt wurde.

Auch wenn die Ergebnisse so in einigen Studien nicht repliziert werden konnten (Klusmann, Kunter, Trautwein, Lüdtke & Baumert, 2008) und die Übertragbarkeit der berichteten Ergebnisse auf verschiedene Schulsysteme und Länder sicher relativiert werden muss (Deiglmayr, Grabner, Nussbaumer, & Saalbach, 2018): Es bleibt der Befund, dass Lehrpersonen in ihrer beruflichen Tätigkeit einer – im Vergleich mit anderen Berufsgruppen – überdurchschnittlichen psychischen und physischen Belastung ausgesetzt sind und dass diese Belastungen langfristig eine gesundheitsgefährdende Intensität haben können. Auch intuitiv leuchtet dies ein: Unabhängig von der eigenen körperlichen und psychischen Befindlichkeit bedarf es Tag für Tag der vollen Präsenz, wenn man an sich selber den Anspruch hat, Gruppen von Kindern oder Jugendlichen, oft entgegen deren Willen, anspruchsvolle Bildungsinhalte zu vermitteln. Man kann somit – und das ist gewissermaßen die gute Nachricht – davon ausgehen, dass ein günstiges gesundheitsbezogenes Verhalten insgesamt, insbesondere gerade auch bezogen auf die Lehrtätigkeit, einen wesentlichen Einfluss auf den beruflichen Erfolg wie auch auf das subjektive Wohlbefinden hat (Klusmann et al., 2008; Schaarschmidt & Kieschke, 2007).

Doch was ist überhaupt *Gesundheit*? Zunächst einmal ist festzuhalten: Gesund bzw. krank sein ist keine Entweder-oder-Dichotomie, sondern die beiden Attribute sind Pole auf einem Kontinuum. Man kann also durchaus weitgehend arbeits- und leistungsfähig sein, auch wenn man sich (subjektiv) nicht vollständig gesund fühlt. Und auch die Dimension der Zeit spielt für diese Betrachtung eine wichtige Rolle: Ich kann jetzt eine (momentane) Erkältung haben und mich krank fühlen – aber dies sagt nichts darüber aus, ob ich langfristig (über Jahre und Jahrzehnte) grundsätzlich gesund bin. Wenn letzteres der Fall ist, spricht man von einer intakten *habituellen Gesundheit*. Diese langfristige Sichtweise kommt auch in der Definition von Reimann (2006, S. 24) deutlich zum Ausdruck.

> »Eine gute habituelle Gesundheit eines Menschen ist davon abhängig, wie es ihm gelingt, verschiedenste Anforderungen (intern und extern) unter Zuzug verschiedenster zur Verfügung stehenden Ressourcen (interner und externer Art) zu bewältigen.«

Um die Ausführungen in den folgenden Kapiteln noch besser zu motivieren, ziehen wir noch einen weiteren Aspekt des Begriffs der Gesundheit heran. *Pathogenetische Modelle* erforschen die Ursachen, Auslöser und Erscheinungsbilder von Krankheiten, also von Zuständen eines Menschen, die nicht mehr mit der soeben zitierten Definition von Gesundheit vereinbar sind. Ebenso entwickeln diese Modelle Mittel, um die Krankheitsursachen oder zumindest die Krankheitssymptome zu beheben oder zu lindern. *Salutogenetische Modelle* dagegen gehen zunächst von einem grundsätzlich gesunden Menschen aus und fragen nach den *Faktoren, die diese Gesundheit bewirken und aufrechterhalten*.

Wenngleich einige Studien zur psychischen Gesundheit von Studierenden aufzeigen, dass die arbeitsbezogenen Verhaltens- und Erlebens-Muster bereits von angehenden Lehrpersonen vergleichsweise problematisch sind (z. B. Künsting, Billich-Knapp & Lipowsky, 2012; Roloff Henoch, Klusmann, Lüdtke & Trautwein, 2015; Römer, Rothland & König, 2017; Schaarschmidt, 2005), gehen wir im vorliegenden Kapitel davon aus, dass der Lehrberuf von zunächst (psychisch und physisch) weitgehend gesunden Personen ergriffen und ausgeübt wird (deren Gesundheit allenfalls erst im Rahmen einer langjährigen beruflichen Tätigkeit gefährdet wird). Im Sinne einer langfristigen salutogenetischen Perspektive zeigen wir Strategien auf,

- welche Faktoren die langfristige Gesundheit von Lehrpersonen positiv beeinflussen können und
- welche Instrumente der Selbstregulation der einzelnen Lehrperson zur Verfügung stehen, um die Wirksamkeit dieser Faktoren für sich selber zu nutzen.

Gesundheit verstehen wir also eben gerade nicht als bloße Absenz von Krankheit, sondern – ganz im salutogenetischen Sinn – als Fähigkeit einer Lehrperson, die im Lehrberuf überdurchschnittlich häufig auftretenden potenziell stressreichen Situationen aktiv und »gesund« zu bewältigen.

Im folgenden Kapitel (► Kap. 8.3) wird daher zunächst der Begriff *Stress* ins Zentrum gerückt. Es werden verschiedene Stressmodelle referiert und ausgehend von diesen konkret aufgezeigt, wie Lehrpersonen im Schulalltag den Stress im Sinne eines salutogenetischen Ansatzes aktiv bewältigen können.

8.3 Der Begriff *Stress*

Obwohl der Begriff *Stress* im alltäglichen Gebrauch zumeist negativ konnotiert ist, meint er zunächst einmal nichts anderes als die Reaktion eines Organismus auf eine von Innen oder von Außen an ihn herangetragene Anforderung, die eine aktive Bewältigung erfordert. So definiert etwa Zimbardo (1995, S. 575):

> »Stress ist ein Muster spezifischer und unspezifischer Reaktionen eines Organismus auf Reizereignisse, die sein Gleichgewicht stören und seine Fähigkeit zur Bewältigung strapazieren oder überschreiten. Diese Reizereignisse umfassen eine ganze Bandbreite externer und interner Bedingungen, die allesamt als Stressoren bezeichnet werden.«

Eine Anforderung wird also erst dann »stressig«, belastend bzw. – wie es in der Fachsprache heißt – zu *Distress*, wenn sie (Kretzschmann, 2012)

- lange Zeit und auf hohem Niveau andauert,
- keine Bewältigung erfolgt,
- immer wieder das Gefühl verfehlter Lebenschancen damit einhergeht und
- ein akuter oder chronischer Mangel nicht aufgehoben werden kann.

Schon bei dieser Aufzählung fällt es leicht, konkrete Bezüge zum Lehrberuf herzustellen, um damit zu veranschaulichen, dass man in diesem Metier sehr oft potenziell *Distress* verursachenden Stressoren ausgesetzt ist (siehe auch Rudow, 1994; van Dick & Stegmann, 2013):

- Unterrichten vor Jugendlichen ist per se psychisch anspruchsvoll – man steht tagtäglich mehrmals vor einer größeren Gruppe junger Menschen, ist deren Aufmerksamkeit ausgesetzt und muss auf eine Vielzahl zumeist kaum vorhersehbarer Ereignisse reagieren.
- Als Fachperson muss man sich zudem andauernd als Experte bzw. Expertin bewähren, wobei unerwartete Schülerfragen bzw. Voten, die auf den ersten Blick oft weit am eigentlich intendierten Thema vorbeigehen, ebenfalls das Potenzial haben, Lehrpersonen zu verunsichern.
- Konflikte mit einzelnen Schülerinnen und Schülern, Gruppen von Schülerinnen und Schülern oder ganzen Klassen können u. U. lange andauern, ihre Wirkung auch in den außerschulischen Alltag von Lehrpersonen verlängern und somit sehr belastend sein.
- Da Schulunterricht in all seinen Facetten andauernd Entscheidungen unter Unsicherheit erfordert (Stern, 2009), kann sich – bei einer wiederholt ungünstigen Wahl von Handlungsalternativen – bald das Gefühl einstellen, dass das Unter-

richten und alle damit verbundenen Pflichten nicht mehr bewältigt werden können.

Wichtig im Zusammenhang mit *Stress* (im Sinne von *Distress*) ist es zu wissen, dass es sich dabei nicht einfach um einen Zustand handelt, sondern um einen Prozess, ein Stress*geschehen*, das sich aus mehreren Phasen zusammensetzt.

8.3.1 Das Stressgeschehen

Das Stressgeschehen lässt sich in die folgenden drei Elemente zerlegen – wobei diese natürlich zeitlich nicht klar voneinander abzugrenzen sind, sondern ineinander übergehen, sich überlagern: *Stressor*, *persönliche Voraussetzungen* und *Stressreaktion*. Auf diese gehen wir in den folgenden Unterabschnitten ein.

Stressoren

Stress wird zunächst einmal von einem *Stressor* ausgelöst, also von einer *auf eine Person einwirkenden Anforderung*. Dabei unterscheidet man zwischen *externen* und *internen Stressoren*. Externe Stressoren wirken von außen auf ein Individuum ein, im schulischen Kontext können dies zum Beispiel eine hohe Arbeitsbelastung, ein kurzfristig neu angesetzter Termin, eine Vertretungslektion oder ein bevorstehendes, schwieriges Elterngespräch sein. Interne Stressoren dagegen haben ihre Quelle in der Person selber, es kann sich um unrealistische Erwartungen an das Umfeld oder an sich selber handeln, man steckt sich schlicht zu hohe Ziele.

Nicht immer ist es dabei klar, ob ein Stressor extern oder intern ist. Der Stressor »schwieriges Elterngespräch« zum Beispiel kann ein externer Stressor sein, weil der von der Schulleitung dafür festgelegte Termin mit einer privaten Verabredung kollidiert; oder er kann ein innerer Stressor sein, wenn man sich nicht kompetent genug fühlt, um das Gespräch in einem günstigen Sinn leiten zu können.

Häufige Stressoren von Lehrpersonen sind (nach Rudow, 1994) unter anderem die folgenden:

1. Unzufriedenheit/Konflikt mit Führungsstil der Schulleitung	78.3 %
2. Eingeschränkter Entscheidungs- und Handlungsspielraum	75.0 %
3. Häufung von Anforderungen in best. Zeitabschnitten	70.0 %
4. Unzureichende soziale Hilfe	66.6 %
5. Störungsvolles Arbeitsklima in der Schule	66.6 %
6. Unzureichende Wertschätzung der eigenen Tätigkeit	50.0 %
7. Selbstwertbedrohung durch Schülerverhalten	48.3 %
8. Verantwortungsdruck	46.6 %

Unter diesen Nennungen können die Items 3, 4, 5 und 7 eher den externen, die Items 2, 6 und 8 eher den internen Stressoren zugeordnet werden. Item 1 enthält wohl Nuancen aus beiden Stressortypen.

Aber wenn man einmal Extremereignisse wie etwa einen Schulhausbrand, einen Schülersuizid oder einen Amoklauf ausblendet, die wohl von niemandem ohne große Betroffenheit beiseitegeschoben werden können, kann festgehalten werden: *Kein Stressor ist für alle per se ein Stressor*! Keine externen oder internen Anforderungen führen also gleichsam automatisch zu einem kurz- oder langfristigen Stressempfinden, sondern sie durchlaufen zunächst einen subjektiven Bewertungsprozess.

Persönliche Voraussetzungen

Ob ein potenzieller *Stressor* als gewöhnliche, mit dem Beruf verbundene Aufgabe oder gar als anregende Herausforderungen empfunden und entsprechend positiv angegangen wird oder ob ein Stressor tatsächlich zu kurz- oder langfristigem *Distress* führt, hängt wesentlich von den persönlichen Voraussetzungen der Individuen ab, auf die ein Stressor einwirkt.

Konkret heißt dies, dass im Zusammenhang mit Stressoren bewusst und sehr oft auch unbewusst ablaufende *Bewertungsprozesse* eine entscheidende Rolle spielen. Es geht also nicht einfach darum festzustellen, *was ein Stressor mit mir macht*, sondern zu verstehen, *welche Bedeutung ich einem Stressor zuschreibe*. Solche Bewertungsprozesse hat Lazarus in sein Stressmodell (Lazarus & Launier, 1981) integriert, das in Abbildung 15 vereinfacht wiedergegeben wird.

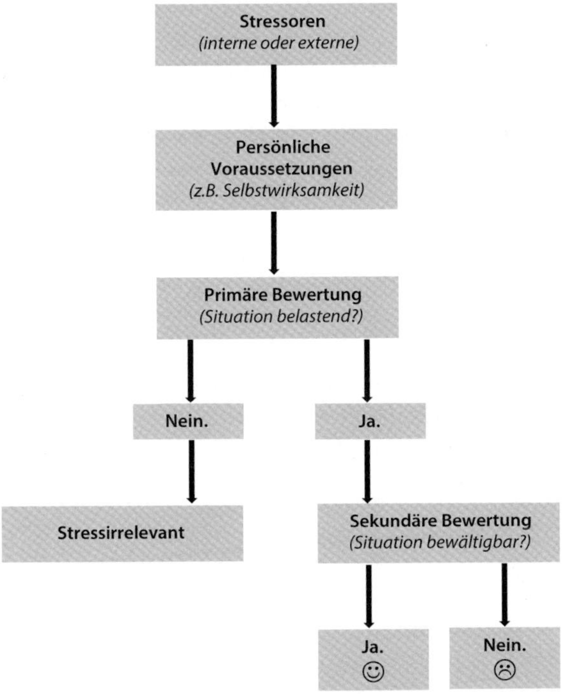

Abb. 15: Das vereinfachte Stressmodell von Lazarus

Wenn ein potentieller Stressor von einer Person wahrgenommen wird, dann stellt sich ihr zunächst einmal die Frage (*primäre Bewertung*): *Kann diese Situation überhaupt belastend für mich sein?* Ist dies nicht der Fall, ist der Stressor als solcher irrelevant und kann folglich auch kaum mehr als solcher bezeichnet werden.

Wird die Frage hingegen mit *ja* beantwortet, dann stellt sich eine zweite Frage (*sekundäre Bewertung*): *Kann ich die stressrelevante Situation mit den mir zur Verfügung stehenden Ressourcen bewältigen?*

So kann etwa eine Situation als *angenehm-positive Herausforderung* erlebt werden, die eine Person gemäß ihrem eigenen Empfinden zu lösen vermag. Oder der Stressor wird als unangenehm oder gar bedrohlich erlebt und die Person hat großen Zweifel daran, dass sie über die notwendigen Fähigkeiten verfügt, die mit dem Stressor verbundenen Anforderungen kompetent zu bewältigen – was eben zu Stress in seiner belastenden Form führt.

Ein Beispiel: Eine Lehrperson liest am späteren Abend eine E-Mail, in der ein Schulleitungsmitglied kurzfristig kommuniziert, am folgenden Tag eine Unterrichtsstunde zu besuchen, *»um sich ein Bild davon zu machen, wie Sie als neuer Kollege unterrichten«*. Es mag Menschen geben, die auch bei einer solchen Ankündigung kaum ein Kribbeln in der Magengegend verspüren – für diese Glücklichen wäre dann eine solche Situation stressirrelevant. In den allermeisten Fällen aber wird man sich, zumal als Neuling im Lehrberuf, die Frage stellen: *Werde ich mich morgen im Unterricht bewähren und einen positiven Eindruck hinterlassen?* Es vollzieht sich also die oben so genannte sekundäre Bewertung. So könnte eine Lehrperson ihre Unterrichtsvorbereitung noch einmal durchgehen, kontrollieren, ob alle nötigen Materialien bereitliegen, alle administrativen Aspekte überprüfen und vielleicht zwei anstelle von nur einem Wecker stellen. Aber sie wird grundsätzlich das Gefühl haben, alles in ihrer Macht Stehende beachtet zu haben und sich sonst auf ihre Kompetenz verlassen, den Unterricht am kommenden Tag auf zumindest zufriedenstellende Weise über die Bühne zu bringen. Demgegenüber lässt sich leicht auch eine Person vorstellen, die durch eine solche E-Mail verunsichert wird; in ihr kann etwa das Gefühl aufsteigen, den eigenen sowie den Anforderungen einer (möglicherweise als streng empfundenen) Schulleitung sowieso nie genügen zu können und am Folgetag kläglich zu scheitern. Infolgedessen erfolgt eine Stressreaktion: Die Lehrperson fühlt sich äußerst belastet, wodurch sie schlecht schläft und am nächsten Tag die Schule sehr ängstlich betritt.

Wenn es also externe und interne Stressoren gibt; und wenn es von der Persönlichkeit abhängt, ob ein solcher Stressor überhaupt ein solcher ist, als Herausforderung oder als Bedrohung wahrgenommen wird, dann stellt sich die Frage: *Welche Faktoren der Persönlichkeit steuern die Bewertungsprozesse, die zu so unterschiedlichen Ergebnissen im Stresserleben führen?*

Einer davon ist das Erleben von *Selbstwirksamkeit* (Lazarus & Launier, 1981). Das Konzept der Selbstwirksamkeit wurde von Bandura (1977) eingeführt und in der Skala von Schwarzer und Schmitz (1999) messbar gemacht. Typische Aussagen, die eine von ihrer Selbstwirksamkeit überzeugte Lehrperson äußern würde, sind etwa:

- »Ich weiß, dass ich es schaffe, selbst den problematischsten Schülern den Stoff zu vermitteln.«
- »Ich traue mir zu, die Schüler für neue Projekte zu begeistern.«

- »Ich weiß, dass ich zu den Eltern guten Kontakt halten kann, selbst in schwierigen Situationen.«

Wenn eine Lehrperson also immer wieder erlebt, dass ihre Ressourcen zu erfolgreichem Unterricht führen, in dem sie sich wohl fühlt und in dem die Schülerinnen und Schüler offensichtliche Lernfortschritte machen, dann führt das zur Überzeugung, dass es ihr auch in Zukunft gelingen wird, alle mit dem Unterricht und dem Schulleben in Zusammenhang stehenden Aufgaben zu meistern. Je häufiger also Selbstwirksamkeit erlebt wird, desto wahrscheinlicher dürfte es sein, dass eine Lehrperson auch durch gänzlich neue und/oder unvorhersehbare kurzfristige Stressoren nicht aus der Ruhe gebracht werden kann und ihnen auf der Basis ihres Selbstvertrauens unverdrossen und konstruktiv begegnen wird. Der Aufbau einer in diesem Sinne sehr günstigen Selbstwirksamkeitsüberzeugung kann verschiedene Quellen haben (Bandura, 1997):

- Eigene Erfahrung (wenn sie denn als solche wahrgenommen werden)
- Modelllernen (man sieht die Wirksamkeit bestimmter Maßnahmen an einem Kollegen oder einer Kollegin)
- Positives Feedback vonseiten der Schülerinnen und Schüler, Kolleginnen und Kollegen oder der Schulleitung
- Die selbst wahrgenommene Stimmung und Erregung vor dem oder während des Unterrichts (z. B. »Ich bin sehr zufrieden damit, wie die Stunde gelaufen ist.«).

Um noch einmal auf das oben schon ausgeführte Beispiel zurückzukommen: Eine Lehrperson, die schon einmal oder mehrfach die Erfahrung der Selbstwirksamkeit gemacht hat, dürfte sich auch durch einen kurzfristig angekündigten Unterrichtsbesuch der Schulleitung nicht aus der Ruhe bringen lassen, sondern darauf zählen, dass ihre Kompetenzen auch in diesem Fall ausreichen werden, diese Stunde zu bewältigen, was immer auch geschehen wird.

In Tabelle 5 schlagen wir ein auf diesen Überlegungen basierendes Instrument vor, das gerade Berufseinsteigerinnen und Berufseinsteiger darin unterstützen soll, potenziell zu *Distress* führende Situationen im Schulalltag (oder in allen anderen Situationen) zu analysieren und möglichst günstige Verhaltensweisen zu generieren.

- Zunächst erstellt man eine Liste der mit einer Situation verbundenen internen und externen Stressoren.
- Anschließend wählt man jene aus, die für einen in der jeweiligen Situation als besonders belastend empfunden werden.
- Zuletzt reflektiert man die eigenen, mit den Stressoren einhergehenden Bewertungen. Das Resultat ist ein Strauß von Handlungsalternativen, deren günstigste man anschließend zu verwirklichen versuchen kann.

In unserem ETH-Seminar zu den »Psychosozialen Anforderungen im Lehrberuf« legen wir den Studierenden als Übungsaufgabe die schon oben skizzierte Situation vor: Sie erhalten am Abend vor einer Doppellektion (als Junglehrerin oder Junglehrer) von einem Mitglied der Schulleitung per E-Mail die Information, dass er/sie ihren Unterricht in ebendieser Doppellektion besuchen wird, um einmal »zu sehen, wie Sie so unterrichten«. Die mit den Studierenden erarbeiteten Lösungen sehen etwa so aus (► Tab. 5).

Tab. 5: Instrument zur Analyse von Stresssituationen

MÖGLICHE STRESSOREN	
Interne	**Externe**
Angst vor dem ersten Feedback Eigene hohe Erwartungen (Zeitplan, didaktisches Konzept, ...) Lektion an Besuch anpassen? Umplanen? »Musterlektion«? Lektion repräsentativ? Versagensangst, Angst vor Konsequenzen Grübeln über Methodenwahl Grübeln über Grund für Besuch Fragen nicht beantworten können Allgemeine Nervosität Leistung abrufbar? Tagesform?	***Experiment klappt nicht*** *Film schauen war geplant* *Besonders schwierige, unmotivierte Klasse* *Prüfung in der Folgelektion* *Materialien fehlen oder sind mangelhaft* *Verhalten des Vorgesetzten* *Unterrichtsstörungen durch Schülerinnen und Schüler gerade am »Stichtag«* *Verspätungen (Auto, ÖV, verschlafen)* *Technische Probleme, Pannen*
Primäre Bewertung eines internen Stressors (Situation belastend? Warum?)	**Primäre Bewertung eines externen Stressors (Situation belastend? Warum?)**
Angst vor dem ersten Feedback Angst, dass die Beurteilung schlecht ausfällt Angst vor weiteren Besuchen Infragestellung des Unterrichtsstils allgemein (Selbstzweifel...)	**Experiment klappt nicht** Im Voraus ausprobiert Aber: »launisches« Experiment Angst, inkompetent zu wirken
Falls belastend: Sekundäre Bewertung (Situation bewältigbar? Warum?) *JA, bewältigbar, weil...* ... allfällige Kritik kann als Chance, sich zu verbessern, genutzt werden ... sich auf das Feedback mental vorbereiten	**Falls belastend: Sekundäre Bewertung (Situation bewältigbar? Warum?)** *JA, bewältigbar, weil...* ... Video suchen mit dem Experiment ... im Notfall dieses zeigen

Stressreaktion

Damit kommen wir nun zum letzten Aspekt des Stressgeschehens: der *Stressreaktion*. Unabhängig davon, wie nun ein Stressor bewertet wird (irrelevant, positiv-angenehm oder bedrohlich), er löst im betroffenen Organismus in jedem Fall eine Reaktion aus (wenngleich sie im Fall der Irrelevanz natürlich vernachlässigbar sein dürfte). Die Stressreaktion umfasst die ganze Person, das heißt die *körperliche*, die *emotionale*, die *kognitive* und die *Verhaltensebene*.

Bereits vor mehr als 90 Jahren beschrieb Cannon (1929) ein Verhalten, welches auftrat, wenn der Organismus mit einer Gefahrensituation konfrontiert wurde (z. B. durch ein wildes Tier). Er fand heraus, dass *im Körper* in derartigen Situationen ein angeborener Angriffs- bzw. Fluchtmechanismus ausgelöst wird. Innerhalb kürzester

Zeit stellt der Körper sämtliche Energiereserven bereit, die es ihm ermöglichen, auf diese Gefahrensituation entweder mit Kampf oder Flucht zu reagieren. Auch wenn es heute eher unwahrscheinlich ist, einem Mammut o. ä. zu begegnen, und auch wenn bekannt ist, dass nicht jeder Mensch in gleicher Art und Weise auf Stress reagiert, lassen sich dennoch ganz spezifische Reaktionen beobachten, die bereits von Cannon (1929) und Selye (1956) beschrieben wurden.

Auf der *physiologischen Ebene* werden die Muskeln, die Atmung, die Schweißproduktion, das Herz-Kreislauf-System, der Magen-Darm-Trakt und die Ausschüttung von Hormonen (Adrenalin, Noradrenalin) involviert. Auf der *emotionalen Ebene* können Stressoren ganz unterschiedliche Gefühle wie etwa Angst, Ärger, Wut auslösen. *Kognitive Auswirkungen* infolge eines Stressereignisses werden in engem Zusammenhang mit emotionalen Reaktionen gesehen. So können in stressrelevanten Situationen aufgrund starker Emotionen eine Reihe kognitiver Funktionen nachteilig beeinflusst werden. Häufig kann man beobachten, dass sich die Aufmerksamkeit nur noch auf die Reize beschränkt, die für die stressauslösende Situation wichtig sind (sog. »Scheuklappeneffekt« oder »Tunnelblick«). Auch das flexible Denken und kreative Problemlösen können stark beeinträchtigt sein, und häufig kommt es in derartigen Situationen zu eher stereotypen und rigiden Urteilen. Solche Bewertungen führen oft zu unlogischen, irrationalen Vorhersagen und Schlussfolgerungen, die wiederum das Auftreten von Stress begünstigen. Beispiele für solche ungünstigen, Distress fördernden kognitiven Prozesse sind (nach Schaarschmitt & Fischer, 2010, S. 33):

- Schlüsse aufgrund ungenügender Beweise (z. B.: »Das macht der *nur*, um *mir zu schaden*.«)
- Übergeneralisierung (z. B.: »Diesen Vorwurf machst du mir *immer*.«)
- Alles-oder-Nichts-Denken (z. B.: »Entweder machen wir das *jetzt*, oder dann *nie*.«)
- Absolutistisches Denken (z. B.: »Wegen dieses einen Fehlers hassen mich *alle*.«)
- Katastrophisierende Gedanken (z. B.: »Verschlafen – jetzt werde ich sicher *entlassen*.«)

Dass eine Person Stress erlebt, kann man häufig auch an bestimmten *Verhaltensweisen* beobachten. Dabei ist dann das Verhalten abhängig davon, wie stark der empfundene Stress ist. Ein gewisses Maß an Stress ist sogar förderlich. Anhaltender Stress zeigt sich hingegen in problematischen Verhaltensweisen wie etwa Rauchen, übermäßigem Trinken von Alkohol, Konsum von anderen Suchtmittel, Frustessen, Rückzug aus sozialen Aktivitäten oder einem aggressiven und gereizten Umgang mit anderen.

8.3.2 Wann wird Stress im Lehrberuf problematisch?

Zusammenfassend kann man sagen: Stress ist zunächst einmal eine Reaktion eines Organismus auf eine von Innen oder Außen an ihn herantretende Anforderung. Ob eine solche Anforderung (ein *Stressor*) tatsächlich zu *Distress* führt, hängt davon ab, wie eine Person die Anforderung *bewertet*. *Persönliche Faktoren*, die eine solche Bewertung beeinflussen, liegen etwa in bestimmten Einstellungen, vorhandenen Ressourcen und der erlebten Selbstwirksamkeit begründet. Das *Stressgeschehen* manifestiert sich auf allen Ebenen: auf der körperlichen, emotionalen, kognitiven und der Verhaltensebene.

Grundsätzlich sind wir Menschen damit ausgestattet, solche Anforderungen in den allermeisten Fällen so zu bewältigen, dass der Stressor seine Wirksamkeit verliert und die dafür aufgewendeten Ressourcen keine Schäden beim betroffenen Individuum hinterlassen. Entscheidend dabei ist, dass die Phase der erhöhten Anspannung und Erregung nach einer kurzen Zeit wieder so zurückgeht, dass das Individuum sich nach einer Erholungsphase wieder auf dem ausgeglichenen Normallevel einpendelt. Problematisch wird das Stressgeschehen erst dann, wenn es einer Person nicht mehr gelingt, von der Anspannungsphase wieder in die Normallage zurückzukehren. Es besteht dann sogar die Gefahr, dass sich das Stressgeschehen immer weiter aufschaukelt und in einen langfristigen und somit potentiell gesundheitsgefährdenden *Distress* ausartet. Diese Gefahr ist gerade im Lehrberuf in erhöhtem Maße vorhanden, weil Lehrpersonen tagtäglich mit einer großen Anzahl potentiell stressauslösender Situationen konfrontiert sind.

Natürlich wird hier nicht behauptet, dass ein solches Muster nur im Lehrberuf vorkommt; aber wie gerade die schon oben referierte Studie von Schaarschmidt (2005) gezeigt hat, sind Lehrpersonen tatsächlich überdurchschnittlich belastet und damit erhöht sich auch das Krankheitsrisiko. Die Folgen von solchem Dauerstress, falls er nicht durch längere Erholungsphasen kompensiert werden kann, sind gerade im Lehrberuf fatal. Einerseits können sie zu psychischen Krankheiten wie Burnout oder Erschöpfungsdepressionen führen; andererseits können auch körperliche Beschwerden wie Herzerkrankungen, ein geschwächtes Immunsystem oder Diabetes die Folge sein. Gerade die Auswirkungen von Burnout sind bei einer Lehrperson nicht nur für diese selbst, sondern auch für die Schülerinnen und Schüler äußerst problematisch. Nach Maslach (1982; siehe auch Maslach, Schaufeli & Leiter, 2001) bringt ein Burnout nämlich die folgenden Symptome mit sich:

- *Emotionale und physische Erschöpfung*: In einem solchen Zustand ist es sehr mühselig bis unmöglich, einen engagierten, kognitiv aktivierenden Unterricht zu bieten; man muss davon ausgehen, dass die Lernwirksamkeit stark zurückgehen wird (z. B. Klusmann et al., 2008).
- *Depersonalisation*: Diese führt dazu, dass Schülerinnen und Schüler sowie Kolleginnen und Kollegen gegenüber negative Gefühle dominieren, man begegnet seinen Mitmenschen mit Zynismus und zieht sich sozial zurück. Selbstredend ist ein solches Verhalten sich selber und dem sozialen Umfeld gegenüber im Lehrberuf äußerst problematisch – ganz zu schweigen von den möglicherweise negativen Folgen, die ein solches Verhalten für die Schülerinnen und Schüler haben kann.
- *Ständiges Erleben von Misserfolg*: Fehlende Leistungsfähigkeit und zerrüttete soziale Beziehungen in einem Umfeld, in dem diese beiden Elemente zentral sind, werden unweigerlich zu einer negativen Bewertung der eigenen Arbeit führen, somit zu einer Verminderung des Selbstwertgefühls und damit zu einem Teufelskreis, da gerade eine intakte Selbstwirksamkeitsüberzeugung im Lehrberuf zentral ist.

Einen ersten Hinweis auf ein mögliches Burnout gibt das Maslach Burnout Inventory (MBI, Link: https://staedteverband.ch/cmsfiles/test_de_maslach_(burnout)_-_d.pdf). Es ist ein kurzer Selbsttest, um das eigene Risiko abzuschätzen.

8.3.3 Strategien der Stressbewältigung im Lehrberuf

Die entscheidende Frage lautet nun natürlich: Wie schafft man es als Lehrperson, mit den vielen Anforderungen, die die berufliche Tätigkeit mit sich bringt, so umzugehen, dass man trotz vieler Stressoren sich beruflich entfalten kann und dabei gesund bleibt?

Vorausgesetzt, eine Lehrperson hat überhaupt das Bedürfnis, die Folgen von erlebten Stressoren anzugehen, und ist auch bereit, dies in einem aktiven Sinn zu tun – also nicht einfach zu warten, bis die Folgen (vielleicht einmal) abklingen –, dann stehen ihr grundsätzlich zwei Wege offen, nämlich der *symptomorientierte Weg* (der die *Folgen* von Distress bekämpft) oder der *problemorientierte Weg* (der die Stressoren selber als *Ursachen* von *Distress* ins Visier nimmt). Diese beiden Herangehensweisen sind selbstredend nicht als einander sich ausschließende Alternativen, sondern in einem komplementären Sinn zu verstehen.

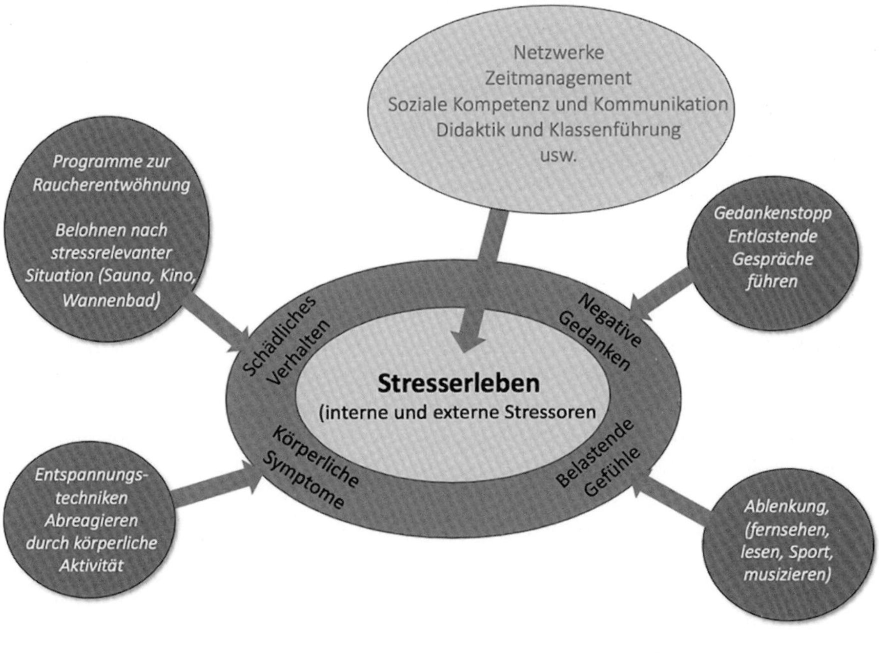

Abb. 16: Stressgeschehen und Stressbewältigung

In Abbildung 16, die unseren Seminarunterlagen entnommen ist, greifen die dunkelgrau eingefärbten Stressbewältigungsmethoden an den *Symptomen* an, die hellgrau eingefärbten an den Ursachen, d. h. an *den inneren und äußeren Stressoren selbst*. Bei der *symptomorientierten Zugangsweise* geht es darum, dass man die *Folgen* von Stress bzw. von Stressoren abschwächt oder (zumindest kurzfristig) eliminiert. Sie dient also der Regulierung physiologischer Reaktionen sowie der Verbesserung der emotionalen Befindlichkeit. Sie umfasst alle Versuche, Stressemotionen wie Angst, Ärger, Schuld, Neid, Kränkung und die damit einhergehenden Spannungszustände positiv zu beeinflussen. Die jeweiligen Techniken setzen dabei an den konkreten Stressreaktionen an und wirken sowohl kurz- als auch langfristig. Beispiele für solche Techniken sind (Schaarschmidt & Fischer, 2010: S. 37):

- Abreagieren durch körperliche Aktivität
- Ablenkung (fernsehen, lesen, musizieren)
- Andere Erfolgserlebnisse durch Hobbies o. ä. schaffen
- Entspannungstechniken (PMR, autogenes Training usw.)
- Bewusstes Atmen
- Entlastende Gespräche führen
- Belohnen nach stressrelevanter Situation
- Regelmäßig Sport treiben

Anders als die symptomorientierten Maßnahmen zur Stressbewältigung setzen die *problemorientierten* bei den Ursachen, also bei den Stressoren selber an. Dabei geht es darum, solche Stressoren entweder von potentiell bedrohlichen zu angenehm-herausfordernden zu verwandeln oder aber präventiv ihr Potential als Stressoren überhaupt zu minimieren bzw. ganz zu eliminieren. Dabei können folgenden Aspekte in den Blick genommen werden.

- *Persönliche Voraussetzungen*: Wie oben (▸ Kap. 8.3.1) dargelegt, ist kein Stressor per se ein solcher – vielmehr hängt es wesentlich von persönlichkeitsabhängigen Bewertungsprozessen ab, welchen Effekt ein Stressor auf einen Menschen hat. Die Reduktion der Wirkung von Stressoren kann das Ergebnis einer gleichsam natürlich sich vollziehenden Persönlichkeitsentwicklung in der Ausübung des Berufes sein. Als mehr oder weniger »automatischer« Effekt von langjähriger Unterrichtspraxis wird man als Lehrperson erfahrener, gelassener. Dabei besteht natürlich auch die Gefahr, dass dieser Effekt einfach im Sich-Einschleifen von eventuell auch ungünstigen Routinen besteht. Daher empfiehlt es sich, sich aktiv mit diesem Prozess auseinanderzusetzen.
- *Didaktik und Klassenführung*: Die Kompetenz, kognitiv aktivierende und lernwirksame Unterrichtseinheiten vorzubereiten und diese im Rahmen eines wirksamen *Classroom Managements* durchzuführen, ist wohl die beste Methode, um Distress im Lehrberuf zu verhindern (Kounin, 2006). Das entsprechende Wissen und die Instrumente werden ausführlich oben in Kapitel 4 (▸ Kap. 4) und in Kapitel 7 (▸ Kap. 7) dargelegt.
- *Soziale Unterstützung*: Eng verwoben mit dem vorhergehenden Stichwort ist jenes des *Netzwerkes*, also der fachlichen und/oder emotionalen Unterstützung durch das Kollegium (Schaarschmidt, 2005). In jedem Lehrerkollegium befinden sich Expertinnen und Experten in zahlreichen Gebieten – vor allem ältere

Kolleginnen und Kollegen verfügen zum Beispiel oft über zahlreiche Unterrichtsmaterialien, die auf die gültigen Lehrpläne abgestimmt sind und sich im Unterricht bewährt haben. Gerade als Novizin bzw. Novize im Lehrberuf empfiehlt es sich, diese Ressourcen anzuzapfen. Manche (nicht alle) Kolleginnen und Kollegen sind bereit, diese Materialien zur Verfügung zu stellen. Das bedeutet nicht, dass man sie unbesehen übernehmen soll, es dürfte wahrscheinlich oft unumgänglich sein, das Material methodisch auf den neusten Stand der Lehr-Lern-Forschung zu bringen. Gleichwohl können die Unterlagen eine unschätzbare Quelle sein, die einem selber sehr viel Zeit bei der Materialrecherche und -aufbereitung erspart.

- *Soziale Kompetenz und Kommunikation*: Der Lehrberuf involviert die Lehrperson tagtäglich in zahlreiche soziale Interaktionen unterschiedlichster Art. Wer dabei in der Lage ist, in schwierigen Situationen sozial kompetent und umsichtig kommunikativ zu handeln, wird sich wohl eher seltener in Konflikte verwickeln, die auch über den Feierabend hinaus weiterwirken und einen belasten. Das folgende Kapitel (► Kap. 8.4) befasst sich daher ausführlich mit dem Thema der sozial kompetenten Kommunikation im Kontext der Schule.
- *Selbstregulation*: Als letztes Stichwort der problemorientierten Methoden, um mit *Distress* umzugehen, ist in der Abbildung 16 (► Abb. 16) das Stichwort *Zeitmanagement* aufgeführt. Dieser Aspekt wird weiter unten im Kapitel 8.5 (► Kap. 8.5) ausgeführt.

8.4 Sozial kompetente Kommunikation im Kontext Schule

Kommunikative Fähigkeiten spielen im Lehrberuf in ganz unterschiedlichen Kontexten eine entscheidende Rolle. Der kommunikative Umgang mit Schülerinnen und Schülern, mit Schulleitungsmitgliedern, Kolleginnen und Kollegen, Eltern usw. trägt wesentlich dazu bei, ob eine Lehrperson in ihrem Tun langfristig erfolgreich ist, Erfüllung findet – und dabei auch gesund bleibt (Schaarschmidt & Kieschke, 2007). Das Thema Kommunikation und Kommunikationsforschung ist ein weites Feld; allein die entsprechende Wikipedia-Seite enthält eine Liste von Kommunikationsmodellen mit Dutzenden solcher Modelle. Es kann nicht der Anspruch des vorliegenden Buchs sein, in diesem Bereich umfassend zu sein oder gar neue Erkenntnisse vorzulegen. Das Ziel der folgenden Kapitel ist es vielmehr, Lehrpersonen Instrumente in die Hand zu geben, um…

- verschiedenartige und eben auch »schwierige« Kommunikationssituation als solche zu erkennen und
- über entsprechende Handlungsmöglichkeiten zu verfügen, um in solchen Situationen erfolgreich kommunizieren zu können.

Wobei an dieser Stelle klarzustellen ist: Erfolgreich meint hier gerade nicht, dass man mit rhetorischen Kniffen um jeden Preis die eigenen Interessen durchsetzt, sondern sich situationsabhängig kommunikativ adäquat verhält, um mit allen Beteiligten langfristig konstruktiv arbeiten zu können. Dahinter steht unsere Überzeugung, dass damit ein wichtiger Beitrag geleistet werden kann, um sich im Lehrberuf auch auf lange Sicht wohl zu fühlen und somit gesund zu bleiben.

8.4.1 Grundbegriffe der Kommunikationstheorie

Zur Beschreibung von menschlicher, personaler (also nicht massenmedialer) Kommunikation existiert eine Vielzahl von teilweise sehr einfachen und teilweise enorm komplexen Modellen. Ihnen allen gemeinsam ist es letztlich zu beschreiben oder zu erklären, wie der intersubjektive Austausch von Zeichen gelingt (oder eben auch scheitern kann). Im Rahmen dieses Buches werden im Folgenden verschiedene Modelle kurz vorgestellt, die dabei helfen, den schulischen Alltag auch in kommunikativer Hinsicht meistern zu können. Zu diesem Zweck gilt es zunächst, ohne dabei auf Details einzugehen, einige Grundbegriffe der Kommunikationstheorie darzulegen. Erst dann können die Anforderungen, die Kommunikation in einem schulischen Kontext mit sich bringt, adäquat beschrieben und professionell bewältigt werden. Leserinnen und Leser, die mit der kommunikationstheoretischen Begrifflichkeit bereits vertraut sind, können dieses Kapitel (► Kap. 8.4.1) überspringen.

Ein einfaches Kommunikationsmodell wie etwa jenes von Shannon und Weaver (1963) unterscheidet prinzipiell zwischen einem *Sender* und dem *Empfänger* einer Nachricht. Der Sender *codiert* seine kommunikative *Intention* (sein bewusstes oder allenfalls auch unbewusstes *Kommunikationsziel*) mittels sprachlicher *Zeichen* zu einer *Nachricht* und übermittelt diese über einen *Kanal*. Die Nachricht wird anschließend vom *Empfänger decodiert* (vorausgesetzt, dass er über dieselben sprachlichen Zeichen wie der Sender verfügt). Der Empfänger versteht somit die Intention des Senders und kann, bei einer Fortführung des Kommunikationsvorgangs, seinerseits die Rolle des Senders zu übernehmen. Die Reaktion des Empfängers auf eine abgeschlossene Kommunikationshandlung wird auch als *Feedback* bezeichnet.

Direkte und indirekte Kommunikation. Befinden sich der Sender und der Empfänger zu demselben Zeitpunkt an demselben Ort, spricht man von einer direkten oder personalen Kommunikationssituation, ansonsten von einer indirekten.

Die *Codierung* (Schriftlichkeit und Mündlichkeit). Die Codierung kann sowohl in Form von *gesprochener Sprache (mündlich)* oder aber *schriftlich* erfolgen. Beiden Codierungsformen entsprechen bestimmte *Kanäle* – wie etwa das personale Gespräch oder ein Telefongespräch (mündlich) bzw. ein Brief oder eine WhatsApp-Nachricht (schriftlich).

Einseitigkeit vs. zweiseitige Kommunikation. In der einseitigen Kommunikation ist immer nur einer der beiden Kommunikationsteilnehmer aktiv, die andere Seite verharrt dauerhaft in der Rolle des Empfängers. In der zweiseitigen Kommunikation dagegen wechseln die beiden Funktionen von Sender und Empfänger regelmäßig ab.

Symmetrische und asymmetrische Rollenverteilung. Gerade in einem schulischen Kontext ist auch der Aspekt der Rollenverteilung zentral. Symmetrisch sind Kommunikationsrollen dann, wenn die beteiligten Personen über den *gleichen* sozioökonomischen bzw. institutionellen Status verfügen. Von einer asymmetrischen Rollenverteilung spricht man dann, wenn eine Partei der anderen unter einer institutionellen Perspektive überlegen ist (und dies auch von allen Beteiligten prinzipiell akzeptiert wird). Gerade im Kontext der Schule ist dieser Aspekt sehr wichtig, da die Rollenverteilung zwischen Lehrpersonen und ihren Schülerinnen und Schülern natürlich asymmetrisch ist.

1 : 1-, 1 : n- und n : n-Kommunikation. Wenn nur zwei Gesprächspartner an einer Kommunikationssituation beteiligt sind, dann spricht man von einer 1 : 1- Situation; wendet sich ein Sender an viele Empfänger, dann handelt es sich um eine 1 : n-Situation (wie etwa in einer Schulstunde oder in der massenmedialen Kommunikation); auch eine n : n-Kommunikation ist möglich, wenn verschiedene Mitglieder einer Gruppe unter sich kommunizieren.

Beispiele aus dem Kontext Schule

In unserem ETH-Seminar zu den psychosozialen Anforderungen im Lehrberuf formulieren die Studierenden jeweils schwierige Gesprächssituationen im Kontext Schule. Die folgenden beiden Beispiele stammen aus dieser mittlerweile mehrere Dutzend Situationen umfassenden Sammlung. An ihnen sollen die oben skizzierte Terminologie veranschaulicht werden.

Beispiel 1: *Eine Schülerin oder ein Schüler hat in einem Fach eine sehr schlechte Note. Kurz nach dem Austeilen der korrigierten Arbeiten beginnt sie/er zu weinen. Die Lehrperson beschäftigt die Klasse und sucht das Gespräch unter vier Augen.* Es handelt sich hier um eine *direkte*, *mündliche*, *zweiseitige* und *asymmetrische 1 : 1-Kommunikationssituation*.

Beispiel 2: *Die Mutter eines Schülers beschwert sich per E-Mail massiv bei der Lehrperson für Physik darüber, dass ihr Kind mit einem Projekt zur Beobachtung der Mondphasen überfordert ist und allein gelassen wird. Dies stellt für die ganze Familie über mehrere Wochen eine gravierende Belastung dar.* Hier liegt eine *indirekte*, *schriftliche*, *zweiseitige* und ebenfalls *asymmetrische 1 : 1-Kommunikationssituation* vor.

Mit Hilfe dieser Kategorien kann sich eine Lehrperson kurz klar machen, welche Parameter eine potentiell schwierige Kommunikationssituation bestimmen, um dann anschließend die in den folgenden Kapiteln (▶ Kap. 8.4.2 bis ▶ Kap. 8.4.6) ausgeführten Instrumente sinnvoll einzusetzen.

8.4.2 Kommunikative Instrumente I: Das Modell Schulz von Thuns

Das bekannte Modell Schulz von Thuns (2011) verwenden wir, weil es einerseits relativ einfach ist und andererseits doch so differenziert, dass es gerade im Kontext Schule vielfältig adaptierbar ist. Schulz von Thun erweitert das weiter oben referierte Shannon-Weaver-Basismodell in dem Sinn, dass aus der Sicht des Senders die

Intention einer Nachricht vier Ebenen aufweist. Komplementär dazu nimmt auch der Empfänger diese Intention nicht mit einem gleichsam neutralen Ohr auf, sondern interpretiert sie immer schon durch denselben vierfachen Filter. Der Sender spricht also mit einer vierfachen Zunge, während der Empfänger mit vierfachen Ohren hört – ohne dass freilich die beiden Kommunikationspartner jeweils wissen, mit *welcher* Zunge gesprochen bzw. mit *welchem* Ohr gehört wurde. Im Folgenden wird das Modell anhand eines einfachen Beispiels erläutert (Schulz von Thun, 2011).

Eine Frau fährt am Steuer eines Autos; an einer Ampel, die auf Rot steht, hält sie an. Nach einer Weile schaltet die Ampel auf Grün und ihr Mann, der sich auf dem Beifahrersitz befindet, sagt: *Du, da vorne ist grün!*

Schulz von Thuns postuliert vier Ebenen, die in jedem kommunikativen Akt mitschwingen:

- Auf der *Sachebene* wird eine *Information über die Realität* übermittelt. Im Beispiel heißt dies, dass der Mann mit seiner Aussage verbalisiert, was tatsächlich der Fall ist.
- Mit der *Appellebene* ist gemeint, dass jemand sein Gegenüber zu einer Handlung veranlassen will. Der Satz: »*Du, da vorne ist grün*« könnte dann beispielsweise übersetzt werden mit »*Gib endlich Gas!*«
- Insofern Kommunikation ja per se beziehungskonstituierend ist, führt auch Schulz von Thun eine *Beziehungsebene* ein: Wann immer wir etwas sagen, drücken wir auch etwas über das *Verhältnis* zu unserem Gegenüber aus. Im obigen Beispiel wäre die Botschaft auf der Beziehungsebene zum Beispiel: »*Du bist nicht so aufmerksam wie ich, ich bin dir als Autofahrer überhaupt überlegen.*«
- Auf der von Schulz von Thun so bezeichneten *Selbstoffenbarungsebene* gibt der Sender etwas von sich selber, von seinen Gefühlen, Absichten o. ä. preis. Im Beispiel könnte er so etwas meinen wie »*Ich habe es wegen eines Arzttermins eilig und Angst, zu spät zu kommen.*«

Es ist klar: Aufgrund der oben beschriebenen Situation *wissen* wir nicht, was der Mann wirklich gemeint hat, d. h. auf welcher Ebene der Fokus seiner Botschaft liegt. Dies geschieht erst dadurch, dass die Empfängerin bzw. der Empfänger die Botschaft auf einer der vier Ebenen rezipiert und interpretiert. Für das Beispiel heißt das Folgendes:

- Hört die Frau primär die *Sachebene*, wird sie vielleicht mit ruhiger Stimme sagen »*Ja, ich habe es auch gerade gesehen*« und losfahren.
- Ist in ihren Empfängerohren die *Appellebene* dominant, könnte es sein, dass sie *wortlos auf das Gaspedal tritt und sehr schnell beschleunigt* in der Meinung, dass ihr Mann es eilig hat.
- Wenn die Botschaft auf das *Beziehungsohr* trifft, wäre eine mögliche Reaktion die (rhetorische) Frage »*Fährst du oder fahre ich?*« Die Frau nimmt in diesem Fall die Äußerung ihres Mannes als Eingriff in ihre Autonomie als (kompetente) Fahrerin wahr, evtl. auch als Abwertung ihrer Kompetenz und sie setzt sich dagegen zur Wehr.

- Sehr nahe an der Beziehungsebene ist jene der *Selbstoffenbarung*: Die Frau hört aus den Worten ihres Mannes die Botschaft »*Ich kann sowieso besser fahren als du, du überblickst ja nicht einmal die offensichtlichsten Verkehrssignale*.« Eine mögliche Reaktion darauf wäre der Ausruf »*Du eingebildeter Macho!*«

Aus diesem Modell lassen sich nun folgende Hinweise ableiten, die für eine gelungene Kommunikation ganz allgemein, besonders aber auch für Lehrpersonen an Schulen von entscheidender Bedeutung sind.

1. Der Sinn einer Nachricht hängt auch davon ab, wie der Empfänger sie interpretiert, also mit welchem Ohr sie gehört und entsprechend decodiert wird.
2. Als Sender habe ich – als Folge davon – nur bedingten Einfluss darauf, wie eine Nachricht beim Sender ankommt; ich kann zwar durch Wortwahl, Tonfall und nonverbale Mittel (Mimik, Gestik) (▶ Kap. 8.4.5) versuchen, meine Kommunikationsintention so gut als möglich zu vermitteln, habe aber keine Garantie, dass dies in jedem Fall auch gelingt.
3. Auf welche Ebene man – als Empfänger – besonders achten sollte, hängt vom Gegenüber und der konkreten Kommunikationssituation ab. Es gibt kein Rezept dafür, wann welches Ohr auf Empfang zu stellen ist.
4. Für welche Ebene ich mich auch immer – bewusst oder unbewusst – entscheide, beeinflusst in jedem Fall maßgeblich mein eigenes (sprachliches) Verhalten, jenes meines Gegenübers und somit insgesamt, in welche Richtung sich ein Gespräch entwickelt.

Für das Gelingen von Kommunikation (vor allem in heiklen Situationen) kann es sehr hilfreich, sich dessen bewusst zu sein bzw. sich dies immer wieder bewusst zu machen. Eine kurze Reflexion in diesem Sinn kann helfen, das Gespräch in eine konstruktive Richtung zu lenken bzw. eine Eskalation und damit einen potentiell belastenden Konflikt zu vermeiden.

8.4.3 Kommunikative Instrumente II: Vier Situationstypen von sozialer Kompetenz

Bereits der Titel dieses Kapitels (▶ Kap. 8.4) enthält die Wendung »sozial kompetent«. Damit wird natürlich einerseits eine Schlüsselqualifikation für den Erfolg in der heutigen Berufswelt bezeichnet – die aber natürlich andererseits auch sehr schwammig ist.

Unseres Erachtens ist soziale Kompetenz *durch einen proaktiven Zug gekennzeichnet*; man wartet nicht ab, sondern setzt sich aktiv mit seinem Gegenüber auseinander. Dies geschieht aber gerade *nicht*, indem man dieses überrollt, sondern indem man sich empathisch auf es einlässt, ohne aber sich selbst aus den Augen zu verlieren. Und soziale Kompetenz handelt nicht nach einem Patentrezept, sondern *anerkennt die Eigenheiten einer je konkreten und oft einmaligen Situation* und lässt sich darauf ein.

Soziale Kompetenz, so verstanden, gilt als sogenannte *soft skill*, und es mag den Anschein haben, als würden nur einige Menschen sie auf unerklärliche Weise beherrschen. Dem ist nicht so. Wir vertreten hier mit Hinsch und Überschär (2002) die Auffassung, dass auch soziale Kompetenz – gleich wie die Fähigkeit, lernwirksame Unterrichtsumgebungen zu gestalten oder eine Klasse zu führen – trainiert werden kann, etwa durch Selbstreflexion des eigenen kommunikativen Verhaltens, durch Rollenspiele oder durch Methoden *der Super- oder Intervision.* Mit Hinsch und Überschär (2002) unterscheiden wir vier Situationstypen von sozialer Kompetenz, die im Schulalltag häufig auftreten. Diese vier Typen werden im Folgenden referiert, zusammen mit dem ihnen entsprechenden sozial kompetenten Verhalten.

Situationstyp 1: Sich durchsetzen

Bei diesem Situationstyp besteht häufig ein asymmetrisches Verhältnis zwischen den kommunizierenden Personen, das auf personengebundener Autorität oder auf einer institutionellen Rolle beruht. Der Sender will sich in Bezug auf ein Gegenüber (das auch aus mehreren Personen bestehen kann) durchzusetzen, das heißt, den eigenen, auf *legitimen* Bedürfnissen beruhenden Interessen Geltung verschaffen.

Zwei Beispiele aus dem Schulalltag, die hauptsächlich dem Situationstyp 1 zugeordnet werden können:

- Einzelne Schülerinnen und Schüler oder Gruppen von Schülerinnen und Schüler stören wiederholt den Unterricht, eine einvernehmliche Besserung durch freundliche oder humorvoll gemeinte Ermahnungen tritt nicht ein.
- Eine Kollegin oder ein Kollege befindet sich ohne vorherige Mitteilung mit einer Klasse in einem Spezialzimmer, das man selber zuvor auf regulärem Weg (sozusagen auf dem Amtsweg) reserviert hat, und die ganze eigene Unterrichtsplanung erfordert die Nutzung dieses Zimmers.

Soll das Sich-Durchsetzen gelingen, muss die Person die hinter ihren Interessen stehenden Bedürfnisse tatsächlich bewusst *wahrnehmen* und *verbalisieren* können; und diese Bedürfnisse sollten aufgrund der gegebenen situativen Umstände auch *legitim* sein (ansonsten besteht die Gefahr, dass das Sich-Durchsetzen zu einer reinen Machtdemonstration verkommt, wovon gerade in schulischen Kontexten dringend abzuraten ist).

Sind diese beiden Voraussetzungen (Bewusstsein und Legitimität der Bedürfnisse) erfüllt, dann bedeutet sozial kompetentes Verhalten in diesem Situationstyp,

- dass man die eigenen Bedürfnisse klar ausdrückt;
- daraus ableitend die eigenen Forderungen formliert und
- dies auf selbstbewusste, authentische Weise tut.

Bezüglich des kommunikativen Verhaltens ist es wichtig, dass man laut und deutlich, aber nicht aggressiv oder zu emotional spricht und, falls Widerstand und/oder unberechtigte Forderungen des Gegenübers auftreten, diese auch zurückweisen und »nein« sagen kann.

Situationstyp 2: Beziehungsgestaltung

Komplett anders als im Situationstyp 1 sieht sozial kompetentes Verhalten aus, wenn es darum geht, die Beziehung zu anderen Menschen zu pflegen. In diesem Fall ist es zwingend, sich dem Gegenüber möglichst auf Augenhöhe (in einer symmetrischen Rollenverteilung) zu begegnen – auch dann, wenn die Rollen durch institutionelle Rahmenbedingungen eigentlich asymmetrisch verteilt sind (was in einem Gespräch zwischen einer Lehrperson und Schülerinnen bzw. Schülern ja immer der Fall ist). Denn das Ziel besteht hier gerade darin, dass man eben eine tragfähige Beziehung zu seinem Gegenüber allererst aufbaut, pflegt und/oder verbessert (falls Letzteres nötig ist).

Zwei Beispiele aus dem Schulalltag, die hauptsächlich dem Situationstyp 2 zugeordnet werden können:

- Mit einer Schülerin oder einem Schüler das Gespräch suchen, der bzw. dem es offensichtlich körperlich und/oder psychisch schlecht geht
- Viele Schülerinnen und Schüler einer Klasse sind am Anfang der Lektion aufgebracht, weil in einer Prüfung kurz vorher Stoff abgeprüft wurde, der zuvor nicht im Unterricht behandelt wurde.

Konkret lässt sich das Ziel der Beziehungsgestaltung mit folgenden Verhaltensweisen umsetzen:

- Die Beziehungspflege muss regelmäßig stattfinden und über längere Zeit aufrecht erhalten werden. Eine einmalige Aktion reicht in den allermeisten Fällen nicht.
- Günstige Verhaltensweisen in diesem Fall sind Fragen stellen, Respekt zeigen und (v. a. positive) Rückmeldungen geben.
- Falls dem Gespräch ein peinliches oder sonst unangenehmes Ereignis zugrunde liegt, empfiehlt es sich, sehr zeitnah darauf zu reagieren.

Wichtig in diesem Fall ist es, dass man eigene Gefühle, Beobachtungen und Empfindungen direkt äußert und konkrete Dinge auch direkt als solche anspricht (nicht um den heißen Brei herum reden). Damit eine Beziehung zum Gegenüber entstehen kann, ist es natürlich auch entscheidend, dann man sich in den anderen einfühlen kann.

Situationstyp 3: Um Sympathie werben

Dieser Situationstyp ist dem Situationstyp 2 sehr ähnlich, insofern auch er die Beziehungsebene zu einem Gegenüber ins Zentrum stellt. Er geht aber insofern über Typ 2 hinaus, als zwischen dem Ich und dem Du eine (vielleicht auch nur temporäre) asymmetrische Beziehung besteht: Das Du verfügt über Kompetenzen und/oder

Ressourcen, die mir nicht zugänglich sind, die ich aber für meine eigenen Ziele (zwingend) benötige. Es geht also eben darum, beim Gegenüber um Sympathie zu werben, um eigene Ziele zu erreichen.

Zwei Beispiele aus dem Schulalltag, die hauptsächlich dem Situationstyp 3 zugeordnet werden können:

- Den Schulhausmeister dafür gewinnen, dass er wegen eines Anlasses das Gebäude erst um 22 Uhr statt an seinem Feierabend um 19 Uhr abschließt
- Von einem Schulleitungsmitglied die Bewilligung für eine Weiterbildung bekommen, obwohl das Kontingent bereits ausgeschöpft ist
- Die Eltern einer Schülerin für einen größeren Schulanlass dafür gewinnen, mit ihrem Privatauto Material von A nach B zu transportieren

Konkret lässt sich dies mit folgenden Verhaltensweisen umsetzen:

- Voraussetzung dafür, dass kommunikatives Verhalten in diesem Typ erfolgreich ist, ist eine bereits bestehende gute Beziehung zum Gesprächspartner. Falls dem nicht so ist, kann das Bemühen, um Sympathie zu werben, leicht als nicht authentisch oder gar als Manipulationsversuch durchschaut werden – mit einem möglicherweise kontraproduktiven Ergebnis.
- Von Vorteil ist es, Interesse an der Person des Gegenübers zu signalisieren, evtl. auch in einem Bereich, der nichts mit dem unmittelbaren Ziel des Gesprächs zu tun hat, von dem man aber weiß, dass er der Gesprächspartnerin oder dem Gesprächspartner wichtig ist.
- Auch hier ist der Respekt, den man der anderen Person entgegenbringt, natürlich von großer Bedeutung; hilfreich sind Zugewandtheit, die auch mit einem Lächeln oder einer spontanen, scherzhaften Bemerkung unterstützt werden kann.

Situationstyp 4: Regeln aushandeln

Der letzte Situationstyp ist wohl der komplexeste. Hier geht es darum, dass eine Person (in der Regel die Lehrperson) zusammen mit einer anderen Person (bzw. wohl in den meisten Fällen mit einer Gruppe von anderen Personen) Regeln für das Zusammenleben bzw. -arbeiten in der Institution Schule aushandelt. Falls die Regeln nicht einfach durch eine hierarchisch höher gestellte Person etabliert werden, hängt der Erfolg eines solches Gespräches unweigerlich davon ab, ob es gelingt, produktiv mit den unvermeidlichen Meinungs- und Interessenunterschieden umzugehen. In einem solchen Fall wird in der Regel die Lehrperson (oder zumindest eine Lehrperson, falls mehrere anwesend sind) die neutrale Moderationsrolle einnehmen.

Zwei Beispiele aus dem Schulalltag, die hauptsächlich dem Situationstyp 4 zugeordnet werden können:

- Eine Lehrperson führt am Anfang eines Schuljahres mit einer neuen Klasse Verhaltensregeln ein, die Schülerinnen und Schüler können diese mitbestimmen (► Kap. 7.3.1 zum Thema Regeln als Teil der *Klassenführung*).

- Eine Delegation von Schülerinnen und Schülern verhandelt mit der Schulleitung, mit welchen Regeln verhindert werden kann, dass sie mit Hausaufgaben überhäuft werden.

Sozial kompetente Verhaltensweisen im Situationstyp 4 sind die folgenden:

- Alle Parteien kommunizieren offen ihre Bedürfnisse und Interessen.
- Dabei ist es wichtig, dass alle bereit und in der Lage sind, sich die jeweilige Gegen- oder Fremdperspektive anzuhören und einzunehmen.
- In der Verhandlungsphase sollen Bewertungen des Gegenübers möglichst vermieden werden, um nicht allfällige Lösungs- bzw. Kompromissvorschläge zum Vorneherein auszuschließen.
- Für die Moderationsrolle gilt es hier, die (unterschiedlichen) Standpunkte immer wieder zusammenzufassen (▸ Kap. 8.4.4) und sie einander gegenüberzustellen. Dabei soll beiden Parteien Verständnis entgegengebracht werden – nur so ist es letztlich möglich, zu einer von allen getragenen Lösung zu kommen.

Das Besondere an der schulischen Situation ist nun, dass in dem Fall, in dem eine Lehrperson zusammen mit einer Klasse die Regeln für ein tragfähiges Arbeitsklima im Unterricht aushandelt, sie, die Lehrperson, eine Doppelrolle einnimmt: Sie ist zugleich Partei und Moderatorin. Dies funktioniert natürlich nur

- wenn sich die Lehrperson dessen bewusst und auch in der Lage ist, beide Rollen gleichzeitig einzunehmen, und
- wenn das Verhältnis zu einer Klasse nicht schon so zerrüttet ist, dass ein konstruktives Gespräch geschweige denn eine faire Verhandlung gar nicht mehr möglich ist. (In einem solchen Fall ist der Beizug einer Drittperson aus dem Kollegium oder der Schulleitung unabdingbar.)

8.4.4 Kommunikative Instrumente III: Aktives Zuhören

Das vorliegende Kapitel konzentriert sich auf die mündliche Kommunikation, genauer: auf das Führen von schwierigen Gesprächen. Unabhängig davon, um welchen Situationstyp von sozial kompetenter Kommunikation es sich im Einzelnen handelt (▸ Kap. 8.4.3): Entscheidend für den Gesprächsverlauf ist es, wie gut man der Kommunikationspartnerin oder dem Kommunikationspartner zuhört. Da es in solchen, oft auch emotional geprägten Fällen schwierig sein kann, genau zu verstehen, was das Gegenüber eigentlich gemeint hat, bieten sich zwei Techniken des *Aktiven Zuhörens* an, um diesem Umstand Rechnung zu tragen (Rogers, 1985).

Paraphrasieren

Das Ziel des sogenannten *Paraphrasierens* ist es, sicherzustellen, dass man als Zuhörerin oder als Zuhörer das, was die oder der andere gesagt hat, auch richtig versteht.

Dabei wiederholt man, nach einer einleitenden Formel, zwar das Gesagte, *aber mit eigenen Worten*. Einleitende Formeln können sein:

- »Habe ich Sie richtig verstanden, dass …?«
- »Ich habe gehört, dass … . Ist das richtig?«
- »Von Ihrem Standpunkt aus …?«
- »Wie Sie es sehen, …?«
- »Mit anderen Worten …?«
- »Das heißt, dass …?«

Mit dem Paraphrasieren werden – im Modell von Schulz von Thun gesprochen (► Kap. 8.4.2) – vor allem die Sach- und die Beziehungsebene gestärkt. Als Zuhörerin oder Zuhörer möchte man sich vergewissern, dass das, was die oder der andere gesagt hat, dasselbe ist wie das, was man verstanden hat (Sachebene); und man drückt damit aus, dass man tatsächlich Interesse daran hat, was der andere sagt, dass man ihn ernst nimmt und zu verstehen bemüht ist (Beziehungsebene).

Wichtig beim Paraphrasieren ist, dass man sich möglichst kurz fasst, keine Interpretationen oder gar Bewertungen des Gesagten vornimmt und die sprachlichen Mittel variiert, um nicht den Eindruck zu erwecken, als plappere man einfach schon Gesagtes nach.

Spiegeln

Die Gesprächstechnik des *Spiegelns* ist derjenigen des Paraphrasierens ähnlich, geht aber noch über sie hinaus. Wiederum geht es darum wiederzugeben, was die Kommunikationspartnerin oder der Kommunikationspartner äußert – dabei soll aber auch verbalisiert werden, was die andere Person (vermutlich oder vermeintlich) fühlt und (evtl. »zwischen den Zeilen«) zum Ausdruck bringen möchte. Auch bei dieser Technik kann man sich einer Reihe von Formeln bedienen, die vor allem betonen, dass es sich beim Gesagten eben um Vermutungen, um ein Herantasten handelt:

- »Sie denken also möglicherweise, dass …?«
- »Habe ich Sie da richtig verstanden?«
- »Trifft es zu, dass …?«
- »Es hört sich so an, als ob Sie …?«
- »Vielleicht fühlen Sie sich …?«
- »Ich habe den Eindruck, …?«
- »Sagen Sie mir, wenn ich mich irre. …?«
- »Für mich klingt das, als ob Sie …?«

Das Spiegeln impliziert vor allem die Beziehungsebene und die Selbstoffenbarungsebene (bei letzterer jene des Gegenübers): Mit dem Spiegeln zeigt man Wertschätzung und Empathie – es geht einem nicht einfach nur um die Sache, sondern auch um die damit verbundene emotionale und affektive Ebene. Das heißt, man versucht als Zuhörerin oder als Zuhörer, ausgehend von der sprachlichen Oberfläche des Gesagten, allenfalls versteckte Gefühle, Bedürfnisse und Wünsche zu entschlüsseln.

Beim Spiegeln ist es vor allen Dingen wichtig, dass man das Gesagte klar als eigene Wahrnehmung (nicht einfach als objektive Tatsache) kennzeichnet. Auch sollte man wie beim Paraphrasieren auf jede vorschnelle Bewertung verzichten und auch Ratschläge (zumindest am Anfang eines Gesprächs) unterlassen. Äußerungen, die im Sinne des Spiegelns ausgesprochen werden, können vor allem als Angebote formuliert werden. Sie müssen auch nicht unbedingt gleich zu Beginn richtig sein, da auch falsche Vermutungen das Gegenüber dazu veranlassen können, den richtigen nachzuspüren.

8.4.5 Kommunikative Instrumente IV: Paraverbale und nonverbale Elemente

Neben der verbalen (mündlichen oder schriftlichen) Kommunikation, die sich in Symbolsprachen wie der natürlichen oder einer formalen Sprache vollzieht, sind in allen Kommunikationssituationen (insbesondere aber in der direkten, mündlichen) auch die paraverbale und die nonverbale Ebene zu beachten. Mit der *nonverbalen Ebene* sind die *Mimik* (das heißt der Gesichtsausdruck), die *Gestik* (der Einsatz der Arme und Hände, allenfalls der Beine) und die *Körpersprache* insgesamt (die Körperhaltung, der Standort im Raum usw.) gemeint.

Um dies kurz zu veranschaulichen, sei hier als Beispiel der Anfang einer Schulstunde skizziert. Wenn man nach dem Ende der Pause und dem Schließen der Schulzimmertüre sich mit aufrechtem Oberkörper vor die Klasse hinstellt (oder durch die Reihen geht), mit möglichst vielen Anwesenden kurz Augenkontakt herstellt und dabei die Schülerinnen und Schüler mit einem freundlichen Gesichtsausdruck begrüsst, dann entsteht ein ganz anderes Unterrichtsklima, als wenn man sich griesgrämig, mit leerem Blick hinter das Lehrerpult setzt und die Stunde mit monotoner Stimme eröffnet (▸ Kap. 3.4.1; zur Eröffnung einer Schulstunde).

Gerade im schulischen Kontext ebenso wichtig – beim Führen von Gesprächen und besonders auch in der Unterrichtssituation selber – ist die *paraverbale Kommunikation*, d. h. die Art und Weise, *wie* etwas gesagt wird. Paraverbale Elemente in der mündlichen Kommunikation betreffen den Einsatz der Stimme, konkret die *Lautstärke*, das *Sprechtempo*, die *Artikuliertheit* des Gesagten (d. h. die Deutlichkeit beim Aussprechen der Wörter) und – vielleicht am wichtigsten überhaupt – die *Modulation*, die Variation in der Tonlage und der Satzmelodie. Wenn etwa im Rahmen der Direkten Instruktion (▸ Kap. 4.2) ein Lehrervortrag gehalten wird, in welchem die Lehrperson mit gleichbleibend leiser und nicht sehr deutlicher, monotoner Stimme einen fachlich anspruchsvollen Inhalt vermittelt, dann ist es klar, dass die Schülerinnen und Schüler in kürzester Zeit gedanklich »abhängen« (▸ Kap. 7.3.5 zum Einsatz der Stimme als Instrument der Klassenführung).

8.4.6 Professionell kommunizieren in schulischen Kontexten

Bei den in den vorangegangenen Kapiteln (▶ Kap. 8.4.1 bis ▶ Kap. 8.4.5) dargelegten Theorien und Modellen handelt es sich nur um Abrisse von komplexen und zum Teil detailliert elaborierten Kommunikationstheorien. Diese wurden hier in vereinfachter Form referiert, um Lehrpersonen darin zu unterstützen, die zahlreichen kommunikativen Aufgaben, die der schulische Alltag mit sich bringt, möglichst konstruktiv zu bewältigen. Natürlich ist es nicht möglich, nicht notwendig und auch nicht sinnvoll, für jede Gesprächssituation alle Eventualitäten vorwegzunehmen, und sich wegen des Anspruchs an sich selber, um jeden Preis sozial kompetent zu sein wollen, gar kommunikativ zu verkrampfen. In den allermeisten Fällen »läuft« die Kommunikation ja auch problemlos und ohne größere Missverständnisse ab.

Nichtsdestotrotz ist es wichtig zu wissen, dass es viele sehr *unterschiedliche* Kommunikationssituationen gibt und vor allem, *dass einige von diesen aus verschiedenen Gründen sehr anspruchsvoll sein können*. Und gerade in diesen Momenten kann es für die weitere Zusammenarbeit mit allen Beteiligten und auch im Sinne der Stressbewältigung für das eigene Wohlbefinden entscheidend sein, dass man sich entweder sorgfältig auf ein Gespräch vorbereitet oder aber ein Gespräch, das man schon geführt hat, im Nachhinein noch einmal reflektiert. Dies kann auch die Möglichkeit bieten, bei einem allenfalls ungünstigen Ausgang noch einmal einen zweiten Anlauf zu nehmen.

Und genau dies ist der Zweck der oben dargelegten Instrumente: Sie sollen für die Lehrperson ein differenziertes Instrumentarium sein, um in sich heiklen Situation umsichtig auf die Kommunikation vorzubereiten (mündlich oder schriftlich) bzw. im Nachgang eines kommunikativen Ereignisses dieses nachbereiten zu können.

Checkliste zur Vorbereitung anspruchsvoller Kommunikationssituationen in der Schule

Auf der Grundlage dieser Überlegungen bieten wir unten abgedruckt als Basis eine *Checkliste zur Vor- oder Nachbereitung für anspruchsvolle Kommunikationssituationen im schulischen Alltag*. Sie enthält in komprimierter Form alle Aspekte der im vorliegenden Kapitel ausgeführten Konzepte. Der Einsatz der Checkliste wird in den folgenden Kapiteln anhand von zwei konkreten, möglichst realitätsnahen Beispielen aus dem Schulalltag erläutert.

Checkliste zur *Vorbereitung anspruchsvoller Kommunikationssituationen in der Schule*

Datum:	Ort:	Anwesende:

1. Wer sind meine *Kommunikationspartner/innen?*

Schülerinnen und/oder Schüler	☐	Bemerkungen
Schulleitung	☐	
Andere Lehrpersonen	☐	
Eltern/Erziehungsberechtigte	☐	
Externe Personen	☐	

2. Durch welche allgemeinen *Merkmale* ist die *Kommunikationssituation* gekennzeichnet?

Direkt		Indirekt?	Bemerkungen
Schriftlich		Mündlich	
1:1	1:n	n:n	
Einseitig		Zweiseitig	
Symmetrisch		Asymmetrisch	

3. Worin bestehen meine persönlichen *Kommunikationsziele* (meine *Intentionen*)?

4. Welchen *Situationstyp* von sozial kompetenter Kommunikation soll ich hauptsächlich beachten, um meine Kommunikationsziele zu erreichen?

Sich durchsetzen	☐	Bemerkungen
Beziehungen gestalten	☐	
Um Sympathie werben	☐	
Regeln aushandeln	☐	

5. Welche *Kommunikationsebene* ist besonders wichtig, um meine Kommunikationsziele zu erreichen?		
Sachebene	☐	Bemerkungen
Beziehungsebene	☐	
Selbstoffenbarungsebene	☐	
Appellebene	☐	
6. Welche Technik des *Aktiven Zuhörens* kann ich wann zweckmäßig einsetzen, um meine Kommunikationsziele zu erreichen?		
Paraphrasieren	☐	Bemerkungen
Spiegeln	☐	
7. Welche weiteren Mittel der Kommunikation setze ich ein, um meine Kommunikationsziele zu erreichen?		
Verbale Mittel	☐	Bemerkungen
Paraverbale Mittel	☐	
Nonverbale Mittel	☐	
8. Wie kann ich den Gesprächsverlauf *inhaltlich* steuern, um meine Kommunikationsziele zu erreichen?		

Fallbeispiel 1: Schwieriges Elterngespräch am Telefon

Ausgangslage
Das erste Beispiel basiert auf einem Bericht einer weiblichen Lehrperson an einem Schweizer Gymnasium. An dieser Institution müssen die Schülerinnen und Schüler während des ersten Semesters eine Probezeit bestehen; falls ihnen dies aufgrund der erreichten Noten nicht gelingt, müssen sie die Schule – und damit die Schulstufe Gymnasium – verlassen und in die Stufe Sek I zurückkehren, deren Abschluss nicht zur Aufnahme eines Hochschulstudiums berechtigt.

Gemäß dem Bericht der Lehrerin hat die Klassenlehrperson nach dem definitiven Probezeitentscheid (bestanden/nicht bestanden) die Pflicht, die betroffenen Schülerinnen und Schüler sofort per Telefon über das Nichtbestehen zu informieren. Falls diese nicht direkt auf ihrem persönlichen Mobiltelefon erreicht werden, wird, falls vorhanden, die Festnetznummer des Elternhauses gewählt. Dann ist es möglich, dass es zu einem direkten Gespräch mit einem Elternteil kommt.

In vielen Fällen, so die Lehrerin, liefen diese Gespräche problemlos ab, die Schülerinnen und Schüler oder aber eben die Eltern nähmen den Entscheid zur

Kenntnis, man tausche sich über die Gründe des Nichtbestehens aus und erörtere allenfalls die Chancen, den gymnasialen Weg zu einem späteren Zeitpunkt noch einmal in Angriff zu nehmen. Einmal aber sei das Gespräch regelrecht entgleist. Die Mutter des Schülers habe zunächst mit deutlichen Worten ihrem Unverständnis über den Entscheid Ausdruck verliehen, bevor sie zu direkten und persönlichen Vorwürfen an die Adresse einzelner Fachlehrerinnen und Fachlehrer und schließlich der Klassenlehrerin selber übergegangen sei. Schließlich habe sie dezidiert die Forderung in den Raum gestellt, dass die dafür zuständigen schulischen Gremien – konkret die Fachlehrerkonferenz – auf ihren Entscheid zurückzukommen hätten.

Es ist auf den ersten Blick klar, dass es aus der Sicht einer betroffenen Lehrperson sehr anspruchsvoll ist, ein solches Gespräch konstruktiv zu führen. Die Situation ist emotional aufgeladen, weil sich die Mutter vielleicht Sorgen macht um vermeintlich endgültig verpasste Zukunftschancen ihres Kindes. Auf der anderen Seite steht für die Lehrerin die Reputation der Schule als faire Institution bzw. ihre eigene Kompetenz als Fach- und Klassenlehrerin auf dem Spiel. Sie gerät möglicherweise unter Rechtfertigungsdruck.

Da eine solche Eskalation wohl eher die Ausnahme ist, ist es naheliegend, dass man sie zunächst einmal gar nicht erwartet und sich entsprechend auch nicht konkret darauf vorbereitet. Gerade für neu in den Beruf eintretende Lehrpersonen, die noch nicht häufig Gespräche mit Eltern geführt haben, kann es aber durchaus sinnvoll sein zu wissen, dass solche Gesprächsverläufe möglich sind, und im Vorfeld der oben beschriebenen oder einer ähnlichen Situation die Checkliste zu Rate zu ziehen. Exemplarisch könnte dann eine vorgängig ausgefüllte Checkliste in diesem Fallbeispiel folgendermaßen aussehen:

Einsatz der Checkliste

1. Wer sind meine Kommunikationspartner/innen?			
Schülerinnen und/oder Schüler		☐	Bemerkungen
Schulleitung		☐	
Andere Lehrpersonen		☐	
Eltern/Erziehungsberechtigte		x	
Externe Personen		☐	
2. Durch welche allgemeinen Merkmale ist die Kommunikationssituation gekennzeichnet?			
Direkt		Indirekt?	Bemerkungen
Schriftlich		Mündlich	Asymmetrie in den Interessen und der Befindlichkeit
1:1	1:n	n:n	
Einseitig		Zweiseitig	
Symmetrisch		Asymmetrisch	

3. Worin bestehen meine persönlichen Kommunikationsziele (meine Intentionen)?

Sachlich informieren über das Nichtbestehen
Austausch über den Verlauf der Probezeit
Evtl: Beratung der Eltern über Zukunftsperspektiven des Kindes
Auch bei möglicher Kritik an mir und/oder der Schule ruhig bleiben

4. Welchen Situationstyp von sozial kompetenter Kommunikation soll ich hauptsächlich beachten, um mein Kommunikationsziel zu erreichen?

Sich durchsetzen	☐	Bemerkungen Interesse an der (schwierigen) Situation des SoS und evtl. der Eltern bekunden Wohlwollen gegenüber Schule erhalten
Beziehungen gestalten	x	
Um Sympathie werben	☐	
Regeln aushandeln	☐	

5. Welche Kommunikationsebene ist besonders wichtig, um mein Kommunikationsziel zu erreichen?

Sachebene	x	Bemerkungen Am Anfang möglichst sachlich informieren Im zweiten Teil Einvernehmen herstellen
Beziehungsebene	x	
Selbstoffenbarungsebene	☐	
Appellebene	☐	

6. Welche Technik des Aktiven Zuhörens kann ich wann zweckmäßig einsetzen, um mein Kommunikationsziel zu erreichen?

Paraphrasieren	x	Bemerkungen Wichtig vor allem bei den Gesprächszielen 2 und 3
Spiegeln	☐	

7. Welche weiteren Mittel der Kommunikation setze ich ein, um mein Kommunikationsziel zu erreichen?

Verbale Mittel	☐	Bemerkungen Freundliche, aber bestimmte, selbstsichere Stimme Ruhig sprechen, auch falls der Gesprächspartner emotional, laut, sogar ausfällig wird
Paraverbale Mittel	x	
Nonverbale Mittel	☐	

8. Wie kann ich den Gesprächsverlauf inhaltlich steuern, um mein Kommunikationsziel zu erreichen?

Freundliche Begrüssung, mich vorstellen
Information, dass nicht bestanden; Noten bekannt geben und evtl. kommentieren
Einschätzung des Gesprächspartners einholen (Wie hat das Kind, wie haben die Eltern die Probezeit erlebt?)
Eigene Eindrücke schildern (falls nötig bzw. gewünscht)
Weiteres Vorgehen erläutern (institutionell, persönlich)

Fallbeispiel 2: Blaue Flecken – mündlich, Schülerinnen und Schüler, 1:1, Beziehung

Ausgangslage

»Anja ist ein 15-jähriges Mädchen. Als Lehrperson habe ich den Eindruck, dass sie zu Hause misshandelt wird (blaue Flecken, Striemen). Ihre Hausaufgaben hat sie auch sehr häufig nicht gemacht, auch die schulischen Leistungen haben sich über mehrere Wochen deutlich verschlechtert.« Dies ist ein relativ drastisches Beispiel aus einem Lehrbuch (Hinsch & Ueberschär, 1998). Nichtsdestotrotz kommen ähnliche Fälle im Unterrichtsalltag immer wieder vor, und es ist sicher von Nutzen, dass man sich sorgfältig auf ein Gespräch vorbereitet, wenn man ein solches für angezeigt erachtet.

Einsatz der Checkliste

1. Wer sind meine Kommunikationspartner/innen?		
Schülerinnen und/oder Schüler	x	Bemerkungen
Schulleitung	☐	
Andere Lehrpersonen	☐	
Eltern/Erziehungsberechtigte	☐	
Externe Personen	☐	

2. Durch welche allgemeinen Merkmale ist die Kommunikationssituation gekennzeichnet?			
Direkt		Indirekt?	Bemerkungen Diskretes Einfädeln des Gesprächs Für Ruhe sorgen und eine geeignete Sitzgelegenheit bereitstellen
Schriftlich		Mündlich	
1:1	1:n	n:n	
Einseitig		Zweiseitig	
Symmetrisch		Asymmetrisch	

3. Worin bestehen meine persönlichen Kommunikationsziele (meine Intentionen)?
Mit der Schülerin überhaupt ins Gespräch kommen Informationen bekommen über ihre Situation, ihr Befinden Ansprechen der blauen Flecken, herausfinden, ob sie sich überhaupt dazu äußern will Gemeinsam festlegen, was als nächstes zu tun ist (je nach dem, was die Schülerin preisgibt)

4. Welchen Situationstyp von sozial kompetenter Kommunikation soll ich hauptsächlich beachten, um meine Kommunikationsziele zu erreichen?		
Sich durchsetzen	☐	Bemerkungen Hauptsache ist, dass die Schülerin Vertrauen hat (sie nicht drängen, Verschwiegenheit zusichern) Direktes Ansprechen der blauen Flecken, ohne sie unter Druck zu setzen; akzeptieren, wenn sie sich nicht dazu äußern will
Beziehungen gestalten	x	
Um Sympathie werben	☐	
Regeln aushandeln	☐	

5. Welche Kommunikationsebene ist besonders wichtig, um meine Kommunikationsziele zu erreichen?		
Sachebene	☐	Bemerkungen Entscheidend ist die Beziehungsebene Die Schülerin soll aber auch merken, dass ich mir Sorgen um sie mache (Selbstoffenbarung), dies auch direkt verbalisieren
Beziehungsebene	x	
Selbstoffenbarungsebene	x	
Appellebene	☐	

6. Welche Technik des Aktiven Zuhörens kann ich wann zweckmäßig einsetzen, um meine Kommunikationsziele zu erreichen?		
Paraphrasieren	x	Bemerkungen Durch Paraphrasieren zeigen, dass ich Interesse habe, sie wirklich verstehen will Vor allem bei den heiklen Themen auch »Spiegeln«, dabei aber klar signalisieren, dass es sich um Vermutungen handelt
Spiegeln	x	

7. Welche weiteren Mittel der Kommunikation setze ich ein, um meine Kommunikationsziele zu erreichen?		
Verbale Mittel	☐	Bemerkungen Ruhige, freundliche Stimme Möglichst Blickkontakt halten Einander gegenüber sitzen
Paraverbale Mittel	☐	
Nonverbale Mittel	☐	

8. Wie kann ich den Gesprächsverlauf inhaltlich steuern, um meine Kommunikationsziele zu erreichen?

Die Schülerin nach der Schulstunde zu einem Gespräch einladen, ohne dass dies bei den anderen Schülerinnen und Schülern Aufsehen erregt
Gesprächseinstieg mit einem alltäglichen Thema, evtl. mit etwas, das gerade im Unterricht geschehen ist
Zuerst auf die schulische Situation eingehen (Absenzen, Hausaufgaben, Leistungen)
Dabei nicht kritisieren, sondern herausfinden wollen, was die Gründe dafür sind
Die Schülerin die Situation selber einschätzen lassen

Erst später auf die blauen Flecken eingehen, diese direkt ansprechen, verbunden mit dem Ausdruck, dass man sich Sorgen macht
Falls Schülerin sich öffnet: Zuhören und allenfalls Maßnahmen erwägen (Einbezug der Schulleitung, des Jugendamtes o.ä.)
Falls Schülerin verneint oder Aussage verweigert: akzeptieren, ihr allenfalls Möglichkeiten aufzeigen, außerhalb der Schule Hilfe zu holen
In jedem Fall: Bereitschaft für weitere Gespräche signalisieren

8.5 Selbstregulation als Lehrperson

Im Zusammenhang mit dem Stressbegriff (▶ Kap. 8.3) sind wir auf die problemorientierten Strategien eingegangen, die eine Lehrperson darin unterstützen sollen, eine übermäßige Belastung zu verhindern. Neben den kommunikativen Kompetenzen (▶ Kap. 8.4) wurden auch die Fähigkeit zur *Selbstregulation* genannt, also die Fähigkeit, *»beim Setzen, Verfolgen und Erreichen von Zielen das eigene zielgerichtete Verhalten zu überwachen und zu steuern sowie an sich ändernde Bedingungen anzupassen«* (Mattern, 2012). Im vorliegenden Kapitel beschränken wir uns dabei nur auf Aspekte des Zeit- und Aufgabenmanagements.

Vermutlich spielt die Selbstregulation nicht in allen Phasen der beruflichen Entwicklung eine gleichermaßen zentrale Rolle. Eine Lehrperson, die schon viele Jahre unterrichtet hat und auf einen großen Fundus an Unterrichtsmaterial bzw. einen reichen Erfahrungsschatz an erlebten Situationen zurückgreifen kann, wird wohl seltener als Novizinnen und Novizen wegen schulischer Verpflichtungen in eine länger dauernde Zeitnot geraten. Berufseinsteigerinnen und -einsteiger hingegen sehen sich in den ersten Jahren ihrer professionellen Tätigkeit vor eine anspruchsvolle Entwicklungsaufgabe gestellt (Keller-Schneider, 2008): Neben der bereits sehr arbeitsintensiven Kernaufgabe, den Schülerinnen und Schülern lernwirksamen Unterricht zu bieten, müssen sie sich als Teil eines Kollegiums, als Vertreterin oder Vertreter einer Institution und nicht zuletzt auch als öffentliche Person bewähren.

Vor allem die Phasen der lang-, mittel- und kurzfristigen Unterrichtsvorbereitung (▶ Kap. 3), in denen man in der Regel auf sich alleine gestellt ist, erleben angehende Lehrpersonen als sehr anspruchsvoll. Wenn man in dieser Zeitspanne nicht in der Lage ist, in eigener Regie eine tragfähige Planung des Unterrichts zu erarbeiten, dann ist das Auftreten von potentiell gesundheitsgefährdendem Stress kaum vermeidbar. Zumindest als Lehrperson mit einem hohen Pensum steht man in der Phase der Unterrichtsdurchführung unter permanentem Handlungsdruck – die Schulstunden finden in jedem Fall zu einem unaufschiebbaren Zeitpunkt statt. Anders als bei einer Büroarbeit, die es einem an einem »schlechten« Tag eher einmal erlaubt sich zurückzuziehen, steht man in der Schule jeden Tag vor einer Gruppe von Jugendlichen, die ohne Rücksicht auf die Befindlichkeit der Lehrperson die volle Präsenz derselben erwarten. Und nicht zuletzt ist es oftmals sehr schwierig, die berufliche Tätigkeit vom

Privatleben abzugrenzen. Denn: Wann ist die Arbeit einer Lehrperson wirklich zu Ende? Es gibt keinen »offiziellen« Feierabend – den Takt für den kommenden Tag gibt der Stundenplan vor und wenn um 22 Uhr eine Stunde für den nächsten Tag noch nicht vorbereitet ist, dann hat man keine Wahl... Um das häufige Auftreten von solchen belastenden Situationen zu vermeiden, gibt das vorliegende Kapitel im Sinne der Selbstregulation einige Leitlinien in die Hand, um im Sinne der problemorientierten Stressbewältigung eine Überlastung zu verhindern oder wenigstens zu lindern.

8.5.1 Selbstregulation I: Allgemeine Prinzipien für eine erfolgreiche Planung

Zunächst einmal gilt es, einige Grundregeln für erfolgreiches Planen zu berücksichtigen (die selbstverständlich nicht nur im Lehrberuf wichtig sind). Ein zentraler Aspekt ist die *Schriftlichkeit* – die ganze Planung soll in irgendeiner Form aufgeschrieben werden. Dadurch wird sie verbindlich und kontrollierbar und sie entlastet das Gedächtnis. Die Gedanken müssen nicht immer wieder (und oft zu spät) ins Gedächtnis gerufen werden und die kognitiven Ressourcen können vollumfänglich für die inhaltliche Arbeit genutzt werden.

Ein zweiter Aspekt besteht darin, *Pufferzeit* in den Terminplan einzubauen. Dies spielt gerade bei der Vor- und Nachbereitung von Unterricht eine wichtige Rolle (man denke etwa an die oft sehr zeitaufwändigen Korrekturen).

Ebenfalls hilfreich kann es sein, die *eigene (biologische) Leistungskurve zu beachten*, falls dies durch die von außen gegebenen Rahmenbedingungen möglich ist. Bin ich eher vormittags leistungsfähig und kann dann am effizientesten arbeiten – oder beginnt mein Tag erst um 22 Uhr? Weiß ich darüber Bescheid, sollte dies nach Möglichkeit in der Zeitplanung berücksichtigt werden.

8.5.2 Selbstregulation II: Zeitmanagement

Doch was heißt das nun *konkret* für eine erfolgreiche Zeitplanung im Lehrberuf? Dies lässt sich in den folgenden fünf Empfehlungen zusammenfassen:

- *Langfristiges Zeitmanagement:* Sobald der Stundenplan für eine neue Unterrichtsperiode (Semester, Schuljahr) feststeht, sollen die Lektionen in einem (analogen und/oder digitalen) Kalender eingetragen werden. Das gilt ebenso für Termine neben dem eigentlichen Unterricht wie auch für Ferien- und Feiertage. Auf diese Weise erhält man einen langfristigen Überblick und erkennt allenfalls auch schon mögliche Belastungsspitzen bzw. Terminkollisionen.
- *Frühzeitig Semesterpläne für alle Klassen entwerfen*: Es empfiehlt sich, frühzeitig, in jedem Fall *vor* dem eigentlichen Unterrichtsbeginn nach den Schulferien, für *jede* zu unterrichtende Klasse einen Semesterplan zu erstellen. Wie ein solcher aussehen kann und was dabei alles zu berücksichtigen ist, damit er als eine zweckmäßige Handhabe während des laufenden Semesters fungieren kann, wurde oben im

Kapitel 3.2.2 (► Kap. 3.2.2) ausführlich dargelegt. Diese Arbeit bedarf eines hohen Maßes an Selbstregulation und Disziplin. Ein substanzieller Teil der unterrichtsfreien Zeit muss dafür eingesetzt werden. Doch dieser Einsatz dürfte sich mehr als lohnen, da dadurch das Potential an Planungsnotstand während der Unterrichtsdurchführung umgangen werden kann.

- *Die ersten beiden Schulwochen komplett vorbereiten*: Vielen Lehrpersonen fällt der oft abrupte Wechsel von (entspannten) Ferien zum herausfordernden Schulalltag schwer. Mit einem Schlag muss man sich kognitiv, emotional und physisch wieder auf das Unterrichten, die permanente Präsenz umstellen. Diese Situation allein kann ein hohes Maß an körperlicher und psychischer Belastung mit sich bringen. Wenn dann noch die Arbeitsbelastung außerhalb des Unterrichts dazukommt, weil versäumt wurde, in den Ferien den Unterricht vorzubereiten, dann kann der Einstieg zum Alptraum werden. Daher ist auch hier Selbstregulation gefragt: Ein Teil der unterrichtsfreien Zeit soll dazu genutzt werden, um zumindest die erste Schulwoche (besser: die ersten beiden Schulwochen) bis ins Detail geplant und fertig vorbereitet zu haben. Dies schließt auch die Ausarbeitung der Lektionsverläufe (► Kap. 3.4.1) sowie das Bereitstellen der Hilfsmittel und das Kopieren sämtlicher Unterrichtsmaterialien mit ein.
- *Regelmäßige Vorbereitungszeit einplanen*: Beim Erstellen eines Semester- oder Jahreskalenders wird auch ersichtlich, an welchen Tagen in der Woche Raum bleibt, um den kommenden Unterricht vorzubereiten. Diese Räume sollten möglichst von anderen Terminen freigehalten werden, damit sie tatsächlich für diesen Zweck zur Verfügung stehen. Wie umfangreich diese Zeitfenster sein sollen, hängt natürlich vom unterrichteten Pensum, von den schon erworbenen Routinen und der persönlichen Arbeitseffizienz ab. Sie sollten aber in jedem Fall ausreichen, um den anfallenden Aufwand zum Vorbereiten einer Schulwoche ohne Druck bewältigen zu können.
- *Innerlich Feierabend machen*: Wie oben schon angedeutet, kann es im Lehrberuf sehr schwer sein, eine klare Grenze zwischen Freizeit und Arbeit zu ziehen – sicherlich ein häufiger interner Stressor (► Kap. 8.3.1) von Lehrpersonen. Umso wichtiger ist es, dass man im Laufe der eigenen Berufsbiographie lernt, diese Grenze zu ziehen – also das Gefühl zu haben, dass man alles, was mit Schule und Unterricht zu tun hat, abschließen kann – um trotzdem am folgenden Tag gut vorbereitet und auf der Höhe seiner Aufgabe zu unterrichten. Ein umfassender Zeitplan kann einen darin unterstützen, diesen Punkt zu erreichen – indem er einem die Gewissheit gibt, dass auch in Zukunft genügend Zeit zur Verfügung steht, um alle anfallenden Arbeiten ohne schlaflose Nächte erledigen zu können.

8.5.3 Selbstregulation III: Aufgabenmanagement

Eng verbunden mit einem umsichtigen Zeit- ist natürlich auch das Aufgabenmanagement, d. h. das Führen von Pendenzenlisten und die Priorisierung von anfallenden Aufgaben. Selbstredend ist gerade in diesem Bereich die Schriftlichkeit oberstes Gebot!

- *Alle Pendenzen sofort aufschreiben*: Ein wirksames Aufgabenmanagement funktioniert nur, wenn man sämtliche anfallenden Aufgaben aufschreibt – und zwar an einem zentralen Ort. Nur so kann man sicherstellen, dass man nicht immer wieder Dinge vergisst oder ein Durcheinander aus verschiedenen Agenden entsteht. Dinge zu vergessen ist in den meisten Fällen nicht per se schlimm – aber oft ist es so, dass Vergessenes nicht nur nachgeholt werden muss, sondern noch zusätzliche Aufgaben nach sich zieht.
- *Die Pendenzen priorisieren*: Nicht alle Aufgaben müssen sofort, ja einige Aufgaben müssen gar nicht erledigt werden. Daher empfiehlt es sich, periodisch (in der Regel täglich, mindestens aber wöchentlich) alle anfallenden Aufgaben zu priorisieren und ihre Erledigung entsprechend zu terminieren. Ein mögliches Priorisierungssystem – die sogenannte *Eisenhower-Methode* – ist unten abgebildet. Dabei bilden die (sachliche) Wichtigkeit und die (zeitliche) Dringlichkeit die beiden Achsen. Als Faustregel gilt: Je wichtiger *und* dringlicher eine Aufgabe ist, desto schneller muss sie abgearbeitet werden (A-Aufgaben). Umgekehrt kann es auch Aufgaben geben, die weder wichtig noch dringlich sind. Hier ist Mut zum Nichterledigen und damit zur Selbstentlastung gefragt (sogenannte Papierkorb-Aufgaben).

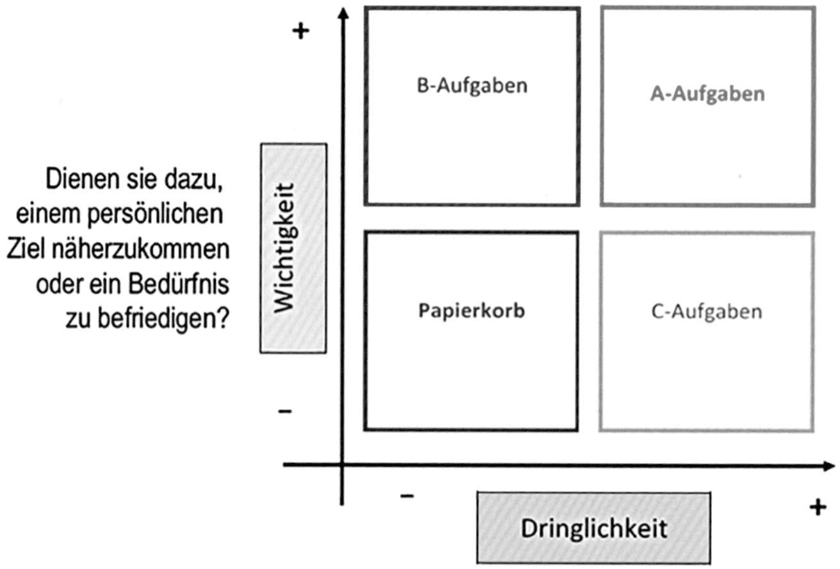

Abb. 17: Schematische Darstellung der Eisenhower-Methode

8.6 Zusammenfassung und Bezüge zur Unterrichtspraxis

- Der Lehrberuf ist nicht nur fachlich und methodisch herausfordernd, sondern besonders auch psychosozial: Lehrpersonen stehen täglich vor einer Vielzahl von Interaktionen mit Kindern, Jugendlichen und Kolleginnen sowie Kollegen, die eine noch größere Zahl von Entscheidungen unter Unsicherheit nach sich ziehen.
- Um den Lehrberuf langfristig als erfüllende Profession zu erleben und dabei gesund zu bleiben, ist es entscheidend, in schwierigen und allenfalls konfliktreichen Entscheidungssituationen sozial kompetent zu agieren.
- Dabei spielen drei Aspekte eine zentrale Rolle: die professionelle Klassenführung (► Kap. 7), die sozial kompetente Kommunikation im Kontext Schule und die Selbstregulation der Lehrperson.
- Unter sozial kompetenter Kommunikation verstehen wir die Fähigkeit, in einer konkreten Situation die eigenen Bedürfnisse *und* jene des Gegenübers in die Interaktion miteinzubeziehen.
- Kommt es zu kommunikativ anspruchsvollen Situationen, empfiehlt es sich, Gespräche vor- und nachzubereiten und dabei je nach konkretem Fall die entsprechenden Instrumente miteinzubeziehen:
  - Das Kommunikationsmodell nach Schulz von Thun
  - Die Techniken des aktiven Zuhörens
  - Die Situationstypen von sozialer Kompetenz
- Die Selbstregulation ist deshalb zentral, weil der Lehrberuf »keinen Aufschub« erlaubt: Die Lektionen finden zu fest vorgegebenen Zeiten und in hoher Dichte statt, der Handlungsdruck und die exponierte Stellung ist für Lehrperson ein alltäglicher Begleiter.
- Deshalb ist es für die psychische Gesundheit zentral,
  - die Arbeit auf allen Zeitebenen umsichtig zu planen und
  - die anfallenden Aufgaben regelmäßig schriftlich zu fixieren und zu priorisieren.

9 Wissenschaftstheoretischer Hintergrund: Die Methoden der empirischen Lehr- und Lern-Forschung

Peter Edelsbrunner

9.1 Einleitung

Das vorliegende Buch basiert auf den wichtigsten Befunden der empirischen Lehr- und Lern-Forschung. Das Ziel unserer Auswahl und Darstellung in den Kapiteln 2 bis 8 war es, die (mittlerweile zahlreichen) Erkenntnisse aus dieser noch relativ jungen Disziplin für ein breites Publikum, insbesondere natürlich für angehende und praktizierende Lehrpersonen, in einer übersichtlichen und möglichst kohärenten Form zugänglich zu machen. Doch was kennzeichnet die Lehr- und Lern-Forschung überhaupt? Welches sind ihre Methoden, wie sind die Ergebnisse zu interpretieren?

In diesem Kapitel wird ein kurzer Überblick zu den Forschungsmethoden in der Lehr- und Lern-Forschung gegeben. Der Überblick soll helfen, ihre zentralen Begrifflichkeiten zu verstehen. Es werden typische Eigenschaften und auch Probleme von Studien in diesem Gebiet besprochen, die sich auf die Verlässlichkeit der Ergebnisse und deren Übertragbarkeit auf den (eigenen) Schulkontext auswirken.

Dabei ist uns auch ein weiterer Aspekt wichtig: Unseres Erachtens sollte man sich als Lehrperson permanent fortbilden, um den eigenen Beruf nicht über Jahrzehnte hinweg auf dem Forschungsstand zur Zeit der eigenen Ausbildung basierend auszuführen. Oder möchten Sie von einem Arzt behandelt werden, der seit Jahrzehnten auf die medizinischen Behandlungen vertraut, welche er in seinem Studium in den 1980er-Jahren kennengelernt hat? Eine Quelle, die Entscheidungen im Bereich der Weiterbildung beeinflusst, sind Berichte aus den Medien über neue Erkenntnisse der Lehr- und Lern-Forschung: Welche Lehrmethoden funktionieren besonders gut? Wie haben Länder in der letzten PISA-Studie abgeschnitten und was lernen wir daraus? Was sagt die Forschung zu inklusiver Beschulung, zum Umgang mit Heterogenität im Unterricht und dem Einsatz digitaler Medien? Dabei kann es eine Herausforderung sein, die medial vermittelten Ergebnisse zu verstehen, sie zu hinterfragen und ihre Übertragbarkeit auf den eigenen Unterricht einzuschätzen. Ein Blick in die originale wissenschaftliche Fachliteratur gestaltet sich auch häufig als schwierig (und zeitaufwändig), da Fachbegriffe und nicht erläuterte Grundlagen der Forschungsmethodik vorausgesetzt werden. Diese Lücke möchte das vorliegende Kapitel schließen.

Dabei gilt es, eine Einschränkung zu machen: Das Kapitel gibt *keinen* Einblick in generelle Fragen der Wissenschaftstheorie. Stattdessen wird direkt das Rüstzeug vermittelt, welches Lehrpersonen benötigen, um Artikel, Bücher und Medienberichte aus diesem Bereich zu verstehen und allenfalls auch kritisch zu hinterfragen. Falls Sie weitergehend an Wissenschaftstheorie interessiert sind, empfehlen wir

Chalmers (2006) für einen guten Überblick auf Deutsch sowie Okasha (2016) für eine hervorragend strukturierte Übersicht über zentrale Argumente zu den großen Fragen der Wissenschaftstheorie auf Englisch. Falls Sie sich zu einzelnen Begriffen weiter einlesen möchten, verweisen wir auf die Stanford Encyclopedia of Philosophy. Zuletzt bietet Rost (2013) eine kritische Einführung in die Bewertung pädagogisch-psychologischer Studien mit vielen Beispielen aus dem deutschsprachigen und internationalen Raum.

Die zwei zentralen Fragen, die dieses Kapitel kurz beantworten möchte, sind die folgenden:

1. Wie verlässlich sind Schlussfolgerungen über die Effekte von Lernangeboten auf den Lernerfolg (das können z. B. bestimmte Unterrichtsformen, Unterrichtsmaterialien oder auch Eigenschaften der Lehrperson und der Schule sowie des Schulsystems sein)?
2. Wie bedeutsam sind Ergebnisse und in welchem Ausmaß können und sollen Befunde aus Studien demnach auf den eigenen Unterricht oder auf die Schul- bzw. die politische Ebene übertragen werden?

Das zentrale Rüstzeug, um diese Fragen beantworten zu können, möchten wir Ihnen auf den folgenden Seiten mitgeben. Dabei gehen wir nicht in die Tiefe und versuchen trotzdem, Sie anhand einiger interessanter Beispiele über zentrale Aspekte der Forschungsmethoden zu informieren – und Sie vielleicht auch für die Lehr- und Lern-Forschung zu begeistern!

9.2 Die Verlässlichkeit von Studien: Experiment, Quasi-Experiment und Korrelationsstudie

Um die *Verlässlichkeit* von Studien einschätzen zu können, ist es wichtig zu verstehen, was ein Experiment in der Lehr- und Lern-Forschung ausmacht. Ob es sich bei einer Studie um ein Experiment handelt oder nicht, wirkt sich zentral auf die Aussagekraft der Studie aus – nämlich *worüber* und auch *mit welcher Sicherheit* man etwas aussagen kann. Deshalb wird in den Kapiteln 9.2.1 bis 9.2.3 (► Kap. 9.2.1 bis ► Kap. 9.2.3) erklärt, was ein echtes Experiment in der Lehr- und Lern-Forschung eigentlich ist und wie sich andere Formen von Studien davon unterscheiden, die weniger starke Schlussfolgerungen zulassen (sogenannte Quasi-Experimente und Korrelationsstudien).

9.2.1 Zufällige Zuteilung in kontrollierte Versuchsbedingungen: Das Experiment

Bei einem Experiment denken viele von uns an eine Naturwissenschaftlerin oder einen Naturwissenschaftler, die im Labor unter kontrollierten Bedingungen Parameter an ihren Maschinerien oder Tinkturen verändern, um auszuprobieren, wie sich dies auf beobachtete Phänomene auswirkt. In der Lehr- und Lern-Forschung führt man ein Experiment typischerweise mit Personen durch, die etwas lernen sollen, beispielsweise mit Schülerinnen und Schülern. Was hat man sich in einem solchen Fall unter einem *Experiment* vorzustellen?

Eine Studie in der Lehr- und Lern-Forschung gilt dann als Experiment, wenn zwei Bedingungen erfüllt sind.

1. Schülerinnen und Schüler werden verschiedenen Versuchsbedingungen zugeteilt, die sich nur in einer einzigen Hinsicht (Variable) unterscheiden.
2. Diese Zuteilung geschieht zufällig.

Diese beiden Bedingungen werden nun anhand eines fiktiven Beispiels erklärt. Nehmen wir an, wir möchten untersuchen, ob sich *die Art des Lernmaterials* (einen Text mit Bildern lesen oder aber ein erklärendes Video ansehen) darauf auswirkt, wie gut Schülerinnen und Schüler Inhalte zum Thema Evolutionstheorie verstehen. Nun weisen wir von 100 Schülerinnen und Schülern, die an einer solchen Studie teilnehmen, 50 zufällig derjenigen Gruppe zu, die mit Text- und Bildmaterial zum Thema Evolutionstheorie lernt; die anderen 50 derjenigen Gruppe, die dieselben Inhalte, aber auf der Basis eines Videos lernt. Dann achten wir darauf, dass sich alle zusätzlichen Bedingungen, die sich ebenfalls auf den Lernerfolg auswirken könnten, nicht unterscheiden; wie etwa die Hilfsmittel (z. B. Laptop oder Block, um Notizen zu machen), welche die Schülerinnen und Schüler verwenden dürfen, oder auch die Lernumgebung (handelt es sich um den gewohnten Schulklassenraum?) und die Anleitung durch die Lehrperson. Nachdem wir nun die Schülerinnen und Schüler in beiden Gruppen mit dem jeweiligen Material (Text bzw. Video) haben lernen lassen, legen wir ihnen Tests zum Thema Evolutionstheorie vor, um zu untersuchen, wie gut sie die Inhalte gelernt haben. Die Auswertung der Tests und die statistische Aufbereitung der Ergebnisse zeigen dann, ob und in welchem Ausmaß sich die Art des Lernmaterials (Text mit Bildern vs. Video) auf den Lernerfolg auswirkt.

Wieso ist es wichtig, jene beiden oben festgelegten Bedingungen für ein Experiment einzuhalten? Nun, wenn sich die beiden Bedingungen in mehr als einer Sache unterscheiden würden, dann wüsste man am Schluss nicht, welcher Faktor dazu geführt hat, dass man einen allfälligen Unterschied im Lernerfolg beobachtet hat. Nehmen wir an, wir hätten nicht genau auf die Uhr geschaut und der Gruppe mit der Lernbedingung »Video« 10 Minuten mehr Zeit gegeben. Wenn nun diese Gruppe am Ende ein bisschen mehr gelernt hat als die andere, wissen wir nicht, ob es tatsächlich am unterschiedlichen Lernmaterial lag – was uns ursprünglich interessierte – oder an der unterschiedlichen Lernzeit. Damit wird noch einmal klar, dass es das Prinzip einzuhalten gilt, zwischen unterschiedlichen Bedingungen eines Experimentes immer nur die eine Hinsicht unterschiedlich zu machen, nämlich jene, deren Effekt man untersuchen möchte. Dieses Prinzip gilt nicht nur für die Lehr- und Lern-Forschung – es ist in sämtlichen wissenschaftlichen Bereichen und auch in unserem Alltagsleben wichtig, wenn wir etwas verlässlich herausfinden möchten. Deshalb beschäftigt sich die Lehr- und Lern-Forschung auch schon lange damit, wie das Verständnis dieses Prinzips bereits bei Schulkindern gefördert werden kann (z. B. Schalk et al., 2018).

Die zweite Bedingung für ein Experiment besagt, dass die Schülerinnen und Schüler den beiden Bedingungen zufällig zugeteilt werden. Dies ist für verlässliche Schlussfolgerungen genauso wichtig wie die erste Bedingung (also dass sich unterschiedliche Bedingungen nur in einer Sache unterscheiden dürfen). Nur dann können wir, falls sich am Ende ein statistischer Unterschied im Lernerfolg zeigt, recht sicher sein, dass dieser auch durch das unterschiedliche Lernmaterial zustande gekommen ist. Stellen Sie sich im Zusammenhang mit dem oben schon dargelegten Experiment vor, die Schülerinnen und Schüler würden sich selbst aussuchen oder mitbestimmen können, zu welcher Gruppe sie zugeteilt werden. Es ist dann sehr wahrscheinlich, dass eine Gruppe von Schülerinnen und Schülern, die sich untereinander bereits gut kennt und sich in ihrem Lernverhalten ähnlich ist, gemeinsam in eine der Bedingungen geht. Ihr Austausch als gute Kolleginnen und Kollegen dürfte dann von ganz anderer Qualität sein als bei denjenigen, die sich weniger gut kennen. Und falls die Schülerinnen und Schüler schon wüssten, was auf sie zukommt, würden sich womöglich die Film-Affineren die Video-Bedingung aussuchen und entsprechend hohe Lernmotivation zeigen, die möglicherweise in der Gruppe mit dem Text- und Bildmaterial weniger hoch wäre. An diesem Beispiel zeigt sich, dass eine nicht-zufällige Zuteilung zu Bedingungen eigentlich wieder zum selben Problem führt wie das erste Prinzip: In diesem Fall unterscheiden sich die Teilnehmerinnen und Teilnehmer systematisch zwischen den beiden Gruppen, und damit weiß man am Schluss ebenfalls nicht, woran es liegt, wenn man einen Unterschied beobachtet! War es tatsächlich das Lernmaterial oder aber waren es einfach die (z. B. motivationalen) Unterschiede in der nicht-zufälligen Gruppenzusammensetzung?

Wir sehen also, dass sich von den beiden Prinzipien eines Experimentes eines auf die *Lernsituation* bezieht und eines auf die *Schülerinnen und Schüler als Personen*. Zwischen den Versuchsbedingungen nur diejenige Sache unterschiedlich zu machen, deren Effekt man herausfinden möchte, und alles andere zwischen den Bedingungen gleich zu halten, bezieht sich auf Vergleichbarkeit zwischen den Bedingungen in der *Lernsituation*. Die Schülerinnen und Schüler zufällig auf die verschiedenen Bedingungen zu verteilen bezieht sich auf Vergleichbarkeit der *Schülerinnen und Schüler als Personen*.

9.2.2 Wenn man Schülerinnen und Schüler nicht zufällig in Gruppen einteilen kann: Das Quasi-Experiment

In der Realität der Lehr- und Lern-Forschung lassen sich die beiden Bedingungen für ein Experiment (► Kap. 9.2.1) häufig nur schwerlich oder teilweise sicherstellen. Wenn man Experimente in echten Schulklassen durchführen möchte, hat man die Lernsituation und deren Vergleichbarkeit zwischen Bedingungen häufig nur eingeschränkt unter Kontrolle. Zusätzlich lassen sich Schülerinnen und Schüler leider aus institutionellen Gründen nur selten komplett zufällig in Gruppen zuweisen.

Wenn die zufällige Zuteilung zu Gruppen nur eingeschränkt möglich ist, sprechen wir nicht mehr von einem Experiment, sondern von einem Quasi-Experiment. Ein solches ist dadurch definiert, dass es zwar wiederum Gruppen gibt, die sich nur in einem Aspekt der Lernsituation unterscheiden. Jedoch ist in einem Quasi-Experiment die zufällige Gruppenzuteilung in die beiden (oder allenfalls auch in mehr als zwei) Bedingungen nicht gegeben.

Ein Beispiel für eine quasi-experimentelle Studie wäre die Untersuchung der Frage, wie sich unterschiedliche Schulformen auf die Entwicklung kognitiver Fähigkeiten von Schülerinnen und Schülern auswirken. Anders ausgedrückt: Entwickeln sich kognitive Fähigkeiten wie Intelligenz unterschiedlich, wenn sie ein Gymnasium, eine nicht-gymnasiale oder gar eine integrierte Schulform besuchen? An welchen Schultyp Schülerinnen und Schüler nach der Primarstufe wechseln, hängt von verschiedenen Faktoren ab. In manchen Schulsystemen können Schulen bzw. Lehrpersonen, Schülerinnen und Schüler und sogar die Eltern selbst Einfluss auf diese Entscheidung nehmen; in anderen Schulsystemen wird allein aufgrund von Schulnoten oder kognitiver Leistungsfähigkeit entschieden. Dies führt aus Sicht der Lehr- und Lern-Forschung dazu, dass die Zuteilung zu Gymnasium vs. Nicht-Gymnasium keinem Experiment entspricht: Die Schülerinnen und Schüler werden schlicht nicht zufällig einer der beiden Schulformen zugeteilt, sondern vielfältige Faktoren, über die man keine experimentelle Kontrolle hat, beeinflussen die Wahl und somit die Gruppenzusammensetzung. Damit handelt es sich bei Vergleichen der Effekte des Besuchs von Gymnasien vs. Nicht-Gymnasien eben um ein sogenanntes Quasi-Experiment.

Entsprechend schwierig gestaltet sich in solchen Fällen die Untersuchung von Fragen wie »*Wirkt sich der Besuch der unterschiedlichen Schulformen Gymnasium vs. Nicht-Gymnasium auf die Entwicklung kognitiver Fähigkeiten (z. B. Intelligenz, Schlussfolgerungsfähigkeit) aus*«? Die einfachste Möglichkeit, diese Frage zu untersuchen, bestünde wohl darin, nach einigen Jahren des Schulbesuchs Schülerinnen und Schüler von Gymnasien mit denen von Nicht-Gymnasien in ihren kognitiven Fähigkeiten im Rahmen eines Tests zu vergleichen. Wenn man einen Unterschied findet, weiß man nun aber nicht verlässlich, ob dieser tatsächlich durch die verschiedenen Schulformen verursacht wurde. Es gibt ja viele weitere Faktoren, die die beiden Gruppen wahrscheinlich schon von Anfang an systematisch unterscheiden: Kognitive Fähigkeiten beim Schuleinstieg, Motivation, familiärer Hintergrund usw. Ob sich ein allenfalls beobachteter Unterschied in der kognitiven Entwicklung also *tatsächlich* auf die Schulformen zurückführen lässt, ist leider ohne ein richtiges Experiment kaum verlässlich festzustellen.

Daraus sieht man: Eine quasi-experimentelle Situation schränkt uns in unseren Schlussfolgerungen stark ein. Für Studien wie im vorliegenden Fall wurden jedoch statistische Prozeduren entwickelt, mit deren Hilfe man versucht, potentielle Unterschiede zwischen den Gruppen in den erwähnten und weiteren Faktoren herauszurechnen. Mit dem Einsatz ausgefeilter statistischer Methoden fanden beispielsweise Guill, Lüdtke, & Köller (2017) Hinweise darauf, dass sich der Besuch des Gymnasiums tatsächlich förderlich auf die Entwicklung kognitiver Fähigkeiten auswirkt. Ritchie und Tucker-Drob (2018) haben diese und weitere Studien, die versuchten, aus quasi-experimentellen Situation verlässliche Aussagen abzuleiten, zusammengefasst. Ihre Arbeit zeigt ebenfalls, dass sich der Gymnasialbesuch im Hinblick auf die kognitive Entwicklung im Vergleich zu anderen Schulformen positiv auswirkt.

9.2.3 Zwei oder mehr Dinge einfach nur beobachten: Die Korrelationsstudie

Eine dritte Art von Studie neben dem Experiment (▸ Kap. 9.2.1) und dem Quasi-Experiment (▸ Kap. 9.2.2) ist die *Korrelationsstudie*. Dabei gibt es keine Zuteilungen in unterschiedliche Versuchsgruppen und auch keine Versuchsbedingungen, die sich nur in einer Sache unterscheiden. Stattdessen werden an einer Gruppe von Personen, beispielsweise Schülerinnen und Schüler, zwei oder mehr Dinge erhoben, auf die man keinen Einfluss nimmt, wie dies in den anderen beiden Studiendesigns der Fall war.

Zum Beispiel können dies die Intelligenz, die Motivation und das Vorwissen in einem Unterrichtsfach sein. Die Werte zu diesen drei Variablen werden dann, wie in Abbildung 18 gezeigt, zueinander in Beziehung gesetzt. Das bedeutet, man berechnet mit statistischen Verfahren, *wie stark die Variablen zusammenhängen*. Einen Zusammenhang gibt es dann, wenn Schülerinnen und Schüler, die auf einer der Variablen hohe Werte haben – zum Beispiel sehr intelligent sind – auch dazu tendieren, auf einer anderen Variable ebenfalls hohe Werte zu haben – wenn also die intelligenten Schülerinnen und Schüler zum Beispiel auch hohe Motivation zeigen.

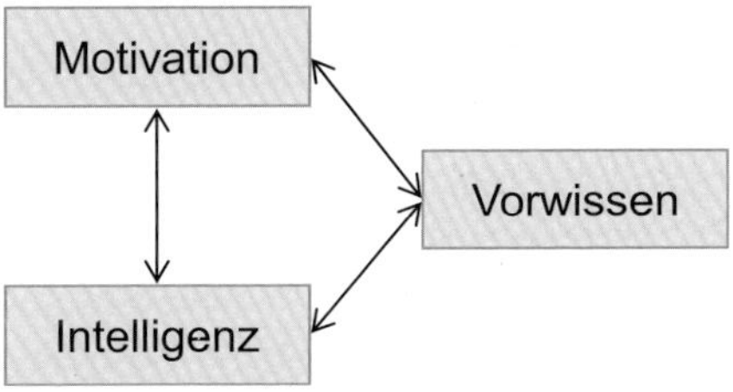

Abb. 18: Schematische Korrelation von drei Variablen

Es ist wichtig zu wissen: Aus einer Korrelationsstudie kann man *keine* gegenseitigen Einflüsse von Variablen herauslesen. Wenn zum Beispiel sehr intelligente Schülerinnen und Schüler auch hohe schulische Motivation oder hohes Vorwissen in einem Schulfach zeigen, dann bedeutet dies noch nicht, dass sich Intelligenz auf Motivation und Vorwissen auswirkt; auch der umgekehrte Schluss ist nicht zulässig. In der Forschung werden häufig Zusammenhänge zwischen Intelligenz und Motivation berichtet. Das bedeutet aber weder, dass hohe Intelligenz hohe Motivation hervorruft noch dass man durch einen Motivationsschub die Intelligenz der Schülerinnen und Schüler verbessern kann. Da man die Teilnehmer der Studie ja nicht zufällig den Versuchsbedingungen zugeteilt hat, können sich sehr intelligente Schülerinnen und Schüler in ganz anderen Eigenschaften systematisch von den weniger intelligenten unterscheiden, über die man gar keine Information hat. Zum Beispiel kann eine familiäre Umgebung, in der Kinder schon immer im Lernen gut unterstützt wurden, dazu geführt haben, dass Kinder hohe Intelligenz entwickeln konnten, aber auch starke schulische Motivation und vielleicht auch schon viel Vorwissen aus den vorherigen Schuljahren. Wenn man also Zusammenhänge nur beobachtet, dann kann man grundsätzlich nicht wissen, wie diese zustande gekommen sind – aber sie können Anregungen bieten, gegenseitige Einflüsse in echten Experimenten oder in länger andauernden Studien mit mehreren Erhebungen weiter zu untersuchen.

9.3 Weitere Prinzipien und Eigenschaften verlässlicher Lehr- und Lern-Forschung

Zum Abschluss dieses Kapitels möchten wir noch kurz drei weitere Eigenschaften skizzieren, die zur (fehlenden) Verlässlichkeit von Studien der Lehr- und Lern-Forschung beitragen. Dabei weisen wir darauf hin, wie Sie als Leserin oder Leser bei Ihrer Interpretation dieser Eigenschaften vorgehen können, um die Verlässlichkeit von Studien einschätzen zu können – und damit auch die Übertragbarkeit auf Ihren eigenen Unterricht oder die (oft vorschnell geforderten) Anpassungen des Bildungssystems.

Diese drei Eigenschaften beschreiben

- die Qualität der Messung von Lernerfolg und deren Voraussetzungen,
- die Anzahl der Schülerinnen und Schüler, die an einer Studie teilnehmen und
- die korrekte und informative Interpretation zentraler statistischer Werte, die in Studien der Lehr- und Lern-Forschung typischerweise wichtig sind.

9.3.1 Die Messung von Lernerfolg und dessen Voraussetzungen

In Kapitel 6 (▸ Kap. 6) beschäftigten wir uns mit den Kriterien, die eine schulische Prüfung erfüllen sollte, um aussagekräftig zu sein – die psychometrischen Gütekriterien (▸ Kap. 6.4.2). Diese Gütekriterien sind für einen Test, der in einer wissenschaftlichen Studie den Lernerfolg messen soll, genau dieselben. Die *Validität* beschreibt das Ausmaß, in dem ein Test das misst, was er zu messen beabsichtigt; die *Reliabilität* beschreibt die Genauigkeit, mit der ein Test etwas misst; die *Objektivität* beschreibt das Ausmaß, in dem die Ergebnisse eines Tests unabhängig davon sind, wer den Test durchführt, auswertet und interpretiert.

Wenn Sie nun einen Medienbericht oder einen Fachartikel rezipieren und die Verlässlichkeit von dessen Aussagen einschätzen möchten, dann halten Sie danach Ausschau, ob die Forscherinnen und Forscher ihre Erhebungsinstrumente, mit denen sie beispielsweise Lernerfolg messen wollten, auch psychometrisch überprüft haben. Sind Angaben zur Validität, Reliabilität oder auch Objektivität vorhanden? Dies ist besonders wichtig, wenn eigene Erhebungsinstrumente entwickelt wurden, die potentiell nur für eine Studie verwendet werden. Instrumente, die man schon vorher in mehreren Studien auf psychometrische Eigenschaften überprüft hat, passen zwar häufig leider nicht so gut auf die eigene Studie wie ein eigens dafür erstelltes Erhebungsinstrument; sie halten jedoch, wenn sie eine längere Entwicklungsphase hinter sich haben, die psychometrischen Kriterien meistens besser ein.

9.3.2 Notwendige Stichprobengrößen, um für die Verlässlichkeit von Aussagen zu sorgen

Ein häufiges Problem von Studien der Lehr- und Lern-Forschung ist es, eine große Anzahl von Schülerinnen und Schülern für eine bestimmte Untersuchung zu finden. Ebenso sind es oft die fehlenden Ressourcen an Zeit, Personal oder Geld, um große Stichproben in einer einzelnen Studie einzubinden. Das ist jedoch für Befunde, die auf statistischen Berechnungen basieren, problematisch: Schülerinnen und Schüler unterscheiden sich aufgrund mehrerer Eigenschaften wie schulischem Vorwissen, Motivation und kognitiver Fähigkeiten in ihrem Lernerfolg so stark voneinander, dass es schwierig ist, den Effekt einer schulischen Intervention innerhalb dieser ganzen Unterschiede, die mit der Intervention selbst nichts zu tun haben, auch verlässlich herauszurechnen. Deshalb sollten Forscherinnen und Forscher, bevor sie eine Studie beginnen, mithilfe statistischer Simulationen eruieren und darauf basierend festlegen, welche Anzahl an Schülerinnen und Schülern sie benötigen. Erst dann können sie davon ausgehen, mit hoher Wahrscheinlichkeit einen Effekt zu finden, falls dieser auch tatsächlich vorhanden ist. Einen Effekt einer schulischen Intervention übersieht man nämlich statistisch recht schnell einmal. Wegen fehlender Ressourcen oder ungenügender statistischer Kenntnisse halten sich Forscherinnen und Forscher manchmal jedoch stattdessen einfach an Faustregeln wie »in jeder Versuchsgruppe sollten mindestens 30 Schülerinnen und Schüler sein!«. Diese Anzahl ist jedoch in den meisten Fällen viel zu niedrig, um verlässliche Aussagen über Effekte machen zu können. Häufig werden diese bei so geringen Stichproben einfach übersehen, und es wird fälschlicherweise angenommen, eine Intervention hätte gar keine Effekte.

Wie groß sollten also Stichproben von Schülerinnen und Schülern in der Lehr- und Lern-Forschung sein? Es gibt dafür keine feste Regel, jedoch ein paar sinnvolle Annahmen. Unter 30 Schülerinnen und Schülern pro Gruppe sind statistische Tests meistens gar nicht sinnvoll oder informativ. Bei 50–100 Schülerinnen und Schülern pro Gruppe sind häufig schon ganz gute Aussagen möglich. Aber erst mit mehreren 100 oder 1000 Schülerinnen und Schülern pro Gruppe ist man grundsätzlich auf der sicheren Seite. Zusätzlich werden bei einem sauber konzipierten Experiment ganz allgemein weniger Schülerinnen und Schüler benötigt als in einem Quasi-Experiment oder einer Korrelationsstudie.

Was die Stichprobe betrifft, ist es auch noch wichtig einzuschätzen, ob die untersuchten Schülerinnen und Schüler überhaupt mit dem eigenen Zielpublikum vergleichbar sind. Werden beispielsweise in einer Studie Schülerinnen und Schüler aus Gesamtschulen in Norddeutschland untersucht, dann sollte man sich gut überlegen, in welchem Ausmaß die erzielten Ergebnisse auf Gymnasialschülerinnen und -schüler in der Schweiz übertragbar sein könnten.

9.3.3 Die Interpretation wichtiger statistischer Maße: Hypothesentest und Effektstärke

In Medienberichten wird häufig erwähnt, dass sich in einer Studie aus der Lehr- und Lern-Forschung ein sogenannter *signifikanter Effekt* gezeigt habe. Beispielsweise häuften sich nach der PISA-Studie 2012 Medienberichte, wonach Mädchen bei Problemlöseaufgaben der PISA-Studie signifikant schlechter abgeschnitten haben als Buben (z. B. Die Welt (2014). Link: https://www.welt.de/wirtschaft/article126429005/Deutsche-Maedchen-schwaecheln-beim-Problemloesen.html; abgerufen am 23.6.2020).

Das Wörtchen *signifikant* wird aber in einem solchen Kontext häufig missverständlich interpretiert. Denn oft wird vorschnell angenommen, ein signifikanter Effekt bedeute, dass der Unterschied so groß sei, dass er auch aus schulischer Perspektive als bedeutsam eingeschätzt werden müsse. Dies muss jedoch nicht der Fall sein. *Signifikant* bedeutet aus statistischer Sicht im Beispiel des PISA-Ergebnisses lediglich, dass angenommen werden kann, dass der beobachtete Geschlechterunterschied tatsächlich existiert und nicht aufgrund der Auswahl der Stichprobe zustande gekommen ist. Man kommt zu dem Schluss, dass ein Ergebnis signifikant ist, wenn man Folgendes begründen kann: Gäbe es in Wirklichkeit (d. h. wenn man alle Personen untersuchen könnte und nicht nur eine Stichprobe ziehen würde) tatsächlich keinen Unterschied zwischen Mädchen und Buben, wäre der in der PISA-Studie beobachtete Unterschied ein sehr selten vorkommendes Resultat.

In Abbildung 19 werden die Effektstärken veranschaulicht. Auf unser Beispiel bezogen repräsentieren die gestrichelten Linien die Verteilung der Buben und die durchgezogenen die der Mädchen. Selbst bei großer Effektstärke gibt es noch eine deutliche Überlappung in der Verteilung beider Gruppen. Die in der PISA-Studie gefundenen Unterschiede im Problemlösen entsprechen am ehesten der Abbildung mit der geringen Effektstärke.

Das Wort *signifikant* zeigt also in einem statistischen Sinn nur an, ob ein Effekt, zum Beispiel ein Unterschied zwischen Gruppen, tatsächlich angenommen werden sollte. Der Effekt – also der Unterschied zwischen den Gruppen – kann jedoch trotz signifikantem Ergebnis so klein sein, dass er aus Sicht des schulischen Lernens vernachlässigbar ist. Deshalb sollte man in Medienberichten und in der wissenschaftlichen Literatur nicht nur auf die Signifikanz achten, sondern zusätzlich auf die Grösse des Effektes (die sogenannte *Effektstärke*). In Abbildung 19 wird dies verdeutlicht: In jedem Teil der Abbildung wird ein signifikanter Gruppenunterschied dargestellt, die sich aber in der Grösse unterscheiden. Ein gängiges Maß für die Effektstärke ist *Cohen's d*. Dieses wird errechnet, indem man den Unterschied zwischen den Gruppen (die Differenz im Mittelwert) zum statistischen Maß des Unterschiedes innerhalb einer Gruppe (Varianz bzw. Standardabweichung) in Beziehung setzt. Um auf das obige Beispiel zurückzukommen: Der Unterschied zwischen Mädchen und Buben im Problemlösen entsprach einem *Cohen's* $d = 1/15$ (.06). Das bedeutet: Wenn man zufällig zwei Mädchen (oder zwei Jungen) aus der Stichprobe vergleicht, dann unterscheiden sich diese im Durchschnitt 15 mal stärker, als wenn man zufällig einen Jungen und ein Mädchen miteinander vergleicht. Aus Sicht des schulischen Lernens kann man also wegen der großen Stichproben, die in der PISA-Studie verwendet werden (mehrere Tausend Schülerinnen und Schüler), recht sicher

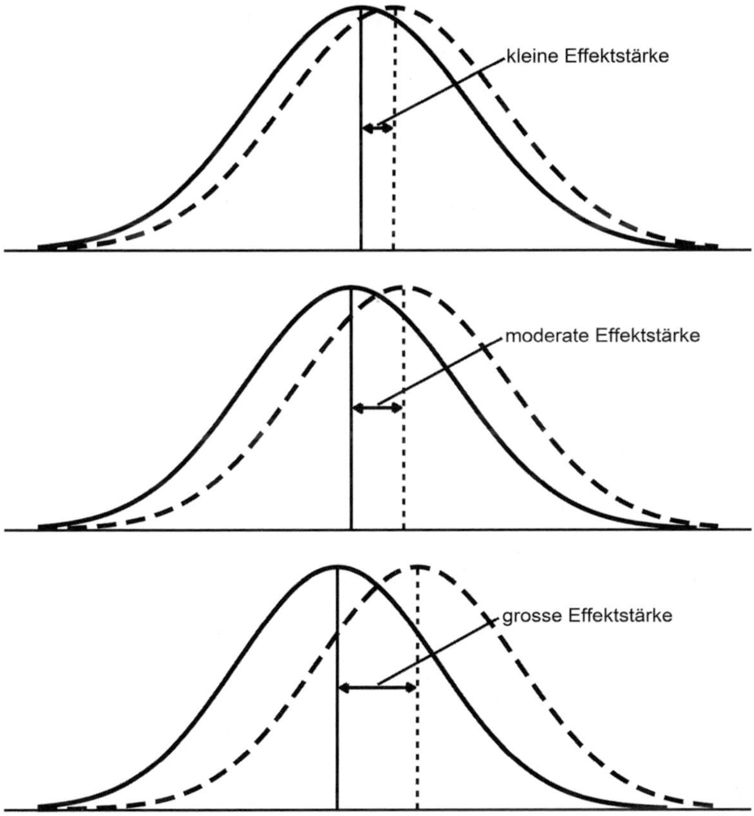

Abb. 19: Effektstärken

davon ausgehen, dass ein Unterschied im Problemlösen besteht – also ein *signifikantes Ergebnis* vorliegt. Aufgrund der großen Überlappung in der Verteilung sind aber Unterschiede zwischen einzelnen Schülerinnen und Schülern, die nichts mit dem Geschlecht zu tun haben, viel wichtiger als die Geschlechterunterschiede selbst.

Gemäß typischen Faustregeln (man sollte diese jedoch immer an den entsprechenden Kontext anpassen) spricht man erst ab einem Cohen's d von etwa 1/5 (.20) als einem kleinen Effekt, der erst überhaupt wert wäre, weiter untersucht zu werden. Ab etwa d = .50 kann man von moderaten und ab etwa d = .80 oder mehr (der Wert kann auch über 1 gehen) von großen Effekten sprechen, die man in der Lehr- und Lern-Forschung jedoch nur selten beobachtet. Hattie (2009) spricht sich für Effekte über 0.4 als bedeutsam aus, während Kraft (2019) schon Effekte über d = 0.05 als bedeutsam ansieht, falls sich diese auf Interventionen beziehen, die großflächig im Schulsystem implementiert werden können. Bei solchen Bewertungen von Effektgrössen spielen jedoch auch andere Faktoren wie die Kosten der Intervention eine Rolle (Kraft, 2019). Und auch Vergleiche mit den Effekten vorheriger schulischer Interventionen mit ähnlicher Absicht sollte man zur Einordnung von Effektgrössen heranziehen.

9.4 Zusammenfassung und Bezüge zur Unterrichtspraxis

- Zwei zentrale Merkmale für die Aussagekraft von Studien in der Lehr- und Lern-Forschung sind, ob sich verschiedene Bedingungen in einer Studie nur in jeweils einer Sache unterscheiden und ob Schülerinnen und Schüler den verschiedenen Bedingungen zufällig zugeteilt werden. Bei Einhaltung beider Merkmale spricht man von einem Experiment.
- Können Schülerinnen und Schüler verschiedenen Bedingungen nicht zufällig zugeteilt werden, so spricht man von einem Quasi-Experiment, dessen Aussagekraft eingeschränkt ist.
- Werden verschiedene Eigenschaften von Schülerinnen und Schülern nur beobachtet und zueinander in Beziehung gesetzt, ohne diese unterschiedlichen Bedingungen zuzuteilen, so spricht man von einer Korrelations- oder Beobachtungsstudie, die keine Aussagen über gegenseitige Einflüsse zulässt.
- Weitere wichtige Eigenschaften von Studien hinsichtlich der Brauchbarkeit von Ergebnissen für den eigenen Unterricht sind die Qualität der Messung (Validität, Reliabilität, Objektivität), die Stichprobe und deren Größe sowie die Größe der beobachteten Effekte.
- Kenntnis dieser Grundsätze der Lehr- und Lern-Forschung ermöglicht es Lehrpersonen, Forschungsergebnisse auf ihre Verlässlichkeit und Übertragbarkeit auf den eigenen Unterricht hin einzuschätzen; damit können sie ihre Unterrichtspraxis entsprechend auf der Basis vertrauenswürdiger Befunde weiterentwickeln.

10 Schlusswort der Herausgeber

Peter Greutmann, Henrik Saalbach und Elsbeth Stern

Mit den Ausführungen zu den wissenschaftstheoretischen Grundlagen der Lehr- und Lern-Forschung sind wir am Ende dessen angelangt, was gemäß unserer Auffassung die Professionalität von Lehrerinnen und Lehrern ausmacht. Natürlich ist die Darstellung der einzelnen Themen mitgeprägt von unseren eigenen Erfahrungen und den Forschungsschwerpunkten der Autorinnen und Autoren. Trotzdem sind wir überzeugt davon, dass das Ensemble der in den Kapiteln 2 bis 9 ausgeführten Themen nicht einfach eine weitere subjektive oder dogmatisch geprägte Anschauung ist, wie »guter Unterricht« zu sein hat. Vielmehr basieren unsere Ausführungen und die davon abgeleiteten Hinweise für die Praxis auf soliden, empirischen Befunden.

Natürlich sind wir uns auch bewusst, dass wir nicht alle Aspekte abgedeckt haben, mit denen Lehrpersonen im schulischen Alltag zu tun haben. Beispielsweise sind sie immer wieder mit entwicklungsbedingten psychischen Krisensituationen von Kindern und Jugendlichen konfrontiert, deren Bewältigung weit über den Berufsauftrag der Wissensvermittlung hinausgeht. In diesen Fällen ist es die Aufgabe von Lehrpersonen, solche Krisen anhand von manifesten Symptomen zu erkennen, mit den Betroffenen das Gespräch zu suchen und ihnen – falls nötig – externe, professionelle Hilfe zu vermitteln. Keinesfalls sollten Lehrpersonen selbst die Rolle eines Therapeuten einnehmen. Auch das sehr schwierige und für alle Betroffenen oft belastende Thema »Mobbing« haben wir ausgeklammert. Es gehört zur Rolle der Lehrperson, mit allen Antennen Anzeichen von Mobbing wahrzunehmen und gegebenenfalls Maßnahmen zur Intervention, aber auch schon zur Prävention in die Wege zu leiten (siehe dazu als Einstiegslektüre z. B. Schäfer, 2012). Schließlich mussten wir das weite Feld von Lerngelegenheiten außerhalb des Schulzimmers außen vor lassen: Exkursionen, Museums- und Theaterbesuche, Klassen- und Skilager usw. sind eminent wichtige Elemente einer lebendigen Schulkultur – aber ihre konkrete Ausprägung und ihre Lernwirksamkeit hängen so sehr mit fachspezifischen Merkmalen zusammen, dass uns in diesem Zusammenhang eine überfachliche Darstellung als nicht zielführend erschien.

Krisensituationen, Mobbing, Lerngelegenheiten außerhalb des regulären Unterrichtes, soziales Lernen: So wichtig diese und weitere Themen auch sind, ihre ausführliche, sachgerechte Behandlung hätte den Rahmen dieses Buches bei Weitem gesprengt. Deshalb haben wir uns auf diejenigen Punkte beschränkt, die unter regulären Rahmenbedingungen kompetentes Unterrichten und damit lernwirksamen Unterricht ausmachen – und eben dazu beitragen, dass das Diktum »*Teachers make a difference*« kein leeres Schlagwort bleibt.

Die Ausführungen dazu nehmen im vorliegenden Werk rund 250 Seiten ein. Aber während seiner Entstehung wurden wir immer wieder gefragt: »*Also, sagt mal kurz, was schreibt ihr eigentlich in eurem Buch über guten Unterricht? Was ist das Wichtigste? Was kann ich machen?*« Natürlich kamen wir bei dieser Frage immer in Verlegenheit – niemand, der das Wort »kurz« verwendet, ist bereit, sich eine dreistündige Zusammenfassung bis ins letzte Detail anzuhören. Angenommen, »kurz« bedeutet in einem solchen Kontext »fünf, maximal zehn Minuten«... Wie würden wir heute die Frage beantworten? Etwa so.

1. *Gedächtnis und Lernen*: Informieren Sie sich darüber, was die Kognitionspsychologie heute über das Funktionieren des menschlichen Gedächtnisses weiß – dann verstehen Sie auch das (schulische) Lernen und die mit ihm verbundenen Schwierigkeiten besser.
2. *Typen von Wissen:* Seien Sie sich bewusst, dass es verschiedene Arten von Wissen gibt, die auf unterschiedliche Weise erworben werden. Überlegen Sie beim Anbieten von Lerngelegenheiten, welche Art von Wissen gefördert werden soll.
3. *Unterrichtsplanung:* Orientieren Sie sich bei der Vorbereitung an den gültigen Lehrplänen – und planen Sie darauf aufbauend Ihren eigenen Unterricht langfristig, umsichtig und bis ins Detail.
4. *Leitideen und Lernziele:* Achten Sie darauf, dass sich Ihre einzelnen Unterrichtseinheiten an einer klaren Leitidee orientieren – und erstellen Sie zu jedem Thema Lernziele auf verschiedenen Anforderungsniveaus. Lernziele sollten zwar möglichst konkret formuliert werden, aber doch durch eine größere Zahl von unterschiedlichen Aufgaben abgedeckt sein.
5. *Vorwissen:* Halten Sie sich immer wieder vor Augen, dass die Schülerinnen und Schüler Novizen sind – überprüfen Sie deshalb vor allem, ob sie das angemessene Vorwissen haben, um Neues zu erlernen – sonst unterrichten Sie schlicht über ihre Köpfe hinweg.
6. *Adaptives Methodenrepertoire:* Verfügen Sie über ein breites Methodenrepertoire – aber beachten Sie vor allem, dass Sie den Einsatz der Methoden an die Lernvoraussetzungen in Ihrer Klasse anpassen.
7. *Lernprozess und Feedback:* Statt dauernd auf Lernergebnis und Lernleistung zu pochen – behalten Sie lieber den Lernprozess der Schülerinnen und Schüler im Auge, geben Sie ihnen Rückmeldungen zu ihrem Wissensstand und passen Sie Ihren Unterricht immer wieder an den *tatsächlichen* Wissensstand in der Klasse an.
8. *Auf den Unterricht abgestimmte Prüfungen*: Bereiten Sie die Prüfungen sorgfältig vor – und achten Sie dabei vor allem auch darauf, dass die Lernziele, die im Unterricht behandelten Aufgaben und die Prüfung aufeinander abgestimmt sind.
9. *Empathie und Respekt:* Seien Sie um eine gute Beziehung zu Ihren Schülerinnen und Schülern besorgt, d. h., begegnen Sie ihnen mit wohlwollender Empathie, ohne sich dabei anzubiedern, und respektieren Sie sie immer auch als eigenständige Persönlichkeiten.
10. *Prävention:* Schaffen Sie mit methodisch gut vorbereitetem Unterricht und mit klaren, kognitiv anregenden Aufgaben die besten Voraussetzungen für ein störungsarmes, produktives und angenehmes Unterrichtsklima.
11. *Intervention:* Setzen Sie im Falle von Unterrichtsstörungen ein vielfältiges und der Situation angemessenes Repertoire an Interventionen ein – und bleiben Sie dabei selber möglichst gelassen. Auch Humor hilft meistens!

12. *Eigene Gesundheit:* Behalten Sie sich selber im Auge. Gehen Sie sorgsam mit Ihren Ressourcen um, damit Sie den Beruf auf Dauer professionell und zur eigenen Zufriedenheit ausüben können.

Man könnte sagen, die Kapitel 2 bis Kapitel 9 sind die detaillierte Ausführung dieses einfach scheinenden Rezeptes. Und so einfach dieses Rezept auch klingen mag – es enthält so viele äußerst heterogene Elemente, dass seine Umsetzung eine große Herausforderung ist und bleibt, auch wenn man schon viele Jahre unterrichtet hat. Wer bereit ist, diese Herausforderung anzunehmen – wird den Beruf schlicht lieben (jedenfalls meistens…). Und natürlich ist es nicht möglich, in jeder Lektion allen diesen Punkten bis zur Perfektion gerecht zu werden. Man kann das von niemandem erwarten, auch nicht von sich selbst. Wer aber diese Punkte immer wieder beachtet, sie Schritt für Schritt in seine tägliche Arbeit am Schreibtisch oder im Schulzimmer einfließen lässt, der könnte vielleicht auch jenem Schüler eine Erklärung geben, der bei der schon eingangs zitierten, anonymen Klassenbefragung seiner Lehrerin folgendes Feedback gab:

> *»Frau F. ist eine der allerwenigsten Lehrpersonen, die es geschafft hat, was eigentlich jeder Lehrer in seinem Fach schaffen müsste: Sie unterrichtet ein sehr allgemeinbildendes Fach und mathematisch-naturwissenschaftliche Schüler für Goethe zu begeistern, ist leichter gesagt als getan. Trotzdem hat sie es hingekriegt, dass das Fach auch nach vier Jahren nie (!) verleidet ist. Auch wenn wir ein noch so trockenes Thema behandelten (z. B. Kommaregeln), wusste Frau F., wie sie uns am Ball behalten konnte und wie sie es anstellen musste, dass es uns nicht ablöschte. Wie sie das macht, kann ich mir selber nicht erklären…«*

Literaturverzeichnis

Ackerman, P. L. (2017). Adult Intelligence: The Construct and the Criterion Problem. Perspectives on Psychological Science, 12 (6), 987–998.

Alsaker, F. D., Valkanover, S. (2011). Das Programm Be-Prox. Prävention gegen Gewalt in Kindergarten und Schule. Pädagogik, 63 (1), 10–13.

Anderson, J. R., Bothell, D., Byrne, M. D., Douglass, S., Lebière, C. & Qin, Y. (2004). An integrated theory of the mind. Psychological Review, 111, 1036–1060.

Anderson, L. W. (Ed.), Krathwohl, D. R. (Ed.), Airasian, P. W., Cruikshank, K. A., Mayer, R. E., Pintrich, P. R., Raths, J. & Wittrock, M. C. (2001). A taxonomy for learning, teaching, and assessing: A revision of Bloom's taxonomy of educational objectives. New York: Longman.

Andersson, C. & Palm, T. (2017). The impact of formative assessment on student achievement: A study of the effects of changes to classroom practice after a comprehensive professional development programme. Learning and Instruction, 49, 92–102.

Angelone, D., Keller, F. & Moser, U. (2013). Entwicklung schulischer Leistungen während der obligatorischen Schulzeit. Bericht zur vierten Zürcher Lernstandserhebung zuhanden der Bildungsdirektion des Kantons Zürich. Zürich: Bildungsdirektion Kanton Zürich.

Atkinson, R.C. & Shiffrin, R.M. (1968). Chapter: Human memory: A proposed system and its control processes. In K.W. Spence & J.T. Spence (Eds.). The psychology of learning and motivation. New York: Academic Press, 89–195.

Ausubel, D. P. (1960). The use of advance organizers in the learning and retention of meaningful verbal material. Journal of Educational Psychology, 51 (5), 267–272.

Bandura, A. (1978). Self-efficacy: Toward a unifying theory of behavioral change. Advances in Behaviour Research and Therapy, 1 (4), 139–161.

Bandura, A. (1997). Self-efficacy: The exercise of control. New York: W. H. Freeman.

Battle, J. & Lewis, M. (2002). The increasing significance of class: The relative effects of race and socioeconomic status on academic achievement. Journal of Poverty, 6 (2), 21–35.

Baumann, F. (2012). »Bei uns gibt es kein Mobbing!« Welches Potential müsste ein Präventionsprogramm enthalten, um optimal gegen Mobbing im Klassenzimmer wirksam zu sein? Dissertation, München.

Berkowitz, M. & Stern, E. (2018). Which Cognitive Abilities Make the Difference? Predicting Academic Achievements in Advanced STEM Studies. Journal of Intelligence, 6 (4).

Berthold, K., Eysink, T. H. S. & Renkl, A. (2008). Assisting self-explanation prompts are more effective than open prompts when learning with multiple representations. Instructional Science, 345–363.

Biggs, J. (1996). Enhancing learning through constructive alignment. Higher Education, 32, 347–364.

Black, P. J. & Wiliam, D. (1998). Assessment and classroom learning. Assessment in Education: Principles, Policy and Practice, 5 (1), 7–73.

Black, P. J. & Wiliam, D. (2009). Developing the theory of formative assessment. Educational Assessment, Evaluation and Accountability, 21 (1), 5–31.

Blömeke, S., Gustafsson, J. & Shavelson, R. J. (2015). Beyond Dichotomies. Competence Viewed as a Continuum. Zeitschrift für Psychologie, 223, 3–13.

Bloom, B. S. (Ed.), Engelhart, M. D., Furst, E. J., Hill, W. H. & Krathwohl, D. R. (1956). Taxonomy of educational objectives: The classification of educational goals. New York: David McKay.

Borich, G. (2007). Effective teaching methods: Research-based practice (8th edition). Boston: Pearson.
Bradley, R.H. & Corwyn, R.F. (2002). Socioeconomic status and child development. Annual Review of Psychology, 53, 371–399.
Brookhart, S. M., Guskey, T. R., Bowers, A. J., McMillan, J. H., Smith, J. K., Smith, L. F. & Welsh, M. E. (2016). A Century of Grading Research: Meaning and Value in the Most Common Educational Measure. Review of Educational Research, 86 (4), 803–848.
Bründel, S. & Simon, E. (2103): Die Trainingsraum-Methode.Unterrichtsstörungen – klare Regeln, klare Konsequenzen. Weinheim und Basel: Beltz
Brüning, L. & Saum, T. (2009). Erfolgreich unterrichten durch Kooperatives Lernen. Verlagsgesellschaft Neue Deutsche Schule.
Cannon, W.B. (1929). Organization for Psychological Homeostasis. Psychological Reviews 3 (29).
Carey, S. (2000). Science education as conceptual change. Journal of Applied Developmental Psychology, 21 (1), 13–19.
Chalmers, A. F. (2006). Wege der Wissenschaft: Einführung in die Wissenschaftstheorie. Springer.
Chandler, P. & Sweller, J. (1991); Cognitive Load Theory and the Format of Instruction. Cognition and Instruction, 8 (4), 293–332.
Coffield, F., Mosely, D., Hall, E. & Ecclestone, K. (2004). Learning styles and pedagogy in post-16 learning: A systematic and critical review. London: Learning and Skills Research Centre.
Deary, I. J. (2004). The Impact of Childhood Intelligence on Later Life: Following Up the Scottish Mental Surveys of 1932 and 1947. Journal of Personality and Social Psychology, 86 (1), 130–147.
Decristan, J., Klieme, E., Kunter, M., Hochweber, J., Büttner, G., Fauth, B., Hondrich, A. L., Rieser, S., Hertel, S. & Hardy, I. (2015). Embedded formative assessment and classroom process quality: How do they interact in promoting science understanding? American Educational Research Journal, 52 (6), 1133–1159.
Deiglmayr et al. (2020, in Vorbereitung)
Deiglmayr, A., Grabner R. H., Nussbaumer, D. & Saalbach, H. (2018). Gesund und kompetent: Beanspruchungserleben, gesundheitliche Beschwerden und Berufseignung – eine Studie mit Schweizer Lehramtsstudierenden. Beiträge zur Lehrerinnen- und Lehrerbildung, 36 (2), 262–281.
Deiglmayr, A., Schalk, L (2015). Weak versus strong knowledge interdependence: A comparison of two rationales for distributing information among learners in collaborative learning settings. Learning and Instruction 40, 69–78.
Deiglmayr, A., Schalk, L. & Stern, E. (2017). Intelligenz, Begabung, Talent, Wissen, Expertise und Kompetenz: Einige Begriffsklärungen. In M. Hasselhorn & U. Trautwein (Hrsg.). Begabungen und Talent. Göttingen: Hogrefe, 1–16.
Dix, P. (2010). Erfolgreiches Classroom-Management. Hallbergmoos: Aulis.
Edelsbrunner, P. A., Schalk, L., Schumacher, R. & Stern, E. (2018). Variable control and conceptual change: A large scale quantitative study in elementary school. Learning and Individual Differences, 66, 38–53.
Elliot, A. J. (2005). A conceptual history of the achievement goal construct. In A. J. Elliot & C. S. Dweck (Eds.). Handbook of competence and motivation. New York: Guildford, 52–72.
Evertson, C.M. & Emmer, E.T. (2013). Classroom manangement for elementary school teachers (9th edition). New York: Pearson.
Felten, M. & Stern, E. (2012). Lernwirksam unterrichten. Berlin: Cornelsen Verlag.
Fend, H. (1981). Theorie der Schule. München: Urban & Schwarzenberg.
Gadgil, S., Nokes-Malach, T. J. & Chi, M. T. H. (2012). Effectiveness of holistic mental model confrontation in driving conceptual change. Learning and Instruction, 22, 47–61.
Gold, A. (2015). Guter Unterricht – Was wir wirklich darüber wissen. Göttingen: Vandenhoeck & Ruprecht.
Grell, J. (1979). Unterrichtsrezepte. München: Urban & Schwarzenberg.
Guill, K., Lüdtke, O. & Köller, O. (2017). Academic tracking is related to gains in students' intelligence over four years: Evidence from a propensity score matching study. Learning and instruction, 47, 43–52.

Haag, L. & Huber, A (2004). Allgemeine Hinweise zum Einsatz von Partner- und Gruppenarbeitsmethoden im Unterricht. In A. A. Huber (Hrsg.). Kooperatives Lernen – kein Problem Leipzig: Klett, 16–27.

Haag, L. & Streber, D. (2012). Klassenführung: Erfolgreich unterrichten mit Classroom Management. Weinheim und Basel: Beltz.

Hänze, M. & Berger, R. (2007). Cooperative learning, motivational effects, and student characteristics: An experimental study comparing cooperative learning and direct instruction in 12th grade physics classes. Learning and Instruction, 17 (1), 29–41.

Harackiewicz, J. M., Durik, A. M., Barron, K. E., Linnenbrink-Garcia, L. & Tauer, J. M. (2008). The role of achievement goals in the development of interest: Reciprocal relations between achievement goals, interest, and performance. Journal of Educational Psychology, 100 (1), 105–122.

Hasselhorn, M. & Gold, A. (2006). Pädagogische Psychologie. Erfolgreiches Lehren und Lernen. Stuttgart: Kohlhammer.

Hattie, J. A. C. (2009). Visible learning. A synthesis of over 800 meta-analyses relating to achievement. Oxon: Routledge.

Heim, D. & Nido, M. (2008). Burnout im Lehrberuf. Fachhochschule Nordwestschweiz (FHNW). Online abrufbar unter: http://web.fhnw.ch/plattformen/ressourcenplus/themen/KommentierteBibliograhpie_BurnoutimLehrberuf.pdf (abgerufen am 2.1.2020).

Helmke, A. (2014). Unterrichtsqualität und Lehrerprofessionalität. Diagnose, Evaluation und Verbesserung des Unterrichts. Seelze-Velber: Kallmeyer.

Helmke, A. & Helmke, T. (2015). Wie wirksam ist gute Klassenführung? Effiziente Klassenführung ist nicht alles, aber ohne sie geht alles andere gar nicht. Pädagogik – Leben. Speyer: Pädagogisches Landesinstitut Rheinland-Pfalz (PL), 7–11.

Helmke, A. & Weinert, F.E. (1997). Bedingungsfaktoren schulischer Leistungen. In F.E. Weinert (Hrsg.). Enzyklopädie der Psychologie. Pädagogische Psychologie. Psychologie des Unterrichts und der Schule. Göttingen: Hogrefe, 71–176.

Helmke, T., Helmke, A., Schrader, F.-W., Wagner, W., Nold, G. & Schröder, K. (2008). Die Videostudie des Englischunterrichts. In DESI-Konsortium (Hrsg.). Unterricht und Kompetenzerwerb zu Deutsch und Englisch. Ergebnisse der DESI-Studie. Weinheim und Basel: Beltz, 345–363.

Hestenes, D., Wells, M. & Swackhamer, G. (1992). Force concept inventory. The Physics Teacher 30, 141–166.

Hinsch, R. & Pfingsten, B. (2002). Gruppentraining sozialer Kompetenzen GSK. Grundlagen, Durchführung, Anwendungsbereiche. Weinheim und Basel: Beltz.

Hinsch, R. & Überschär, B. (1998). Gewalt in der Schule. Ein Trainingsprogramm für Lehrer und Lehramtsstudenten. Arbeitsberichte des Instituts für angewandte Familien-, Kindheits- und Jugendforschung an der Universität Potsdam, Band 13.

Hofer, S. I. (2015). Studying gender bias in physics grading. The role of teaching experience and country. International Journal of Science Education, 37 (17), 2879–2905.

Hofer, S. I. & Stern, E. (2016). Underachievement in physics: When intelligent girls fail. Learning and Individual Differences, 51, 119–131.

Hofer, S. I., Schumacher, R., Rubin, H. & Stern, E. (2018). Enhancing physics learning with cognitively activating instruction: A classroom intervention study. Journal of Educational Psychology, 110 (8), 1175–1191.

Holzberger, D. & Kuntert, M (2016). Unterricht aus der Perspektive der Pädagogischen Psychologie und empirischen Unterrichtsforschung. In J. Möller, M. Möller & T. Riecke-Baulecke (Hrsg.). Basiswissen Lehrerbildung: Schule und Unterricht - Lehren und Lernen. Suttgart: Klett-Verlag, 39–52.

Hromkovic, J. & Kohn, T. (2018). Einfach Programmieren. Bundesausgabe ab 2018. Stuttgart: Klett-Verlag.

Inagaki, K., Hatano, G. (2006). Young Children's Conception of the Biological World. Current Directions in Psychological Science, 15 (4), 177–181.

Jansen, M., Scherer, R. & Schroeders, U. (2015). Students' self-concept and self-efficacy in the sciences: Differential relations to antecedents and educational outcomes. Contemporary Educational Psychology, 41, 13–24.

Jurkowski, S. & Hänze, M. (2011). Training der transaktiven Kommunikation. Wie Schüler auf kooperatives Lernen vorbereitet werden können. Praxis Schule, 5–10, 21 (5), 32–38.

Kaplan, A. & Maehr, M. L. (2007). The Contributions and Prospects of Goal Orientation Theory. Educational Psychology Review, 19 (2), 141–184.

Keller-Schneider, M. (2008). Herausforderungen im Berufseinstieg von Lehrpersonen Beanspruchungswahrnehmung und Zusammenhänge mit Merkmalen der Persönlichkeit. Dissertation Universität Zürich.

Keller, G. (2014). Disziplinmanagement in der Schulklasse. Wie Sie Unterrichtsstörungen vorbeugen und bewältigen (3. Auflage). Bern: Huber.

Kempert, S., Schalk, L. & Saalbach, Henrik (2019). Sprache als Werkzeug des Lernens: Ein Überblick zu den kommunikativen und kognitiven Funktionen der Sprache und deren Bedeutung für den fachlichen Wissenserwerb. Psychologie in Erziehung und Unterricht, 66, 176–195.

Kiel, E., Frey, A. & Weiß, S. (2013). Trainingsbuch Klassenführung (Buch mit Film-DVD). Bad Heilbrunn: Klinkhardt.

Kirschner, P. A. (2017). Stop propagating the learning styles myth. Computers & Education, 106, 166–171.

Klauer, J. & Leutner, D. (2007). Lehren und Lernen. Einführung in die Instruktionspsychologie. Weinheim und Basel: Beltz.

Klusmann, U., Kunter, M., Trautwein, U., Lüdtke, O. & Baumert, J. (2008). Teachers' occupational well-being and quality of instruction: The important role of self-regulatory patterns. Journal of Educational Psychology, 100 (3), 702–715.

Koedinger, K. R., Booth, J. L. & Klahr, D. (2013). Instructional Complexity and the Science to Constrain It. Science, 342 (6161), 935–937.

Koedinger, K. R., Corbett, A. T. & Perfetti, C. (2012). The knowledge-learning-instruction framework: Bridging the science-practice chasm to enhance robust student learning. Cognitive Science, 36, 757–798.

Konrad, K. & Traub. S. (2012). Kooperatives Lernen. Theorie und Praxis in Schule, Hochschule und Erwachsenenbildung. Hohengehren: Schneider Verlag.

Kounin, J. (2006). Techniken der Klassenführung (Original der deutschen Ausgabe: 1976). Münster: Waxmann.

Kraft, M. A. (2019). Interpreting Effect Sizes of Education Interventions. Brown University EdWorkingPaper No. 19-10.

Kretschmann, R. (2012). Stressmanagement für Lehrerinnen und Lehrer. Ein Trainingsbuch mit Kopiervorlagen. Weinheim und Basel: Beltz.

Kronig, W. (2007). Die systematische Zufälligkeit des Bildungserfolgs: Theoretische Erklärungen und empirische Untersuchungen zur Lernentwicklung und zur Leistungsbewertung in unterschiedlichen Schulklassen. Zugl.: Freiburg, Univ., Habil.-Schr (1. Aufl.). Beiträge zur Heil- und Sonderpädagogik. Bern: Haupt.

Künsting, J., Billich-Knapp, M. & Lipowsky, F. (2012). Profile der Anforderungsbewältigung zu Beginn des Lehramtsstudiums. Journal for Educational Research Online, 4 (2), 84–119.

Kunter, M. & Trautwein, U. (2013). Psychologie des Unterrichts. Paderborn: Schöningh, UTB.

Lazarus, R. S. & Launier, R. (1981). Stressbezogene Transaktionen zwischen Person und Umwelt. In J. R. Nitsch (Hrsg.). Stress. Theorien, Untersuchungen, Maßnahmen. Bern: Huber, 213–259.

Leahy, S., Lyon, C., Thompson, M. & Wiliam, D. (2005). Classroom assessment: Minute-by-minute, day-by-day. Educational Leadership, 63 (3), 18–24.

Lichtenberger, A. (2017). Enhanced Concept Learning in Kinematics by Means of Formative Assessment. Dissertation, ETH Zürich.

Lipowksy, F. (2007). Hausaufgaben. Auf die Qualität kommt es an! Ein Überblick über den Forschungsstand. Lernende Schule, 39, 7–9.

Lou, Y., Abrami P- C., Spence, J. C., Poulsen, C., Chambers, B. & d'Apollonia, S. (1996). Within-Class Grouping: A Meta-Analysis. Review of Educational Research, 66 (4), 423–458.

Lubinski, D. & Benbow, P. (2006). Study of Mathematically Precocious Youth After 35 Years. Uncovering Antecedents for the Development of Math-Science Expertise. Perspectives on Psychological Science, 1 (4), 4, 316–345.

Lukas, J., Melzer, A. & Much, S., unter Mitarbeit von S. Eisentraut (2017). Auswertung von Klausuren im Antwort-Wahl-Format. Zugriff unter http://nbn-resolving.de/urn:nbn:de:gbv:3:2-66099.

Marsh, H. W. & Martin, A. J. (2011). Academic self-concept and academic achievement: Relations and causal ordering. The British journal of educational psychology, 81 (1), 59–77.

Marsh, H. W., Trautwein, U., Lüdtke, O., Köller, O. & Baumert, J. (2005). Academic self-concept, interest, grades, and standardized test scores: Reciprocal effects models of causal ordering. Child Development, 76 (2), 397–416.

Marzano, R. J., Gaddy, B. B., Foseid, M. C., Foseid, M. P. & Marzano, J. S. (2005). A handbook for classroom management that works. Association for Supervision and Curriculum Development.

Maslach, C. & Zimbardo P. G. (1982): The cost of Caring. Englewood Cliffs, New Jersey: Prentice-Hall, Inc.

Maslach, C., Schaufeli, W. B. & Leiter, M. P. (2001). Job burnout. Annual Review of Psychology, 52 (1), 397–422.

Mattern, J. (2012): Selbstregulation im Lehrberuf. Entwicklung eines Trainings für angehende Lehrkräfte. Unterrichtswissenschaft, 40, 156–173.

Mayer, R. E. (1979). Can advance organizers influence meaningful learning? Review of Educational Research, 49 (2), 371–383.

Meusen-Beekman, K. D., Joosten-ten Brinke, D. & Boshuizen, H. P. A. (2016). Effects of formative assessments to develop self-regulation among sixth grade students: Results from a randomized controlled intervention. Studies in Educational Evaluation, 51, 126–136.

Mevarech, Z. & Fridkin, S. (2006). The effects of IMPROVE on mathematical knowledge, mathematical reasoning and meta-cognition. Metacognition and Learning, 1, 85–97.

Meyer, H. (1987). UnterrichtsMethoden, I: Theorieband. Frankfurt am Main: Cornelsen Scriptor.

Meyer, H. (2004). Was ist guter Unterricht? Berlin: Cornelson Scriptor.

Meyer, L., Seidel, T. & Prenzel, M. (2006). Wenn Lernsituationen zu Leistungssituationen werden: Untersuchung zur Fehlerkultur in einer Videostudie. Schweizerische Zeitschrift für Bildungswissenschaften, 28 (1), 21–41.

Micheel, B., Nieding, I., Ratermann, M. & Stöbe-Blossey, S. (2013). Sprachförderung im Elementarbereich. Eine Evaluationsstudie. Verfügbar unter https://media.essen.de/media/wwwessende/aemter/51/elementarbereich/Vorlaeufiger_Gesamtbericht.pdf

Michler, I. (2014). Deutsche Mädchen schwächeln beim Problemlösen. In Die Welt, 1.4.2014. https://www.welt.de/wirtschaft/article126429005/Deutsche-Maedchen-schwaecheln-beim-Problemloesen.html

Neubauer, A. (2018). Mach, was du kannst. Warum wir unseren Begabungen folgen sollten – und nicht nur unseren Interessen. Mit Selbsttests. München: DVA Verlag.

Neubauer, A. & Stern, E. (2007). Lernen macht intelligent. Warum Begabung gefördert werden muss. München: DVA Verlag.

Nicholls, J. G. (1984). Achievement motivation: Conceptions of ability, subjective experience, task choice, and performance. Psychological Review, 91, 328–346

Nolting, H.-P. (2012). Störungen in der Schulklasse. Ein Leitfaden zur Vorbeugung und Konfliktlösung (10., vollst. überarb. u. erw. Aufl.). Weinheim und Basel: Beltz.

O'Donnell, A. M., Dansereau, D. F., Hall, R. H. & Rocklin, T. R. (1987). Cognitive, social/affective, and metacognitive outcomes of scripted cooperative learning. Journal of Educational Psychology, 79, 431–437.

Okasha, S. (2016). Philosophy of Science: A Very Short Introduction. Oxford University Press.

Pashler, H., McDaniel, M., Rohrer, D. & Bjork, R. (2009). Learning styles. Concepts and evidence. Psychological Science in the Public Interest, 9 (3), 105–119.

Pauen, S. (2012). Early childhood experience and later development (Edited volume). Cambridge University Press: Cambridge UK.

Pauli, C. & Reusser, K. (2003). Unterrichtsskripts im schweizerischen und im deutschen Mathematikunterricht. Unterrichtswissenschaft, 31 (3), 238–272.

Poorthuis, A. M. G., Juvonen, J., Thomaes, S., Denissen, J. J. A., Orobio de Castro, B. & van Aken, M. A. G. (2014). Do grades shape students' school engagement? The psychological

consequences of report card grades at the beginning of secondary school. Journal of Educational Psychology, 107 (3), 842–854.
Rakoczy, K. (2008). Motivationsunterstützung im Mathematikunterricht – Unterricht aus der Perspektive von Schülerinnen und Schülern und Beobachtern. Münster: Waxmann.
Ramseier, E. & Brühwiler, C. (2003). Zukunft, Leistung und Bildungschancen im gegliederten Bildungssystem. Vertiefte PISA-Analyse unter Einbezug der kognitiven Grundfähigkeiten. Revue Suisse de Science de l'éducation, 25 (1), 23–56.
Reimann, S. (2006). Das Salutogenesekonzept von Antonovsky. In B. Renneberg & P.Hammelstein (Hrsg.). Gesundheitspsychologie. Springer, 13–17.
Reusser, K., Pauli, C. & Waldis, M. (Hrsg.) (2010). Unterrichtsgestaltung und Unterrichtsqualität Ergebnisse einer internationalen und schweizerischen Videostudie zum Mathematikunterricht. Münster: Waxmann.
Rhode, R. & Meis, M. S. (2014). Regelverstösse – stopp! Wege zum sicheren Umgang. Berlin: Cornelsen Verlag.
Ritchie, S. J. & Tucker-Drob, E. M. (2018). How much does education improve intelligence? A meta-analysis. Psychological Science, 29 (8), 1358–1369.
Rogers, C. R. (1985). Die nicht-direktive Beratung. Counseling and Psychotherapy. Frankfurt am Main: Fischer.
Rogowsky, B. A., Calhoun, B. M. & Tallal, P. (2015). Matching learning style to instructional method: Effects on comprehension. Journal of Educational Psychology, 107 (1), 64–78.
Roloff Henoch, J., Klusmann, U., Lüdtke, O. & Trautwein, U. (2015). Entwicklung beruflicher Selbstregulation. Ein Vergleich zwischen angehenden Lehrkräften und anderen Studierenden. Zeitschrift für Pädagogische Psychologie, 29 (3–4), 151–162.
Römer, J., Rothland, M. & König, J. (2017). Persönlichkeitsfaktoren und Kompetenzentwicklung in der Lehrerbildung: Zusammenhänge zwischen NEO-FFI, AVEM und Pädagogischem Wissen bei Lehramtsstudierenden. Psychologie in Erziehung und Unterricht, 64 (3), 203–222.
Rosenshine, B. & Stevens, R. (1986). Teaching Functions. In M.C. Wittrock (Ed.). Handbook of research on training. New York: Macmillam, 376–391.
Rost, D. H. (2013). Interpretation und Bewertung pädagogisch-psychologischer Studien. Eine Einführung. 3. vollständig überarbeitete und erweiterte Auflage. Bad Heilbrunn: Verlag Julius Klinkhardt.
Rost, D. H. (2009). Hochbegabte und hochleistende Jugendliche. Befunde aus dem Marburger Hochbegabtenprojekt. Münster: Waxmann.
Rothland, M. (2013). Belastung und Beanspruchung im Lehrerberuf und die Modellierung professioneller Kompetenz von Lehrerinnen und Lehrern. In M. Rothland (Hrsg.). Belastung und Beanspruchung im Lehrerberuf. Modelle, Befunde, Interventionen (2., vollständig überarbeitete Auflage. Wiesbaden: Springer, 2-20.
Ruch W., Hofmann J. (2017). Fostering Humour. In: C. Proctor (Ed.). Positive Psychology. Interventions in Practice, 65–80.
Rudow, B. (1994). Die Arbeit des Lehrers: Zur Psychologie der Lehrertätigkeit, Lehrerbelastung und Lehrergesundheit. Bern: Huber.
Ryan, M.R. & Deci, L.E. (2000). Self-Determination Theory and the Facilitation of Intrinsic Motivation Social Development, and Well-Being. American Psychologist, 55 (1), 68–78.
Sacher, W. (2014). Leistungen entwickeln, überprüfen und beurteilen. 6. überarbeitete und erweiterte Auflage. Bad Heilbrunn: Verlag Julius Klinkhardt.
Schaarschmidt, U. (2005). Halbtagsjobber? Psychische Gesundheit im Lehrerberuf – Analyse eines veränderungsbedürftigen Zustandes (2., vollständig überarbeitete Auflage). Weinheim und Basel: Beltz.
Schaarschmidt, U. & Fischer. A.W. (2010). Coping. Potsdamer Lehrertraining. Ein psychologisches Unterstützungsangebot zur Gesundheitsförderung im Lehrerberuf. Manual.
Schaarschmidt, U. & Kieschke, U. (2007). Gerüstet für den Schulalltag. Psychologische Unterstützungsangebote für Lehrerinnen und Lehrer. Weinheim und Basel: Beltz.
Schäfer, M. (2012). Mobbing im Schulkontext. In W. Schneider & U. Lindenberger (Hrsg.). Entwicklungspsychologie. Weinheim und Basel: Beltz, 691–703.

Schalk, L., Saalbach, H., Grabner, R. H. & Stern, E. (2016). Relational Quantitative Reasoning in Kindergarten Predicts Mathematical Achievement in Third Grade. Journal of Numerical Cognition, 2 (16), 77–90.
Schick, A. & Cierpka, M. (2004). »FAUSTLOS« – Ein Gewaltpräventions-Curriculum für Grundschulen und Kindergärten. In W. Melzer & H. D. Schwind (Hrsg.). Gewaltprävention in der Schule Baden-Baden: Nomos, S. 54–66.
Schneider, M. & Hardy, I. (2013). Profiles of inconsistent knowledge in children's pathways of conceptual change. Developmental Psychology, 49 (9), 1639–1649.
Schneider, M. & Stern, E. (2010). The developmental relations between conceptual and procedural knowledge: A multimethod approach. Developmental Psychology, 46 (1), 178–192.
Schulz von Thun, F. (2011). Miteinander reden. Störungen und Klärungen. Reinbeck bei Hamburg: Rowohlt.
Schwartz, D. L., Chase, C. C., Oppezzo, M. A. & Chin, D.B. (2011). Practicing versus Inventing with Contrasting Cases: The Effects of Telling First on Learning and Transfer. Journal of Educational Psychology, 103, 1–17.
Schwarzer, R. & Schmitz, G. S. (1999). Kollektive Selbstwirksamkeitserwartung von Lehrern. Eine Längsschnittstudie in zehn Bundesländern. [Collective efficacy of teachers: A longitudinal study in ten German states]. Zeitschrift für Sozialpsychologie, 30 (4), 262–274.
Seidel, T. & Shavelson, R. J. (2007). Teaching effectiveness research in the past decade: The role of theory and research design in disentangling meta-analysis results. Review of Educational Research, 77 (4), 454–499.
Seyle, H. (1956). The Stress of Life. New York: Mac Graw-Hill Book Company.
Shannon, E. & Weaver, W. (1963). The Mathematical Theory of Communication. University of Illinois Press.
Simonsmeier, B., Flaig, M., Deiglmayr, A., Schalk, L. & Schneider, M. (in preparation). Prior knowledge and learning: A meta-analysis.
Sirin, S. R. (2005). Socioeconomic status and academic achievement: a meta-analytic review of research. Review Of Educational Research, 75 (3), 417–453.
Skinner, B.F. (1953). Science and human behavior. The Free Press.
Spearman, C. (1904). »General intelligence« objectively determined and measured. American Journal of Psychology, 15, 201–293.
Sperling, G. (1960). The information available in brief visual presentations. Psychological Monographs: General and Applied, 74 (11), 1–29.
Stanford Encyclopedia of Philosophy. Available from https://plato.stanford.edu/
Staub, F. & Stern, E (2002). The nature of teachers' pedagogical content beliefs matters for students' achievement gains: Quasi-experimental evidence from elementary mathematics. In Journal of Educational Psychology, 94 (2) 344–355.
Stern E. & Lehrndorfer, A. (1992). The role of situational context in solving word problems. Cognitive Development, 7, 259–268.
Stern, E. (1993). What makes certain arithmetic word problems involving the comparison of sets so hard for children? Journal of Educational Psychology, 85, 7–23.
Stern, E. (1994). A Microgenetic Longitudinal Study on the acquisition of word problem solving skills. In J. van Luit (Ed.). Research in Learning and Instruction of Mathematics in Kindergarten and Primary, 229–242.
Stern, E. (1998). Die Entwicklung schulbezogener Kompetenzen: Mathematik. In F. E. Weinert (Hrsg.). Entwicklung im Kindesalter – Bericht über eine Längsschnittstudie. Weinheim: Psychologie Verlags Union, 95–113.
Stern, E. (2005). Knowledge restructuring as a powerful mechanism of cognitive development: How to lay an early foundation for conceptual understanding in formal domains. In P.D. Tomlinson, J. Dockrell & P. Winne (Eds.). Pedagogy – teaching for learning. Leicester: British Psychological Society, 153–169.
Stern, E. (2009). Implizite und explizite Lernprozesse bei Lehrerinnen und Lehrern. In K. Beck & O. Zlatkin-Troitschanskaia (Hrsg.). Lehrerprofessionalität. Bedingungen, Genese, Wirkungen und ihre Messung. Weinheim und Basel: Beltz, 355–364.
Stern, E. (2009). The development of mathematical competencies: Sources of individual differences and their developmental trajectories. In W. Schneider & M. Bullock (Eds.). Human

development from early childhood to early adulthood: Evidence from the Munich Longitudinal Study on the Genesis of Individual Competencies (LOGIC). Mahwah, NJ: Erlbaum, 221–236.

Stern, E. & Neubauer, A. (2013). Intelligenz. Grosse Unterschiede und ihre Folgen. München: DVA-Verlag.

Stern, E., Grabner, R. & Schumacher, R. (2005). Lehr-Lern-Forschung und Neurowissenschaften: Erwartungen, Befunde und Forschungsperspektiven. Reihe Bildungsreform Band 13. Bundesministerium für Bildung und Forschung (BMBF).

Stern, E., Grabner, R. & Schumacher, R. (2017). Neuroscience and Education. Added Value of Combining Brain, Imaging and Behavioral Research. Hogrefe Publishing Group.

Stern, E., Schalk, L. & Schumacher, R. (2016). Lernen. In J. Möller, M. Möller & T. Riecke-Baulecke (Hrsg.). Basiswissen Lehrerbildung: Schule und Unterricht – Lehren und Lernen. Suttgart: Klett-Verlag, 106–120.

Sweller, J. (1994). Cognitive Load Theory, learning difficulty, and instructional design. Learning and Instruction. 4 (4), 295–312.

Trautwein, U. & Baeriswyl, F. (2007). Wenn leistungsstarke Klassenkameraden ein Nachteil sind: Referenzgruppeneffekte bei Übergangsentscheidungen [When high-achieving classmates put students at a disadvantage: Reference group effects at the transition to secondary schooling]. Zeitschrift für Pädagogische Psychologie, 21, 119–133.

Trautwein, U. & Köller, O. (2003). Was lange währt, wird nicht immer gut. Zur Rolle selbstregulativer Strategien bei der Hausaufgabenerledigung. Zeitschrift für Pädagogische Psychologie/German Journal of Educational Psychology, 17 (3/4), 199–209.

Vaci, N., Edelsbrunner, P., Stern, E., Neubauer, A., Bilalic, M. & Grabner R. H. (2019). The joint influence of intelligence and practice on skill development throughout the life span. PNAS, 116 (37), 18363–18369.

van Dick, R. & Stegmann, S. (2013). Belastung, Beanspruchung und Stress im Lehrerberuf – Theorien und Modelle. In M. Rothland (Hrsg.). Belastung und Beanspruchung im Lehrerberuf. Modelle, Befunde, Interventionen (2., vollständig überarbeitete Auflage). Wiesbaden: Springer, 43–59.

Von Maurice, J., Dörfler, T. & Artelt, C. (2014). The relation between interests and grades: Path analyses in primary school age. International Journal of Educational Research, 64, 1–11.

Vosniadou, S. & Brewer, W.F. (1992): Mental Models of the Earth: A Study of Conceptual Change in Childhood. In Cognitive Psychology 24 (4), 535–585.

Wahl, D. (2005). Lernumgebungen erfolgreich gestalten. Vom trägen Wissen zum kompetenten Handeln. Bad Heilbrunn: Klinkhardt.

Wahl, D., Weinert, F. E. & Huber, G. L. (1984). Psychologie für die Schulpraxis. Ein handlungsorientiertes Lehrbuch für Lehrer. München: Kösel-Verlag.

Webb, M. E., Prasse, D., Phillips, M., Kadijevich, D. M., Angeli, C., Strijker, A., Carvalho, A. A., Andresen, B. B., Dobozy, E. & Laugesen, H. (2018). Challenges for IT-enabled formative assessment of complex 21st century skills. Technology, Knowledge and Learning, 23, 441–456.

Weinert, F. E. (1999). Aus Fehlern lernen und Fehler vermeiden lernen. In W. Althof (Hrsg.). Fehlerwelten. Vom Fehlermachen und Lernen aus Fehlern. Opladen: Leske und Budrich, 101–109.

Wiliam, D. (2018). Embedded Formative Assessment (2nd Edition). Bloomington: Solution Tree Press.

Xiaodong, L., Schwartz, D., Hatano, G. (2005). Toward Teachers‹ Adaptive Metacognition. Educational Psychologist, 40, 245–255.

Zepeda, C. D., Richey, J. E., Ronevitch, P. & Nokes-Malach, T. J. (2015). Direct instruction of metacognition benefits adolescent science learning, transfer, and motivation: An in-vivo study. Journal of Educational Psychology, 107 (4), 954–970.

Ziegler, E. & Stern, E. (2014). Delayed benefits of learning elementary algebraic transformations through contrasted comparisons. Learning and Instruction, 33, 131–146.

Zimbardo, P. G. (1988). Psychologie. 6. Auflage. Berlin: Springer-Verlag.

Sachregister

V

W

Z